John MacArthur
Die lebendige Gemeinde

W0054182

Für Phillip Johnson,
meinem wahren Jochgenossen,
einem Mann, der mir treu beigestanden hat
im Herzen und im Dienst für den Herrn.

John MacArthur

Die lebendige Gemeinde

Der Plan des Baumeisters für seine Gemeinde

Über den Autor

John F. MacArthur (B.A., Pacific College; M. Div., D.D., Talbot Theological Seminary) ist der Gemeindeleiter der *Grace Community Church* in Sun Valley, Kalifornien. Er ist ein bekannter Schriftausleger und Konferenzredner und Präsident von *The Master's College and Seminary.* Sein Vortragskassetten-Dienst und sein Radiosender *Grace to You* erreichen weltweit Millionen von Menschen.

Wenn nicht anders angegeben, sind Bibelzitate der Elberfelder Bibel, revidierte Fassung, entnommen. Abkürzungen weiterer Bibelausgaben:

Schl.: Schlachter-Bibel
Elb.: Elberfelder Bibel, unrevidierte Fassung
Lu12: Lutherbibel von 1912

1. Auflage 2002
2. Auflage im digitalen Nachdruck 2007

Originaltitel: *The Master's Plan for the Church*
© Moody Press, Chicago, 1998.

© der deutschen Ausgabe 2002:
Europäisches Bibel-Trainings-Centrum Berlin
www.ebtc-berlin.de

Übersetzung: Hans-Werner Deppe
Lektorat: Ansgar N. Przesang
Satz und Herausgeber: Betanien Verlag
Postfach 1457 · 33813 Oerlinghausen
www.betanien.de · info@betanien.de
Umschlaggestaltung: Lucian Binder, Metzingen
Digitaldruck: Buchwerft.de Breitschuh & Kock Gmhh, Kiel
ISBN 978-3-935558-53-2

Inhalt

Einleitung

Habet nun acht auf euch selbst und auf die ganze Herde, in welcher der Heilige Geist euch als Aufseher gesetzt hat, die Versammlung Gottes zu hüten, welche er sich erworben hat durch das Blut seines Eigenen.

Apostelgeschichte 20,28 (Elb.)

Denn Gottes Mitarbeiter sind wir; Gottes Ackerfeld, Gottes Bau seid ihr. Nach der Gnade Gottes, die mir gegeben ist, habe ich als ein weiser Baumeister den Grund gelegt; ein anderer aber baut darauf; jeder aber sehe zu, wie er darauf baut. Denn einen anderen Grund kann niemand legen außer dem, der gelegt ist, welcher ist Jesus Christus.

1. Korinther 3,9-11

Hirten und Bauarbeiter

In unserer Zeit halten sich Gemeindeleiter des Öfteren für Geschäftsleute, Medienstars, Entertainer, Psychologen, Philosophen oder Rechtsanwälte. Derartige Vorstellungen stehen jedoch im krassen Gegensatz zum biblischen Symbolismus, mit dem die Schrift geistliche Führungspersonen beschreibt.

In 2. Timotheus 2 beispielsweise beschreibt Paulus die Mühsal geistlicher Leiterschaft mit sieben verschiedenen Metaphern. Zur Veranschaulichung vergleicht er den geistlichen Leiter mit einem Lehrer (V. 2), einem Soldaten (V. 3), einem Sportler (V. 5), einem Landwirt (V. 6), einem Arbeiter (V. 15), einem Gefäß (V. 20-21) und einem Sklaven (V. 24). Diese Bilder wecken allesamt Vorstellungen von Aufopferung, Mühe, Dienst und Entbehrungen. Sie sprechen eindrücklich von den vielseitigen und verschiedenen Verantwortungen geistlicher Leiterschaft. Kein einziges dieser Bilder beschreibt Leiterschaft als etwas Reizvolles.

Das ist einfach deshalb so, weil geistliche Leiterschaft auch nicht reizvoll sein soll. Leiterschaft in der Gemeinde – und damit meine ich jede Facette geistlicher Leiterschaft, und nicht nur die Rolle des Gemeindeleiters – ist weder ein Ehrentitel für eine besondere Stellung in der Aristokratie der Gemeinde, noch eine verdiente oder mit Geld erworbene Führungsposition, noch ein Familienerbe. Geistliche Leiterschaft fällt nicht unbedingt denen zu, die berufliche oder finanzielle Erfolge zu verzeichnen haben. Sie wird nicht aufgrund von Intelligenz oder Begabung verliehen. Ihre Anforderungen sind vielmehr ein makelloser Charakter, geistliche Reife und die Bereitschaft zu demütigem Dienst.

Der Herr Jesus verglich geistliche Leiterschaft vorzugsweise mit der Arbeit eines Hirten, der Gottes Herde hütet – und mit dieser Metapher beschrieb er sich des Öfteren selbst. Jeder Gemeindeleiter ist ein Hirte. Das Wort *Pastor* heißt übersetzt nichts anderes als »Hirte«. Das ist eine sehr passende Bildersprache. Ein Hirte leitet, nährt, pflegt, tröstet, korrigiert und schützt. Das ist die Verantwortung jeder gemeindlichen Führungsperson.

Hirten haben keinen besonderen Status. In den meisten Kulturen bekleiden Hirten die niedrigen Ränge gesellschaftlichen Ansehens. Das ist angemessen, denn der Herr Jesus sagte: »Der Größte unter euch sei wie der Jüngste und der Führende wie der Dienende« (Lk 22,26).

Nach Gottes verordnetem Plan für die Gemeinde bedeutet Leiterschaft eine Position des demütigen, liebevollen Dienstes. Gemeindeleitung ist nicht Management, sondern Dienst. Die von Gott bestimmten Leiter sind nicht dazu berufen, als Fürsten zu regieren, sondern als demütige Sklaven zu dienen, nicht als schillernde Stars, sondern als fleißige Diener. Wer Gottes Volk leitet, muss allem voran ein Beispiel an Aufopferung, Hingabe, Unterwerfung und Demut setzen.

Jesus selbst gab uns das Vorbild dafür, als er sich bückte, um die Füße seiner Jünger zu waschen und damit eine Arbeit zu tun, die üblicherweise dem untersten Sklaven zustand (Joh 13). Wenn der Herr des Universums sich so verhält, dann hat kein Gemeindeleiter das Recht, sich selbst für einen Helden zu halten.

Zwischen dem Hüten einer Herde und dem Leiten einer Gemeinde besteht *ein* großer Unterschied: Das Hüten von Tieren ist lediglich eine angelernte Tätigkeit. Keine Universität bietet einen Doktortitel in Schafehüten an, denn das ist keine außerordentlich schwierige Arbeit. Sogar ein Hund kann darauf trainiert werden, eine Schafherde zu hüten. In biblischer Zeit hüteten junge Knaben wie z. B. David die Schafe, während die Älteren solchen Aufgaben nachgingen, die mehr Geschick und Reife erforderten.

Das Hüten einer geistlichen Herde ist jedoch nicht so simpel. Die Maßstäbe sind hoch und die Anforderung schwer zu erfüllen. Nicht jeder kann die Anforderungen erfüllen, und von denen, die dafür geeignet sind, bewältigen anscheinend nur wenige die Aufgabe mit Vortrefflichkeit. Geistliche »Hirtologie« erfordert einen gottesfürchtigen, geschickten, vielseitig begabten Mann mit tadellosem Charakter. Man bedenke: Ein solcher Hirte wird ebenfalls beschrieben als Lehrer, Soldat, Sportler, Landwirt und Sklave. Und doch muss er dabei die Perspektive und Haltung eines jungen Hirten wie der Knabe David bewahren.

Und damit noch nicht genug. Gemeindeleiter sind zudem geistliche Bauarbeiter. In 1. Korinther 3 vergleicht Paulus geistliche Führungspersonen mit weisen Baumeistern, die sich an eine Reihe von biblischen Musterplänen halten und in Zusammenarbeit mit Gott an der Errichtung eines Gebäudes arbeiten, der Gemeinde: »Gottes Mitarbeiter sind wir ... Gottes Bau seid ihr. Nach der Gnade

Gottes, die mir gegeben ist, habe ich als ein weiser Baumeister den Grund gelegt; ein anderer aber baut darauf; jeder aber sehe zu, wie er darauf baut« (V. 9-10).

Kluge Bauarbeiter halten sich mit größter Sorgfalt an den Bauplan; die geringste Abweichung vom Plan des Architekten kann gerade in der Anfangsphase zu bedrohlich wankenden Bauwerken führen, sobald diese fertig gestellt sind. Gottes Wort ist der Bauplan für die geistliche Bauarbeit, und ein festes Gebäude wird nur der bauen, der sich exakt an diesen Bauplan hält.

Daher müssen wir uns als Bauarbeiter an den richtigen Plan halten. Und als Hirten müssen wir die Herde auf dem richtigen Weg führen. In jedem Fall, ob richtig oder falsch, geben wir die Zielrichtung für die uns anvertrauten Gläubigen vor. Hosea 4,9 sagt: »Und wie dem Volk, so wird es dem Priester ergehen«. Anders ausgedrückt: Eine Gemeinde eifert ihren geistlichen Führungspersonen nach.

Das ist vielleicht die Erklärung für den erbärmlichen Zustand der Gemeinde von heute. Viele der bekanntesten und prominentesten Führungspersonen versagen auf der ganzen Linie darin, die biblischen Vorgaben für Hirten zu erfüllen. Jeder Leiter, der sich an ihr Vorbild hält, ist zum Scheitern verurteilt. Solche Führungspersonen bauen anhand der falschen Baupläne und führen ihre Schafe in die Irre.

Gemeinden können nahezu jedes Problem überleben außer dem Versagen der Gemeindeleitung. Wir brauchen einen geistlichen Auffrischungskurs für geistliche Hirten und müssen unseren Blick auf den Bauplan des Meisterarchitekten erneut vertiefen. Das ist der Zweck dieses Buches.

Ich werde oft gefragt, was das Geheimnis der Entwicklung der Grace Community Church während der letzten zwei Jahrzehnte sei. Ich stelle dann stets als erstes heraus, dass Gott in seiner Souveränität die Mitgliederzahl einer Gemeinde bestimmt und dass Zahlen allein kein Maßstab für geistlichen Erfolg sind. Doch inmitten des enormen zahlenmäßigen Wachstums war unsere Gemeinde von einer bemerkenswerten geistlichen Lebendigkeit gekennzeichnet. Ich bin überzeugt, dass Gottes Segen hauptsächlich deshalb auf uns ruhte, weil unsere Gläubigen besonderen Wert auf biblische Leiterschaft legen. Dadurch, dass die Gemeinde das gottesfürchtige Vorbild unserer Ältesten bestätigt und diesem nachgeeifert hat, hat sie die Tür für Gottes außerordentlichen Segen geöffnet.

Vor einigen Jahren begannen wir in unserer Gemeinde mit regelmäßigen Hirtenkonferenzen. Älteste und Mitarbeiter aus anderen Gemeinden verbrachten eine Woche im Umfeld unserer Gemeinde und studierten dabei die biblischen Prinzipien geistlichen Hirtendienstes und beobachteten, wie diese Prinzipien im Kontext eines funktionierenden Gemeindemodells angewendet wurden.

In jüngerer Zeit veranstaltete *The Master's Fellowship* landesweit Hirtenseminare in Schlüsselstädten. Diese eintägigen Seminare vermittelten in einem komprimierten Format dieselben biblischen Leiterschaftsprinzipien, die wir bei den Hirtenkonferenzen in der Gemeinde gelehrt hatten. Diese Seminare fanden weit mehr Anklang, als wir alle angenommen hätten. Viele Teilnehmer fragten, ob es ein Lehrbuch gäbe, welches das Material in einem einzigen Band zusammenfasst. Das Buch *Die lebendige Gemeinde* ist das Ergebnis dieser Anfragen.

Der größte Teil des in diesem Buch enthaltenen Materials ist bereits zuvor veröffentlicht worden. Die Teile 1, 2 und 3 sind überarbeitete Ausgaben der Kurse aus den Serien, die im Radioprogramm von *Grace to You* ausgestrahlt wurden. Diese drei Serien – *Die Anatomie einer Gemeinde, Die dynamische Gemeinde* und *Die Merkmale eines exzellenten Dieners* – repräsentieren mit die anerkanntesten Materialien über Gemeindeleitung, die wir jemals angeboten haben. Die Anhänge *Antworten auf die Schlüsselfragen über Älteste* und *Antworten auf die Schlüsselfragen über Diakone* sind als separate Broschüren veröffentlicht worden. Die restlichen Anhänge sind Auszüge aus anderen Kassettenserien (Kassettenaufnahmen mit dem ganzen Material in Vortragsformat sind einzeln oder als komplette Serien erhältlich bei *diakonos medien*, siehe Informationen auf S. 317). Die entsprechenden Kassetten-Nr. werden in den Fußnoten zu Beginn der jeweiligen Kapitel aufgeführt.

Sie werden feststellen, dass sich viele Kapitel in diesem Buch wie Predigten lesen. Das liegt daran, dass sie tatsächlich Predigten sind. Wir haben sie für die gedruckte Fassung leicht bearbeitet, aber um ihren ursprünglichen Charakter zu erhalten, haben wir viele Erwähnungen der *Grace Community Church* beibehalten, deren Gläubige die ursprünglichen Zuhörer bei den meisten Vorträgen waren.

Nichts wird heute dringender gebraucht, als eine Rückkehr zu biblischen Leiterschaftsprinzipien. Tragfähige Führungspersonen sind heute erschreckend rar, sowohl in der Gemeinde, auf dem

Missionsfeld als auch bei christlichen Schulen und Organisationen. Eine Gemeinde kann nicht erfolgreicher sein als ihre Leiter. Wenn der Gemeindeleiter oder andere führende Mitarbeiter nicht Gottes hohe Maßstäbe an Gottseligkeit, Authentizität und geistlicher Reife erfüllen, wird auch die Gemeinde versagen.

Teil 1

Die Anatomie einer Gemeinde

… der festhält das Haupt, von dem aus der ganze Leib, durch die Gelenke und Bänder unterstützt und zusammengefügt, das Wachstum Gottes wächst.

Kolosser 2,19

Und er ist das Haupt des Leibes, der Gemeinde. Er ist der Anfang, der Erstgeborene aus den Toten, damit er in allem den Vorrang habe.

Kolosser 1,18

Kapitel 1

Die Skelettstruktur[1]

Als die Grace Community Church außerordentlich zu wachsen begann, überstürzten sich die Ereignisse, sodass ich gar nicht mehr Schritt halten konnte. Das war eine aufregende und euphorische Zeit für die Gemeinde. Ich nenne diese Zeit gern »die Entdeckungsjahre«. Als ich zur Grace Church kam, wusste ich nicht viel. Woche für Woche musste ich die Bibel studieren und meine Predigten vorbereiten, und am Sonntag kam die Gemeinde zusammen, um mit mir gemeinsam zu lernen. Ich vermittelte, was die Bibel sagt, und die Leute reagierten: »Toll! Das also ist es, was die Bibel sagt!« Wir kamen in unserem geistlichen Wachstum und Verständnis mit großen Schritten voran, und der Herr tat viele Menschen zur Gemeinde hinzu. Diese Jahre waren wie ausgedehnte Flitterwochen. Überall herrschte Enthusiasmus und Tatendrang.

In meiner Anfangszeit in der Grace Church war es mein Ziel, die Leute, die bereits zur Gemeinde gehörten, vom Weggehen abzuhalten. Ich habe mir damals nie ausgemalt, dass die Gemeinde zu ihrer jetzigen Größe anwachsen könnte. Das ist der Grund, warum ich oft Epheser 3,20 als den Vers bezeichne, den ich in den Jahren meines Dienstes am meisten verstehen gelernt habe. Dieser Vers beschreibt Gott als den, »der über alles hinaus zu tun vermag, über die Maßen mehr, als wir erbitten oder erdenken.« In meiner ganzen Dienstzeit habe ich gesehen, wie Gott weit über das hinaus wirkte, als ich es mir je vorgestellt hätte!

Gemeinden folgen im Allgemeinen anscheinend ein und demselben Muster des Aufstiegs und Niedergangs. Die erste Generation kämpft darum, die Wahrheit zu entdecken und aufzurichten. Die Grace Church hat diese Phase durchlaufen; die ersten Jahre waren eine Zeit des Entdeckens und Einführens der Wahrheit. Die zweite Generation kämpft darum, die Wahrheit zu bewahren und zu verkünden. Auch das haben wir in der Grace Church erlebt. Was wir gelernt haben, hielten wir in Büchern und auf Vortragskassetten fest. Wir haben Männer angeleitet und ausgebildet, als Hirten zu dienen, hinauszugehen und zu beginnen, andere zu lehren. Was wir wussten, haben wir anderen Gemeindehirten vermittelt. Doch die dritte Generation einer Gemeinde sorgt sich oft denkbar wenig um diese Dinge. Warum? Weil die Angehörigen dieser Generation nicht den Kampf der ersten beiden Generationen miterlebt haben, steht für sie nichts auf dem Spiel. Sie neigen dazu, die bereits etablierten Dinge als selbstverständlich hinzunehmen.

Das macht mir Angst. Gleichgültigkeit ist die schwierigste Sache, mit der man beim Dienst im Reich Gottes zu kämpfen hat. Es bricht einem das Herz, wenn man bedenkt, dass diejenigen, die nicht am Aufbau der Gemeinde beteiligt waren, dazu neigen, alles als selbstverständlich hinzunehmen. Weil sie nicht mitgekämpft haben, haben sie auch nicht den Preis des Sieges gezahlt und können dessen süßen Geschmack nicht wertschätzen. Sie wissen nicht, wie schwer dieser Kampf war. Wer nicht am Prozess des Kämpfens, Entdeckens und Gründens der Wahrheit beteiligt war, kann oft nicht wertschätzen, was Gott getan hat. In unserer Gemeinde gibt es viele Gläubige, die nicht verstehen, wie viel Opfer an Zeit, Gaben, Mühen und Geld nötig waren und von den Leuten der Gemeinde während deren Wachstum gebracht wurden. Zu Beginn unserer Geschichte als Gemeinde verzichtete ein junges Ehepaar sogar auf die Flitterwochen, weil sie ihre Ressourcen lieber der Gemeinde geben wollten. Das ist nur eines von vielen Beispielen für Aufopferungsbereitschaft. Wer nicht am Kampf des Gemeindeaufbaus beteiligt war, wird schnell pingelig in Bezug auf kleinere Dinge, die falsch laufen. Viele Leute halten sich zu lange damit auf, ihre Zeit mit Trivialitäten zu vergeuden, während sie sich eigentlich mehr um das Reich Gottes sorgen sollten.

Gleichgültigkeit hat ein Kind namens Kritik. Man kommt so leicht an den Punkt, wo man alles als selbstverständlich hinnimmt und beginnt, alle auffindbaren Unvollkommenheiten zu kritisieren. Der Autor Thomas Hardy berichtete von einem Freund, der in jeden beliebigen Park gehen kann und sofort einen Maulwurfhügel ausfindig macht. Eine solche Perspektive sollten wir nicht haben.

Gott hat der Grace Church viele wunderbare Gläubige gegeben, und dafür danken wir ihm. Aber ich weiß, dass es bei uns auch Leute gibt, die nur dann zur Gemeinde kommen, wenn es ihnen passt. Der Gemeindebesuch steht bei ihnen ganz unten auf der Prioritätenliste. Wenn sie es sich nicht leisten können, übers Wochenende wegzufahren, dann kommen sie zur Gemeinde. Sie sehen keinerlei Anlass zu Verbindlichkeit. Manche kommen nicht am Sonntagabend zum Mahl des Herrn. Sie meinen, eine Predigt pro Woche sei genug. Solche Leute sollten zweihundert Predigten in einer Woche hören, um sie aus ihrer Unbekümmertheit aufzuwecken! Kierkegaard beobachtete, dass die Leute meinen, der Prediger sei ein Schauspieler und sie seien seine Kritiker. Was sie nicht wissen: Sie sind die Schauspieler und er ist der Souffleur hinter den Kulissen, der sie an ihren vergessenen Text erinnert.[2]

Christen geraten so leicht an einen Punkt, wo sie erwarten, dass andere die Dinge für sie tun. Sie lassen sich nur dann in der Gemeinde blicken, wenn sie meinen, dass sie etwas davon mitnehmen können.

Eine Gemeinde aufzubauen, ist relativ einfach. Die schwere Arbeit beginnt, wenn die Gemeinde angewachsen ist und wenn man sich Leuten gegenüber sieht, die selbstzufrieden geworden sind.

Ich bekam einen Brief von einem jungen Gemeindeleiter, der darüber nachdachte, seinen Dienst aufzugeben. Dieser Brief brach mir das Herz. Er schrieb:

Ich möchte Ihnen etwas erklären, worüber ich mir Sorgen mache. Ich war nicht imstande, diese Sache zu korrigieren und deshalb denke ich nun darüber nach, ob ich aus diesem Dienst aussteigen soll. Vielleicht wird der Herr Ihre Weisheit gebrauchen, um mir Wegweisung zu geben.

Ich bin fest überzeugt, dass die Leiterschaft einer Gemeinde die allerbeste sein sollte, und das nicht nur im persönlichen geistlichen Leben, sondern auch darin, ein Vorbild für ihre Anvertrauten zu sein. Ich sage nicht, dass ein Leiter vollkommen oder ein Supermensch sein muss, aber er sollte eine lebendige, wachsende persönliche Beziehung zum Herrn haben. Ich bin fest überzeugt: Wenn die Leiter einer Gemeinde kein Vorbild liefern für ein Leben der entschlossenen Hingabe an ihren Herrn und an die Gemeinde, werden ihre Anhänger das auch nicht tun.

Das Problem ist, dass zwei Drittel unserer gewählten Amtspersonen nur einen einzigen Gottesdienst pro Woche besuchen. Ich sage nicht, dass sie alle immer anwesend sein müssen, sobald die Tür geöffnet ist, aber ich glaube, dass die Leiterschaft einer Gemeinde – außer bei unvorhersehbaren Situationen, Krankheit und Reisen – doppelte Mühe aufwenden sollte, um bei den Gemeindeveranstaltungen dazusein, und wenn nur aus dem Grund, um die Gläubigen und den Gemeindeleiter zu ermutigen. Ich finde es extrem schwierig zu glauben, dass angemessene Leiterschaft ausgeübt werden kann, wenn die Leiter nicht ausreichend Zeit mit ihren Gemeindeangehörigen verbringen, um zu merken, welche Sorgen und Nöte sie haben. Bei unseren Mitarbeiterbesprechungen stelle ich fest, dass der weitaus größte Teil der Zeit mit Themen verbracht wird, die nichts direkt mit den Bedürfnissen und Sorgen der Gläubigen zu tun haben. Ich glaube, dass unsere Gemeinde aus diesem Grund zum Stillstand gekommen ist, was gleichbedeutend ist mit einer Rückwärtsentwicklung anstelle von Fortschritt. Ich habe diese Dinge bei unseren Besprechungen mehrfach auf die Tagesordnung gebracht (einige unserer Mitarbeiter kommen nicht einmal regelmäßig zu unseren Besprechungen), und dabei ist absolut nichts herausgekommen.

Ich spreche nicht von Männern und Frauen, die es nicht schaffen, zur Gemeinde zu kommen, sondern über Leute, die einfach nicht kommen wollen. Einige Leiter sagen, sie seien zu beschäftigt, nach einem Arbeitstag zu müde oder haben gar keine Entschuldigung. Aber solche Leiter zögern nicht, mich daran zu erinnern, dass sie die Kraft der Gemeinde sind. Das geschieht oft. Ich bin an den Punkt angelangt, wo ich sage: Wenn das noch ein Jahr so weitergeht, trete ich von meinem Amt als Gemeindeleiter zurück. Wie kann ein Gemeindeleiter seine Herde führen, die notwendigen Angebote organisieren und eine geistliche Leiterschaft entwickeln, wenn ihm keine anderen Mitarbeiter zur Verfügung stehen, die ihm den Rücken stärken? Ich bin offen für Ihren Rat. Ich glaube, unsere Gemeinde hat große Möglichkeiten. Doch solange wir lau sind, wird der Herr uns weder segnen noch gebrauchen.

Dieser Brief könnte von Tausenden anderer Gemeindeleiter geschrieben sein, weil es so normal ist, dass die Leute die guten Dinge, die Gott ihnen gegeben hat, als selbstverständlich hinnehmen. Ich möchte nicht, dass die Grace Church einmal so endet. Ich möchte nicht, dass die Leute den Herrn vergessen. Ich möchte, dass sie beständig den Namen des Herrn fürchten. Petrus schrieb an seine Gemeinde: »Deshalb will ich Sorge tragen, euch immer an diese Dinge zu erinnern, obwohl ihr sie wisst und in der bei euch vorhandenen Wahrheit gestärkt seid« (2Petr 1,12). Petrus hatte eine hohe Berufung von Gott und wollte nicht verantwortungslos damit umgehen. Er war besorgt um die, die zu belehren er berufen war, und erinnerte sie deshalb immer wieder an das, was sie bereits gelernt hatten. Er sagte: »Ich weiß, dass ihr diese Dinge bereits wisst, aber ihr habt es nötig, daran erinnert zu werden.« In Vers 13 fährt er fort: »Ich halte es aber für recht, solange ich in diesem Zelt bin, euch durch Erinnerung aufzuwecken, da ich weiß, dass das Ablegen meines Zeltes bald geschieht ... Ich werde aber darauf bedacht sein, dass ihr auch nach meinem Abschied jederzeit imstande seid, euch diese Dinge ins Gedächtnis zu rufen« (V. 13-15). Es lohnt sich, Elementares zu wiederholen, das nicht vergessen werden darf. Und das möchte ich nun tun.

Viele Gemeindeleiter besuchen die Grace Church, um herauszufinden, warum sie wächst und was wir tun. Normalerweise kommen sie, um nachzuforschen, was in der Gemeinde wie getan wird. Sie möchten wissen, was Gott tut, und manche von ihnen meinen, sie könnten sich die Methoden, Mittel, Programme und Ideen abkupfern und sie in ihrer eigenen Gemeinde anwenden. Das ist jedoch, als wenn man einen Stier kaufen will und nur mit einem Fell nach Hause kommt. Sie sehen nur die Hülle unserer Aktivitäten und nicht die inneren Aspekte, auf denen das Funktionieren dieser Aktivitäten beruht. Unter der Oberfläche der Dinge liegt ein Fundament, das man von außen nicht sieht. Wir versuchen den Gemeindeleitern zu erklären, dass sie vielleicht eine funktionierende Gemeindearbeit sehen, aber dass sie eigentlich das verstehen müssten, was hinter den Kulissen geschieht.

Für diesen ersten Teil unseres Themenstudiums über Gemeindeleitung werde ich die Analogie heranziehen, die Paulus in 1. Korinther 12,12-31 verwendet. Die Gemeinde ist ein Leib, und wir sollten die Anatomie dieses Leibes sorgfältig untersuchen. Jeder Körper besteht aus bestimmten Bereichen: ein Skelett, innere Organe, Muskeln und Fleisch. Eine Gemeinde muss das richtige Grundgerüst haben (das Skelett), innere Organe (bestimmte Einstellungen), Muskeln (verschiedene Funktionen) und Fleisch (die Gestalt der Veranstaltungen). Wenn man einen dieser Schlüsselbereiche wegnimmt, ist der Körper nicht überlebensfähig. Anatomie ist das Studium, wie diese Bereiche zusammen passen und zusammen funktionieren. Mit dieser Anatomie wollen wir uns nun befassen.

Wir beginnen beim Skelett. Um zu funktionieren, braucht ein Körper eine Grundstruktur. Bei Wirbeltieren stellt das Skelett diese Struktur dar. Ebenso gibt es bestimmte skelettartige Wahrheiten, denen eine Gemeinde verpflichtet sein muss, wenn sie eine gesunde Struktur haben soll. Diese Lehren sind unabänderlich und unumstößlich und hier dürfen keinerlei Kompromisse zugelassen werden. Wenn man in einem dieser Punkte nachgibt, wird man das Grundgerüst zerstören – dann hört die Gemeinde auf, eine Gemeinde zu sein und wird stattdessen zu einem unförmigen Etwas.

Eine hohe Sicht von Gott

Es ist absolut notwendig, dass eine Gemeinde sich als Institution ansieht, die zur Ehre Gottes eingerichtet ist. Ich befürchte, dass die Gemeinde in Amerika diese erhabene Stellung verlassen hat und anstatt auf Gott auf den Menschen blickt. Die Gemeinde meint heute offenbar, ihr Ziel sei es, den Menschen zu helfen, sich besser zu fühlen und zufriedener mit sich zu sein. Sie bieten den Menschen nichts Weiteres an als geistliche Placebos. Sie widmet sich Bereichen wie Psychologie, Selbstwertgefühl, Unterhaltung und unzähligen anderen Ablenkungen, um erkannte Bedürfnisse zu stillen. Die Gemeinde, die eigentlich ein Gott erkennender und verehrender Organismus ist, wurde degradiert zu einer Organisation, bei der es hauptsächlich um menschliche Bedürfnisse geht. Aber: Wenn man Gott kennt und ehrt, werden die Bedürfnisse des Lebens gestillt. »Die Furcht des HERRN ist der Weisheit Anfang« (Spr 9,10). Wenn man eine echte Beziehung zu Gott hat, wird alles andere den richtigen Platz einnehmen. Ich meine damit nicht, dass wir die Bedürfnisse der Menschen ignorieren sollten. Wir sollten um die Menschen genauso besorgt sein, wie Gott es ist. Doch dabei muss eine Ausgewogenheit erreicht werden, und die beginnt mit einer hohen Sicht von Gott. Wir müssen Gott ernst nehmen.

Ich bin zurecht empört über Prediger und andere, die Gott von seinem Thron setzen und ihn zu einem Diener machen wollen, der zu allem verpflichtet ist, was sie von ihm wollen. Die Menschen neigen zur Unehrerbietigkeit und wissen nicht, wie Gott angebetet werden muss. Manche meinen, Anbetung sei etwas, was ein angenehmes Gefühl verursacht. Sie haben wenig von Gott erkannt. In der Gemeinde gibt es zu viele Marthas und zu wenig Marias (Lk 10,38-42). Wir sind so mit dem Dienen beschäftigt, dass wir uns nicht die Zeit nehmen, um zu Jesu Füßen zu sitzen. Wir erzittern nicht vor Gottes Wort. Wir lassen nicht zu, dass wir mit der Heiligkeit Gottes und unserer Sündhaftigkeit konfrontiert werden, sodass er uns zu seiner Ehre gebrauchen kann.

Wenn jemand stirbt, sagen wir oft: »Wie konnte Gott das zulassen?« Wir haben kein Recht, so zu fragen. Vielmehr sollten wir fragen: »Warum leben wir noch?« Gott ist heilig und hätte den Menschen sofort nach dem Sündenfall vernichten können. Nur weil Gott gnädig zu uns ist, haben wir noch lange kein Recht zu Gleichgültigkeit. Gott muss ernstgenommen werden.

Schauen Sie sich in einer christlichen Buchhandlung um. Bei der großen Mehrzahl der heutigen Bücher geht es nur um triviale Probleme. Während der Zeit, als die Gemeinde am heiligsten war, hatten die Christen nur wenig Literatur, aber die wenigen Bücher, die sie hatten, erklärten ihnen, wie sie eine Beziehung zu Gott haben können. Bei den meisten heutigen Büchern ist das nicht der Fall.

Eine Umfrage auf einer USA-weiten Gemeindeleiterkonferenz ergab, dass die meisten Gemeindeleiter merken, dass sie Unterstützung in der Arbeit mit Familien brauchen. Trotz aller Bücher über familiäre Themen brauchen christliche Führungspersonen hier immer noch mehr Hilfe. Die Lösung besteht also nicht darin, noch mehr Bücher über die Familie zu schreiben. Das Problem ist, dass die Menschen Gott nicht ernst genug nehmen, um nach seinen Geboten zu leben. Wenn den Familien eine hohe Sicht von Gott gelehrt würde, gäbe es nicht so viele Familienprobleme in der Gemeinde.

In Jakobus 4,8 steht: »Naht euch Gott! Und er wird sich euch nahen.« Möchten Sie mit Gott in Ihrer unmittelbaren Nähe leben? Wenn Sie sich Gott nahen, wird er sich Ihnen nahen. Doch Sie sagen: »Wenn ich Gott zu nahe komme, werde ich schnell nervös.« Deshalb sagt Jakobus 4,8 im zweiten Teil des Verses: »Säubert die Hände, ihr Sünder, und reinigt die Herzen, ihr Wankelmütigen!« Je näher man Gott kommt, desto mehr erkennt man die eigene Sünde. Folglich wird man sich demütigen und die eigenen Sünden beklagen. Jakobus 4,10 sagt, wenn wir uns vor dem Herrn demütigen, wird er uns erhöhen.

Wir müssen Gott ernst nehmen und ihn erhöhen; wir wollen keine Gemeinde, in der der Mensch im Mittelpunkt steht. Wir müssen uns in der Liebe Christi um Menschen bemühen, doch Gott ist und bleibt der Mittelpunkt unserer Anbetung und unseres Lebens.

Die absolute Autorität der Bibel

Eine zweite unumstößliche Wahrheit, die zum Skelett-Grundgerüst der Gemeinde gehört, ist die absolute Autorität der Bibel. Die Bibel wird ständig angegriffen, und das sogar von bekennenden Gemeinden. Kürzlich las ich einen Artikel von einem Professor einer theologischen Ausbildungsstätte, der behauptete, Christen sollen homosexuelles Verhalten nicht als sündig ansehen. Wenn jemand diese Auffassung vertritt, muss er die Bibel missachten. Wie widersprüchlich ist es, wenn ein Theologieprofessor die Bibel verleugnet und gleichzeitig Männer ausbildet, die künftig Diener des Wortes Gottes sein sollen! Doch das sind die heutigen Zustände; die Bibel wird angriffen, koste es, was es wolle.

Ich bin überzeugt, dass die Charismatiker die Bibel angreifen, wenn sie ihre eigenen Visionen und Offenbarungen hinzufügen. Dieser Angriff ist zwar unterschwellig und oft unbewusst, aber keinesfalls harmloser als andere Angriffe. Sie sagen, Jesus habe ihnen dieses und jenes gesagt und Gott habe ihnen jenes gezeigt. Sie untergraben das Wort Gottes, wenn sie die Bibel nicht als alleinige Autorität ansehen. Wer glaubt, Gott rede häufig durch besondere Botschaften zu individuellen Christen, macht Gottes Wort zur Trivialität. Gott offenbart sich in erster Linie durch die Seiten der Bibel, und diese geschriebene Offenbarung muss als absolute Autorität festgehalten werden.

Einer der schlimmsten Angriffe auf Gottes Wort kommt von Leuten, die sagen, sie glauben der Bibel, aber nicht wissen, was sie lehrt. Das ist der am schwersten erkennbare Angriff. In ganz Amerika behaupten Menschen, sie glaubten alles, was in der Bibel steht, kennen jedoch keinen einzigen Abschnitt daraus. Wie können sie das glauben, was sie nicht kennen? Jesus sagte: »Nicht von Brot allein soll der Mensch leben, sondern von jedem Wort, das durch den Mund Gottes ausgeht« (Mt 4,4). Wenn jedes Wort aus dem Mund Gottes unsere Nahrung ist, dann sollten wir jedes einzelne Wort studieren. Heute haben die Prediger den Blick dafür verloren.

Ein Gemeindeleiter sagte mir einmal: »Ich leite eine Gemeinde nur zwei Jahre lang, und dann wechsle ich wieder.«

Ich fragte ihn: »Geht das schon lange so?«

»Ja, ich bin zwei Jahre hier, zwei Jahre dort, und zwei Jahre wieder woanders.«

»Warum?«, fragte ich.

»Ich habe zweiundfünfzig Predigten. Jede halte ich zwei Mal und dann wechsle ich die Gemeinde.«

Daraufhin fragte ich: »Warum lehren Sie nicht den ganzen Ratschluss Gottes, wie es in Apostelgeschichte 20,27 heißt?«

Er antwortete: »Ich lehre nicht alles, sondern nur das, was ich für wichtig halte.«

Aber jedes einzelne Wort aus dem Mund Gottes ist wichtig!

Gesunde Lehre

Der dritte Teil, den eine Gemeinde als Element des Skeletts braucht, ist gesunde Lehre. Wer eine hohe Sicht von Gott hat und ihm hingegeben ist, muss an dem festhalten, was sein Wort lehrt. Die Lehren des Wortes Gottes bilden zusammen die gesunde Lehre.

Viele Christen von heute haben nur vage Vorstellungen in lehrmäßigen Dingen. Viele Gemeindeleiter bieten »Predigtchen für Christchen« – Minipredigten, die nett und unterhaltsam sind. Manchmal vermitteln sie angenehme, aufregende oder traurige Gefühle. Dass Lehre vermittelt oder über Lehrfragen gesprochen wird, hören wir selten. Nur sehr wenige Prediger erklären die Wahrheiten über Gott, das Leben, den Tod, Himmel, Hölle, den Menschen, Sünde, Christus, die Engel, den Heiligen Geist, die Stellung des Gläubigen, das Fleisch oder die Welt. Wir brauchen Wahrheiten, an denen wir festhalten können. Der Prediger muss einen Text lesen, herausfinden, was dieser Text sagt und bedeutet, eine geistliche Wahrheit daraus gewinnen und diese Wahrheit durch Wiederholung ins Denken der Zuhörer einpflanzen.

Diesen Predigtstil lernte ich kennen, als ich meinen Abschluss an der High School machte. Mein Vater schenkte mir eine Bibel mit einer persönlichen Widmung, mit der er mich ermutigte, den 1. und 2. Timotheusbrief zu lesen. Das tat ich, und die Botschaft von Paulus an Timotheus ging mir nicht mehr aus dem Sinn: »Wenn du dies den Brüdern vorstellst, so wirst du ein guter Diener Christi Jesu sein, der sich nährt durch die Worte des Glaubens und der guten Lehre, der du gefolgt bist« (1Tim 4,6; vgl. 1Tim 1,3.10; 4,13.16).

Zu Beginn meines Dienstes in der Grace Church lehrte ich den Epheserbrief und erläuterte die Stellung des Gläubigen in Christus. Diese fortlaufenden Textpredigten waren für die Gemeinde grundlegend. Vor kurzem habe ich meinen Football-Trainer von der High School besucht, den ich lange Zeit nicht mehr gesehen hatte. Er ist gläubig und lehrt ebenfalls das Wort Gottes. Wir erinnerten uns an einige der Dummheiten, die mir damals beim Football passiert waren. Dann sagte er zu mir: »John, du hast mir die

Stellung des Gläubigen in Christus begreifbar gemacht. Ich habe deine Vortragskassetten über Epheser 1 viele Male gehört und ich habe jungen Leuten über Jahre hinweg immer wieder dieses Kapitel gelehrt. Mir hat es ein Fundament für mein ganzes Leben gegeben, diese Lehre von der Stellung des Gläubigen in Christus zu verstehen.«

Nicht ich habe meinem Trainer dieses Fundament gegeben; der Epheserbrief und der Heilige Geist haben das getan. Worum es geht, ist, dass die Leute gesunde, kräftige Lehre brauchen, um ihr Leben darauf zu bauen.

Persönliche Heiligung

Wenn es um persönliche Heiligung geht, müssen wir klare Grenzen ziehen. Wir müssen aufpassen, welchen Dingen wir uns und unsere Kinder aussetzen. Einige Kinofilme und Bücher von heute können nicht konsumiert werden, ohne den Preis dafür zu zahlen. Manchmal frage ich mich, was wohl solchen Christen durch den Sinn geht, die sich Filmen, Fernsehsendungen und Printmedien aussetzen, die Unmoral und ein unbiblisches Wertesystem verbreiten. Wir dürfen nicht wagen, unsere Maßstäbe herunterzuschrauben und der Welt anzugleichen. Es schockiert, was unsere Gesellschaft alles toleriert. Worüber man noch vor zehn Jahren höchstens hinter vorgehaltener Hand getuschelt hat, das wird heute öffentlich zur Schau getragen. Ich staune, dass unsere Kultur in so kurzer Zeit so enorm verfallen konnte. Christen sind zu einem reinen Leben berufen, und damit können wir keine Kompromisse eingehen. Wir sollten unter uns den Maßstab der Reinheit neu bestärken.

2. Korinther 7,1 sagt: »Da wir nun diese Verheißungen haben, Geliebte, so wollen wir uns reinigen von jeder Befleckung des Fleisches und des Geistes und die Heiligkeit vollenden in der Furcht Gottes.« Eine Gemeinde sollte für diesen Maßstab eintreten (siehe Mt 18,15-17). Deshalb praktizieren wir bei uns in der Grace Church Gemeindezucht. Wenn jemand sündigt, ziehen wir ihn dafür zur Rechenschaft.

Viele Christen sorgen sich um persönliche Heiligung weniger, als sie sollten. Wo stehen Sie in Sachen Heiligkeit und Gemeinschaft mit dem lebendigen Gott? Wir können nicht halbherzig als Christen leben und dennoch erwarten, dass Gott sein Werk an uns tut.

Geistliche Autorität

Eine letzte Komponente der Skelettstruktur einer Gemeinde ist geistliche Autorität. Eine Gemeinde muss verstehen, dass Christus das Haupt der Gemeinde ist (Eph 1,22; 4,15) und dass er diese Rolle mittels gottesfürchtiger Ältester ausübt (1Thes 5,13-14; Hebr 13,7.17).

Hebräer 13,17 sagt: »Gehorcht und fügt euch euren Führern! Denn sie wachen über eure Seelen.« Ihrem Vorbild ist zu folgen. In 1. Thessalonicher 5 werden wir aufgefordert, »dass ihr die anerkennt, die unter euch arbeiten und euch vorstehen im Herrn und euch zurechtweisen, und dass ihr sie ganz besonders in Liebe achtet um ihres Werkes willen« (V. 12-13).

In der Grace Church haben wir viele Führungspersonen; ich bin nur einer davon. Mir fällt die von Gott gegebene Aufgabe des Predigens zu. Jesus hatte zwölf Apostel. Bei allen Auflistungen in den Evangelien wird Petrus als erster genannt (Mt 10,2-4; Mk 3,16-19; Lk 6,14-16; Apg 1,13). Er war stets der Sprecher. Das bedeutet nicht, dass er besser war als die anderen. Er hatte lediglich die Gabe des Redens, und die übrigen waren anderweitig begabt.

Petrus und Johannes reisten immer zusammen. Deshalb könnte man meinen, Johannes habe nicht so viel gesagt. Aber er schrieb das Johannesevangelium, die drei Johannesbriefe und die Offenbarung. Zweifellos hätte er uns aufgrund seiner innigen Freundschaft zu Christus noch mehr großartige Dinge mitteilen können. Doch wenn er in den ersten zwölf Kapiteln der Apostelgeschichte zusammen mit Petrus erwähnt wird, schweigt er. Warum? Weil Petrus die Gabe des Redens hatte.

Barnabas war ein großartiger Lehrer – wahrscheinlich der führende Lehrer der Urgemeinde. Doch wenn Barnabas und Paulus zusammen unterwegs waren, erkannten sogar Ungläubige, dass Paulus der Wortführer war.

Somit gibt es also Unterschiede in den Begabungen von geistlichen Führungspersonen. Doch insgesamt ist denen, die die Bibel als Älteste oder Aufseher bezeichnet, eine gleiche Autorität gegeben.

Fassen wir zuletzt noch einmal zusammen, was wir gelernt haben: Damit die Gemeinde als Leib Christi funktionieren kann, muss sie die richtige Grundstruktur haben. Sie muss eine hohe Sicht von Gott haben. Eine Gemeinde sollte danach streben, Gott zu erkennen. Bei diesem Streben muss die Autorität der Bibel anerkannt werden, denn nur durch die Bibel können wir Gott erkennen. Eine Gemeinde sollte eine hohe Sicht von der Bibel haben und der gesunden Lehre und Verkündigung verpflichtet sein. Die Gemeindeglieder sollten ferner nach persönlicher Heiligung streben und ihre Seelen der Obhut derer unterordnen, die der Herr über sie als geistliche Autoritätspersonen gesetzt hat.

Kapitel 2

Die inneren Organe[3]

Wir haben festgestellt, dass das Grundgerüst einer Gemeinde, ihr Skelett, aus den unumstößlichen Wahrheiten besteht, bei denen wir uns keinerlei Kompromisse leisten können. Sie sind wie die Knochen eines Skeletts fest und unbiegsam und stellen das Rückgrat einer biblischen Funktionstüchtigkeit dar.

Doch wie jeder lebendige Organismus kann die Gemeinde nicht allein als Skelett existieren. Ein Skelett bietet das Grundgerüst, aber es lebt nicht. Ein natürlicher Körper hat Organe und Säfte, die ihn lebendig und funktionstüchtig erhalten. Ebenso muss eine Gemeinde innere Organe haben – bestimmte geistliche Einstellungen. Das Leben einer Gemeinde geht aus diesen Organen hervor.

Das Ziel von Gemeindeleitern sollte sein, im Herzen der Gläubigen die richtige geistliche Einstellung zu bewirken. Es reicht nicht, wenn die Gemeindeleiter sagen: »Du musst dieses tun und du musst jenes lassen.« Sie müssen die geistlichen Einstellungen erstreben, die die Gemeindeglieder zum richtigen Verhalten motivieren. Jemand kann äußerlich etwas Gutes tun und doch eine schlechte Einstellung haben. Gutes äußeres Verhalten sollte jedoch aus guten Einstellungen heraus geschehen. Deshalb ist es so wichtig, die Frucht des Geistes zu betonen (Gal 5,22-23) – die inneren Einstellungen.

Manchmal treten junge Männer eine Stelle als Gemeindehirte an und sehen, dass in ihrer Gemeinde bestimmte Defizite bestehen. Sie sehen einen Mangel an Organisation und sind versucht, die Gemeinde umzuorganisieren. Sie sagen: »Lasst uns einige Älteste einsetzen und die Gemeinde umorganisieren!« Doch wissen Sie, was nach der Umorganisation geschehen wird? Die Gemeinde hat immer noch dieselben Menschen mit denselben Einstellungen in einer veränderten Struktur, und diese Menschen verstehen nicht den Sinn und Zweck der Veränderungen. Als ich zur Grace Church kam, hatte ich eine neue Idee, wie die Sonntagsschule zu führen sei. Ich schrieb meine Vorstellungen auf und stellte sie dem Lehrausschuss vor. Sie zerrissen ihn einstimmig in der Luft und sagten: »Was glaubst du, wer du bist? Wir sind länger hier als du.«

Im Endeffekt sagten sie: »Überprüfe dich selbst.« Einige Jahre später machte der Lehrausschuss denselben Vorschlag, den ich damals unterbreitet hatte. Daraus lernte ich, wie wichtig es ist, bei den Leuten die geistlichen Einstellungen zu entwickeln, die zu den richtigen Reaktionen führen werden. Wenn in einer Gemeinde die richtigen geistlichen Einstellungen vorhanden sind, wird die Struktur von selber die richtigen Formen annehmen, weil vom Heiligen Geist geleitete Menschen vom Geist geleitete Dinge tun. Sie werden dann ganz natürlich dem biblischen Muster der Gemeinde entsprechen.

Eine Gemeinde sollte an den Einstellungen ihrer Gläubigen arbeiten. Ich habe kein Interesse daran, dass die Gläubigen der Grace Church sich auf eine bestimmte Weise verhalten und ihr Geld geben, Sonntags und Mittwochs zur Gemeinde kommen, fünf Stunden pro Woche beten und täglich die Bibel lesen. Diese Dinge kann man nicht auf einer gesetzlichen oder oberflächlichen Basis erreichen. Der Verkündigungsdienst sollte darauf abzielen, die richtigen geistlichen Einstellungen hervorzubringen. Manchmal gestaltet sich das sehr schwierig, weil manche Leute nicht die richtigen Einstellungen haben wollen und es so einfach ist, sie mit schlechten Einstellungen »Gutes« tun zu lassen. Doch damit lässt man zu, dass Leute mit schlechten Einstellungen mit ihrem gesetzlich motivierten Verhalten zufrieden sind.

Gehorsam

Gehorsam hat Vorrang vor allen anderen Einstellungen. Wer gehorsam ist, tut alles, was Gott sagt. Er geht keine Kompromisse ein. Wenn Gott etwas sagt, ist es so – daran gibt es nichts mehr zu rütteln. Für uns ist es wichtig, dass wir Gottes Wort in unserem Herzen und Denken haben, damit wir wissen, wie wir gehorsam sein können. Gehorsam ist die unerlässliche Voraussetzung für alle anderen richtigen Einstellungen. Sie ist die alles durchdringende Grundhaltung, die andere geistliche Tugenden ermöglicht. Ein Verhalten ohne die Einstellung des Gehorsams ist bedeutungslos; innerer Gehorsam ist besser als jeder äußere Akt der Anbetung (1Sam 15,22). Außerdem führt Gehorsam zu weiteren richtigen geistlichen Einstellungen.

Es gibt mehrere weitere wichtige Gründe für ein gehorsames Leben: Gott zu ehren, Segnungen zu empfangen, ein Zeugnis für

Ungläubige und ein Vorbild für andere Christen zu sein. Gehorsam ist auch die Voraussetzung, um mit dem Heiligen Geist erfüllt zu sein. Wenn wir mit dem Heiligen Geist erfüllt sind, können wir Ungläubige erreichen und ein Vorbild für solche sein, die beobachten, wie wir leben.

In Lukas 6,46 sagt Jesus:»Was heißet ihr mich aber: Herr, Herr! und tut nicht, was ich sage?« Wenn Jesus der Herr Ihres Lebens ist, sollten Sie tun, was er Ihnen sagt. Matthäus 7,13-14 sagt, dass der Weg zum Heil schmal ist. Das ist deshalb so, weil dieser Weg begrenzt ist von Gottes Willen, Gesetz und Wort. Wir sollen Christus als Herrn bekennen und anerkennen (Röm 10,9-10) und uns ihm als Herrn unterwerfen. Das bedeutet, ein Leben des Gehorsams zu führen.

Ein Hörer meiner Radiosendung schickte mir einen Brief und eine Kassettenaufnahme und berichtete mir darin über eine Sache, die ihm auf dem Herzen lag. Die ersten zehn Minuten der Aufnahme sprach er davon, wie sehr er das Bibelstudium in unserer Radiosendung schätzt. Dann sagte er, er habe viele Sünden in seinem Leben, an denen Gott arbeite, und zu einer dieser Sünden habe er eine Frage an mich. Er habe niemals normale Gefühle zum anderen Geschlecht gehabt, aber stattdessen habe Vieh eine stark sexuelle Anziehungskraft auf ihn. Dann fügte er jedoch hinzu, dass er dies nicht als Problem ansah, weil er sich deshalb nicht schuldig fühlte. Er sagte, der Herr reinige ihn auf anderen Gebieten, aber nicht hier. Als Antwort erhielt er einen vierseitigen Brief mit der Erklärung, dass sein Problem in Gottes Augen eine schwere Sünde ist. Wenn er zur Zeit des Alten Testament gelebt hätte, wäre er dafür getötet worden, denn in 3. Mose 20,15 steht:»Und wenn ein Mann bei einem Vieh liegt, soll er unbedingt getötet werden.« Der Brief brachte freundlich zum Ausdruck, dass Gott nicht bestimmte Sünden auswählt, um daran zu arbeiten und die anderen Sünden unbeachtet lässt. Jede Sünde ist ein Angriff auf seinen heiligen Namen. Der Brief führte etliche Schriftstellen an, um die Aussagen zu belegen.

Einige Zeit später schickte mir der Mann eine weitere Kassettenaufnahme, auf der er sagte:»Ich denke nicht, dass jeder das versteht. Christen sind so in die Bibel verstiegen, dass sie nicht verstehen, wie Gott wirkt und fühlt.« Das ist eine aufschlussreiche Aussage. Sie spiegelt eine weitverbreitete Einstellung wider, die jedoch eine katastrophale Theologie ist. Wie können wir wissen, wie Gott zu einer Sache steht, außer durch Bibelstudium? Dieser Mann wollte nicht hören, was Gott zu seinem Problem zu sagen hat, weil er nicht mit seiner eigenen Schuld konfrontiert werden wollte. In 1. Johannes 2,5 lesen wir: »Wer aber *sein (Gottes)Wort hält*, in dem ist wahrhaftig die Liebe Gottes vollendet. Hieran erkennen wir, dass wir in ihm sind« (Hervorhebung zugefügt). Wer eine solche Gräuelsünde in seinem Leben dulden kann und ohne die Bibel zu lesen sagt, er wisse, wie Gott denkt, hat ein Problem. Die Sünde führt dazu, dass man sich selber zu rechtfertigen versucht. Dieses Fallbeispiel ist eine extreme Illustration, doch weist es auf die Tatsache hin, dass Gott uns zum Gehorsam gegenüber seinem Wort aufruft. Das Ziel des Verkündigungsdienstes sollte sein, eine Gemeinschaft von gehorsamen Gläubigen aufzubauen. Das ist Gottes Absicht sowohl im Alten wie im Neuen Testament. Wenn Gott spricht, müssen wir gehorchen.

Wenn Leute mit Gottes Wahrheit konfrontiert und von Sünden in ihrem Leben überführt werden, dann jedoch auf dem Weg des Ungehorsams fortfahren, ist das sehr traurig. Stellen Sie sich beispielsweise vor, Sie hören eine Predigt über Vergebungsbereitschaft und in Ihrem Leben gibt es etwas, wo Sie wissen, dass Sie jemandem vergeben müssen. Doch Sie verdrängen diese Predigt aus Ihrem Sinn und lassen Ihrer verbitterten, unversöhnlichen Gesinnung weiterhin freien Lauf. Das ist Ungehorsam und allem diametral entgegengesetzt, was Gott in Ihrem Leben erreichen möchte.

Jemand sagt vielleicht: »Ich gehe zur Gemeinde. Reicht das etwa nicht aus?« Doch in 1. Samuel 15,22 steht: »Gehorchen ist besser als Schlachtopfer.« Rituale können niemals Gehorsam ersetzen. In 1. Petrus 1 fordert uns der Apostel auf: »Umgürtet die Lenden eurer Gesinnung« (V. 13). Anders ausgedrückt: Stelle sicher, dass deine Prioritäten richtig sind. »Als Kinder des Gehorsams passt euch nicht den Begierden an, die früher in eurer Unwissenheit herrschten« (V. 14). Lebe nicht so wie damals, bevor du Christ wurdest. Du musst ein gehorsames Kind Gottes sein.

Jesus sagte: »Glückselig, die das Wort Gottes hören und befolgen!« (Lk 11,28). Paulus lobte die Christen in Rom: »Die Kunde von eurem Gehorsam ist zu allen gekommen. Daher freue ich mich euretwegen ...« (Röm 16,19). Das Herz eines Gemeindehirten schlägt höher, wenn er sieht, dass die ihm anvertrauten Gläubigen gehorsam sind.

Ich hörte einmal Howard Hendricks sagen, dass Christen, die schon lange gläubig und über 50 Jahre alt sind, die begeistertsten, hingegebensten, lautersten, dienendsten Gläubigen einer Gemeinde sein sollten. Die ganze Energie der Gemeinde sollte von ihnen ausgehen. Sie sollten bei Evangelisation und Gebet an vorderster Front stehen. Warum? Weil sie schon am längsten mit Gott gelebt haben. Sie haben das Wort Gottes schon so lange auf ihr Leben angewendet, dass sie gehorsamer und reifer geworden sind als solche, die erst seit ein paar Jahren Christ sind.

Es ist wunderbar, dass die Grace Church viele junge Leute hat. Ich mag junge Leute, weil sie so viel Elan und Initiative haben. Doch es ist traurig, wenn die ganze Energie einer Gemeinde nur von den jungen Leuten ausgeht. Oft höre ich junge Gemeindeleiter sagen: »Meine Gemeinde ist gut und an einem schönen Standort, aber voller Senioren.«

Wenn Sie Christ sind, aber das Wort Gottes nicht auf ihr Leben anwenden, werden Sie zu einem solchen müden Senior werden. Sie werden die 50 überschreiten und dann geistlich entspannen wollen. Dann werden Sie sich sagen: »Ich bin nun viele Jahre zur Gemeinde gegangen. Ich möchte nicht mehr evangelisieren; das überlasse ich lieber den jungen Leuten!« Sehen Sie sich die Führungspersonen Israels im Alten Testament an: Viele von ihnen waren alt! Die Urkirche fand ihre Energie in ihren reifen Gläubigen. Heute bezieht die Gemeinde ihre Kraft von den jungen Leuten. Wir brauchen die Kraft dieser Junioren, aber wir brauchen auch die Kraft, die ältere Gläubige in einem langen Leben des Gehorsams entwickelt haben. Ein älterer Gläubiger sollte bereit sein, mit seiner aufgebauten Kraft in den Himmel abzuheben! Doch weil viele Gläubige das gehörte Wort Gottes nicht mehr anwenden, wenn sie älter werden, gibt es keine Veränderungen in ihrem Leben mehr. Sie haben viel geistliches Wissen angesammelt, aber sie haben keine Kraft. Ich möchte nicht, dass mein Leben darauf hinausläuft. Vielleicht hören viele schließlich deshalb mit dem Dienst für Christus auf, weil sie der Bibel zuhören, ohne sie anzuwenden.

Wir müssen entschlossen sein, Gottes Wort zu gehorchen. Wenn der Heilige Geist uns eine Wahrheit lehrt, müssen wir sie anwenden. Wenn Sie von einer Sünde überführt werden, sagen Sie nicht: »Ich wünschte, Soundso hätte diese Predigt gehört.« Wenden Sie die Predigt auf Ihr eigenes Leben an. Wenn Sie Christus gehorchen, werden Sie geistlich reifen und für Gott brauchbarer werden.

Demut

Die zweite Einstellung, die einen Christen auszeichnen sollte, ist Demut. Ich habe mit Stolz zu kämpfen gehabt, und ich bin sicher, dass auch Sie damit Probleme hatten oder haben. Demut ist sehr schwer zu fassen, denn wenn man sich sagt: »Ich bin demütig«, ist man stolz.

Als wir in der Gracc Church den Saal bauten, den wir jetzt als Sporthalle benutzen, bestellte irgendjemand fünf große Stühle mit Kronen oben auf den Rückenlehnen. Vor Beginn des Gottesdienstes sollte ich mich auf den mittleren dieser Stühle setzen. Ich habe das ein paar Wochen lang probiert, aber es gefiel mir nicht. Ich wollte lieber in der Vorderreihe der Bänke bei der Gemeinde sitzen. Ich wollte nicht, dass die Leute denken, ich sei stolz auf mich oder besser als sie. Wenn ich vorn in den Bänken sitze, habe ich dieselbe Perspektive wie alle anderen auch. Ich bin in der Gemeinde, um Gott anzubeten. Der einzige Unterschied zwischen den anderen Gläubigen und mir ist, dass Gott mich als Prediger berufen und mir die Gabe des Predigens gegeben hat.

Ich hoffe, als Sie Christ wurden, standen Sie nicht unter dem falschen Eindruck, dass Gott Sie brauche. Manche sagen: »Wenn der Herr doch nur diese bestimmte Person retten könnte! Sie hat so große Begabungen und ist eine begabte Führungsperson.« Das ist lächerlich. Der Herr kann erretten, wen immer er will. Und wir haben Gott nichts anzubieten. Wir sind wie der Knecht aus Matthäus 18,23-34, der seine Schuld von 10.000 Talenten nicht bezahlen konnte. Er hatte nichts zu bieten. Matthäus 5,3 sagt: »Glückselig die Armen im Geist, denn ihrer ist das Reich der Himmel.« Anders gesagt: Als wir ins Reich Gottes aufgenommen wurden, kamen wir als mittellose Bettler, die nichts anzubieten haben. Wir waren geistlich bankrott. Wenn wir jetzt irgendetwas haben, dann nicht, weil wir es verdient haben, sondern weil Gott es uns gab. Das einzige, was ich Gott im Gegenzug wieder anbieten kann, ist das, was er mir durch seine Gabe der Errettung und durch seinen Heiligen Geist gegeben hat. Ich kann mir nichts zuschreiben für das, was ich bin; ich muss Gott die Ehre geben. Ich habe keinen Grund, stolz zu sein.

Die Leiter der Grace Church haben sich beeifert, der in unserer derzeitigen Gesellschaft vorherrschenden Betonung auf Selbstwertgefühl und Selbstbeschauung zu widerstehen. Wir stellen heraus, dass Gott Christen dazu berufen hat, aufopferungsvoll und demütig zu sein. Die Bibel spricht immer wieder von Demut. In Matthäus 10,38-39 sagt Jesus im Grunde genommen: »Verleugne dich selbst, nimm dein Kreuz auf dich und erlange dein Leben dadurch, dass du mir folgst.« Dasselbe sagt er in Matthäus 16,24-25: »Verleugne dich selbst und folge mir nach. Zahle den Preis der Selbstaufgabe und stelle dich selber unter andere.« In Philipper 2,3-4 lesen wir: »(dass ihr ...) nichts aus Eigennutz oder eitler Ruhmsucht tut, sondern dass in der Demut einer den anderen höher achtet als sich selbst; ein jeder sehe nicht auf das Seine, sondern ein jeder auch auf das der anderen!« Sei bestrebt, andere zu ehren und ihre Bedürfnisse zu stillen. Wenn die Christen einer Gemeinde um Autoritätspositionen kämpfen, werden sie dasselbe Chaos erfahren, wie die Jünger, als sie darum stritten, wer der Größte unter ihnen ist (Mt 20,20-21; Mk 9,33-35; Lk 22,24).

Wir sollten ernstlich wünschen, demütig zu sein. Das bedeutet nicht, dass wir uns selbst unterschätzen, denn in Christus sind wir von ewigem, unschätzbarem Wert. Wir sollen nicht herumlaufen und allen sagen: »Ich bin ein Wurm; ich bin eine Ratte, ich bin ein Schwein, ich bin nichts.« (Denken wir stattdessen daran, dass Christus derjenige ist, der uns wertvoll macht – das haben wir nicht selber zustande gebracht.) Wir sind für Gott wertvoll, weil wir erlöst und geheiligt sind. Das befähigt uns, ihm zu dienen.

Liebe

Nur wer demütig ist, kann Liebe zeigen. Ich spreche nicht von der weltlichen Liebe, die eine Attrappe und objektorientiert ist. Das ist der Grund, weshalb so viele Ehen nicht halten. Weltliche Liebe ist bloß ein Gefühl, und wenn das Gefühl vorbei ist, ist die Beziehung beendet. Diese Art von Liebe will nur etwas bekommen und nichts geben.

Biblische Liebe ist ganz anders. Sie ist kein Gefühl; sie ein Akt des aufopferungsvollen Dienens. Sie ist keine Einstellung, sondern eine Tat. Liebe *tut* stets etwas. Die Worte, die in 1. Korinther 13,4-7 Liebe beschreiben, sind allesamt Verben. Liebe ist ein Akt des Dienens, der aus einem demütigen Herzen hervorgeht.

Biblische Liebe erfüllt die Bedürfnisse der Mitmenschen. Jesus sagte in Lukas 10,27: »Du sollst ... deinen Nächsten (lieben) wie dich selbst.« Ein Gesetzesgelehrter entgegnete: »Und wer ist mein Nächster?« (V. 29). Jesus antwortete darauf mit dem Gleichnis

vom barmherzigen Samariter (V. 30-35). Der Samariter wander-
te einen Weg entlang und fand am Wegesrand einen Mann, der
schlimm zusammengeschlagen worden war. Er half dem Mann
und erfüllte dessen Bedürfnisse. Wer ist dein Nächster? Jeder, der
etwas braucht, was du ihm geben kannst. Wen sollst du lieben?
Jeden, der etwas braucht. Wie kannst du ihn lieben? Gib ihm, was
er braucht, auch wenn du keine emotionale Anziehung oder Sympa-
thie für ihn empfindest.

Eine klassische Illustration für die Demut von Liebe ist die Begebenheit in Johannes 13. Jesus und die Jünger nahmen gemeinsam
das Abendmahl ein. Die Jünger stritten sich gerade, wer der größte
unter ihnen ist (Lk 22,24). Damals aß man liegend am Tisch, was bedeutet, dass sich jemandes Kopf etwa zwanzig Zentimeter entfernt
von den Füßen seines Tischnachbarn befand. Vor dem Niederlassen
zum Essen die Füße zu waschen, war die übliche Höflichkeitsform.
Doch in diesem Fall war kein Diener da, der die Füße der Jünger
gewaschen hätte. Keiner der Jünger war bereit, diese Aufgabe zu
übernehmen, weil sie alle disputierten, wer der Größte sei. So legte
Jesus sein Obergewand ab, band sich ein Handtuch um seine Hüfte
und wusch selber die Füße der Jünger (Joh 13,4-5). Er lehrte die
Jünger damit eine unvergessliche Lektion. Als er fertig war, sagt er:
»Ihr sollt einander lieben, wie ich euch geliebt habe« (V. 15). Wie
brachte er seine Liebe zu ihnen zum Ausdruck? Nicht durch eine
emotionale Zuneigung. Sein wahrscheinlich einziges Gefühl dabei
war Ekel, weil die Jünger so voller Selbstsucht und Stolz waren. Er
zeigte ihnen seine Liebe, indem er ihre Bedürfnisse stillte. In gleicher Weise sollen wir die Bedürfnisse von anderen erfüllen.

Wir sollen die Bedürfnisse anderer spontan und freiwillig erfüllen. Unsere Liebe sollte wie ein Reflex aus einem demütigen
Herzen sein. Ein solches Herz wird seine Natur stets offenbaren.
Folgender Brief, den ich erhielt, ist eine Veranschaulichung für
spontane, aufopferungsvolle Liebe:

Vor einiger Zeit hatten mein Mann und ich die Gelegenheit, die
Grace Community Church zu besuchen, und nun möchte ich
Ihnen mitteilen, welchen Eindruck Ihre Gemeinde auf einen
Besucher macht. Unsere eigene Gemeinde ist ebenfalls groß,
und unser Motto lautet: »Die Gemeinde ist dort, wo Liebe ist.«
Ich habe mich noch nirgends so aufgenommen gefühlt wie in der
Grace Church. Die Leute waren hervorragend. Sie behandelten

uns wie Könige. Ein netter Herr holte mich früh morgens ab. Während der Pause zwischen dem ersten und dem zweiten Teil sprach ich eine Zeitlang mit einem anderen Mann. Er fragte mich, ob ich gern eine Kassettenaufnahme von diesem Gottesdienst haben möchte. Ich sagte: »Ja!« Ein paar Wochen später erhielt ich nicht nur diese eine Kassette, sondern eine ganze Vortragsreihe über Jesu Lehren zum Thema Scheidung. Viele Freunde von mir haben sich diese Kassetten angehört und dabei wurden ihnen viele Fragen beantwortet. Ich möchte Sie nur wissen lassen, wie wunderbar Ihre Gemeinde ist.

Ist das nicht ein schönes Zeugnis? Ich kenne die Leute, die hier erwähnt wurden. Der sie abholte, hatte eigentlich gar keine Zeit dafür, weil er so viele andere Verantwortungen hat. Der Mann, der ihr die Kassetten schickte, hatte eigentlich nicht das Geld dafür, aber so verhält sich Liebe nun mal. Liebe kommt aus einem demütigen Herzen. Liebe strebt danach, andere zu ermuntern und zu erfreuen.

Einheit

Jesus betete, dass alle Christen eins sein mögen, so wie er und der Vater eins sind, damit die Welt erkenne, dass der Vater ihn gesandt hat (Joh 17,21). Das bezieht sich grundsätzlich auf die Einheit der Gläubigen infolge der Errettung, doch möchte Jesus auch, dass wir im Leben und Streben der Gemeinde eins sind. Paulus forderte die Epheser auf: »Befleißigt euch, die Einheit des Geistes zu bewahren durch das Band des Friedens« (Eph 4,3). Er sagte ihnen nicht, sie sollten eine Einheit herstellen, denn diese Einheit bestand bereits. Sie sollten die Einheit bewahren, die Gott ihnen bereits gegeben hatte.

Einheit ist ein wichtiger Bestandteil des Gemeindelebens und deshalb ein beständiger Angriffspunkt des Teufels. Vor einiger Zeit besuchten meine Frau und ich eine Bibelkonferenz und hatten dabei Gelegenheit, mit der Tochter von Dr. Criswell zu sprechen, dem Leiter der First Baptist Church in Dallas. Sie sagte zu uns: »Mein Vater hatte einmal einen Mann unter seinen Mitarbeitern, der die Gemeinde zu spalten versuchte. Das hat ihn sehr erschüttert. Eines Sonntags wurden die Sorgen darüber so überwältigend, dass er einen Handwerksbetrieb anrief und sagte: ›Ich möchte, dass bis nächsten Sonntag in jeder Sitzreihe dieser Gemeinde Kniebänke angebracht werden!‹ Am nächsten Sonntag hatten alle Sitzreihen Kniebänke. (Sie sind auch heute noch dort.) Als die Gemeinde vollständig versammelt war, sagte er: ›Durch die Gnade Gottes hat es in dieser Gemeinde niemals eine Spaltung gegeben und wird es niemals eine geben.‹ Dann forderte er die ganze Gemeinde auf, sich zum Gebet auf die Bänke zu knien. Gott heilte die Risse, die in der Gemeinde entstanden waren.«

Einheit verherrlicht Gott und ehrt seinen Namen. Satan versucht unaufhörlich, Gemeinden zu spalten. Ich danke Gott, dass die Grace Church noch nie eine Spaltung erlebt hat. Es gab Leute, die die Gemeinde verlassen wollten, weil irgendeine Kleinigkeit nicht so ablief, wie sie es gerne gehabt hätten. Selbst wenn sie Recht hatten, halten Demut und Liebe sich zurück, um keine Spaltung herbeizuführen.

Niemand ist vollkommen, und deshalb wird es immer Kleinigkeiten geben, worüber man uneins ist. Dennoch sollten wir stets zusammen auf die Knie gehen und danach streben, die Einheit des Geistes und das Band des Friedens zu bewahren (Eph 4,3). Das war der Wunsch der Autoren des Neuen Testaments. Paulus schüttete sein ganzes Herz aus, als er den Korinthern schrieb: »Ich ermahne euch aber, Brüder, durch den Namen unseres Herrn Jesus Christus, dass ihr alle einmütig redet und nicht Spaltungen unter euch seien, sondern dass ihr in demselben Sinn und in derselben Meinung völlig zusammengefügt seiet. Denn es ist mir durch die Hausgenossen der Chloë über euch bekannt geworden, meine Brüder, dass Streitigkeiten unter euch sind« (1Kor 1,10-11). Er konnte es nicht aushalten, einfach zuzuschauen, wie die Gemeinde sich spaltet. Die Gläubigen von Philippi forderte er auf, dass sie »mit *einer* Seele zusammen für den Glauben des Evangeliums kämpfen« (Phil 1,27). Seine Worte gelten heute wie damals. Sehen Sie in Ihrem Leben die oben erwähnten Einstellungen? Machen Sie Fortschritte in der Reife und werden Sie weiter dadurch geheiligt, dass Sie das Wort Gottes hören und es anwenden? Erkennen Sie bei sich ein geistliches Wachstum, sodass Sie mit zunehmendem Alter auf den Gipfel der Hingabe zustreben? Haben Sie eine Einstellung der Demut? Kümmern Sie sich um die Bedürfnisse von anderen mit Werken der Liebe aus einem demütigen Herzen? Versuchen Sie wirklich, Frieden zu stiften und die Einheit des Geistes zu bewahren? All das sollten wir in unserem Leben erstreben. Das ist Gottes Wille für uns.

Bereitschaft zum Dienen

Große Gemeinden haben große Bedürfnisse. Weil unsere Gemeinde so groß ist, gibt es viele Möglichkeiten zum Mitarbeiten und Dienen. Ironischerweise neigen die Leute zu der Ansicht, in einer solch großen Gemeinde würden sie nicht gebraucht. Sie halten sich lieber im Hintergrund, machen es sich auf den Bänken bequem und schauen zu, wie die anderen dienen. Das kann tödlich sein!

In 1. Korinther 4,1 sagt Paulus: »Dafür halte man uns: für Diener Christi und Verwalter der Geheimnisse Gottes.« Anders ausgedrückt: Wenn es an der Zeit ist, ein Urteil über meine Mitarbeiter und mich abzugeben, soll gesagt werden, dass wir Diener Christi sind.«

Im Griechischen gibt es mehrere Wörter für »Diener« und Paulus verwendete hier die Vokabel, die am besten den Gedanken eines niedrigen Knechtes ausdrückt (gr. *hypêretês*, »Unter-Ruderer«). Damals gab es große, hölzerne Schiffe mit drei übereinanderliegenden Ruderbänken, die so genannten *Tiremen*. Sie wurden von Sklaven angetrieben, die im Schiffsrumpf an die Ruder gekettet waren. Die Sklaven in der untersten Ruderbank wurden Unter-Ruderer genannt. Paulus und seine Mitarbeiter wollten nicht groß rauskommen, sondern wollten als drittklassige Sklaven betrachtet werden, die einfach ihre Ruder bedienten.

Viele wollen gern erfolgreich und angesehen sein, aber Gott möchte einfach gehorsame Knechte haben. In 1. Korinther 4,2 sagte Paulus: »Übrigens sucht man hier an den Verwaltern, dass einer treu befunden werde.« Gott will nicht, dass jemand mit einer innovativen neuen Rudertechnik aufwartet, mit der er jeden anderen auf der Ruderbank abhängt! Er möchte treue Ruderer, die sich als bereitwillige Knechte ansehen.

Dienst an anderen muss nicht unbedingt mit offiziellen Gemeindeprogrammen zu tun haben. In Römer 12 schreibt Paulus über die Funktion von Knechten und verwendet dabei den menschlichen Körper mit seinen Gliedern als Vergleich: »Denn wie wir in *einem* Leib viele Glieder haben, aber die Glieder nicht alle dieselbe Tätigkeit haben, so sind wir, die vielen, *ein* Leib in Christus, einzeln aber Glieder voneinander. Da wir aber verschiedene Gnadengaben haben nach der uns gegebenen Gnade, (so lasst sie uns gebrauchen): es sei Weissagung, in der Entsprechung zum Glauben; es sei Dienst, im Dienen; es sei, der lehrt, in der Lehre; es sei, der ermahnt, in der Ermahnung; der mitteilt, in Einfalt; der vorsteht, mit Fleiß; der Barmherzigkeit übt, mit Freudigkeit« (V. 4-8). Paulus sagt damit: »Gebraucht eure von Gott gegebenen Fähigkeiten, um anderen zu dienen!« Du brauchst kein Programm, um anderen dienen zu können. Lass die Fähigkeiten, die Gott dir gegeben hat, aus deinem Leben ausströmen, sei es in einem strukturierten Programm oder in persönlichen Beziehungen. Ein Gläubiger hat den Heiligen Geist und wird von ihm befähigt, anderen zu dienen. Wer nicht mitarbeitet und dient, verursacht einen blockierenden Dienststau. Stehen Sie nicht in der Gemeinde herum und sagen: »Da sind so viele Leute, ich weiß gar nicht, wo ich mich nützlich machen könnte.« Wenn Sie mit dem Heiligen Geist erfüllt sind, möchte Gott einen Dienstbereich durch Sie zustande bringen, der für diese Gemeinde unentbehrlich ist.

Paulus erwähnt in Römer 12,6-8 verschiedene Kategorien des Dienstes: Weissagung (Predigtdienst), Dienst, Lehre, Ermahnung, Mitteilung, Vorsteherdienst und Barmherzigkeit (s.a. 1Kor 12,4-11). Jede dieser Kategorien ist sehr weit gefasst. Im Bereich des Mitteilens gibt es viele verschiedene Möglichkeiten, etwas mitzuteilen und weiterzugeben. Im Bereich der Barmherzigkeit gibt es viele Möglichkeiten, Barmherzigkeit zu erweisen. Es gibt viele verschiedene Arten des Predigens und Lehrens. Der Herr hat jedem Gläubigen eine Mischung aus Gaben gegeben, die uns so zu dienen befähigen, wie er es von uns möchte. In meinem eigenen Leben kann ich sehen, dass Gott mich zum Predigen, Lehren, Leiten und Ermahnen berufen hat und vielleicht noch zum Ausüben der Gabe der Erkenntnis. Er stellt verschiedene Gaben so individuell zusammen, dass die Gläubigen wie geistliche Schneeflocken sind – keine gleicht der anderen. Deshalb erleidet die Gemeinde einen Mangel, wenn wir nicht in der Weise dienen, wie wir begabt sind. Gott will nicht, dass wir bloß Zuschauer sind.

Vor einigen Jahren stand in der Zeitschrift *Moody Monthly* ein Artikel über die Grace Church. Damals versammelten wir uns noch in einem kleineren Gebäude und platzten mit unseren vielen Gläubigen aus allen Nähten. Nachdem der Verfasser des Artikels die Gemeinde ausführlich besichtigt und mehrere Gläubige interviewt hatte, wählte er die Überschrift: »Die Gemeinde mit 900 Mitarbeitern« (engl. *ministers*, eigentlich »Pastoren« oder »Prediger«; d. Übers.). Er traf diese Wahl, weil wir 900 Gemeindeglieder hatten und jeder aktiv am Dienst beteiligt war. Wir hatten nicht viele formale Programme, aber jeder Gläubige übte seine Gabe aus. Sie riefen ständig in der Gemeinde an und fragten, ob sie jemanden im Krankenhaus besuchen könnten, ob der Kinderhort noch Helfer braucht, ob die Toiletten oder Fenster geputzt werden müssten, ob man beim Evangelisieren helfen könnte oder ob jemand gebraucht würde, um einen Kurs zu leiten. Jeder stellte sich zur Verfügung. Die Gläubigen erzählten sich auch gegenseitig, wie Gott ihren Dienst segnete und gaben Gott die Ehre für das, was geschah. So sollte eine Gemeinde sein.

Es gibt viele andere Dienstbereiche, in denen man sich engagieren kann. Pflegen Sie die Begabung, die Gott Ihnen gegeben hat, und werden Sie aktiv in dem Dienstbereich, zu dem Gott Sie führt.

In Kolosser 4,12 schreibt Paulus von »Epaphras, der von euch ist, ein Knecht Christi Jesu«. Man beachte, dass Paulus nicht etwa schrieb: »Epaphras, der Absolvent der Bibelschule Soundso« oder: »Epaphras, der Doktor der Theologie und Mitglied des Soundso-Komitees«. Er sagte schlicht und einfach: »Epaphras ist einer von euch, ein Knecht Christi.« Ein Knecht Jesu Christi zu sein, ist eine äußerst hohe Berufung! In Philipper 2,25 erwähnt Paulus einen weiteren Gläubigen mit einem wahren Dienerherzen: »Epaphroditus, mein Bruder und Mitarbeiter und Mitstreiter, euer Abgesandter und Diener meines Bedarfs.« Epaphroditus war ein Begleiter von Paulus. Wissen Sie, wie wertvoll ein Begleiter ist, wenn man sich in einem Kampf zur Verteidigung des Evangeliums befindet? Es gibt viele, die eine solche Unterstützung brauchen.

Gläubige wie Epaphroditus werden im Himmel beachtet werden. Leute wie er sind schwer zu finden. Paulus schrieb den Philippern in Vers 29: »Nehmt ihn nun auf im Herrn mit aller Freude und haltet solche (Brüder) in Ehren!« Warum? Weil er ein Helfer und Beistand war.

Ein bereitwilliger Diener handelt spontan. Man kann sich entweder zurücklehnen und sagen: »Ich weiß nicht, ob ich da mithelfen will; ich weiß nicht, ob ich mit diesen Leuten zusammenarbeiten will«, oder man kann einfach anpacken und dienen.

Freude

Was ist Freude? Eine äußerliche Überschwänglichkeit, die Reaktion des Herzens, der Seele und des Verstandes auf die persönliche Beziehung zu Jesus Christus. Freude ist eines der Dinge, die die Leiter der Grace Church eifrig zu fördern versuchen.

Das Wort Gottes und das Leben vor dem unendlich heiligen, allwissenden und souveränen Gott ist von einer gewissen Ernsthaftigkeit geprägt. Der Kampf mit den schrecklichen Sorgen des Lebens und des Todes und mit allem, was unser Menschsein mit sich bringt, bedeutet ebenfalls eine große Ernsthaftigkeit. Viele Dinge erfüllen uns mit Schmerz. Doch gleichzeitig sollen wir mit Freude erfüllt sein. Tief in unserer Seele erkennen wir, dass alles gut ist und letztendlich alles zur Verherrlichung dienen wird.

Wenn wir das Wort Gottes studieren und ihm gehorchen, werden wir Freude erfahren. In 1. Johannes 1,4 heißt es: »Und dies schreiben wir, damit eure Freude vollkommen sei« (Elb.). Römer 14,17 sagt: »Das Reich Gottes ist nicht Essen und Trinken, sondern Gerechtigkeit und Friede und Freude im Heiligen Geist.« Der Herr Jesus sagt in Johannes 17,13, dass er gekommen ist, um uns Freude zu bringen. Paulus schrieb: »Freut euch im Herrn allezeit! Wiederum will ich sagen: Freut euch!« (Phil 4,4).

Ich bin überzeugt, dass Freude mit einer Bereitschaft zum Dienen verbunden ist. Wenn man sich im Dienst engagiert und die von Gott gegebenen Gaben einsetzt, wird man Freude erfahren. Wer völlig auf sich selbst fixiert ist, versucht nur seine eigenen Bedürfnisse zu stillen und seine eigenen Probleme zu lösen. Deshalb wird aus ihm ein in sich selbst verwachsener, narzisstischer und erbärmlicher Mensch werden.

Ein Mensch kann sich entscheiden, seine Freude zu verlieren. Wenn er will, kann er in jedem lieblichen Tal einen Misthaufen entdecken. Diese Entscheidung hat jeder zu treffen. Ich habe mich entschlossen, mich über Gottes Werke zu freuen und zu begeistern. Mit der Kraft des Heiligen Geistes möchte ich nicht zulassen, dass irgendjemand meine Freude nimmt, denn die Bibel befiehlt, dass wir uns allezeit freuen sollen (Phil 4,4). Ich sage zu mir selbst: »Freue dich an Gott, der dich erlöst und dich trotz deiner Sünde geliebt hat. Freue dich, dass du eines Tages in den Himmel kommen wirst.« Wir werden Probleme haben, aber es wird ein Tag kommen, an dem alle wahren Gläubigen im Himmel und vollkommen sein werden.

Frieden

Frieden ist ein wunderschönes Wort. Jesus sagte: »Frieden lasse ich euch, meinen Frieden gebe ich euch; nicht wie die Welt gibt, gebe ich euch. Euer Herz werde nicht bestürzt, sei auch nicht furchtsam«

(Joh 14,27). Jesus gab uns seinen Frieden. In 1. Korinther 7,15 steht, dass »Gott uns zum Frieden berufen« hat. Philipper 4,7 sagt, dass der Friede Gottes unsere Herzen regieren soll. In 2. Korinther 13,11 werden wir aufgefordert, »Frieden zu halten«, und 1. Thessalonicher 5,13 befiehlt: »Haltet Frieden untereinander!« Während Freude eine äußere Überschwänglichkeit ist, ist Frieden eine innere Zufriedenheit mit dem Empfinden, dass alles unter Kontrolle ist. Wenn man Sünde im Leben hat, wird man keinen Frieden erfahren. Lassen Sie niemals zu, dass jemand oder etwas Ihren Frieden raubt.

In der Grace Church versuchen wir, eine Einstellung des Friedens, der Ruhe und der Zuversicht in Gott zu fördern. Es gibt keinen Grund zur Beunruhigung. Paulus sagte: »Seid um nichts besorgt« und »der Friede Gottes regiere eure Seelen« (Phil 4,6-7). Wir alle erleben Prüfungen, die uns Sorgen bereiten. Wir leben nicht in vollkommenem Frieden, aber wir sollen eine Einstellung des Friedens haben.

In Matthäus 5,9 sagt unser Herr: »Glückselig die Friedensstifter, denn sie werden Söhne Gottes heißen.« Christen sollten Friedensstifter sein. Wir können für das Reich Gottes und die Gemeinde Jesu Christi gar nichts Besseres tun, als Friedensstifter zu sein. Die menschliche Natur neigt zu Konflikten. Die Menschen durchleben ständig persönliche Konflikte. Wir sind jedoch berufen, Friedensstifter zu sein. Wir sollen Konflikte nicht anfachen, sondern helfen, sie zu schlichten. Manchmal kann ein unbedeutendes Problem überproportional aufgeblasen und zu einer Flutwelle werden. Die Menschen neigen eher dazu, Ärger zu schüren als Frieden zu stiften.

Sagen Sie zu sich selbst: »Ich habe Frieden, Gott hat alles in der Hand, und ich möchte ein Friedensstifter sein.« Wann immer Sie in einen Konflikt geraten, seien Sie ein Friedenstifter. Wenn Sie zwei Personen in einem Konflikt sehen, helfen Sie, dass sie einander in Frieden annehmen können. Bleiben Sie unparteiisch. Versuchen Sie, das Gute an der Person zu entdecken und sich nicht auf das Schlechte zu fixieren. Pflegen Sie die richtigen Beziehungen und fangen Sie dabei in Ihrer eigenen Familie an. Wenn Sie wissen, dass eine bestimmte Äußerung jemanden reizt, dann halten Sie sich zurück. Manchmal, wenn ich weiß, dass ich Recht habe und der andere denkt, ich habe Unrecht, poche ich dennoch nicht auf mein Recht, weil ich nicht den Frieden zwischen uns beeinträchtigen möchte. Ich mache keine Kompromisse mit meinen Überzeugungen, aber ich verteidige auch nicht meine Rechte, wenn es nicht unbedingt nötig ist. Mir ist wichtiger, Frieden zu haben als meine Vorstellungen verwirklicht zu sehen. Wenn jemand jedoch die Wahrheit Gottes abstreitet, werde ich für die Wahrheit kämpfen. In der Familie Gottes sollen wir jedoch Friedensstifter sein. Wie einfach das Leben wäre, wenn wir alle Friedensstifter wären!

Dankbarkeit

In 1. Thessalonicher 5,18 heißt es: »Sagt in allem Dank! Denn dies ist der Wille Gottes in Christus Jesus für euch.«

Die Menschen sagen: »Wenn ich nur eine bessere Arbeitsstelle hätte«, oder: »Wenn ich nur einen besseren Ehepartner hätte«, oder: »Wenn ich nur nicht so viele Probleme hätte.« Doch wir sollen dankbar sein.

Dank zu sagen, kann viel bewegen. Wenn Sie ein dankbares Herz entwickeln können, werden Sie viele Ihrer Probleme lösen. Gott Dank und Lob darzubringen, hilft uns aufzuhören, nur auf unsere Probleme zu blicken. Das war sicherlich bei den Psalmisten so. Wann immer sich ein Problem stellte, riefen sie verzweifelt zum Herrn. Einer von ihnen fragte: »Warum dürfen die Gottlosen reich werden?« König David hatte diese Einstellung, als er vor seinem Sohn Absalom floh, der ihm den Thron streitig machte. Doch schließlich begann er an all die guten Dinge zu denken, die Gott für ihn getan hatte. Nachdem er eine Einstellung der Dankbarkeit entwickelt hatte – und das sogar auf der Flucht vor Absalom – war er nicht mehr verzweifelt.

Es gibt vieles, wofür wir dankbar sein können:

- *Psalm 30,4* – »Danket und preiset seine Heiligkeit« (Lu12).
- *Psalm 106,1* »Danket dem HERRN; denn er ist freundlich, und seine Güte währet ewiglich« (Lu12).
- *Daniel 2,23* – Daniel dankte Gott für die Weisheit und Kraft, die er ihm gegeben hatte.
- *Römer 1,8* – Danke Gott für Menschen, die ihren Glauben zum Ausdruck bringen.
- *Römer 6,17* – Sei dankbar für die Bekehrungen von Menschen.
- *Römer 7,23-25* – Sei dankbar, dass Christus dich von der Macht der innewohnenden Sünde befreit hat.
- *1. Korinther 1,4* – Danke Gott für die Gnade, die er Gläubigen zuteil werden lässt.

- *1. Korinther 15,57* – Danke Gott, dass er uns Sieg über den Tod gegeben hat.
- *2. Korinther 2,14* – Wir sollen dankbar sein für den Triumph des Evangeliums.
- *2. Korinther 8,16* – Sei dankbar für Gläubige, die für Christus eifern.
- *2. Korinther 9,15* – Wir sollen dankbar sein für die Gabe Christi.
- *1. Thessalonicher 2,13* – Sei dankbar für Menschen, die das Wort Gottes annehmen und anwenden.
- *2. Thessalonicher 1,3* – Wir sollen dankbar sein, wenn wir sehen, dass Gläubige hart für das Reich Gottes arbeiten und gegenseitige Liebe zeigen.
- *Offenbarung 11,17* – Wir sollen dankbar sein für Christi Macht und für sein künftiges Reich.

Beklagen Sie sich nicht, wenn Sie in schlechten Umständen leben; entwickeln Sie vielmehr ein dankbares Herz. Wenn Sie nicht dankbar sind, liegt das daran, dass Sie meinen, Sie verdienten bessere Umstände als die gegenwärtig vorhandenen. Doch wenn Sie das bekämen, was Sie verdienen, wären Sie in der Hölle. Das gilt für uns alle. Seien Sie deshalb dankbar für alles, was Gott Ihnen gibt. Das wird alle Bitterkeit aus Ihrem Leben entfernen.

Selbstdisziplin

Christen müssen erkennen, wie wichtig es ist, dass wir uns nach dem Maßstab Gottes ausrichten. Selbstdisziplin bedeutet, sich von Sünde fernzuhalten und nur das zu tun, was richtig ist. Der disziplinierte Mensch versteht das Gesetz Gottes und tut nichts, was die Grenzen dieses Maßstabs überschreitet.

Paulus schreibt in 1. Korinther 9,24-27 über Selbstdisziplin und verwendet dort eine bekannte Metapher, um seine Aussage zu veranschaulichen: »Wisst ihr nicht, dass die, welche in der Rennbahn laufen, zwar alle laufen, aber *einer* den Preis empfängt? Lauft so, dass ihr ihn erlangt!« Bei einem Wettlauf läuft jeder Teilnehmer so, als wolle er gewinnen, sonst wäre er gar nicht dabei. Gläubige sind zu einem Wettlauf berufen (Gal 5,7; Phil 2,16; Hebr 12,1-2), und somit berufen, zu laufen und zu gewinnen. Was ist nötig, um dieses Ziel zu erreichen? Paulus sagt uns in Vers 25: »Jeder aber, der kämpft, ist enthaltsam in allem; jene freilich, damit sie einen

vergänglichen Siegeskranz empfangen, wir aber einen unvergäng-
lichen.« Anders ausgedrückt: Wenn jemand siegen will, muss er
selbstdiszipliniert sein. Mit zwanzig Kilo Übergewicht kann man
keinen Wettlauf gewinnen. Um in Form zu bleiben, ist eine enorme
Disziplin erforderlich.

Athleten müssen unzählige Stunden trainieren, um gewinnen zu
können. Spitzensportler, die an internationalen Wettkämpfen teil-
nehmen, trainieren oft fünf bis zehn Jahre lang mehrere Stunden
täglich. Ein solcher Athlet muss sich antreiben und überwinden,
bis er keinen Schmerz mehr spürt und bis er weit über den toten
Punkt hinaus ist. Jenseits des Schmerzes gibt es eine Euphorie, die
nur Athleten erfahren können. Diese Euphorie ist wie ein unglaub-
liches Gefühl der Freiheit und Energie, und sie kann nur erreicht
werden, wenn man den Schmerz überwindet.

In Vers 26 fährt Paulus fort: »Ich laufe nun so, nicht wie ins
Ungewisse.« Er stellte sicher, dass er den Kurs beibehielt. In 2. Timotheus 2,5 erklärt Paulus Timotheus, dass ein Athlet, der die Siegerkrone erlangen will, »gesetzmäßig kämpfen muss« (gr. *nominos*).
Er muss den Regeln des Wettkampfs gehorchen und kann diese Regeln nicht einfach übertreten. Wenn er gewinnen will, muss er sich
an die Regeln halten.

In Vers 27 fügt Paulus hinzu: »Ich zerschlage meinen Leib und
knechte ihn, damit ich nicht, nachdem ich anderen gepredigt, selbst
verwerflich werde« (weil ich aufgrund von Sünde disqualifiziert
wurde). Er wollte nicht sündigen und die Chance auf einen geistlichen Sieg genauso wenig verlieren wie ein Sportler etwas tun will,
was ihn disqualifiziert.

Einmal hatte ich die Gelegenheit eine Bibellektion für die Foot-
ball-Mannschaft der Miami Dolphins zu lehren, bevor sie gegen
die Los Angeles Raiders antraten. Das Thema war Epheser 6.
Einige Spieler saßen spielbereit dabei, mit bereits umwickelten
Schienbeinen und Knöcheln. Ich erklärte ihnen, dass sie eine un-
geheure Menge an Stunden und Energie investiert hatten, um den
jetzigen Gipfel ihrer Leistungsfähigkeit zu erreichen. Nun standen
sie im Begriff, ihre Rüstung anzulegen, um gewissermaßen eine
vergängliche Siegerkrone (1Kor 9,25) zu gewinnen. Ich erklärte
ihnen, dass es einen noch wichtigeren Kampf als das bevorstehende
Footballmatch gibt: der geistliche Kampf um eine unvergängliche
Krone – um ein »unvergängliches und unbeflecktes und unverwelkliches Erbteil« (1Petr 1,4). Die Rüstung für diesen Kampf ist wich-

tiger als Schulterpolster, Brustpolster, Hüftpolster, Helme und all die anderen Ausrüstungsaccessoires von Football-Spielern. Wenn jemand im geistlichen Kampf siegen will, ist es lebenswichtig, diese Rüstung zu tragen. Ich las Epheser 6,11 vor: »Zieht die ganze Waffenrüstung Gottes an, damit ihr gegen die Listen des Teufels bestehen könnt!« Dann sagte ich: »Unvorbereitet gegen die Feinde eurer Seele zu kämpfen, wäre wie gegen die Raiders in Radlerhosen anzutreten, »denn unser Kampf ist nicht gegen Fleisch und Blut, sondern gegen die Gewalten, gegen die Mächte, gegen die Weltbeherrscher dieser Finsternis, gegen die geistigen Mächte der Bosheit in der Himmelswelt« (Eph 6,12). Wir befinden uns in einer geistlichen Kampfsituation, und dieser Kampf richtet sich nicht gegen Menschen, sondern gegen Dämonen.

Ich werde nie vergessen, wie ich den Kampf eines von Dämonen besessenen Mädchens in unserer Gemeinde erlebte. Sie befand sich in einem Raum, wo sie um sich trat, schrie und Möbelstücke umherwarf. Als ich den Raum betrat, sagte sie: »Lass ihn nicht rein!« Die Stimme, die das sagte, war jedoch nicht ihre eigene. Meine erste Reaktion war: »Okay, dann gehe ich mal wieder!« Doch dann wurde mir klar: Wenn die Dämonen mich nicht leiden können, dann deshalb, weil ich zu Gottes Team gehöre. In der Kraft Gottes verbrachten wir zu mehreren etliche Stunden, bis sie ihre Sünden bekannte. Gott reinigte sie in seiner Gnade. Seit jener Begegnung habe ich niemals angezweifelt, dass der Gläubige in einem Kampf gegen Dämonen steht. Für uns ist es wichtig zu verstehen, wie ernst der geistliche Kampf ist, der gegen Christus und alle, die zu ihm gehören, gekämpft wird. »Deshalb ergreift die ganze Waffenrüstung Gottes, damit ihr an dem bösen Tag widerstehen und, wenn ihr alles ausgerichtet habt, stehen bleiben könnt!« (Eph 6,13). Wir müssen für den Kampf vorbereitet sein.

Diese Waffenrüstung hat zwei Bestandteile, auf die ich näher eingehen möchte. Sie werden in Epheser 6,14 genannt.

Der Gürtel der Wahrheit

Paulus sagte: »So steht nun, eure Lenden umgürtet mit Wahrheit.« Er malte einen römischen Soldaten vor Augen, der sich für die Schlacht vorbereitet. Wenn ein römischer Soldat ohne Gürtel in die Schlacht gezogen wäre, dann wäre sein Gewand lose herumgeflattert. Beim Zweikampf von Mann zu Mann konnte ein loses Gewand dem Soldaten bei seinen Bewegungen in die Quere kommen und ihm so ein tödliches Hindernis sein. Außerdem war er dadurch verwundbar, da der Gegner ihn packen und festhalten konnte. Um das zu verhindern, trug der römische Soldat einen Gürtel, der sein Gewand festzurrte. Paulus bezeichnete ihn als Gürtel der Wahrheit. Er dachte dabei an eine aufrichtige Entschlossenheit zur Selbstdisziplin. Wir dürfen bei unserer Ausrüstung für den geistlichen Kampf nicht nachlässig sein. Der Kampf, in dem wir stehen, ist kein leichtes Spiel. Wir müssen entschlossen sein, den schmalen Weg zu gehen, zu dem Gott uns berufen hat. Das ist nicht einfach; fortwährend versuchen leise Stimmen uns vom Weg abzubringen. Wenn wir das Vergnügen mehr lieben als Gott, werden wir vom Weg der Selbstdisziplin abkommen und in Sünde geraten.

Der Brustpanzer der Gerechtigkeit

Ein römischer Soldat trug über seiner Brust einen Panzer, der seine lebenswichtigen Organe vor Pfeilen und Hieb- und Stichwaffen schützte. Paulus nannte ihn den Brustpanzer der Gerechtigkeit (oder Heiligkeit). Wir müssen gerecht leben – den Geboten Gottes gehorchen – oder wir werden im Kampf verwundbar sein. In 2. Korinther 7,1 sagt Paulus: »Da wir nun diese Verheißungen haben, Geliebte, so wollen wir uns reinigen von jeder Befleckung des Fleisches und des Geistes und die Heiligkeit vollenden in der Furcht Gottes.«

Wenn ich undisziplinierte Christen sehe, bedaure ich das sehr. Sie wissen, dass sie eigentlich gehorsam sein müssen, aber sie sind nicht entschlossen, diesem Befehl Folge zu leisten. In Philipper 4,8 sagt Paulus: »Alles, was wahr, alles, was ehrbar, alles, was gerecht, alles, was rein, alles, was liebenswert, alles, was wohllautend ist, wenn es irgendeine Tugend und wenn es irgendein Lob gibt, das erwägt« (d. h. daran denkt)! Selbstdisziplin hat mit dem Denken zu tun. Ein reines, diszipliniertes Leben kann man nur führen, wenn man mit dem Wort Gottes erfüllt und gesättigt ist. Der Psalmist schrieb: »In meinem Herzen habe ich dein Wort verwahrt, damit ich nicht gegen dich sündige« (Ps 119,11). Kolosser 3,16 fordert auf: »Das Wort des Christus wohne reichlich in euch!« Gottes Wort ist die Quelle aller Disziplin, und wir müssen entschlossen sein, es zu kennen.

Geben Sie nicht den Apellen der Welt nach, die ruft: »Komm zu uns herüber; wir werden dir ein schönes Leben machen!« Wenn Sie sich mit unheiligen Filmen oder sündigen Aktivitäten beschäftigen, geben Sie ihr Leben nicht mit der Entschlossenheit hin, zu der Gott aufruft. Ich kenne all die Argumente von Christen, mit denen sie fragwürdige Aktivitäten zu rechtfertigen versuchen, aber kein einziges davon beeindruckt mich. Wir sollen uns nicht im Graubereich herumtreiben. Paulus befiehlt uns in Philipper 4,8, über *gute* Dinge nachzudenken und nicht über solche, die nur keinen schlechten Eindruck machen.

Verantwortung

In einer Gemeinde ist es unverzichtbar zu lehren, füreinander verantwortlich zu sein. Wir sollten nicht um die Farbe der Tapeten und Teppiche besorgt sein, sondern *umeinander*. Menschen sind wichtiger als Programme. In Matthäus 7,3 sagt Jesus: »Warum machst du dir mehr Gedanken über das kleine Problem im Leben deines Bruders als über das größere Problem in deinem eigenen Leben?« Das Prinzip ist folgendes: Wir haben eine Verantwortung, jemand anderen auf seine Sünde aufmerksam zumachen, aber bevor wir das tun können, müssen wir uns mit unserer eigenen Sünde befassen (V. 5). Verantwortlichkeit unter Gemeindeangehörigen ist eine wichtige Sache. In einer Beziehung der Verantwortung ist jemand nicht nur dafür zuständig, sich um andere zu kümmern, sondern ist auch dafür verantwortlich, dass sein eigenes Leben in Ordnung ist, bevor er sich um andere zu kümmern versucht.

Wir wollen eine praktische Anwendung von Verantwortung anschauen. Angenommen jemand aus Ihrer Gemeinde zieht sich zurück und besucht nicht mehr die Zusammenkünfte. Es ist Ihre Verantwortung, zu dieser Person hinzugehen und Sie darauf hinzuweisen: »Du versäumst die Zusammenkünfte (Hebr 10,25). Du musst verbindlicher sein in der gemeinsamen Anbetung mit dem Volk Gottes.« Vielleicht denken Sie: »Wer bin ich, dass ich so etwas sagen sollte? Ich habe selber Probleme in meinem Leben.« Dann machen Sie klar Schiff in Ihrem Leben – entfernen Sie den Balken aus Ihrem Auge, damit Sie den anderen auf seine Sünde aufmerksam machen können. Verantwortung erfordert, dass wir selber rein sind.

Galater 6,1 sagt: »Brüder, wenn auch ein Mensch von einem Fehltritt übereilt wird, so bringt ihr, die Geistlichen, einen solchen im Geist der Sanftmut wieder zurecht.« Einem Ungehorsamen helfen kann nur ein gehorsamer Gläubiger.

Matthäus 18,15 sagt uns, was wir tun sollen, nachdem wir die Sünde in unserem eigenen Leben bereinigt haben: »Wenn aber dein

Bruder sündigt, so geh hin, überführe ihn zwischen dir und ihm allein!« Wenn jemand in Ihrer Gemeinde sündigt, gehen Sie persönlich zu ihm hin und suchen Sie das Gespräch unter vier Augen. Wenn Sie beispielsweise einen Christen kennen, der ein unehrlicher Geschäftsmann ist und seine Angestellten schlecht behandelt, sind Sie vor Gott dazu verpflichtet, zu ihm hinzugehen und in liebevoller Weise zu ihm zu sagen: »Was du tust, ist falsch.« Weitere Beispiele für Situationen, wann man andere Christen zur Rede stellen soll sind: ein untreuer Ehepartner, Eltern, die ihre Kinder nicht ordnungsgemäß erziehen oder Kinder, die ihren Eltern nicht gehorchen. Galater 2,11-14 berichtet, dass Paulus den Apostel Petrus öffentlich tadelte, weil dieser etwas falsch gemacht hatte. Auch Älteste und andere Führungspersonen sind nicht von Tadel ausgenommen. Wenn Sie Zurechtweisung brauchen, muss das vor der Gemeinde geschehen, damit die anderen sich fürchten und die Sünde meiden (1Tim 5,20).

Als ich einmal einen Brief von jemandem bekam, der etwas Falsches in meinem Leben bemerkt hatte, schrieb ich ihm zurück, bat ihn um Vergebung und dankte ihm, dass er mich darauf aufmerksam gemacht hatte. Wenn etwas in meinem Leben falsch ist, dann will ich das wissen. Aber wenn mir jemand das nicht sagt, weil ihm das unangenehm ist, werde ich denselben Fehler wahrscheinlich weiterhin begehen. In einer Gemeinde sollten alle diese Art von Verantwortung füreinander haben, damit alle ein reines Leben führen. Insbesondere sollten Ehepartner füreinander verantwortlich sein. Es ist nicht in Ordnung, wenn bei irgendjemandem Sünde toleriert wird. Jeder, der in Sünde lebt, sollte liebevoll darauf angesprochen werden.

Aber was ist, wenn derjenige nicht darauf hört? Matthäus 18,16 sagt: »Wenn er aber nicht hört, so nimm noch einen oder zwei mit dir, damit aus zweier oder dreier Zeugen Mund jede Sache bestätigt werde!« Wenn er auch dann nicht einlenkt, fordert Vers 17 auf, es »der Gemeinde zu sagen«. Jeder in der Gemeinde soll den sündigenden Bruder zur Buße ermuntern.

Als in der Grace Church zum ersten Mal Gemeindezucht ausgeübt wurde, sagten einige der Hirten zu mir: »Das wird nicht funktionieren. Die Gemeinde wird daran Schiffbruch leiden. Du kannst nicht jeden auf die Sünden aller anderen ansetzen!« Ich antwortete: »Die Bibel sagt, dass wir füreinander verantwortlich sein sollen. Lasst uns das doch einfach praktizieren und dann sehen, was Gott tun wird.« Wir brauchen uns keine Sorgen um den Bau der Gemeinde zu machen; der Herr Jesus sagte, dass er sich darum kümmern wird (Mt 16,18). Wir sollen nur Gott gehorchen, dann wird er für alles andere sorgen.

Ich habe eine wunderbare Illustration dafür, wie sich Gemeindezucht positiv auf die Grace Church ausgewirkt hat. Eines Tages rief mich eine Frau an und sagte: »Mein Mann hat mich verlassen. Er zieht zu einer anderen Frau.« Ich fragte sie nach dem Namen der anderen Frau, und sie gab mir diese Auskunft. Dann suchte ich die Telefonnummer dieser Frau raus und rief sie an. Der Gatte der Frau, die mich angerufen hatte, nahm am anderen Ende ab. Ich sagte: »Hier ist John von der Grace Church. Ich fordere Sie im Namen Christi auf, von dieser Frau auszuziehen, damit Sie nicht gegen Gott, Ihre Frau und Ihre Gemeinde sündigen.« Er war schockiert und sagte, er werde sofort zu seiner Frau zurückkehren. Am nächsten Sonntag kam er auf mich zu, umarmte mich und sagte: »Vielen Dank! Ich wollte nicht bei dieser anderen Frau sein. Ich war in Versuchung und ich dachte, niemanden kümmert das.« Er war durch meine Zurechtweisung nicht vor den Kopf gestoßen. Vielmehr wurde er dadurch zurück in die Gemeinschaft und unter den Gehorsam gebracht. (Weitere Details zum Thema Gemeindezucht siehe Anhang 4.)

Konfrontation ist nötig, um sündigende Geschwister zur Wiederherstellung zu verhelfen. Manchmal tut ein Christ etwas, was er nicht tun will, und das erfordert die Zurechtweisung durch einen anderen Christen, der ihn damit dort herauszieht. Paulus sagte, er habe mit dem Fleisch zu kämpfen: »Was ich vollbringe, erkenne ich nicht; denn nicht, was ich will, das tue ich, sondern was ich hasse, das übe ich aus« (Röm 7,15). Konfrontation ist nicht dazu gedacht, in die Privatsphäre der Leute einzudringen, sondern sie dient dazu, anderen in ihrem Kampf mit Sünde zu helfen. Wir müssen uns um unsere Verantwortung Gedanken machen. Das ist ein Grund, weshalb Gemeinschaft so wichtig ist. Sie erinnert uns, sicherzustellen, dass unser Leben in Ordnung ist, damit wir einander in Liebe aufrichten und zu Liebe und guten Werken motivieren können (Hebr 10,24).

Zur Verantwortung gehört das »Einander« der Bibel. Wir sollen einander ermuntern (Hebr 10,24-25), füreinander beten (Jak 5,16), einander lieben (Gal 5,13; Eph 4,2; 1Petr 1,22), einander lehren (Kol 3,16), einander erbauen (Röm 14,19; 1Thes 5,11) und einander ermahnen (Röm 15,14; Kol 3,16). Das sind integrale Bestandteile des Gemeindelebens.

Vergebung

Ohne Vergebung kann die Gemeinde nicht überleben. Vergebung ist eine wichtige Einstellung, weil wir Menschen sind und wir alle sündigen. Wenn Sie jemandem nicht vergeben können, insbesondere jemandem, der gegen Sie sündigt, bergen Sie ein Krebsgeschwür in sich, das sich auf den ganzen Leib Christi auswirkt.

Beachten Sie, wie Jesus uns in Matthäus 6,12 zu beten anweist: »Vergib uns unsere Schulden, wie auch wir unseren Schuldnern vergeben haben.« Anders ausgedrückt: »Gott, bitte vergib uns genauso, wie wir anderen vergeben.« In Vers 14-15 lernen wir: »Wenn ihr den Menschen ihre Vergehungen vergebt, so wird euer himmlischer Vater auch euch vergeben; wenn ihr aber den Menschen nicht vergebt, so wird euer Vater eure Vergehungen auch nicht vergeben.« Wenn Sie anderen nicht vergeben, wird Gott auch Ihnen nicht vergeben.

Hier geht es nicht um die ewige, erlösende Vergebung, die wir empfangen, wenn wir Christus als unseren Erretter annehmen, sondern um eine väterliche, zeitliche Vergebung. Es ist eine Vergebung, die mit aktueller Sünde zu tun hat. Wenn wir eine reine, gesegnete Gemeinschaft mit Gott und unseren Mitgeschwistern in Christus genießen wollen, müssen wir eine vergebungsbereite Einstellung haben.

Wenn Sie möchten, dass der Herr Ihnen täglich vergibt und eine reine, erquickende Gemeinschaft mit ihm haben möchten, müssen Sie anderen gegenüber ein vergebungsbereites Herz haben. Wie kann es überhaupt sein, dass man anderen nicht vergibt? In Matthäus 18,23-34 finden wir ein Gleichnis von einem Knecht, der seinem Herrn zehntausend Talente schuldete (das war ein unermesslicher Schuldenberg). Der Herr vergab diesem Knecht und löschte seine Schuld. Später fand dieser Knecht jedoch einen Mitknecht, der ihm hundert Denare schuldete (im Vergleich zu seiner alten Schuld ein lächerlicher Betrag). Dafür ließ er ihn ins Gefängnis werfen. Jesus stellte anschaulich heraus, wie sehr ein solches Verhalten Gott erzürnt.

Epheser 4,32 sagt: »Seid aber zueinander gütig, mitleidig, und vergebt einander, so wie auch Gott in Christus euch vergeben hat!« Wir sollten einander vergeben, weil Gott uns vergeben hat. Wie kann es sein, dass uns so viel vergeben ist, wir aber anderen so wenig vergeben? Die Gemeinde muss voller vergebungsbereiter Menschen sein, weil die Leute in diesem Leben immer Dinge tun werden, die andere ärgern oder Probleme verursachen. Wenn Sie bereit sind, einem Missetäter zu vergeben, werden Sie von den Fesseln der Bitterkeit frei sein. Dann wird auch Gott Ihnen vergeben und Sie werden seinen Segen erfahren.

Abhängigkeit

Negativ ausgedrückt ist Abhängigkeit eine Einstellung der Unzulänglichkeit. Diese Einstellung kann bei begabten Menschen nur schwer entwickelt werden. Wenn eine Gemeinde nicht aufpasst, kann sie an den Punkt kommen, wo sie Gott aus ihren Aktivitäten ausklammert, weil sie sich auf die Kraft ihrer Menschen und Programme verlässt. Das würde nicht so leicht passieren, wenn wir dieselben Probleme hätten, wie sie die Gläubigen damals hinter dem Eisernen Vorhang unter kommunistischen Regimes hatten. Dort lebten viele Christen in täglicher Todesfurcht und hatten zudem wenig Mittel. Wer von Gott reich an zeitlichen Mitteln gesegnet ist, kann ihn schnell vergessen. Denken wir nur daran, wie es war, als der Herr dem Volk Israel das Gelobte Land gab. Er gab den Israeliten »große und gute Städte, die du nicht gebaut hast, und Häuser voll von allem Guten, die du nicht gefüllt hast, und ausgehauene Zisternen, die du nicht ausgehauen hast ...« (5Mo 6,10-11). Doch sie vergaßen Gott vollkommen (vgl. 5Mo 8,10-18).

Man verliert sich so schnell in Aktivitäten, großartigen Ideen und euphorischen Hoffnungen. Doch wir müssen aufpassen, dass wir davon nicht so sehr in Beschlag genommen werden, dass wir schließlich etwas tun, was nicht Gottes Wille ist. Wir müssen die Einstellung der Abhängigkeit von Gott bewahren.

In Psalm 19 sagt David: »Auch von Übermütigen halte deinen Knecht zurück« (V. 14). Es ist so einfach, etwas zu tun, ohne dabei auf Gott angewiesen zu sein – ohne nach dem Herzen und den Gedanken Gottes zu suchen. Wenn man Entscheidungen trifft, ist es wichtig, geduldig zu Gott zu beten und so lange mit ihm im Gespräch zu sein, bis man weiß, dass es Gottes Werk ist, das man ausführen wird. Ich habe stets befürchtet, in meinem Dienst etwas zu tun, wo Gott nicht dazugehört. Ich möchte nicht schneller vorwärtsgehen als Christus.

Während meines Studiums am theologischen Seminar mussten alle Studenten mindestens zweimal in einer Gemeinde predigen. Bei unseren Predigten saßen Fakultätsangehörige hinter uns auf der Bühne und füllten ihre Bewertungsbögen aus. Wenn ein Student erst zehn Minuten lang gepredigt hatte und dann hinter sich das raschelnde Geräusch hörte, wie die Bewertungsbögen umgedreht wurden und die Prüfer auf der Rückseite weiterschrieben, wusste er, dass er ein Problem hatte! Nichtsdestotrotz versuchte jeder sein Bestes.

Ich sollte über 2. Samuel 7 predigen und wollte sicherstellen, dass ich meine Aufgabe gut erfüllte. Deshalb lernte ich meine Predigt auswendig. Ich lernte sogar auswendig, wo ich Pausen machen musste! Zu Beginn des Vortrags sprach ich über Davids Wunsch, ein Haus für die Bundeslade zu bauen. David fühlte sich schlecht, weil er in einem wunderschönen Palast lebte, während die Lade Gottes »im Zelt wohnte« (V. 2). Nathan lobte David dafür und sagte ihm, er solle sich aufmachen und tun, was ihm auf dem Herzen liegt (V. 3). Doch Gott sagte: »Du sollst meinem Namen kein Haus bauen! Denn du bist ein Mann der Kriege und hast Blut fließen lassen« (1Chr 28,3). Salomo war derjenige, der das Haus Gottes bauen sollte (2Sam 7,12-13). Obwohl Gott David nicht den Tempel bauen ließ, gab er ihm eine wunderbare Verheißung (V. 8-16).

Anhand dieser Verse predigte ich über die Sünde der Überheblichkeit gegenüber Gott. Diese Sache war eine lebensverändernde Erfahrung für mich, weil diese Botschaft mich über die Jahre immer wieder beschäftigt hatte. Als ich zuende gepredigt hatte, händigte mir einer der Professoren seinen Bewertungsbogen aus. Ich schaute ihn an und sah, dass er ihn überhaupt nicht benutzt hatte. Stattdessen hatte er daraufgeschrieben: »Sie haben bei diesem Abschnitt völlig das Thema verfehlt.« Das hat mir den Tag ruiniert, aber es war eine sehr gute Lektion. Der Professor dachte, ich hätte besser über Gottes Verheißung des Reiches an David sprechen sollen. Ich weiß, dass es in diesem Abschnitt um die Verheißung des Reiches geht, doch es geht auch um Überheblichkeit und ich war überzeugt, dass diese Botschaft das war, was mein eigenes Herz hören musste, weil ich dazu neigte, manchmal vorschnell zu handeln.

Gebet ist ein Schlüsselelement zum Verhindern von Überheblichkeit. Als die Jünger Jesus baten, sie zu beten zu lehren, sagte er: »Wenn ihr betet, so sprecht: Vater, geheiligt werde dein Name« (Lk 11,2). Wenn wir sagen »geheiligt werde dein Name«, sagen wir damit: »Herr, dein Name werde verherrlicht und erhöht.« Das Gebet geht weiter: »Dein Reich komme; dein Wille geschehe auf Erden wie im Himmel« (Lu12). Wir sollen beten, dass Gott auf Erden das tut, was er in seinem himmlischen Reich tut. Das Gebet der Jünger beginnt nicht: »Gib uns dieses und jenes.« Vielmehr lehrt es uns, in einer Haltung der Abhängigkeit zu beten – dafür, dass Gott sein Werk auf seine Weise tut.

Flexibilität

Jemand sagte einmal, die sieben letzten Worte einer sterbenden Gemeinde seien: »Das haben wir bisher noch nie gemacht!« Darin liegt ein Stück Wahrheit. Eine Gemeinde ohne Flexibilität ist zum Scheitern verurteilt. Leider meinen manche Christen, es sei eine Tugend, unflexibel zu sein. Sie tragen ihre Sturheit wie ein Verdienstabzeichen.

Unbeeindruckte Strenge war ein Kennzeichen der Pharisäer. In Matthäus 15 lesen wir, dass einige Pharisäer und Schriftgelehrten zu Jesus kamen und ihn zur Rede stellten: »Warum übertreten deine Jünger die Überlieferung der Ältesten? Denn sie waschen ihre Hände nicht, wenn sie Brot essen« (V. 2). Sie bemängelten nicht, dass die Jünger sich nicht die Hände vor dem Essen wuschen, sondern dass sie nicht die erforderlichen zeremoniellen Rituale erfüllten. Jesus antwortete: »Warum übertretet auch ihr das Gebot Gottes um eurer Überlieferung willen?« (V. 3). Manche Gemeinden sind von Tradition geradezu beseelt. Wenn sie ein Gebot in der Bibel sehen, sagen sie: »Das können wir nicht tun; wir müssen die Tradition beibehalten.«

Ich werde oft gebeten, Leuten ein Strukturdiagramm der Grace Church zukommen zu lassen, damit sie sich ein Bild machen können, wie die Gemeinde organisiert ist. Doch in unserer Gemeinde wäre ein Strukturdiagramm zwecklos, da sich die Struktur ständig ändert. Gott wirkt stets durch verschiedene Gläubige, die manchmal stark sind und manchmal schwach, manchmal sehr hingegeben und manchmal weniger. Immer wieder kommen neue Leute zur Gemeinde dazu und Gott wirkt auch durch sie. Die beständige Veränderung ist eine wunderbare Sache, weil sie uns vor Routine bewahrt, die das Muster des Wortes Gottes verdunkeln könnte. Wir wollen nicht, dass Tradition verhindert, dass wir etwas Neues lernen, was Gott von uns möchte.

Zu Weihnachten besuchten wir einmal eine Verwandte, die uns fragte: »John, habt ihr in eurer Gemeinde einen Heilig-Abend-Gottesdienst?« Ich antwortete: »Nein, haben wir nicht. Wir empfehlen allen, zu Hause bei ihren Familien zu sein und über die Bedeutung von Weihnachten und der Geburt des Herrn zu sprechen.« Sie entgegnete: »Das ist aber schlecht. In unserer Gemeinde hatten wir *immer* einen Heilig-Abend-Gottesdienst.« Ich sagte: »Und – bist du hingegangen?« Sie antwortete: »Niemand geht dahin, aber wir haben immer einen Heilig-Abend-Gottesdienst gehabt.« Was für gewohnheitsabhängige Geschöpfe wir doch sind!

Ich bin dankbar, dass wir in der Grace Church immer zur Flexibilität geneigt haben. Als ich die Gemeindeleitung übernahm und die Gemeinde und ich zusammen das Wort Gottes studierten, wurde uns klar, dass einige Dinge geändert werden mussten, um dem Willen Gottes zu entsprechen. Diese Einstellung herrscht auch heute noch vor. Manchmal senden wir junge Gemeindehirten zu anderen Gemeinden aus, und wenn sie zurückkommen, berichten sie: »Ich habe dort in der Gemeinde versucht, die Mauer der Tradition zu durchbrechen, aber ich weiß nicht, ob sich die Leute dort jemals ändern werden.«

Wir müssen auch in unserem eigenen Leben flexibel sein. Als Paulus seine Tätigkeit in Galatien und Phrygien beendet hatte (diese Provinzen lagen im Gebiet der heutigen Türkei), wollte er in die südlich gelegene Provinz Asien weiterreisen (dort waren die sieben Gemeinden Kleinasiens, die in Offenbarung 2-3 angeschrieben werden). Er machte sich in diese Richtung auf die Reise, aber der Heilige Geist stoppte ihn (Apg 16,6). Paulus ließ sich dadurch nicht davon abhalten, andernorts zu dienen. Er sagte zu seinen Begleitern: »Im Osten waren wir schon, und nach Süden können wir nicht, so lasst uns nach Norden nach Bithynien gehen.« Doch der Heilige Geist ließ auch das nicht zu (V. 7). Die einzige Richtung, die verblieb, war Westen, und dort lag das Mittelmeer. Als Paulus nicht wusste, was er tun sollte, fragte er wahrscheinlich Gott im Gebet, wohin er gehen sollte. Als er und seine Begleiter schliefen, hatte Paulus ein Nachtgesicht. Ihm erschien ein Mann aus Mazedonien, der sagte: »Komm herüber nach Mazedonien und hilf uns!« (V. 9). So machte Paulus sich auf nach Mazedonien, und damit begann das Evangelium sich über den Orient hinaus in den Rest der Welt auszubreiten. Paulus war flexibel und offen dafür, wohin er gehen sollte.

Vor einiger Zeit verspürte einer unserer Ältesten, ein Judenchrist, den starken Wunsch, Juden für Christus zu erreichen. Da er fließend Französisch spricht, wollte er gern nach Paris gehen und dort unter den Juden evangelisieren. Er schloss sich der *Bible Chris-*

tian Union an, einem Missionswerk, das in Frankreich tätig ist. Dieses Missionswerk half ihm bei der Ausbildung und Vorbereitung. Doch als er so weit war, um von Gott gebraucht zu werden, führte der Herr ihn nach Montreal in Kanada. Dort leben viele französischsprachige Juden, genau wie in Paris. Gott hatte einen anderen Ort im Sinn und der Missionar war flexibel.

Auch die Gemeinde muss flexibel sein. Sie muss sagen können: »Gott, wir verlassen uns darauf, dass du uns leitest, und wir sind bereit, jeden Weg zu gehen, auf den du uns führst.«

Ein Wunsch nach Wachstum

In 1. Petrus 2,2 steht: »Seid wie neugeborene Kinder begierig nach der vernünftigen, unverfälschten Milch – damit ihr durch sie wachset zur Rettung.« In diesem Vergleich geht es nicht um die Milch des Wortes Gottes im Gegensatz zur festen Speise (1Kor 3,2). Petrus sagt schlicht und einfach: »Genau wie Säuglinge Durst auf Milch haben, so müsst ihr Durst auf das Wort Gottes haben, damit ihr wachsen könnt.« Wie gierig sind Säuglinge nach Milch? Wenn Sie Erfahrungen mit Säuglingen haben, wissen Sie, dass Babys treten und schreien, wenn sie Milch wollen. Sie wollen mit aller Inbrunst nur das eine: Milch. Petrus fordert uns auf, dieselbe ungeteilte Begierde nach dem Wort Gottes zu haben.

Wie stark ist Ihre Lust auf das Wort Gottes? Kostet es Ihnen Kraft, die Bibel zu öffnen und sie zu lesen, oder wird Ihr Herz vom Wort Gottes angezogen? Wachsen Sie? Wir wachsen, wenn wir uns vom Wort Gottes ernähren. Wir haben nicht alle dasselbe Potential zum Wachstum, doch wie unsere Veranlagung auch ist, sollten wir sie maximal ausreizen. Wir haben zwar alle unterschiedliche Fähigkeiten, doch der Geist Gottes wirkt an unser aller Herzen und hilft uns, sein Wort zu lieben und so schnell zu wachsen, wie es uns möglich ist. Was mir am meisten Angst einjagt, ist die Vorstellung, dass die Grace Church aufhören könnte zu wachsen. Das wäre schrecklich, wenn ich die Leute sagen höre: »Ich habe genug von Theologie; ich habe so viel Bibelauslegungen gehört, dass ich mehr weiß, als mir lieb ist. Ich denke, ich werde jetzt gehen.« Ich bete, dass die Gläubigen in der Grace Church niemals ihren Wunsch nach Wachstum verlieren.

In 2. Petrus 3,18 sagt Petrus: »Wachset aber in der Gnade und Erkenntnis unseres Herrn und Heilandes Jesus Christus!« Geistlich wachsen heißt nicht nur, Fakten aus einem Buch zu lernen, sondern Christus persönlich kennen zu lernen. In 1. Johannes 2 steht, dass ein neues Mitglied der Familie Gottes ein Kind ist und den Vater kennt (V. 13). Wenn dieses Kind wächst und zu einem geistlichen »Jüngling« heranreift, wohnt das Wort Gottes in ihm und er hat »den Bösen überwunden«. Zunächst kennt der Gläubige Gott auf eine einfache Weise, dann wird er mit der Lehre vertraut. Zu einem geistlichen Erwachsenen reift er heran, wenn er »den erkannt hat, der von Anfang an ist«. Anders ausgedrückt: Wir lernen nicht nur biblische Lehre, wir lernen Gott kennen. Je mehr wir Gott kennen lernen, desto erfüllender wird die Gemeinschaft mit ihm sein. Denken Sie einmal an die wunderbarste Person, die Sie je kennen gelernt haben und stellen Sie sich vor, wie wunderbar es wäre, mit dieser Person eine ständig wachsende Freundschaft zu haben. Wir sollten uns danach sehnen, eine solche wachsende Beziehung zu dem unendlichen und heiligen Gott des Universums zu haben.

Haben Sie Appetit auf das Wort Gottes? Sinnen Sie darüber nach? Ernähren Sie sich täglich davon? Können Sie wie Hiob sagen: »Vom Gebot seiner Lippen ließ ich nicht ab; mehr als es meine Pflicht gewesen wäre, wahrte ich die Worte seines Mundes« (Hi 23,12)? Wenn ich mich mit einem Bibelabschnitt beschäftige, versuche ich stets, mehr über Gottes Charakter zu erfahren, sodass ich ihn besser kennen lernen kann.

Zuverlässigkeit

Viele Christen sind geistliche Kurzstreckenläufer: Sie engagieren sich und arbeiten eine Zeitlang mit aller Kraft mit, doch dann lassen sie sich in den geistlichen Ruhestand nieder. Doch Gott sucht Marathonläufer – Gläubige, die auf Langstrecke durchhalten. In 1. Korinther 4,2 lesen wir: »Übrigens sucht man hier an den Verwaltern, dass einer treu befunden werde.« Langfristiges, geistliches Engagement ist etwas Wunderbares. Ein Gläubiger aus unserer Gemeinde, der bereits über achtzig ist, sagte zu mir: »Könntest du beim Predigen etwas langsamer sprechen? Mir fällt es schwer, mit meinen Notizen mitzukommen.« Das liebe ich! Er ist über achtzig Jahre alt und schreibt bei den Predigten immer noch mit! Er ist immer noch begeistert vom Wort Gottes, vom Leben Gottes und von der Gemeinde. Er steht zuverlässig in der Gemeindearbeit. Seine Hingabe an Gott hat nicht nachgelassen. Die Leute, die andere jahrelang unterrichten, zu Jüngern machen und ihnen dienen, sind die »Verwalter des Glaubens«.

In 2. Timotheus 4,6-7 sagt Paulus: »Ich werde schon als Trankopfer gesprengt, und die Zeit meines Abscheidens steht bevor. Ich habe den guten Kampf gekämpft, ich habe den Lauf vollendet, ich habe den Glauben bewahrt.« Mit anderen Worten: »Jetzt kann ich sterben; ich bin fertig. Die Aufgabe, die Gott mir erteilt hat, habe ich erledigt.« Ich habe den Kampf gekämpft und den Glauben bewahrt.«

Es ist traurig zu sehen, wie ältere Christen gleichgültig werden was ihre Hingabe an Gott betrifft. Manchmal beobachtet man das bei Predigern, Bibellehrern oder anderen christlichen Mitarbeitern. Sie werden bitter und auf sich selbst fixiert. Im Gegensatz dazu ist es wunderbar, wenn man sieht, wie ein Gläubiger alt wird und weiterhin ein Leben des treuen Dienstes führt.

Nicht alle in der Grace Church kommen treu zu den Zusammenkünften. Wenn ich mit meiner Frau einkaufen gehe, treffen wir manchmal Leute, die mich ansprechen und sagen: »Ich kenne Sie; Sie sind John MacArthur. Ich gehöre zu Ihrer Gemeinde.« Ich sage dann: »Das ist ja schön! Ich habe Sie bisher nicht gesehen. Waren Sie letzten Sonntag da?« Dann bekomme ich oft zu hören: »Nein, letzten Sonntag war ich nicht da. Das letzte Mal, dass ich dort war, ist schon eine Weile her. Aber ich liebe die Grace Church.« Das macht mich traurig, wenn die Leute nur dann zur Gemeinde kommen, wenn es ihnen gerade passt. Für einen treuen Christen ist die gemeinsame Anbetung, die Mitarbeit und das anhaltende Gebet in der Gemeinde die Priorität. Es ist traurig, dass Gläubige sich durch andere Dinge ablenken lassen und bei ihren Prioritäten nicht die richtige Reihenfolge aufrechterhalten.

Hoffnung

Hoffnung ist ein großartiges Wort. Für den Christen bedeutet Hoffnung Sicherheit für die Zukunft. Er braucht den Tod nicht zu fürchten. Wir können tatsächlich in die Zukunft blicken und getrost erwarten, was im Leben oder im Tod auf uns zukommt.

Ich liebe Paulus' Aussage in Römer 12,12: »In Hoffnung freut euch.« Der Tod bedeutet für uns keinen Schrecken. Eine Beerdigung eines Christen sollte ein Grund zur Freude und zum Loben Gottes sein, weil dieser Mensch diesen Ort der Tränen und Krankheiten, des Todes und der Begrenztheit verlassen hat und an einen

Ort gekommen ist, wo es diese Dinge nicht mehr gibt. Wir erwarten die Erfüllung von Römer 8,23, wo es heißt, dass wir für unsere erlöste Seele einen erlösten Leib bekommen werden. Wir leben in Hoffnung. Es ist wichtig, eine Einstellung der Hoffnung zu bewahren. Praktisch gesagt bedeutet das, dass wir uns nicht zu sehr von irdischen Dingen in Beschlag nehmen lassen sollen. Jesus sagte: »Sammelt euch nicht Schätze auf der Erde, wo Motte und Fraß zerstören und wo Diebe durchgraben und stehlen; Denn wo dein Schatz ist, da wird auch dein Herz sein« (Mt 6,19.21). Wenn unsere Herzen auf unsere Hoffnung in der Ewigkeit ausgerichtet sind, dann wird auch unser Schatz in der Ewigkeit sein. Ich hoffe, Sie leben nicht für den Augenblick. Leben Sie nicht für Zeitliches. Wir sollen in Hoffnung leben, und das bedeutet, sich mehr für Investitionen in die Ewigkeit zu engagieren als für Investitionen in zeitliche Dinge. Denken Sie daran: Wir haben eine wunderbare Zukunft vor uns!

Wir müssen auf dem richtigen Kurs bleiben. Wir müssen an Gottes Wahrheit erinnert werden, damit wir nicht davon abweichen. Es ist wünschenswert, dass die Herzen der Gläubigen und Mitarbeiter Ihrer Gemeinden geprägt sind von den geistlichen Einstellungen, die wir hier betrachtet haben. Aber vergessen Sie nicht, diese Gläubigen zu erinnern, dass sie zu allen diesen Einstellungen verpflichtet sind.

Kapitel 3

Die Muskeln[4]

Nachdem wir uns mit der Skelettstruktur beschäftigt haben und mit den inneren Organen, die dem Körper Leben geben, kommen wir nun zur Muskulatur.

Die Muskeln befähigen den Körper, etwas zu leisten. Das Skelett verleiht dem Körper seine Form, und die inneren Organe geben ihm Lebenskraft, doch die Muskeln sind notwendig, damit sich der Körper bewegen und tätig sein kann. Was sind die Muskeln einer Gemeinde? Wie »bewegt« sich der Leib Christi? Die Bewegungsabläufe der Gemeinde setzen sich aus mehreren geistlichen Aktivitäten zusammen.

Predigen und Lehren

Ich habe Predigen und Lehren zu einem Punkt zusammengefasst, weil sie beide mit der Verkündigung biblischer Wahrheiten zu tun haben. Die Verkündigung des Wortes Gottes ist eine vorrangige Tätigkeit der Gemeinde. Ich finde es bedauerlich, dass in manchen Gemeinden die Leute nur kurze und seichte Predigten zu hören bekommen. Manche Prediger erteilen nur Ratschläge oder sprechen über ethische Themen. In vielen Sonntagsschulen und Bibelkursen lernt man nicht viel über die Bibel, sondern diskutiert und vermutet stattdessen, was sie wohl lehren könnte. Doch die allerwichtigste Aufgabe der Gemeinde ist es, das Wort Gottes in verständlicher, direkter und autoritativer Weise zu verkündigen.

Schauen wir uns dazu zwei Abschnitte aus den beiden Briefen von Paulus an Timotheus an. Im 1. Timotheusbrief lernen wir, wie wir uns in der Gemeinde verhalten und einbringen sollen (3,15), und sowohl der 1. als auch der 2. Timotheusbrief betonen, dass wir die Verkündigung des Wortes Gottes zu einer Priorität machen sollen.

1. Timotheus 3,16 spricht von dem Wunder der Fleischwerdung Jesu Christi. »Und anerkannt groß ist das Geheimnis der Gottseligkeit: Gott ist geoffenbart worden im Fleisch, gerechtfertigt im Geist, gesehen von den Engeln, *gepredigt unter den Nationen*, ge-

glaubt in der Welt, aufgenommen in Herrlichkeit« (Elb., Hervorhebungen zugefügt). Das Predigen ist eines der Grundelemente von Gottes Offenbarung im Fleisch. Die Fleischwerdung ist ein Herzstück der Gemeinde, und ein Herzstück der Fleischwerdung ist die Verkündigung. Die Predigt hat einen sehr zentralen Platz im Leben einer Gemeinde.

Ich glaube, dass Gott die Grace Church gesegnet hat, weil sie die Verkündigung des Wortes Gottes zur Priorität gemacht hat. Im Laufe der Jahre haben mehrere hundert Leute gesagt, dass sie deshalb zur Grace Church kommen, weil sie mit dem Wort Gottes genährt werden wollen. Das ist unsere Verpflichtung; das ist unser Auftrag. Das Wort zu verkündigen, ist nicht nur meine Aufgabe, sondern die Aufgabe aller! Einige Leute sind zum Predigen oder Lehren begabt, aber wir sollen alle das Wort Gottes verkündigen.

Paulus schrieb Timotheus, wenn er die Brüder an die Wahrheit erinnere, dann werde er »ein guter Diener Christi Jesu sein, der sich nährt durch die Worte des Glaubens und der guten Lehre« (1Tim 4,6). In Vers 11 fügt Paulus hinzu: »Dies gebiete und lehre!« Anders gesagt: »Lehre mit Autorität!«

Einmal war ich eingeladen, um einen Vortrag auf einer Absolventenfeier der Polizeischule von Los Angeles zu halten. Mein Nebenmann erzählte mir von den verschiedenen Absolventen und sagte: »Einen Mann mussten wir wegen seiner Stimme ablehnen. Sie war nicht autoritär genug. Ein Polizist muss Autorität in seiner Stimme haben.« Das ist einleuchtend: Die Autorität eines Polizisten ist das staatliche Gesetz. Wenn ich mich beim Reden autoritär anhöre, dann deshalb, weil meine Autorität das Wort Gottes ist.

In 1. Timotheus 4,13 fährt Paulus fort: »Bis ich komme, achte auf das Vorlesen, auf das Ermahnen, auf das Lehren!« Timotheus sollte die Bibel vorlesen, ihre Lehren erklären und die Zuhörer ermahnen, sie anzuwenden. Er sollte das Predigen nicht vernachlässigen (V. 14), sondern über Gottes Wahrheiten nachsinnen (V. 15), ihnen gehorchen und sie kontinuierlich befolgen (V. 16).

In 1. Timotheus 5,17 sehen wir eine weitere Dimension des Predigen und Lehrens: »Die Ältesten, die gut vorstehen, sollen doppelter Ehre gewürdigt werden, besonders die in Wort und Lehre arbeiten.« Das weist darauf hin, dass sich die Führungspersonen einer Gemeinde auf das Predigen und Lehren konzentrieren sollten. Die vorrangige Aufgabe der Gemeinde ist tatsächlich die Verkündigung des Wortes Gottes.

Ich habe gehört, wie manche die Grace Church kritisiert haben und sagten: »Dort wird zuviel gepredigt und gelehrt und werden zu wenig andere Dinge gemacht.« Ich kann nicht einsehen, wie man jemals zu viel predigen und lehren könnte! Wir legen deshalb so viel Nachdruck auf Predigt und Lehre, weil das dazu verhilft, dass alles andere geschieht. Bevor wir wissen, wie wir uns in einem bestimmten Bereich verhalten sollen, müssen wir wissen, was die Bibel darüber sagt.

In 2. Timotheus 2,15 sagt Paulus: »Strebe danach, dich Gott bewährt zur Verfügung zu stellen als einen Arbeiter, der sich nicht zu schämen hat, der das Wort der Wahrheit in gerader Richtung schneidet!« Paulus wollte, dass Timotheus richtig mit dem Wort Gottes umgeht. In 2. Timotheus 1,13 sagt er: »Halte fest das Vorbild der gesunden Worte!« Wer Gottes Wort verkündet, muss sich zunächst selbst dem Wort Gottes weihen und es dann weitergeben.

Die Bibel macht die Menschen »weise zur Errettung« (2Tim 3,15). Es ist das Wort Gottes, das »nützlich ist zur Lehre, zur Überführung, zur Zurechtweisung, zur Unterweisung in der Gerechtigkeit, damit der Mensch Gottes richtig sei, für jedes gute Werk ausgerüstet.« (V. 16-17). Auf Grundlage dieser Tatsachen ordnete Paulus an: »Predige das Wort, stehe bereit zu gelegener und ungelegener Zeit!« (2Tim 4,1-2). Anders ausgedrückt: »Arbeite hart in der Verkündigung des Wortes Gottes. Hör nie auf zu predigen. Mach dir keine Gedanken darum, ob sich die Zuhörer durch deine Botschaft verärgert fühlen.«

Dann forderte Paulus Timotheus auf, in seiner Verkündigung konfrontativ zu sein: »... überführe, weise zurecht, ermahne mit aller Langmut und Lehre« (V. 2). Die Verkündigung soll die Menschen auf die Fehler in ihrem Leben aufmerksam machen, aber wir können nicht erwarten, dass sie sofort zur völligen Einsicht kommen. Konfrontative Verkündigung ist ein Prozess, und dabei müssen wir geduldig sein und die Lehre vermitteln. Es ist das Wort Gottes, das überführt. Eine der Aufgaben der Gemeinde ist es, das Wort Gottes auf konfrontative Weise zu verkündigen, sodass die Menschen vor ihre Verantwortung vor Gott gestellt werden und dafür sorgen, dass ihr Leben in Ordnung ist.

Epheser 4,23 fordert auf »erneuert zu werden im Geist eurer Gesinnung«. Römer 12,2 sagt ganz ähnlich: »Und seid nicht gleichförmig dieser Welt, sondern werdet verwandelt durch die Erneuerung des Sinnes.« Wir müssen das Wort Gottes in unserem Sinn haben, dann wird dass richtige Verhalten folgen. Das Predigen und Lehren des Wortes Gottes rückt die Bibel im Denken der Hörer in den Vordergrund; deshalb können Predigt und Lehre durch nichts ersetzt werden.

Evangelisation und Mission

Eine zweite Aufgabe der Gemeinde ist Evangelisation und Mission. Ich benutze diese beiden Begriffe zusammen, um eine umfassende Perspektive davon zu vermitteln. Evangelisation wird weitgehend auf persönlicher Ebene praktiziert, wohingegen Missionsarbeit üblicherweise auf größere geografische Bereiche abzielt. Die Gemeinde existiert zugunsten der Welt. Wir sollen wünschen so zu leben, wie Gott es will, damit wir strahlende Lichter sind inmitten einer dunklen und verkehrten Generation (Phil 2,15). Letztlich ist es das Ziel jeder Missionsarbeit, andere für Christus zu erreichen.

Es gibt grundsätzlich zwei Methoden der Evangelisation: durch unser Leben und durch unsere Worte. Unser Leben macht unser Zeugnis entweder glaubwürdig oder unglaubwürdig. Wenn Christus geehrt wird und die Christen unserer Gemeinde Gott gehorsam sind, dann wird unser gemeinsames Zeugnis glaubwürdig sein. Es ist wichtig, wie wir in dieser Welt leben.

Mich freut es sehr, wenn Leute zur Grace Church kommen und sagen: »Die Christen hier leben wirklich nach der Botschaft, die hier verkündet wird. Sie gehorchen dem Wort Gottes.« Doch wie oft haben wir die Leute sagen hören: »Ich bin früher mal zu dieser Gemeinde gegangen, aber die haben so viele Heuchler dort. Sie kümmern sich um niemanden. Der Pastor hat Geld von der Gemeinde veruntreut und sich aus dem Staub gemacht.« Der Teufel versucht, alle Hebel in Bewegung zu setzen, um die Gemeinden zu verderben und der Integrität des Evangeliums zu schaden und somit jede Grundlage für das persönliche Zeugnis zu zerstören.

Wir sind dazu aufgerufen, in unserer Umgebung eine evangelistische Lebensweise zu praktizieren. In Matthäus 5,13 sagt unser Herr, dass wir das Salz der Erde sind: »Wenn aber das Salz fade geworden ist, womit soll es gesalzen werden?« **Wir sind das Konservierungsmittel der Erde**; wir sind anders als die anderen. Deshalb sind wir zu einem reinen, heiligen Leben berufen. Mir liegt es nicht nur deshalb am Herzen, dass wir ein gottesfürchtiges, vorbildliches Leben führen, weil wir dadurch Gott verherrlichen, sondern weil dann sogar Ungläubige dazu kommen können, Gott zu verherrlichen. Wir sollen heilig leben, weil das andere zu einem reinen Leben führen wird. Wir sollen gottesfürchtige Vorbilder sein.

In Matthäus 5,14 sagt Jesus, dass wir auch das »Licht der Welt« sind. In Vers 15 sagt er, dass man ein Licht nicht unter einen Scheffel stellt. Ein solcher Scheffel könnte alles sein, was das Zeugnis unseres Lebens verdunkelt.

Manchmal treffe ich bekannte Christen in Situationen, die ihnen peinlich sind. Ich kann gar nicht sagen, wie oft Leute schon versucht haben, eine Zigarette zu verschlucken, wenn sie mich sahen! Manchmal gehe ich in ein Restaurant und sehe einen Bekannten mit einem Bier in der Hand. Ich lächle und winke ihm zu, doch er gerät sofort in Panik. Ich brauche da gar nichts zu sagen. Jesus fasste unsere Verantwortung zu einem gerechten Leben mit den Worten zusammen: »So soll euer Licht leuchten vor den Leuten, dass sie eure guten Werke sehen und euren Vater im Himmel preisen« (Mt 5,16). Ungläubige sollten ihr Leben betrachten können und dann sagen: »Ein solch vorbildliches Leben kann nur Gott bewirken!«

Wir evangelisieren auch durch unsere Worte. 1. Petrus 3,15 fordert uns auf: »Seid aber jederzeit bereit zur Verantwortung jedem gegenüber, der Rechenschaft von euch über die Hoffnung in euch fordert.« Jemand bemerkte einmal scherzhaft: »Christen sind wie Gletscher – sie haben eine völlig zugefrorene Zunge!« Wir sollten so begeistert über den Herrn reden wie andere über ihre irdischen Hobbys. Ein Grund, weshalb es einigen von uns schwer fällt, das Evangelium zu verkünden, besteht darin, dass wir nicht viele Ungläubige kennen. Unsere Welt ist eng begrenzt und wie eine Pyramide: Je länger man Christ ist, desto weniger Nichtchristen kennt man. Arbeiten Sie daran, dass das bei Ihnen nicht so wird!

Wenn wir das Evangelium weitersagen, müssen wir sicherstellen, dass wir wissen, was wir sagen sollen. Deshalb nehmen wir uns in der Grace Church viel Zeit zum Üben, das Evangelium in Worte zu fassen. Wir wollen sicher gehen, dass jeder versteht, wie man gerettet wird. Wir befassen uns mit der Begegnung des Herrn Jesus mit dem reichen Jüngling in Matthäus 19,16-26 und nehmen die Bergpredigt (Mt 5-7) durch. Gemeinden in aller Welt sind voller Menschen, die meinen, errettet zu sein, aber es nicht sind, weil sie nicht verstanden haben, wie ein Mensch die Errettung erlangt.

Mission ist die weltweite Sicht von Evangelisation. Dazu gehört der Einsatz rund um den Globus in allen Gebieten, die Gott uns auftut. Ich erhielt einen Brief von einem Gemeindeleiter auf den Philippinen, der mir schrieb: »Ich habe von der Grace Church gehört. Ich möchte meine Gemeinde so bauen, wie Gott sie gebaut haben will. Könnten Sie mir einige Informationsmaterialien schicken, damit ich weiß, was zu tun ist?« Wir haben Gläubige in unserer Gemeinde, die Pläne entwerfen, damit wir das Evangelium so weit über unsere Mauern hinaus verbreiten, wie Gott es uns ermöglicht. Jesus sagte: »Geht nun hin und macht alle Nationen zu Jüngern, und tauft sie auf den Namen des Vaters und des Sohnes und des Heiligen Geistes, und lehrt sie alles zu bewahren, was ich euch geboten habe!« (Mt 28,19-20). Die Gemeinde muss entschlossen sein, das Wort Gottes zu verkündigen, zu taufen und zu lehren, wo immer sie die Möglichkeit dazu hat.

Anbetung

Paulus sagte zu den Philippern: »Wir sind die Beschneidung, die wir im Geist Gottes dienen [oder anbeten] und uns in Christus Jesus rühmen und nicht auf Fleisch vertrauen« (Phil 3,3). Johannes 4,23 sagt, dass die, die »den Vater in Geist und Wahrheit anbeten« die »wahren Anbeter« sind. Wir sind aufgerufen, als heiligen Akt der Anbetung unsere Leiber als lebendige Schlachtopfer für Gott darzubringen (Röm 12,1). Petrus sagte, wir sind »ein heiliges Priestertum, um geistliche Schlachtopfer darzubringen, Gott wohlannehmbar durch Jesus Christus!« (1Petr 2,5).

Wenn Sie zur Gemeinde gehen, denken Sie dann wirklich über die Lieder nach, die Sie singen, oder besinnen Sie sich wirklich auf die Dinge Gottes, die gelehrt und gepredigt werden? Wir haben es nötig, dass sich in uns ein anbetendes Herz entwickelt. Und unsere Anbetung darf sich nicht auf die Zeit beschränken, die wir in der Gemeinde verbringen. Der Gottesdienst in der Gemeinde sollte wie ein Katalysator sein, der uns zur ständigen Anbetung bringt. In meinem Buch zum Thema Anbetung *The Ultimate Priority*[5] habe ich erklärt, dass wir am besten anbeten, wenn wir völlig gehorsam sind. Gehorsam ist die grundlegende Definition von Anbetung. Anbetung muss, wie Gehorsam, nicht nur ein Programm am Sonntag sein, sondern ein Lebensstil.

Hebräer 10,22 fordert uns auf, zu Gott »hinzuzutreten«. Jakobus 4,8 drückt sich konkreter aus: »Naht euch Gott! Und er wird sich euch nahen.« Kommt es überhaupt vor, dass Sie sich Gott nahen, ohne in Eile zu sein? Lassen Sie Ihr Herz und Ihre Gedanken aufsteigen, wenn Sie die Choräle, Schriftstellen oder Gebete hören? Sinnen Sie in tiefer Andacht nach? Denken Sie daran: Wir sollen ein anbetendes Volk sein.

Gebet

Es ist gut möglich, dass Gebet unsere schwierigste geistliche Übung ist. Gebet ist schwere Arbeit, vor allem weil es selbstlos sein soll. In wahrem Gebet geht es um das Reich Gottes: »Unser Vater, der du bist in den Himmeln, geheiligt werde dein Name; dein Reich komme; dein Wille geschehe« (Mt 6,9-10). In wahrem Gebet geht es auch um das Volk Gottes: »Unser tägliches Brot gib uns heute; und vergib uns unsere Schulden, wie auch wir unseren Schuldnern vergeben haben; und führe uns nicht in Versuchung« (Mt 6,11-13). In diesem »Gebet der Jünger« kommt das Wort »ich« nicht vor.

Es ist schwere Arbeit, im Sinne Gottes, seines Willens und seines Volkes zu beten. Es fällt uns leicht, für uns selbst zu beten, wenn wir vor einem Problem stehen. Wenn wir krank werden, einen lieben Angehörigen verlieren, etwas falsch gemacht haben oder über unser Kind verzweifeln, weil es vom Herrn abgeirrt ist, finden wir es sehr leicht, zu unseren eigenen Gunsten zu beten.

Wer nur dann betet, wenn er selber Hilfe braucht, führt ein schwaches Gebetsleben. Derjenige ehrt Gott, der sich im unaufhörlichen Gebet selbst verleugnet und für Gottes ewiges Reich und die Bedürfnisse seiner Erlösten betet. Lukas 11,5-8 berichtet von einem Mann, der nachts an die Tür seines Freundes klopfte, weil er einen Gast bewirten wollte. Wenn ich selber Hunger habe, fällt es mir nicht schwer, die ganze Nacht an die Tür eines Freundes zu pochen und um Brot zu bitten. Aber wäre ich fähig, an diese Tür zu klopfen, um Brot für jemand anderen zu erbitten?

Bei einem Interview in einer Radiosendung in Chicago sagte ich: Einer der Vorteile des Älterwerdens ist, dass man eine längere Liste von Gebetserhörungen hat als junge Leute. Man hat mehr Chancen gehabt, Gottes Machterweise zu erleben. Je mehr Gebetserhörungen man erfährt, desto zuversichtlicher betet man. Vielleicht neigen Ältere dazu, besser zu beten als Jüngere, weil sie sehr oft erlebt haben, wie Gott Gebete erhört.

Gebet ist auch deshalb schwierig, weil es persönlich ist. Wir beten gewöhnlich allein. Niemand weiß, wie oft und wie viel wir beten. Das erfordert Selbstdisziplin. Wir neigen zu wesentlich besseren Leistungen, wenn wir wissen, dass wir beobachtet werden. Ich verbringe viel Zeit mit der Vorbereitung meiner Predigten, weil ich weiß, dass mir viele Leute zuhören werden. Ich muss zugeben, dass ich das Gebet leichter vernachlässige, weil es eine rein persönliche Sache ist.

Gebet ist harte Arbeit. Man muss selbstlos beten und ohne die Aufmerksamkeit oder Bestätigung anderer zu suchen. In unserer Gemeinde gibt es eine kleine Gruppe älterer Christen, die sich jeden Montag zum gemeinsamen Gebet treffen. Sie beten schon seit über zehn Jahren zusammen. Sie beten, und Gott erhört ihre Gebete. Die Gemeinde profitiert von ihrer Treue. Ich weiß nicht, wie Gottes Souveränität und unsere Gebetsanliegen zusammenwirken, aber ich weiß, dass Gott Gebet erhört. Jakobus sagte: »Viel vermag eines Gerechten Gebet in seiner Wirkung« (5,16). Ich möchte ein Beter sein, weil ich sehen möchte, wie Gott wirkt, und ich möchte ihm die Ehre geben, die seinem Namen gebührt.

Wir müssen entschlossen sein zu beten. Paulus konnte das gar nicht deutlicher ausdrücken, als er schrieb: »Betet unablässig!« (1Thes 5,17). Bringen Sie Ihr ganzes Leben Gott als Gebet dar – fragen Sie ihn, wann immer Sie etwas denken, tun oder sagen. Sprechen Sie in Ihrem Herzen: »Ich erwäge, dieses oder jenes zu tun, Herr. Ist das richtig?« Unablässig zu beten bedeutet, so zu leben, als würde man das Leben durch die Gedanken und das Herz Gottes sehen. Es bedeutet nicht, ständig mit geschlossenen Augen und murmelnd umherzulaufen. Beten heißt, gottbewusst zu leben.

Jüngerschaft

In Matthäus 28,19-20 sagt unser Herr: »Geht nun hin und macht alle Nationen zu Jüngern, und tauft sie … und lehrt sie alles zu bewahren, was ich euch geboten habe!« Zum Jüngermachen gehört, Menschen zu Christus und zur geistlichen Reife zu führen.

Lukas schreibt in Apostelgeschichte 1,1: »Den ersten Bericht habe ich verfasst, Theophilus, von allem, was Jesus angefangen hat, zu tun und auch zu lehren.« Anders gesagt: Das Lukasevangelium (der »erste Bericht«) handelt »von allem, was Jesus angefangen hat zu tun und zu lehren«, und die Apostelgeschichte ist einfach die Fortsetzung davon. Christus hat die Zwölf zu Jüngern gemacht, und in der Apostelgeschichte sehen wir, wie diese Jünger andere zu Jüngern machen. Zweitausend Jahre später sind es Sie und ich, die dieses von Jesus begonnene Werk fortführen. Wir sollen diese »Sukzession« weiterführen: »Was du von mir in Gegenwart vieler Zeugen gehört hast, das vertraue treuen Menschen an, die tüchtig sein werden, auch andere zu lehren!« (2Tim 2,2). Jeder Christ ist Läufer in einem Staffellauf. Jeder muss den Stab ergreifen und ihn dann weitergeben. Kein Christ kämpft in einem Alleingang. Irgendwann hat sich jemand bemüht, uns mit dem Evangelium zu erreichen, und wir sollen uns bemühen, andere mit dem Evangelium zu erreichen.

Vielleicht meinen Sie, Sie wüssten nicht viel. Suchen Sie sich jemanden, der noch weniger weiß und bringen Sie ihm das bei, was Sie wissen. Suchen Sie sich jemanden, der mehr weiß als Sie, und hören Sie ihm zu. Lehren Sie und werden Sie belehrt. Ich investiere mein Herz in die Menschen, die ich zu Jüngern machen möchte, und ich lerne von anderen. An diesem Kreislauf müssen wir alle angeschlossen sein. Wir dürfen nicht isoliert sein; wir sind wie eine Kette alle miteinander verknüpft.

Einige Verse aus 1. Korinther 4 geben uns einen wunderbaren, indirekten Einblick in den Prozess des Jüngermachens. Paulus schrieb einen tadelnden Brief an die Gemeinde von Korinth, die er selbst durch die Gnade Gottes und die Kraft des Heiligen Geistes gegründet hatte. Er tadelte die Christen von Korinth, weil sie die Grundlagen des Glaubens verlassen hatten und sich mit Sünde einließen. Er wollte sie korrigieren.

In den Versen 14-15 schreibt er: »Nicht um euch zu beschämen, schreibe ich dies, sondern ich ermahne euch als meine geliebten Kinder. Denn wenn ihr zehntausend Zuchtmeister (gr. *paidagogos*, »Moralwächter, die geistlichen Rat erteilen«) in Christus hättet, so doch nicht viele Väter; denn in Christus Jesus habe ich euch gezeugt durch das Evangelium.« Das sagte Paulus, weil die Korinther fragten, woher er sich das Recht nehme, sie zu tadeln. Paulus erklärte ihnen den Grund: Er war ihr geistlicher Vater. Er hatte ihre Gemeinde gegründet.

Man beachte, dass Paulus die Korinther als »meine geliebten Kinder« bezeichnet. Jüngermachen muss in Liebe geschehen. Wir müssen sagen können: »Ich habe mein Leben und meine Zeit für dich gegeben. Ich bete für dich und gebe dir meine Erkenntnisse weiter.« Wenn Sie meinen, jemanden zu einem Jünger machen zu können, ohne sich um ihn zu kümmern und ohne bereit zu sein, Opfer für ihn zu bringen, machen Sie sich selbst etwas vor.

Außerdem ermahnte und warnte Paulus die Korinther. Jüngermachen heißt auch korrigieren. Das ist wie bei der Kindererziehung. Wir müssen unsere Kinder warnen, damit sie sich von Gefahren fernhalten. Man kann Kindern nicht nur positive Anweisungen geben; sie brauchen auch negative Anweisungen. Paulus sagte zu den Ältesten von Ephesus: »Denkt daran, dass ich drei Jahre lang Nacht und Tag nicht aufgehört habe, einen jeden unter Tränen zu ermahnen!« (Apg 20,31). Er wusste, wie wichtig es ist, zu ermahnen und zu warnen.

In 1. Korinther 4,16 sagt Paulus: »Ich bitte euch nun, seid meine Nachahmer!« Der Gläubige, den Sie zu einem Jünger machen möchten, muss Ihrem Vorbild folgen. Das bedeutet, dass Sie länger auf dem Weg der Nachfolge und des geistlichen Wachstums sein müssen als er. Sie müssen imstande sein zu führen. Bedenken Sie dabei jedoch, dass unser Herr nicht zu Vollkommenheit auffordert, sondern zu Wegweisung. Paulus sagte: »Seid meine Nachahmer, wie auch ich Christi Nachahmer bin!« (1Kor 11,1). Zu dem Gläubigen, den Sie zum Jünger machen wollen, müssen Sie sagen: »Ich möchte, dass du mir so folgst, wie ich dem Herrn Jesus folge.« Das sagen Sie nicht im Stolz, sondern demütig, da Sie um Ihre eigene Schwäche wissen. Und dann wird Ihr Vorbild eine große Ermutigung sein, denn einer perfekten Person zu folgen, wäre entmutigend schwierig.

In 1. Korinther 4,17 erwähnt Paulus einen weiteren Aspekt von Jüngerschaft: »Deshalb habe ich euch Timotheus gesandt, der mein geliebtes und treues Kind im Herrn ist; der wird euch erinnern an meine Wege in Christus, wie ich überall in jeder Gemeinde lehre.« Paulus sandte Timotheus nach Korinth, damit die dortigen Gläubigen belehrt werden. Beim Jüngermachen muss man dafür sorgen, dass geistliche Wahrheit vermittelt wird. Das Verhalten von Gläubigen hängt davon ab, wie sie in der Wahrheit unterwiesen werden.

Jüngermachen ist eine Aufgabe, an der jeder beteiligt sein muss. Das ist keine Option, die man tun oder auch lassen kann. Wir alle müssen daran mitarbeiten, Menschen zur Erkenntnis des Heilands zu führen und ihren geistlichen Reifeprozess unterstützen. Wir alle müssen jeden zu einem Jünger machen, den der Herr uns in den Weg stellt. Wahrscheinlich werden Sie unterschiedliche Beziehungen zu den Leuten haben, die Sie zu Jüngern machen, aber Jüngerschaft ist nichts anderes als das Aufbauen einer wahren Freundschaft auf geistlicher Grundlage. Das ist keine Freundschaft, die auf Ihrer beiderseitigen Vorliebe für Fußball beruht, auf Ihrem gleichen Musikgeschmack, einem gemeinsamen Hobby oder dem gemeinsamen Arbeitsplatz. Das Herzstück Ihrer Freundschaft ist eine Offenheit in geistlichen Dingen. Das ist der Faktor, der eine Jüngerschaftsbeziehung gelingen lässt.

Wenn Sie jemanden zu einem Jünger machen, bringen Sie ihm einen geistlichen und hingegebenen Lebensstil bei. Sie bringen ihm bei, wie man biblisch auf bestimmte Situationen reagiert. Jemand ist dann geistlich reif, wenn er ganz unbewusst geistlich reagiert. Daran erkennt man, ob der Heilige Geist das Leben eines Menschen beherrscht. Beim Jüngermachen bringen Sie jemanden zu dem Punkt, wo er nicht mehr großartig überlegen muss, was das richtige Verhalten ist, weil er bereits spontan richtig reagiert.

Hirtendienst

Die Gläubigen einer Gemeinde müssen sich umeinander kümmern und gegenseitig Bedürfnisse stillen. Dreimal fragte Jesus den Apostel Petrus: »Liebst du mich?« (Joh 21,15-17). Petrus antwortete jedes Mal: »Ja, Herr, du weißt, dass ich dich lieb habe.« Jesus sagte daraufhin: »Weide meine Lämmer!« Mit anderen Worten: »Petrus, du bist ein Hirte. Kümmere dich um mein Volk.«

Zum Hirtendienst gehört das Ernähren und Leiten der Herde. In 1. Petrus 5 steht: »Hütet die Herde Gottes, die bei euch ist, indem ihr die Aufsicht ... führt« (V. 2; Elb.). Apostelgeschichte 20,28 fordert auf: »Habt Acht auf euch selbst und auf die ganze Herde, in welcher der Heilige Geist euch als Aufseher eingesetzt hat, die Gemeinde Gottes zu hüten.« Wir müssen uns alle umeinander kümmern. In 1. Johannes 3,17 lesen wir: »Wer aber irdischen Besitz hat und sieht seinen Bruder Mangel leiden und verschließt sein Herz vor ihm, wie bleibt die Liebe Gottes in ihm?« Wie kann man sagen, dass man Gott liebt, wenn man sich nicht um Menschen kümmert? Wenn Sie mit Leuten zu tun haben, nehmen Sie sich Zeit und stellen Sie fest, was sie brauchen und was ihnen wehtut. Wenn Sie Erkenntnisse haben, die jemand braucht, der vom Glauben abgewichen ist, dann teilen Sie ihm Ihre Erkenntnisse mit und führen Sie ihn auf den Weg zurück. Jeder soll Hirtendienst ausüben. In 1. Petrus 5,4 wird der Herr der »Oberhirte« genannt. Demzufolge sind wir seine Unterhirten. Wir stehen alle in der Arbeit des Schafehütens.

Manchmal ist es schwierig, Hirtendienst zu praktizieren. Manche haben zwar ein geistliches Bedürfnis, doch andere nehmen keine Notiz davon und so werden sie übersehen. Es bricht mir immer das Herz, wenn mir jemand berichtet: »Ich war krank, und keiner hat mich angerufen. Niemand kümmert sich um mich.« Hin und wieder bekomme ich Briefe von bestürzten Leuten, die schreiben: »Das und das ist passiert, und Sie haben uns nicht angerufen. Sie kümmern sich nicht um uns. Niemand aus der Gemeinde hat uns geholfen.« **Manchmal sind die Erwartungen der Leute zu hoch; kein einzelner Mensch kann überall gleichzeitig sein.** Doch meistens wird jemand deshalb übersehen, weil sich niemand zur Verfügung stellt, wenn Hilfe gebraucht wird. Wenn beispielsweise jemand einen Todesfall in seiner Familie hat, wird er sofort von allen umsorgt und getröstet. Doch nach der Beerdigung, wenn sich wirklich Depression breit macht, wird er alleingelassen. **Wir verlieren unser Feingefühl gerade dann, wenn es am nötigsten ist.**

Wir müssen solche Hirten sein wie Jesus. In Johannes 10 sagt er: »Ich bin die Tür zu den Schafen ... Ich bin der gute Hirte« (V. 7.11). Jesus sprach hier von der Art und Weise, wie sich ein Hirte um seine Schafe kümmert. Wenn das Schaf am Ende des Tages in den Pferch ging, prüfte der Hirte jedes einzelne Tier, wenn es unter dem Stab herstapfte, den er über den Eingang zum Pferch hielt. Wenn er irgendwelche Verletzungen oder Schrammen bemerkte, goss er Öl auf diese Wunde. Das meinte David, als er in Psalm 23 schrieb: »... dein Stecken und dein Stab, sie trösten mich ... du hast mein Haupt mit Öl gesalbt, mein Becher fließt über« (V. 4-5). Der Hirte muss sich um seine Schafe kümmern.

In unserer Gemeinde gibt es einige wunderbare, zurückhaltende Gläubige, die keinen Hirtendienst beanspruchen, weil sie nichts sagen, wenn ihnen etwas fehlt. Andere jedoch fallen regelmäßig in Sünde und brauchen die ganze Zeit Hirten um sich herum, die ihnen helfen. Es ist sehr wichtig für uns alle, dass wir uns selbst als Schafe und Hirten sehen, die sich umeinander kümmern. Man kann von Gemeindeleitern nicht erwarten, dass sie sämtlichen erforderlichen Hirtendienst selber leisten. Wir sind vor Gott füreinander verantwortlich. Die Grace Church ist nicht meine Gemeinde, sondern die Gemeinde aller. Es ist Jesu Gemeinde.

Als ich die Gemeindeleitung der Grace Church übernahm, entwarf ich als erstes einen Plan, wie unsere Gläubigen Hirtendienst bekommen. Ich wusste, dass wir sie ernähren konnten; ich wollte nur sicherstellen, dass wir sie auch führen konnten, **denn ein Hirte ernährt die Herde *und* führt sie zur Christusähnlichkeit.**

Familienarbeit

Gott hat die Familie als die Einrichtung verordnet, die Wertmaß-
stäbe und Wahrheiten von einer Generation an die nächste weitergeben soll (5Mo 6,7.20-25). Der Teufel greift jedoch alles an, was
Gott zur Wahrung von Werten und Wahrheiten verordnet hat.

Der Teufel greift alle drei bewahrenden Instanzen der Gesellschaft an: die Regierung, die Gemeinde und die Familie. Wo immer Gott eine Regierung eingesetzt hat, welche Übeltäter bestraft
und die Rechtschaffenen unterstützt, wird der Teufel etwas dagegen unternehmen. Jede Gemeinde, die Christus ehrt und sein Wort
verkündet, wird vom Teufel angegriffen werden. Und da der Teufel
nicht will, dass Familien göttliche Werte und Wahrheit weitervermitteln, versucht er auch die Familien zu untergraben.

Der Teufel bedient sich unserer unmoralischen, lusterfüllten
Gesellschaft, um die Familie anzugreifen. Er hat den Familien
das Überleben schwer gemacht. Die Gemeinde muss helfen, die
Familien zu bewahren. In der Grace Church fühlen wir uns dazu
verpflichtet; wir unterrichten und erziehen Kinder und Jugendliche.
Es ist schön zu sehen, wie die Erwachsenen unserer Gemeinde mit
den jungen Leuten arbeiten, weil die Jüngeren dafür verantwortlich
sind, das Gelernte zu bewahren und es an die nächste Generation
weiterzugeben. Ich möchte, dass unsere jungen Leute Gottes Maßstab für Ehe und Familie kennen.

Wenn Gläubige mit dem Heiligen Geist erfüllt sind, ordnen sie
sich einander unter (Eph 5,21 – 6,9). In einer Familiensituation
bedeutet das, dass sich die Frauen ihren Männern unterordnen,
und die Männer ordnen sich ihren Frauen unter, indem sie lieben, nähren, pflegen und reinigen. Die Kinder ordnen sich ihren
Eltern unter, und die Eltern ordnen sich den Bedürfnissen ihrer
Kinder unter, indem sie sie nicht zum Zorn reizen, sondern sie in
der Furcht Christi erziehen. Unterordnung geht aus geisterfüllten
Leben hervor. Die Gemeinde muss dafür sorgen, dass die Familien
vom Geist Gottes regiert werden, sodass sie den Segen erfahren,
den Gott gibt, wenn alle einander unterwürfig sind. Wenn in einer
Familie jeder für sein eigenes Recht kämpft, wird jede Möglichkeit
zu segensreichen Beziehungen zerstört.

Die Familien einer Gemeinde sollten sich gegenseitig stärken.
Sie sollten sich in der Kindererziehung helfen; sie sollten untereinander für die Kinder beten. Wie reagieren wir, wenn wir ungezoge-

ne Kinder sehen? Beten wir für sie? Helfen wir anderen Eltern, ihren Kindern das richtige Benehmen beizubringen? Eine Gemeinde muss sich um ihre Familien kümmern.

Ausbildung

Die Gemeinde muss die Gläubigen zum Dienst ausbilden. Epheser 4,11-12 sagt: »Er hat die einen als Apostel gegeben und andere als Propheten, andere als Evangelisten, andere als Hirten und Lehrer, zur Ausrüstung der Heiligen für das Werk des Dienstes, für die Erbauung des Leibes Christi.«

In unserer Gemeinde bieten wir Kurse an, in denen Gläubige ausgebildet werden und schließlich Diakone oder Älteste werden können. Wir haben Kurse über Evangelisation, Mission und Jugendarbeit. Wir haben ein theologisches Seminar auf unserem Gelände und ein College zur Vorbereitung der jungen Leute auf ihren Dienst im Reich Gottes. Wir wollen den Leuten nicht nur Faktenwissen vermitteln, sondern wir wollen sie auf eine konkrete Weise vorbereiten und dafür zurüsten.

Finanzielle Gaben

Wie viel jemand geben kann, hängt davon ab, wie viel er hat (2Kor 8,1-5). Paulus sagt in 2. Korinther 9,6: »Wer sparsam sät, wird auch sparsam ernten, und wer segensreich sät, wird auch segensreich ernten.« Jesus sagte: »Gebt, und es wird euch gegeben werden: ein gutes, gedrücktes und gerütteltes und überlaufendes Maß wird man in euren Schoß geben; denn mit demselben Maß, mit dem ihr messt, wird euch wieder gemessen werden« (Lk 6,38). Gott möchte, dass wir wissen, dass wir ihm unser Geld anvertrauen können. Das ist das Gegenteil von dem, was er mit uns macht: Er gibt uns Geld und fragt uns: »Kann ich dir dieses Geld anvertrauen?« Wir müssen unter Beweis stellen, dass er uns dieses Geld anvertrauen kann, indem wir es ihm zurückgeben. Wie gut verwalten Sie den Besitz Gottes?

Wir müssen einsehen, dass unsere Besitztümer nicht uns gehören. Wenn wir sie Gott anvertrauen, werden wir frei. Dann brauchen wir diese Dinge nur noch zu verwalten. Wenn Sie etwas besitzen, das ein anderer dringender braucht als Sie, dann geben Sie es ihm. Das ist die Gesinnung von Apostelgeschichte 2,44-45: »Alle Gläubiggewordenen aber waren beisammen und hatten alles gemeinsam; und sie verkauften die Güter und die Habe und verteilten sie an alle, je nachdem einer bedürftig war.«

Manche Christen geben nicht alles. Einige geben nur Beträge von symbolischem Charakter. Sie werfen jeden Sonntag etwas Geld in den Beutel. Gewöhnlich geben sie deshalb so wenig, weil sie ihr Geld für irdischen Besitz ausgeben. Das ist traurig. Ich bedaure das. Ich möchte, dass die Leute großzügig geben, sodass sie den Segen Gottes erfahren können. Als König David jemanden eine Tenne abkaufen wollte, um dem Herrn dort einen Altar zu bauen, wurde ihm die Tenne unentgeltlich angeboten. David antwortete: »Nein, sondern kaufen will ich es von dir für den Kaufpreis. Ich will dem HERRN, meinem Gott, nicht umsonst Brandopfer opfern« (2Sam 24,24). Er wollte Gott kein symbolisches Opfer bringen, sondern eines, das ihn etwas gekostet hat.

Wie entschlossen sind wir, von unserem Besitz abzugeben? Jemand erzählte mir von einer Gemeinde, die halb so groß ist wie die Grace Church, doch zweimal soviel dem Herrn gibt wie wir. Dieser Christ fragte mich: »Warum ist das so?« Ich sagte: »Ich weiß es nicht. Wenn diese Christen aus falschen Motiven geben oder in gesetzlicher Haltung, sind ihre Opfergaben bedeutungslos. Aber wenn sie aus ihren Herzen so reichlich geben, dann ist das großartig!« Ich weiß nicht, warum diese Situation so ist, aber eines weiß ich: Die Christen in der Grace Church tun nicht, was sie jede Woche tun sollten. 1. Korinther 16,2 sagt: »An jedem ersten Wochentag lege ein jeder von euch bei sich zurück und sammle an, je nachdem er Gedeihen hat.«

Finanzielle Gaben zu geben, ist eine Aufgabe der Gemeinde. Wir sollen nicht nur etwas zur Unterstützung unserer eigenen Gemeinde beitragen, sondern für das Reich Gottes geben. Gemeinden sollen keine Riesensummen aufhäufen. Wir sollen gute Verwalter des Geldes sein, das Gott uns zu unserer eigenen Verwendung gegeben hat, und den Rest dafür einsetzen, Menschen mit dem Evangelium zu erreichen.

Gemeinschaft

Gemeinschaft ist elementar wichtig. Gemeinschaft bedeutet »gemeinsam Leben«. In gewisser Weise fasst Gemeinschaft die anderen Aufgaben zusammen, die wir bereits erörtert haben. Gemeinschaft bedeutet, zusammen zu sein, einander zu lieben und miteinander zu kommunizieren. Dazu gehört, jemanden zuzuhören, der Sorgen hat, mit jemanden zu beten, der Hilfe braucht, Kranke im Krankenhaus zu besuchen, an einem Bibelkurs teilzunehmen und sogar ein Lied mit jemanden zu singen, den man gerade erst kennen gelernt hat. Gemeinschaft bedeutet auch, Gebetsanliegen auszutauschen.

Öffnen Sie Ihr Leben für andere? Besprechen Sie Ihre Probleme mit anderen, die ebenfalls Probleme haben, sodass sie einander helfen können? **Pflegen Sie nicht geschlossene, sondern entschlossene Gemeinschaft!**

Ein Blick auf das Äußere

Wir haben die Gemeinde mit einem Leib verglichen und uns ihr Skelettgerüst, ihre inneren Organe und ihre Muskeln angeschaut. Nun wollen wir zur Haut kommen. Es ist nicht wichtig, welche Hautfarbe die Gemeinde hat. Wenn wir eine Gemeinde anschauen, sehen wir das Äußere, aber Gott schaut auf das Herz (vgl. 1Sam 16,7). Ihren Charakter bekommt die Gemeinde durch das, was in ihrem Herzen ist. Es ist wichtig, dass die Gemeinde einen Skelettapparat hat: Sie muss entschlossen festhalten an einer hohen Sicht von Gott, an der absoluten Priorität der Bibel, lehrmäßiger Klarheit, persönlicher Heiligung und geistlicher Autorität. Eine Gemeinde muss innere Organe haben – bestimmte geistliche Einstellungen. Außerdem muss sie entschlossen bestimmte Aufgaben wahrnehmen. Doch wenn diese Dinge in einer Gemeinde vorhanden sind, kommt es nicht mehr darauf an, wie sie von außen aussieht oder welche Form ihre Veranstaltungen haben.

Als Gott mich in seiner Gnade zur Grace Church führte, um dort meinen Dienst zu beginnen, betete ich. »Herr, ich weiß, wenn wir so sind, wie du uns haben möchtest, wird es kein Problem sein, wirksam zu dienen.« Was in unseren Herzen ist, ist wichtig, und nicht das, was wir von außen sind. Wenn manchmal andere Gemeinden bei uns in der Grace Church zu Besuch waren, versuchen sie in ihrer Gemeinde das einzuführen, was sie bei uns von außen gesehen haben. Aber das funktioniert nicht, weil das Fleisch nicht ohne ein Skelett stehen und nicht ohne innere Organe leben kann. Wenn eine Gemeinde ein Skelett, innere Organe und Muskeln hat, dann wird das Fleisch Gestalt annehmen. Die wahre Schönheit einer Gemeinde kommt von innen.

Unsere Gemeinde ist ein einzigartiger Ort. Fast jeden Sonntag kommen Leute aus anderen US-Bundesstaaten zu mir an die Begrüßungsstelle, die wir für erstmalige Besucher eingerichtet haben. Ein typisches Gespräch verläuft etwa so:

»Wir kommen aus Michigan.«

»Wie schön! Sind Sie zu Besuch hier?«

»Nein, wir sind hierher gezogen.«

Wenn ich die Besucher dann nach dem Grund frage, sagen sie: »Um zu dieser Gemeinde zu kommen.« Dann sagen sie: »Wissen Sie vielleicht, wo wir vielleicht einen Platz finden, wo wir bleiben können, bis wir ein Haus und einen Arbeitsplatz gefunden haben?« Es gibt Leute, die einfach ihre Sachen packen und umziehen, um zur Grace Church zu kommen! Manchmal haben sie auch Kinder. Warum tun sie das? Manche nennen die Begründung: »Wir glauben, dass nicht der Beruf, sondern die Gemeinde der Mittelpunkt des Lebens ist.« Wenn ich das höre, bekomme ich einen Kloß im Hals und denke an die enorme Verantwortung aller, die in der Gemeindeleitung mitarbeiten: die Verantwortung vor Gott, unsere Gemeinden so zu gestalten, wie er sie haben will, zu seiner Ehre.

Kapitel 4

Das Haupt[6]

Nun müssen wir zum wichtigsten Teil unserer Beschäftigung mit der Anatomie der Gemeinde kommen: dem Haupt. Kein Leib ist vollständig ohne Haupt. Das Haupt der Gemeinde ist der Herr Jesus Christus. In Epheser 4 sagt Paulus: »Lasst uns aber ... in allem hinwachsen zu ihm, der das Haupt ist, Christus. Aus ihm wird der ganze Leib zusammengefügt und verbunden durch jedes der Unterstützung dienende Gelenk, entsprechend der Wirksamkeit nach dem Maß jedes einzelnen Teils; und so wirkt er das Wachstum des Leibes zu seiner Selbstauferbauung in Liebe« (V. 15-16). Wir sollen zwar in der Gemeinde alles tun, was irgend wir können, aber es ist die Kraft Christi, die alles gelingen lässt. Es ist ein großer Trost zu wissen, dass ihm alles gelingt, auch wenn wir versagen. Christus ist unser Haupt; ohne ihn können wir nichts tun (Joh 15,5).

Wenn wir uns nun damit befassen, das Wirken unseres Herrn für seine Gemeinde zu untersuchen, ist Hebräer 13,20-21 eine sehr hilfreiche Schriftstelle – dieser majestätische Segenswunsch am Ende dieses Briefes: »Der Gott des Friedens aber, der den großen Hirten der Schafe aus den Toten heraufgeführt hat durch das Blut eines ewigen Bundes, unseren Herrn Jesus, vollende euch in allem Guten, damit ihr seinen Willen tut, indem er in uns schafft, was vor ihm wohlgefällig ist, durch Jesus Christus, dem die Herrlichkeit sei von Ewigkeit zu Ewigkeit! Amen.«

Er ist der Retter

In diesen beiden Versen aus dem Hebräerbrief deuten drei Dinge darauf hin, in wiefern der Herr Jesus der Retter für seine Gemeinde ist.

Sein Name

In Matthäus 1,21 lesen wir: »Du sollst seinen Namen Jesus heißen; denn er wird sein Volk erretten von seinen Sünden.« »Jesus« ist die griechische Form des alttestamentlichen Namens Josua und bezeichnet einen Retter. In Hebräer 2,9-10 lesen wir: »Wir sehen aber Jesus, der ein wenig unter die Engel erniedrigt war, wegen des

Todesleidens mit Herrlichkeit und Ehre gekrönt, damit er durch Gottes Gnade für jeden den Tod schmeckte. Denn es geziemte ihm, um dessentwillen alle Dinge und durch den alle Dinge sind, indem er viele Söhne zur Herrlichkeit führte, den Urheber ihrer Rettung durch Leiden vollkommen zu machen.« Jesus ist der Eine, der für alle Menschen den Tod geschmeckt hat. Er wurde der »Urheber« (gr. *archêgos*, der »Anführer« oder »Anfänger«) der Errettung.

Apostelgeschichte 4,12 sagt: »Und es ist in keinem anderen das Heil; denn auch kein anderer Name unter dem Himmel ist den Menschen gegeben, in dem wir gerettet werden müssen.« Der Name Jesu spricht von seinem Rettungswerk.

Sein Blut

Die Juden wussten, dass Sünde durch Blut gesühnt werden muss. Das ist Bestandteil der Botschaft des Hebräerbriefes. In Hebräer 9,18 lesen wir: »Daher ist auch der erste Bund nicht ohne Blut eingeweiht worden.« Jeder Jude wusste, dass der Alte Bund in 3. Mose 17,11 durch Blut ratifiziert wurde. Gott forderte, dass zur Sühnung von Sünde Blut vergossen werden musste. Mose war Gottes Mittler, der zur Ratifizierung des Alten Bundes Blut versprengen musste: »Denn als jedes Gebot nach dem Gesetz von Mose dem ganzen Volk mitgeteilt war, nahm er das Blut der Kälber und Böcke mit Wasser und Purpurwolle und Ysop und besprengte sowohl das Buch selbst als auch das ganze Volk und sprach: ›Dies ist das Blut des Bundes, den Gott für euch geboten hat.‹ Aber auch das Zelt und alle Gefäße des Dienstes besprengte er ebenso mit dem Blut« (Hebr 9,19-21). Überall war Blut: auf dem Buch des Gesetzes, auf dem Volk, auf der Stiftshütte und auf allen ihren Gefäßen.

Dieses ganze Blutvergießen symbolisierte jedoch nur das Blut, das einst Christus vergießen sollte, um Frieden zwischen Gott und Menschen zu bringen. Hebräer 9,22 sagt: »Fast alle Dinge werden mit Blut gereinigt nach dem Gesetz, und ohne Blutvergießen gibt es keine Vergebung.« Deshalb musste Jesus sein Blut vergießen, um den neuen Bund zu stiften. In Matthäus 26,28 sagt er: »Denn dies ist mein Blut des Bundes, das für viele vergossen wird zur Vergebung der Sünden.«

Man beachte, dass Hebräer 13,20 vom »Blut eines ewigen Bundes« spricht. Der mosaische Bund – der alte Bund – war nicht ewig, sondern ein zeitweiliger Bund und nur ein Schatten der künftigen Dinge (Hebr 10,1). Jesus Christus stiftete einen ewigen Bund:

»Denn mit *einem* Opfer hat er die, die geheiligt werden, für immer vollkommen gemacht.« Durch eine einzige Opferhandlung brachte Christus eine ewige Errettung. Hebräer 9,12 sagt: Christus ist »nicht mit Blut von Böcken und Kälbern, sondern mit seinem eigenen Blut ein für allemal in das Heiligtum hineingegangen und hat uns eine ewige Erlösung erworben.« Die Priester Israels mussten immer wieder Opfer im Heiligtum darbringen, doch Christus brachte ein einziges Opfer und erwarb uns dadurch eine ewige Erlösung (Hebr 10,11-12).

Seine Auferstehung

Wenn wir über die Auferstehung Jesu nachdenken, neigen wir dazu, sie als Mittel unserer eigenen Auferstehung anzusehen. Aber Jesu Auferstehung bedeutet viel mehr als das. Die Auferstehung Christi ist die einzigartige und größte Bestätigung dafür, dass Gott, der Vater, das Erlösungswerk Jesu bestätigt und angenommen hat. Als der Vater den Herrn Jesus aus den Toten auferweckte, bestätigte er damit, dass Jesus das erlangt hat, wofür er ans Kreuz gegangen war.

Er ist der Hirte

In Hebräer 13,20 wird der Herr »der große Hirte der Schafe« genannt. Im Gegensatz zu allen anderen Hirten ist er der *große* Hirte. Psalm 77,21 sagt: »Wie eine Herde hast du dein Volk geleitet durch die Hand Moses und Aarons.« Mose und Aaron waren Hirten, aber keine »großen« Hirten. Der Herr Jesus wird im Neuen Testament drei Mal Hirte genannt: In Johannes 10,11 ist er der »gute Hirte«, in 1. Petrus 5,4 ist er der »Erzhirte«, und in Hebräer 13,20 ist er der »große Hirte« Die Bibel bezeichnet Unerrettete oft als Schafe ohne Hirten (4Mo 27,17; 1Kö 22,17; 2Chr 18,16; Hes 34,5.8; Sach 10,2; Mt 9,36; Mk 6,34). Gläubige hingegen sind Schafe *mit* einem Hirten.

Bei einem unserer Ältestentreffen diskutieren wir, wie wir einen besseren Hirtendienst in unserer Gemeinde einrichten könnten. Einige der Ältesten sagten: »Einige Leute beteiligen sich nicht, und andere befolgen nicht die Anweisungen. Zu einigen haben wir den Kontakt verloren, und andere sind schon lange fort und wir versuchen herauszubekommen, wo sie abgeblieben sind.« Wenn ich von einer solchen Besprechung heimfahre, denke ich: »Herr, wie können wir an unseren Leuten dranbleiben? Wie können wir uns besser als Hirten um sie kümmern?« Wir können uns alle an dieser Wahrheit trösten: Der große Hirte kümmert sich um seine Schafe. Wenn manchmal Neubekehrte kein Nacharbeits-Programm mitmachen, reagieren wir darauf, als würde der Bekehrte dadurch seine Errettung verlieren. Wir sagen: »Wir müssen dem Heiligen Geist helfen. Wir können die Neubekehrten nicht einfach nur dem Herrn überlassen. Wir müssen sie in ein Programm stecken!« Sicher ist es gut, aufmerksam zu sein und den Gläubigen zu helfen, aber wir müssen bedenken, dass der Herr der Hirte ist.

Ich würde meinen Verstand verlieren, wenn ich meinte, dass ich die letzte Verantwortung für die Schafe Jesu trage. Ich diene seinen Schafen von ganzem Herzen, aber nicht, weil ich etwa denke, alles hinge von mir ab. In der Grace Church dienen wir dem Herrn mit unserem ganzen Herzen. Aber wenn uns Kraft und Mittel fehlen und wir nicht mehr wissen, wie wir all den vielen Bedürftigen helfen sollen, können wir sagen: »Der Herr ist der große Hirte.«

In Hebräer 13,21 lesen wir das Gebetsanliegen: Der gute Hirte »vollende euch in allem Guten, damit ihr seinen Willen tut«. Er hat uns sein Wort gegeben (2Tim 3,16-17), und er hat uns begabte Gläubige gegeben, die uns helfen und zurüsten (Eph 4,11-12). Wir werden auch noch auf andere Weise »vollendet« und vollkommen gemacht: 1. Petrus 5,10 sagt, dass der Herr uns vollkommen machen wird, nachdem wir eine Zeitlang gelitten haben. Er führt uns durch Erprobungen, damit sein Wort in unserem Leben wirkt. Johannes 15,2-3 besagt, dass das Wort Gottes uns läutert.

Unser Herr erbaut uns nicht nur, sondern er leistet auch Fürbitte für uns. So wie ein Hirte seine Schafe in Schutz nimmt und Wölfe abwehrt, so wehrt der Herr Jesus den Widersacher ab, der ständig vor den Thron Gottes kommt, um Christen zu beschuldigen. Satan verklagt uns so, wie er Hiob verklagte (Hi 1,7-12; 2,1-5). Der Herr Jesus kommt uns jedoch zu Hilfe. Er ist unser Verteidiger und mitfühlender Fürsprecher. Er ist unser Hoherpriester.

Johannes schrieb: »Wenn jemand sündigt – wir haben einen Beistand bei dem Vater: Jesus Christus, den Gerechten« (1Jo 2,1). Anders ausgedrückt: Wenn Sie sündigen und vor dem Thron Gottes verklagt werden, verwendet sich der Herr Jesus als Ihr Anwalt und sagt: »Vater, ich habe mit meinem Blut für diese Sünde bezahlt.« Deshalb kann den Erwählten Gottes keine Sünde zur Last gelegt werden (Röm 8,33-34). Wird Gott Ihnen etwa Ihre Sünde anlasten, wenn er Sie bereits gerechtfertigt hat?

Der Schreiber des Hebräerbriefes sagte: »Wir haben nicht einen Hohenpriester, der nicht Mitleid haben könnte mit unseren Schwachheiten, sondern der in allem in gleicher Weise wie wir versucht worden ist, doch ohne Sünde« (Hebr 4,15). Christus weiß genau, was wir durchmachen und ist daher imstande, uns zu helfen (Hebr 2,18). Er ist ein vollkommener Hoherpriester, der immer lebt, um sich für uns zu verwenden (Hebr 7,25). Er erlitt Hunger, Durst und Erschöpfung. Er wuchs in einer Familie auf. Er liebte, hasste und bewunderte. Er war froh, traurig, zornig und betrübt. Er diente treu Gott, las die Schriften und betete die ganze Nacht. Er bedauerte von ganzem Herzen den Schmerz der Menschen und weinte, wenn ihm sein eigenes Herz schmerzte. Der Herr hat alles durchlebt, was wir durchmachen – und noch mehr. Er ist mitfühlend und verteidigt uns. Christus ist unser treuer Hoherpriester, der stets Fürsprache für uns einlegt.

Als unser Hirte nährt, pflegt und erbaut er uns, damit wir seinen Willen tun. Als unser Hoherpriester legt er auch Fürsprache für uns ein und sorgt dafür, dass uns keine Sünde zur Last gelegt wird. Sein Blut reinigt uns weiterhin von allen Sünden (1Jo 1,9).

Er ist der souveräne Herr

Wenn wir noch einmal einen Blick auf Hebräer 13,20-21 werfen, bemerken wir den Begriff *Herr* in Vers 20. Dieses Wort hat verschiedene Bedeutungen, aber wenn es sich im Neuen Testament auf den Sohn Gottes bezieht, bezeichnet es jemanden in einer Stellung absoluter Autorität. Er ist der Herr – der souveräne Herrscher über seine Gemeinde. Epheser 1,22-23 sagt, Gott hat »alles seinen Füßen unterworfen und ihn als Haupt über alles der Gemeinde gegeben, die sein Leib ist, die Fülle dessen, der alles in allen erfüllt.«

Kolosser 1,18-19 besagt dasselbe: »Und *er* ist das Haupt des Leibes, der Gemeinde. Er ist der Anfang, der Erstgeborene [gr. *prôtotokos*, »der Erstrangige«] aus den Toten, damit er in allem den Vorrang habe; denn es gefiel der ganzen Fülle, in ihm zu wohnen.«

Der Herr manifestiert seine Souveränität in der Gemeinde auf zweierlei Weise:

Er regiert seine Gemeinde

Als Herr seiner Gemeinde ist er der Regent. Wenn sich jemand erkundigt, wer für die Grace Church zuständig sei, sagen wir ihm:

»Jesus Christus.« Epheser 5,23 sagt ganz klar: »Christus (ist) das Haupt der Gemeinde.«

In Offenbarung 1,12-15 sehen wir Christus zwischen sieben Leuchtern, die seine Gemeinde repräsentieren. Er hat Füße wie aus glänzendem Erz und strahlende, durchdringende Augen, die die Sünde ausfindig machen, die von seiner Gemeinde entfernt werden muss. Deshalb sagte Jesus in Matthäus 18,20: »Wo zwei oder drei versammelt sind in meinem Namen, da bin ich in ihrer Mitte.« Er sprach hier nicht von seiner Gegenwart bei einem Gebetstreffen. Der Kontext zeigt, dass er bei zwei oder drei Zeugen ist, die die Sünde von jemandem bestätigen, der unter Gemeindezucht gestellt werden muss. Jesus sagte damit: »Zögert nicht, Menschen in der Gemeinde unter Zucht zu stellen. Wenn ihr die richtigen Zeugen einberufen habt und die Sünde bestätigt wurde, bin ich mit euch in eurer Mitte und billige diese Zuchtmaßnahme.« Wer Gemeindezucht übt, handelt an Christi Statt.

Das Neue Testament lehrt, dass Christus seine Gemeinde durch eine Gruppe gottesfürchtiger Männer leitet: die Ältesten. In der Grace Church haben wir etwa dreißig Älteste, und es ist unser Ziel, das zu tun, was der Herr Jesus will. Wenn die Bibel zu einem bestimmten Thema nichts sagt, dann müssen wir durch Gebet, Weisheit und Geduld Gottes Willen herausfinden. Wir warten solange, bis Gott uns seinen Willen zeigt, was wir tun sollen. Deshalb war es uns immer wichtig, in einer bestimmten Sache einstimmige Einmütigkeit untereinander zu haben. Gott hat nur *einen* Willen, und daher wissen wir, dass wir einmütig sein müssen, bevor wir uns auf eine Entscheidung festlegen.

Er lehrt seine Gemeinde

Der Herr offenbart seinen Willen durch sein Wort und durch menschliche Werkzeuge, aber er selbst ist der Lehrer. Er belehrt uns durch sein Wort und seinen Geist. In Johannes 15,26 sagt Jesus: »Wenn der Beistand gekommen ist, den ich euch von dem Vater senden werde, der Geist der Wahrheit, der von dem Vater ausgeht, so wird der von mir zeugen.« Anders gesagt: »Der Heilige Geist wird euch mitteilen, was ihr über mich wissen müsst.« Darüber hinaus sagte Jesus: »Noch vieles habe ich euch zu sagen, aber ihr könnt es jetzt nicht tragen. Wenn aber jener, der Geist der Wahrheit, gekommen ist, wird er euch in die ganze Wahrheit leiten; denn er wird nicht aus sich selbst reden, sondern was er hören wird, wird er reden, und das Kommende wird er euch verkündigen. Er wird mich verherrlichen, denn von dem Meinen wird er nehmen und euch verkündigen« (Joh 16,12-14).

In 1. Johannes 2,20 lesen wir, dass wir die nötige Erkenntnis vom Heiligen Geist beziehen. Vers 27 sagt, dass wir eine Salbung von Gott haben und keine weltlichen, menschlichen Lehrer brauchen, die die Bibel nicht kennen. Christus regiert seine Gemeinde durch sein Wort, durch den Heiligen Geist und durch von Gott begabte Männer. Als Gemeindehirte soll ich den Gläubigen nicht meine eigene Meinungen verkünden. Ich soll nicht über soziale Themen predigen, die nichts mit dem Wort Gottes zu tun haben. Ich soll den Gläubigen das Wort Gottes öffnen, damit sie die Gedanken Gottes und das Herz des Heilands kennen lernen. Christus ist der Lehrer. Ich bin nur der »Kellner«. Ich habe die Mahlzeit nicht gekocht; ich soll sie nur servieren, ohne sie dabei zu verschütten!

Er ist der, der heiligt

Hebräer 13,21 zufolge »schafft« oder »wirkt« Christus in uns. Wie ermutigend ist es, das zu wissen! Er ist derjenige, der uns von Sünde absondert, uns reinigt und uns führt, um ihn ewig zu verherrlichen.

Wenn Sie einen Christen in Sünde sehen, werden Sie sich gewiss Sorgen um ihn machen. Sie möchten, dass er von seiner Sünde loskommt. Wenn man jemanden auf seine Sünde anspricht, kann manchmal ein langwieriger Zuchtprozess folgen. Wenn Sie so etwas erleben und Ihr Herz deswegen beschwert ist, haben Sie diesen einen Trost: Sie dürfen wissen, dass Christus der ist, der seine Gemeinde reinigt.

Ist derjenige, den Sie zurechtbringen möchten, ein Christ, wird der Herr Jesus möglicherweise seine Gemeinde dadurch reinigen, dass er diese Person aus der Gemeinde hinaustut. Er kann sogar einen untreuen Gläubigen sterben lassen, wovon Paulus in 1. Korinther 11,27-30 spricht (vgl. 1Jo 5,16).

In Johannes 10,27 sagt Jesus: »Meine Schafe hören meine Stimme, und ich kenne sie, und sie folgen mir.« Das gefällt mir sehr. Wir gehören zu ihm. Er ist der Erbauer, Eigentümer, Erwerber, Eckstein und das Fundament der Gemeinde. Die Gemeinde gehört ihm. Sie wird gebaut, und er hat verheißen, dass sie niemals zuschanden wird. Widerstand, Drohungen, Fleischlichkeit, menschliche Unzulänglichkeit, Gleichgültigkeit, Abfall, Liberalität und Spalterei werden die Gemeinde nicht niederzwingen. Christus baut seine Gemeinde.

In Epheser 5,25-26 lesen wir, dass »Christus die Gemeinde geliebt und sich selbst für sie hingegeben hat, um sie zu heiligen, sie reinigend durch das Wasserbad im Wort.« Christus möchte, dass seine Gemeinde rein ist, »damit *er* die Gemeinde sich selbst verherrlicht darstellte, die nicht Flecken oder Runzel oder etwas dergleichen habe, sondern dass sie heilig und tadellos sei« (V. 27).

Es ist tröstlich zu wissen, dass Christus uns hier nicht mit der Verantwortung allein gelassen hat, seine Gemeinde zu bauen. Wir tun nichts, was Christus nicht tun könnte. Wenn die Grace Church heute auseinanderbrechen würde, so würde die Gemeinde Jesu Christi dennoch weitergebaut. Christus braucht uns nicht, um seine Gemeinde zu bauen.

Warum sollen wir dann so hart arbeiten? Weil es nichts Schöneres, Herausfordernderes, Herrlicheres und Erfüllenderes gibt, als ein Teil dessen zu sein, was Jesus Christus zu seiner ewigen Herrlichkeit baut.

Teil 2

Die dynamische Gemeinde

Auf diesem Felsen werde ich meine Gemeinde bauen, und des Hades Pforten werden sie nicht überwältigen.

Matthäus 16,18

Kapitel 5

Das Vorbild der Urgemeinde[7]

Anhand der Beschreibung der Urgemeinde in Apostelgeschichte 2,42-47 erkennen wir in einer elementaren Auflistung, was Gottes Wille und Plan für die Gemeinde ist:

> Sie [die ersten Gläubigen der Gemeinde] verharrten aber in der Lehre der Apostel und in der Gemeinschaft, im Brechen des Brotes und in den Gebeten. Es kam aber über jede Seele Furcht, und es geschahen viele Wunder und Zeichen durch die Apostel. Alle Gläubiggewordenen aber waren beisammen und hatten alles gemeinsam; und sie verkauften die Güter und die Habe und verteilten sie an alle, je nachdem einer bedürftig war. Täglich verharrten sie einmütig im Tempel und brachen zu Hause das Brot, nahmen Speise mit Jubel und Schlichtheit des Herzens, lobten Gott und hatten Gunst beim ganzen Volk. Der Herr aber tat täglich hinzu, die gerettet werden sollten.

Die wahre Gemeinde, der Leib Christi, besteht aus denen, die Jesus Christus lieben. Wir gehören zum kollektiven Leib Christi, unabhängig davon, ob wir noch leben oder bereits in der Herrlichkeit sind. Das griechische Wort für Gemeinde heißt *ekklêsia*, was so viel bedeutet wie »Versammlung der Herausgerufenen«. Die Gemeinde besteht aus Menschen, die von Gott als seine Kinder berufen sind. Durch den Glauben an Christus sind wir mit allen anderen Gläubigen verbunden und vereint worden.

Die Welt kann die unsichtbare Gemeinde echter Christen nicht erkennen. Die Ungläubigen sehen nur die sichtbare Gemeinde, zu der auch solche gehören, die sich lediglich als Christen bekennen. Der Herr wollte eine sichtbare Gemeinde als Zeugnis für die Welt errichten. Wenn wir uns am Tag des Herrn versammeln, sind wir ein Zeugnis für die Welt, dass Christus tatsächlich auferstanden ist. Manche sagen, als Christen bräuchten wir überhaupt kein Gebäude und keine organisatorische Struktur. Ich denke aber, dass Christus diesem Gedanken nicht zustimmen würde. In Matthäus 18 beispielsweise setzt der Herr voraus, dass die Gemeinde eine bestimmte Form hat, da sie sich an einem bestimmten Ort versammelt: »Wenn aber dein Bruder sündigt, so geh hin, überführe ihn zwischen dir und ihm allein! Wenn er auf dich hört, so hast du deinen Bruder gewonnen. Wenn er aber nicht hört, so nimm noch einen oder zwei mit dir, damit aus zweier oder dreier Zeugen Mund jede Sache bestätigt werde! Wenn er aber nicht auf sie hören wird, *so sage es der Gemeinde*; wenn er aber auch auf die Gemeinde nicht hören wird, so sei er dir wie der Heide und der Zöllner!« (V. 15-17; Hervorhebung zugefügt).

Im Lauf der Apostelgeschichte wird die unsichtbare Gemeinde immer sichtbarer. Anfänglich bildeten die sichtbare und die unsichtbare Gemeinde zwar ein und dieselbe Einheit, doch das Bild änderte sich, als sich unechte Gläubige der Gemeinde anschlossen. Die unsichtbare Gemeinde wurde sichtbar, als die Gläubigen sich zu versammeln begannen. Ursprünglich versammelten sie sich in Privathäusern. Im dritten Jahrhundert jedoch kam die Gemeinde aufgrund ihres beständigen zahlenmäßigen Wachstums in ihren eigenen Gebäuden zusammen.

Wir wollen nun drei Aspekte der Gemeinde untersuchen: ihre Gründung, ihre Aufgaben und ihre Leitung. Obwohl man im 20. Jahrhundert anders kommuniziert, neue Methoden verwendet und mit anderen Problemen zu tun hat, glaube ich, dass der Herr will, dass die Gemeinde von heute dieselben Prinzipien befolgt wie die Gemeinde des ersten Jahrhunderts.

Die Gründung der Gemeinde

Die erste örtliche Gemeinde kam in Jerusalem zusammen. Sie bestand hauptsächlich aus einfachen Leuten: Fischern, Bauern und anderen aus armen Verhältnissen. Es gab auch ein paar Besserstehende, was daraus deutlich wird, dass sie bereit waren, ihr Hab und Gut mit der großen Menge Bedürftiger in der Gemeinde zu teilen.

Die Gemeinde in Jerusalem wurde bei einer Gebetszusammenkunft am Pfingsttag geboren. Der Heilige Geist kam und erfüllte die Jünger, die in einem Obersaal warteten. Infolgedessen erlebten alle Christen eine dramatische Manifestation der Einheit des Geistes und der Liebe Christi, was zu einem rapiden Wachstum der Gemeinde führte. Bereits am ersten Tag wurden 3000 neue Christen zur Gemeinde hinzugefügt (Apg 2,41).

Apostelgeschichte 2,42 listet die Grundelemente des Gemeindelebens auf: »Sie verharrten aber in der Lehre der Apostel und in der Gemeinschaft, im Brechen des Brotes und in den Gebeten.« Das einzige weitere Element, das dem hinzuzufügen wäre, ist die Verkündigung der frohen Botschaft von Jesus Christus. Sie verkündeten das Evangelium auf den Straßen, im Tempel, in den Häusern und überall, wo sie Gelegenheit dazu hatten. Folglich »lobten sie Gott und hatten Gunst beim ganzen Volk. Der Herr aber tat täglich hinzu, die gerettet werden sollten« (V. 47). Sie hatten alles, was sie brauchten, um eine wirksame, von Gott gesegnete und vom Heiligen Geist geleitete Gemeinde zu sein.

Heute setzen Gemeinden oft Werbegags und Unterhaltungsprogramme ein, um Leute in die Gemeinde zu bekommen. Das ist ein Zeichen dafür, dass man sich nicht an das biblische Muster hält oder nicht von der Leitung des Heiligen Geistes abhängig ist.

Die Gemeinde in Jerusalem begann in der Kraft des Heiligen Geistes und fuhr darin auch fort. Sie waren von der Macht des Heiligen Geistes erfüllt und vom Ausüben ihrer Aufgaben im Namen Jesu in Beschlag genommen.

Die zwölf Apostel leiteten die erste Gemeinde, bis diese sich ausbreitete und Älteste und Diakone herangebildet wurden, um andere Gemeinden zu leiten und dort zu dienen. Da die erste Gemeinde nur aus Neubekehrten bestand, ließ Gott die zwölf Apostel mindestens sieben Jahre in Jerusalem wirken.

Nach einigen Jahren entschlossen die Apostel, dass einige der gläubigen Männer so herangereift waren, dass sie geistliche Leitungsaufgaben übernehmen konnten. Sie wählten einige zu Evangelisten und lehrenden Hirten aus. Ein Beispiel dafür ist Philippus, der als Diakon begann und schließlich zu einem gemeindegründenden Evangelisten wurde.

Paulus, Silas, Barnabas und andere gründeten mehrere selbständige Gemeinden. Da jede Gemeinde letztlich vom Heiligen Geist geleitet wurde, gab es keine Dachverbände oder Denominationen, die diese Gemeinden organisatorisch zusammenfassten. Sie waren einfach eins im Heiligen Geist. Die ersten Christen hatten ein gemeinsames Band. In Römer 16,16 sagt Paulus: »Es grüßen euch alle Gemeinden des Christus.« Unter den einzelnen selbständigen Gemeinden bestand eine Einheit. Sie bestanden aus Juden und Heiden und allen Klassen von Gläubigen: reiche, arme, gebildete und ungebildete. Christen aus einem breiten Gesellschaftsspektrum wirkten zusammen als eine einheitliche Gemeinde. Ihre einzige organisatorische Struktur war diejenige, die der Heilige Geist bildete.

Im Laufe der Jahrhunderte hat sich die Gemeinde gewaltig geändert. Sie ist komplex und wie eine große Firma geworden. Heute ist sie eine riesige Organisation mit Denominationen, Kommissionen, Komitees, Konzilen, Gremien und Programmen. Oft funktioniert sie eher wie eine Firma als wie ein Leib, eher wie eine Fabrik als wie eine Familie und eher wie eine Gesellschaft als wie eine Gemeinschaft. Gemeinden sind zu Unterhaltungszentren geworden, die ihre Veranstaltungen für seichte Mengen unproduktiver Kirchgänger anbieten. Fast alle solche Methoden sind darauf ausgelegt, Leute in die Gemeinde hineinzubekommen, aber nicht darauf, in irgendeiner Weise auf sie einzuwirken, sobald sie dort sind.

Die Aufgaben der Gemeinde

Ich möchte einen kurzen Blick auf drei neutestamentliche Briefe werfen – 1. und 2. Timotheus und Titus –, weil sie uns sagen, welche Aufgaben und welche organisatorische Struktur die Gemeinde haben sollte. Timotheus und Titus waren Evangelisten. In der Urgemeinde war ein Evangelist ein Gemeindegründer, der in eine Gegend ging, wo es noch keine Christen gab, einige Menschen für Christus gewann und eine Gemeinde gründete. Üblicherweise blieb er etwa ein Jahr lang bei der Gemeinde, manchmal auch länger, bis er sie ausreichend belehrt hatte. Wenn einige Gläubige herangereift waren, setzte der Evangelist Älteste in dieser Stadt ein, die sich um die Gemeinde kümmern und sie belehren sollten. Dann zog er an einen Ort weiter und begann dort von vorn.

Die grundlegende Aufgabe der Gemeinde ist es, die gesunde Lehre zu vermitteln. Es ist nicht ihre Aufgabe, die Meinung eines Pastors zum Besten zu geben, zu Tränen rührende und die Gefühle aufpuschende Anekdoten zu erzählen, zu Spenden aufzurufen, Veranstaltungen oder Unterhaltungsprogramme zu präsentieren oder wöchentliche Andachten zu halten. In Titus 2,1 schreibt Paulus: »Du aber rede, was der gesunden Lehre ziemt.«

Wenn die Gemeinde Jesu Christi vor falschen Lehren geschützt werden soll, müssen die leitenden Ältesten unermüdlich die gesunde Lehre verkündigen. Es gibt viele andere gute Dinge, die aber keine Prioritäten sind. Als Diener Jesu Christi bin ich zuallererst Gott gegenüber verantwortlich, die Gemeinde rein zu bewahren und sie vor falscher Lehre zu beschützen. Alle Mitarbeiter am Evangelium sind Christus gegenüber dafür verantwortlich, wie zuverlässig sie die Herde schützen und nähren. Leider gibt es viele Gemeindehirten, deren Gemeinden von ihnen alles Mögliche erwarten außer das, was Christus will: das Wort Gottes zu lehren. Ihre Kräfte fließen nicht in ihre hauptsächliche Pflicht, sondern werden von anderen Aufgaben aufgezehrt.

Hier einige weitere Schriftstellen, die zur biblischen Verkündigung verpflichten:

- *2. Timotheus 1,13-14* – »Halte fest das Bild gesunder Worte, die du von mir gehört hast, in Glauben und Liebe, die in Christo Jesu sind. Bewahre das schöne anvertraute Gut durch den Heiligen Geist, der in uns wohnt« (Elb.). Das Wort *Bild* impliziert, dass die regelmäßige Belehrung in der Gemeinde im Lehren der gesunden Worte bestehen sollte.
- *2. Timotheus 2,1-2* – »… und was du von mir in Gegenwart vieler Zeugen gehört hast, das vertraue treuen Menschen an, die tüchtig sein werden, auch andere zu lehren!« Ein Hirte unterweist seine Gemeinde in der gesunden Lehre, sodass die Gläubigen diese Lehre wiederum an andere weitervermitteln können.
- *2. Timotheus 2,15* – »Befleißige dich, dich selbst Gott bewährt darzustellen als einen Arbeiter, der sich nicht zu schämen hat, der das Wort der Wahrheit recht teilt« (Elb.). Der effektive Verkündigungsdienst konzentriert sich auf das Vermitteln der Lehre, und der Schlüssel dazu ist fleißiges Bibelstudium.
- *2. Timotheus 2,24-25* – »Ein Knecht des Herrn aber soll nicht streiten, sondern gegen alle milde sein, lehrfähig, duldsam, und die Widersacher in Sanftmut zurechtweisen und hoffen, ob ihnen Gott nicht etwa Buße gebe zur Erkenntnis der Wahrheit.«
- *2. Timotheus 3,14-17* – »Du aber bleibe in dem, was du gelernt hast und wovon du überzeugt bist, da du weißt, von wem du gelernt hast, und weil du von Kind auf die heiligen Schriften kennst, die Kraft haben, dich weise zu machen zur Rettung durch den Glauben, der in Christus Jesus ist. Alle Schrift ist von Gott eingegeben und nützlich zur Lehre, zur Überführung, zur Zurechtweisung, zur Unterweisung in der Gerechtigkeit, damit der Mensch Gottes richtig sei, für jedes gute Werk ausgerüstet.« Wenn Christen geistlich heranreifen sollen, müssen die Gemeindeleiter die ganze Bibel lehren.
- *2. Timotheus 4,1-2* – »Ich bezeuge eindringlich vor Gott und Christus Jesus, der Lebende und Tote richten wird, und bei

seiner Erscheinung und seinem Reich: Predige das Wort, stehe bereit zu gelegener und ungelegener Zeit; überführe, weise zurecht, ermahne mit aller Langmut und Lehre!«

Die Aufgabe der Gemeinde ist also simpel: gesunde Lehre zu verkündigen. Wir können nur dann dem Herrn gefallen und dem Heiligen Geist gehorchen, wenn wir die gesunde Lehre so verkündigen, wie es die ersten Evangelisten getan haben.

Die Leiterschaft der Gemeinde

Im Neuen Testament oblag die Gemeindeleitung gemeinsam einer Gruppe von Ältesten, die unter der Führung des Heiligen Geistes als Gemeindeleiter fungierten. Nicht ein einzelner Mann war für alles verantwortlich; eine Gemeinde sollte von mehreren Männern geleitet werden. Der Gemeindehirte ist nicht der professionelle Problemlöser, der mit einer kirchlichen Werkzeugtasche herumläuft und darauf wartet, dass ein Problem auftaucht, das er beheben kann oder irgendwo ein quietschendes Rad geölt werden muss.

Das Neue Testament bezeichnet einen *Ältesten* auch als *Aufseher* (gr. *episkopos*, daher stammt das Wort »Bischof«), was von seiner Aufgabe spricht. Er beaufsichtigt die Herde. Das Neue Testament beschreibt den Aufseherdienst als eine zweifache geistliche Aufgabe: Gebet und das Lehren des Wortes Gottes.

Entscheidungen treffen

Die Ältesten, die eine Ortsgemeinde leiten, sind zuerst und letztlich Christus gegenüber verantwortlich – und nicht gegenüber den Gläubigen oder irgendeinem Gremium. In 1. Timotheus 5,17 lesen wir: »Die Ältesten, die gut vorstehen, sollen doppelter Ehre gewürdigt werden, besonders die in Wort und Lehre arbeiten.« Ein Ältester ist nicht unbedingt mit der Vermittlung von Lehre beschäftigt; der Heilige Geist hat auch noch andere Arbeitsbereiche für ihn vorgesehen. Alle Ältesten sind jedoch dafür verantwortlich, ihre Entscheidungen nach Gebet und Bibelstudium zu treffen, damit diese Entscheidungen in der Gesinnung Jesu und in der Kraft des Heiligen Geistes getroffen werden. Nur dann können Sie die Gemeinde so führen, dass es positive Auswirkungen für die ganze Gemeinde hat. Der Leitungsdienst als Ältester ist eine hohe Berufung.

Wir in der Grace Church sind überzeugt, dass eine Entscheidung unter der Ältestenschaft nur dann beschlossen werden kann, wenn sie einmütig von Männern getroffen wurde, die die Gesinnung Christi haben (vgl. 1Kor 2,16). Sie wird durch gemeinsame Zustimmung getroffen, nachdem gebetet und die Bibel studiert wurde, und manchmal nach einem Fasten. Dann sind die Ältesten vereint imstande, sich mit Problemen in der Gemeinde zu befassen.

Verteidigung

Titus 1,9-11 sagt, dass ein Ältester jemand sein muss, »der an dem der Lehre gemäßen zuverlässigen Wort festhält, damit er fähig sei, sowohl mit der gesunden Lehre zu ermahnen als auch die Widersprechenden zu überführen. Denn es gibt viele Aufsässige, hohle Schwätzer und Betrüger, besonders die aus der Beschneidung, denen man den Mund stopfen muss, die ganze Häuser umkehren, indem sie um schändlichen Gewinnes willen lehren, was sich nicht geziemt.« Die Ältesten müssen falsche Lehrer von der Gemeinde fernhalten.

Gemeindezucht

Die Ältesten müssen Christen unter Zucht stellen, die lehrmäßig abgeirrt sind. In 2. Timotheus 2,17-18 lesen wir von der destruktiven Lehre von »Hymenäus und Philetus, die von der Wahrheit abgeirrt sind, indem sie sagen, dass die Auferstehung schon geschehen sei, und den Glauben mancher zerstören«. Die Anwesenheit von Irrlehrern in der Gemeinde ist ein schwerwiegendes Problem, gegen das man vorgehen muss. In 1. Timotheus 1,20 berichtet Paulus, wie er mit Hymenäus und Alexander umgegangen ist: »... die ich dem Satan übergeben habe, damit sie zurechtgewiesen werden, nicht zu lästern.« Wenn jemand falsche Lehren verkündet, wird er außer Gemeinschaft gestellt, bis er bereit ist, seinen Irrtum zu widerrufen. Dann kann Gott beginnen, ihn wiederherzustellen.

Älteste wurden in jeder Stadt eingesetzt, wo es eine Gemeinde gab (Titus 1,5). Sie wurden aus den Gläubigen der Gemeinde ausgesucht. Meiner Überzeugung nach ist eine Gemeinde dann am stärksten, wenn ihre Leiter aus ihren eigenen Gläubigen heranreifen. Die ausgewählten Ältesten sind vom Geist Gottes zu dieser Aufgabe qualifiziert worden und sind darauf vorbereitet, in der örtlichen Gemeinde zu dienen.

Die höchsten Autoritätspositionen in der Gemeinde werden von Ältesten bekleidet, die als Unterhirten Christi dienen (1Petr 5,2-4).

Älteste sind dafür verantwortlich, die Lehre zu vermitteln, die Gemeinde zu verwalten, Zucht auszuüben, die Herde zu schützen, für die Herde zu beten und das Wort Gottes zu studieren. Sie sind Jesus Christus gegenüber für ihren Dienst verantwortlich.

Kapitel 6

Älteste, Diakone
und andere Gemeindeglieder[8]

Die Gemeinde ist eine lebendige Gemeinschaft von Menschen, die durch Jesus Christus erlöst wurden. Für die beobachtende Welt ist niemand von ihnen deutlicher sichtbar als die Leiter der Gemeinde. Sie sind diejenigen, auf die die Welt als Beispiele für typische Christen hinweist. In den letzten Jahren haben wir gesehen, wie eine Handvoll sehr prominenter, aber unqualifizierter Männer den Ruf der gesamten Gemeinde besudeln kann. Bei einigen von ihnen ist fraglich, ob sie überhaupt echte Gläubige sind. Der Teufel sät überall sein Unkraut (unechte Gläubige) unter den Weizen (die wahren Gläubigen; Mt 13,36-43). Deshalb ist es wichtig, das Leben eines angehenden Führers sorgfältig zu prüfen, bevor er in eine Führungsposition eingesetzt wird.

Älteste

Apostelgeschichte 14,21-23 berichtet von der Einsetzung von Ältesten in der Frühzeit der Gemeinde: »Als sie [Paulus und Barnabas] jener Stadt das Evangelium verkündigt und viele zu Jüngern gemacht hatten, kehrten sie nach Lystra und Ikonion und Antiochia zurück. Sie stärkten die Seelen der Jünger und ermahnten sie, im Glauben zu verharren, und sagten, dass wir durch viele Bedrängnisse in das Reich Gottes hineingehen müssen. Als sie ihnen aber in jeder Gemeinde Älteste gewählt hatten, beteten sie mit Fasten und befahlen sie dem Herrn, an den sie gläubig geworden waren.«

Wie offenbart Gott der Gemeinde, wer die Ältesten sein sollen, damit die Gemeinde sie einsetzen kann? Dieser Abschnitt behauptet, dass zu diesem Prozesses Gebet und Fasten gehört. Doch letzten Endes muss die Gemeinde entscheiden, wen Gott als Leiter haben möchte. Grundlage dafür bietet die Reihe von Qualifikationen, die in der Schrift klar vorgegeben sind. Älteste werden nicht ausgewählt auf Grundlage ihrer Kenntnisse im Geschäftsleben, ihrer finanziellen Fähigkeiten, ihrer Bekanntheit oder auch ihrer natürlichen Begabung als Führungspersonen. Sie werden ausgewählt, weil Gott sie zur Leitung der Gemeinde berufen und darauf vorbereitet hat. Die Männer, die Gott auswählt, werden auch die nötigen Qualifikationen erfüllen.

In 1. Timotheus 3 sind die erforderlichen Qualifikationen eines Ältesten aufgelistet: »Das Wort ist gewiss: Wenn jemand nach einem Aufseherdienst trachtet, so begehrt er ein schönes Werk. Der Aufseher nun muss untadelig sein ...« (V. 1-2). Diese Anforderung schließt alle anderen Eignungsmerkmale mit ein. Was bedeutet es, untadelig zu sein? Es bedeutet nicht, dass ein solcher Mann vollkommen sein muss. Dann wäre niemand von uns geeignet! Es bedeutet, dass es keinen großen Makel in seinem Leben geben darf, auf den andere verweisen können. Im Folgenden listet Paulus die Merkmale eines untadeligen Lebens konkret auf:

> ... Mann *einer* Frau, nüchtern, besonnen, sittsam, gastfrei, lehrfähig, kein Trinker, kein Schläger, sondern milde, nicht streitsüchtig, nicht geldliebend, der dem eigenen Haus gut vorsteht und die Kinder mit aller Ehrbarkeit in Unterordnung hält – wenn aber jemand dem eigenen Haus nicht vorzustehen weiß, wie wird er für die Gemeinde Gottes sorgen? – nicht ein Neubekehrter, damit er nicht, aufgebläht, dem Gericht des Teufels verfalle. Er muss aber auch ein gutes Zeugnis haben von denen, die draußen sind, damit er nicht in übles Gerede und in den Fallstrick des Teufels gerät.

Paulus führte auch in seinem Brief an Titus Anforderungen für einen Ältesten auf: »Deswegen ließ ich dich in Kreta zurück, damit du, was noch mangelte, in Ordnung bringen und in jeder Stadt Älteste einsetzen solltest, wie ich dir geboten hatte« (Titus 1,5). In Titus 1,6-9 finden wir Anweisungen, die an die Qualifikationen aus 1. Timotheus 3 anklingen. Zunächst lesen wir, dass ein Ältester jemand sein muss, der untadelig ist, »Mann *einer* Frau, gläubige Kinder hat, die nicht eines ausschweifenden Lebens beschuldigt oder aufsässig sind« (V. 6). Bei einem Ältesten muss erkennbar sein, dass er seiner Familie wirksam seinen Glauben vermittelt hat. Sicherlich erwarten wir nicht vollkommene Heilige als Kinder, aber sie müssen dem Glauben ihres Vaters in einem Maß folgen, wie es einem gottesfürchtigen Verhalten entspricht.

Vers 7 sagt: »Der Aufseher muss untadelig sein als Gottes Verwalter«. Er muss einsehen, dass er ein Verwalter ist, dem selber

nichts gehört, sondern der lediglich die Dinge Gottes zugunsten
des Leibes Christi verwaltet. Außerdem darf er »nicht eigenmächtig, nicht jähzornig, nicht dem Wein ergeben« sein (V. 7). Wein war
zu neutestamentlicher Zeit quasi das einzige verfügbare Getränk,
da sauberes Trinkwasser schwierig zu bekommen war. Der griechische Ausdruck beschreibt jemanden, der lange bei seinem Wein
blieb und somit erkennen ließ, dass er ein Problem mit Alkohol
hatte. Ferner darf ein Ältester »nicht ein Schläger, nicht schändlichem Gewinn nachgehend« sein (V. 7). Er reagiert nicht mit seiner
Faust, und finanzieller Gewinn ist nicht sein vorrangiges Ziel.

Im positiven Sinne sagt Vers 8, dass ein Ältester »gastfrei« sein
muss. Er muss bereit sein, sein Haus für Fremde zu öffnen. Ein gut
geführter Haushalt bezeugt nicht nur, dass er fähig ist, die Gemeinde zu verwalten (1Tim 3,4-5), sondern liefert überdies ein gutes
Vorbild für Fremde, die sich dann gern aufgenommen fühlen. Das
Zuhause eines Ältesten muss widerspiegeln, worum es im Leben
des Christen geht. Weitere Anforderungen für den Ältesten sind:
»das Gute liebend, besonnen, gerecht, heilig, enthaltsam, der an
dem der Lehre gemäßen zuverlässigen Wort festhält« (V. 8-9). Ein
Ältester sollte seine Prioritäten kennen, selbstbeherrscht leben und
sich an die Maßstäbe des Wortes Gottes halten. Ein Mann, auf den
diese Anforderungen zutreffen, ist von Gott der Gemeinde gegeben, um sie zu leiten und zu belehren, und deshalb verdient er es,
geehrt zu werden.

In Apostelgeschichte 20 lernen wir etwas von den Ältesten
von Ephesus. In Vers 28 sagt Paulus zu ihnen: »Habt Acht auf
euch selbst und auf die ganze Herde, in welcher der Heilige Geist
euch als Aufseher eingesetzt hat!« Ein Ältester, der die Gemeinde leitet, muss nicht nur sein eigenes Leben prüfen, sondern auch
auf die geistlichen Bedürfnisse seiner Herde achten. Wir müssen
jeden in der Herde beachten, mit der Gott uns betraut hat, damit
wir die einzelnen Probleme und Bedürfnisse erkennen und dafür
beten können.

Paulus ermahnte die Ältesten von Ephesus außerdem, »die Gemeinde Gottes zu weiden« (V. 28; Schl.). Womit muss die Gemeinde geweidet und genährt werden? Mit dem Wort Gottes.

Petrus schrieb: »Die Ältesten unter euch ermahne ich nun als
Mitälteste und Zeuge der Leiden Christi, aber auch als Mitgenos-
se der Herrlichkeit, die geoffenbart werden soll: Weidet die Herde
Gottes bei euch« (1Petr 5,1-2; Schl.).

Petrus sagte außerdem, die Aufsicht über die Herde solle »nicht aus Zwang, sondern freiwillig, Gott gemäß, auch nicht aus schändlicher Gewinnsucht, sondern bereitwillig« geschehen« (V. 2). Ein Ältester soll nicht so dienen, als sei seine Verantwortung eine unliebsame Aufgabe, sondern bereitwillig, weil dieser Dienst ein Vorrecht ist. Er soll nicht nur Reichen dienen wollen, die ihn finanziell belohnen, sondern eifrig allen dienen. Vers 3 sagt: »...nicht als die, die über ihren Bereich herrschen, sondern indem ihr Vorbilder der Herde werdet!« Die Beste Art der Führung praktiziert man nicht als Diktator, sondern als Vorbild. Wer versucht, zu führen, ohne ein Vorbild abzugeben, dem man folgen kann, dessen Führung werden die Leute sich widersetzen. Das Führen durch Vorbild lohnt sich, wie Vers 4 andeutet: »Und wenn der Oberhirte offenbar geworden ist, so werdet ihr den unverwelklichen Siegeskranz der Herrlichkeit empfangen.« Dieser Siegeskranz wird denen verheißen, denen die Aufsicht über die Gemeinde anvertraut ist und die anhand der Richtlinien führen, die Petrus hier nennt. Das Wunderbare an der Verleihung dieses Siegeskranzes ist, dass die Ältesten, die ihn empfangen, ihn Jesus zu Füßen werfen werden – dem dieser Kranz wirklich gebührt (Offb 4,10). (Mehr zum Thema Älteste siehe Anhänge 1 und 3.)

Diakone

Apostelgeschichte 6 stellt uns eine Gruppe von Männern vor, die viele für die ersten Diakone halten. Diese Gläubigen werden zwar nirgends ausdrücklich als Diakone bezeichnet, doch liefern sie sicherlich ein gutes Modell dafür. Offenbar wurde das Gemeindeamt des Diakons einige Zeit später eingeführt. In ihrer Anfangszeit wurde die Gemeinde in Jerusalem von den Aposteln geleitet. Schließlich wurde es notwendig, dass sie einen Teil ihres Verantwortungsbereichs an andere reife Christen abgeben mussten, damit sie sich auf das Gebet und das Lehren konzentrieren konnten (V. 5).

Vers 1 sagt: »In diesen Tagen aber, als die Jünger sich mehrten, entstand ein Murren der Hellenisten gegen die Hebräer, weil ihre Witwen bei der täglichen Bedienung übersehen wurden.« Eine der Verantwortungen der Gemeinde war es, sich um die bedürftigen Witwen zu kümmern. Zwietracht entstand, als die Christen mit griechischem Hintergrund dachten, der größte Teil der täglichen Hilfsgüter werde an die jüdischen Witwen verteilt.

Die Apostel reagierten darauf und »riefen die Menge der Jünger herbei und sprachen: Es ist nicht gut, dass wir das Wort Gottes vernachlässigen und die Tische bedienen« (V. 2). Anders ausgedrückt: »Wir müssen uns auf das Studieren und Vermitteln des Wortes Gottes konzentrieren. So wie die Dinge jetzt stehen, müssen wir uns um das Austeilen von Mahlzeiten kümmern und sind hier und dort unterwegs, vernachlässigen aber das Wort Gottes.« – Sie kannten ihre Priorität.

Dann sagten die Apostel: »So seht euch nun um, Brüder, nach sieben Männern unter euch, von gutem Zeugnis, voll Geist und Weisheit, die wir über diese Aufgabe setzen wollen!« (V. 3). Diese Männer waren dafür verantwortlich, finanzielle Hilfeleistungen und verschiedene Lebensmittel an einzelne Bedürftige zu verteilen.

In Apostelgeschichte 6,3 werden einige grundlegende Qualifikationen angeführt, die diese Männer erfüllen müssen: Sie mussten »von gutem Zeugnis, voll Geist und Weisheit« sein. Das stimmt gut mit den Anforderungen für Diakone in 1. Timotheus 3,8-9 überein: »Ebenso die Diener [Diakone]: ehrbar, nicht doppelzüngig [dem einen etwas anderes zu sagen als dem anderen], nicht vielem Wein ergeben, nicht schändlichem Gewinn nachgehend, die das Geheimnis des Glaubens in reinem Gewissen bewahren.« Das »Geheimnis des Glaubens« ist, dass Gott in Jesus Christus Mensch wurde (1Tim 3,16). Deshalb bedeutet »das Geheimnis des Glaubens in reinem Gewissen bewahren«, christusähnlich zu leben.

Außerdem schrieb Paulus über die Diakone: »Auch sie aber sollen zuerst erprobt werden, dann sollen sie dienen, wenn sie untadelig sind … Die Diener seien jeweils Mann *einer* Frau und sollen den Kindern und den eigenen Häusern gut vorstehen; denn die, welche gut gedient haben, erwerben sich eine schöne Stufe und viel Freimütigkeit im Glauben, der in Christus Jesus ist« (V. 10.12-13). (Mehr zum Thema Diakone siehe Anhang 2.)

Die Gemeinde

Jetzt kommen die an die Reihe, die bisher gesagt haben: »Genau! – Los, ihr Diakone und Ältesten, macht euch an die Arbeit!« Die Gemeindeleitung hat zwar die Aufgabe, die gesunde Lehre zu vermitteln und zu erklären, wie sie anzuwenden ist, doch Aufgabe der Gläubigen der Gemeinde ist es, beim Erlernen dieser gesunden Lehre mit Heiligem Geist erfüllt zu werden und das Gelernte anschließend anzuwenden. Die Gemeinde ist das Ziel des Dienstes der Gemeindeleitung. Vielleicht werden infolge dieses Dienstes irgendwann einige Gläubige aus der Gemeinde Diakone oder Diakoninnen werden – oder Älteste oder sogar Evangelisten und Hirtenlehrer. Wir fangen alle am selben Ausgangspunkt an: irgendwo in der Gemeinde. Wer treu in kleinen Aufgaben ist, kann mit größeren Verantwortungen betraut werden. Denken wir an Philippus: Er wurde zum Diakon ausgewählt und wurde schließlich Evangelist. Auch Stephanus – ein anderer von den ersten Diakonen aus Apostelgeschichte 6 – wurde zu einem großartigen Verteidiger des Glaubens und wurde schließlich sogar der erste Märtyrer für Christus. Gott kann Sie auf eine Führungsposition bringen und möglicherweise sogar in eine Situation führen, wo Sie um Ihres Glaubens an Jesus Christus willen als Märtyrer sterben.

Die Gläubigen einer Gemeinde sind diejenigen, die »das Werk des Dienstes« tun (Eph 4,12). Hebräer 13,17 nennt die allgemeine Pflicht der Gläubigen: »Gehorcht und fügt euch euren Führern!« Vorausgesetzt, dass die Leiter einer Gemeinde vom Heiligen Geist geleitet sind, sollen wir ihnen gehorchen, weil sie an Christi Statt als seine Unterhirten dienen. Die Gläubigen sollen sich ihrem gottesfürchtigen Dienst unterwerfen, obwohl sie vielleicht nicht alle diesen Dienst verstehen und unter Umständen dem Vorhaben der Ältesten nicht zustimmen. Der Gehorsam der Gemeinde ist ein lebendiges Zeugnis vor der Welt. Es gibt viele Dinge, die einer Gemeinde schaden und ihr Zeugnis verderben. Als erstes ist da eine schlechte Leiterschaft zu nennen oder auch falsche Lehrer, die die Gemeinde nicht auf dem Wort Gottes bauen. Aber eine Gemeinde wird auch dadurch geschwächt, wenn die Gläubigen nicht ihrer Leiterschaft Folge leisten. Das führt zu Spaltungen und anderen Problemen, die dem Blick der Welt preisgegeben sind. Jedes Glied der Gemeinde muss das Muster des Heiligen Geistes befolgen und treu und gehorsam sein.

Die Männer

Welche Verantwortungen haben die Männer in der örtlichen Gemeinde? Paulus führte einige dieser Verantwortungen im 1. Timotheusbrief auf:

Erstens sollen die Männer für ihre Familien sorgen. 1. Timotheus 5,8 sagt: »Wenn aber jemand für die Seinen und besonders für die Hausgenossen nicht sorgt, so hat er den Glauben verleugnet und ist schlechter als ein Ungläubiger.« Wer der Welt nicht zeigen kann, dass er treu seine elementarste Pflicht erfüllt, verleugnet damit die Grundlage dessen, worum es bei der christlichen Nächstenliebe überhaupt geht. Es kann vorkommen, dass ein Mann arbeitslos wird, aber das sollte nur ein vorübergehender Zustand sein, weil Gott von einem Christen erwartet, dass er arbeitet und für seine Familie sorgt. Er soll nicht von der Sozialhilfe leben, es sei denn, er ist durch eine Behinderung dazu gezwungen. In einem solchen Fall soll die Gemeinde diese Familie unterstützen und nicht zulassen, dass die Frau und Mutter arbeiten gehen und für die Familie sorgen muss.

Männer müssen ihren Arbeitgebern dienen. In 1. Timotheus 6,1 lesen wir: »Alle, die Sklaven unter dem Joch sind, sollen ihre eigenen Herren aller Ehre für würdig halten, damit nicht der Name Gottes und die Lehre verlästert werde.« Eine schlechte Arbeitsmoral schadet dem Zeugnis als Christen. Der Mann muss seinem Arbeitgeber mit Ehrerbietung dienen, ob dieser es nun verdient oder nicht, denn es geht darum, wie die Welt die Christen wahrnimmt.

Vers 2 sagt: »Die aber, die gläubige Herren haben, sollen sie nicht geringachten, weil sie Brüder sind …« Wenn Sie einen gläubigen Vorgesetzten haben, bedeutet dass nicht, dass Sie sich alles herausnehmen können, nur weil er einer Gemeinde angehört. Paulus fährt nämlich fort: »… sondern ihnen noch besser dienen, weil sie Gläubige und Geliebte sind, die sich des Wohltuns befleißigen.« Wenn Ihr Chef gläubig ist, bedeutet das, dass Sie umso fleißiger arbeiten sollten. Nutzen Sie seine Freundlichkeit nicht aus.

Titus 2,9-10 sagt: »Die Sklaven ermahne, ihren eigenen Herren sich in allem unterzuordnen, sich wohlgefällig zu machen, nicht zu widersprechen, nichts zu unterschlagen, sondern alle gute Treue zu erweisen, damit sie die Lehre unseres Heiland-Gottes in allem zieren!« Wenn Sie Ihrem Arbeitgeber einen gottesfürchtigen Lebensstil vorleben, wird er Gott umso mehr bewundern, weil er sieht, wie Gott in Ihrem Leben offenbar wird.

Titus 2,2 fordert auf, »dass die alten Männer nüchtern seien, ehrbar, besonnen, gesund im Glauben, in der Liebe, im Ausharren.« Ältere Männer in der Gemeinde sind dafür verantwortlich, die jüngeren zu unterweisen. Sie sollten ernsthaft und würdevoll sein, ihre Prioritäten kennen und selbstbeherrscht sein. Außerdem sollten sie stark sein in Glaube, Liebe und Geduld. Diese drei Einstellungen gelten insbesondere im Hinblick auf Gott, auf andere und auf Probleme.

Paulus wies Titus ferner an: »Ebenso ermahne die jungen Männer, besonnen zu sein, indem du in allem dich selbst als ein Vorbild guter Werke darstellst! In der Lehre beweise Unverdorbenheit, würdigen Ernst, gesunde, unanfechtbare Rede« (V. 6-8). Für junge Männer ist es ein Leichtes, etwas zu sagen, was besser nicht gesagt werden sollte. Bevor sie den Mund auftun, müssen sie sorgfältig überlegen, was sie sagen.

Und schließlich fordert 1. Timotheus 2,8 auf, »dass die Männer an jedem Ort beten, indem sie heilige Hände aufheben, ohne Zorn und zweifelnde Überlegung«. Männer sollen im ständigen Gebet sein, und das insbesondere deshalb, weil sie sich so leicht von weniger wichtigen Dingen ablenken lassen.

Die Frauen

Zu Beginn seiner Anweisungen für die Frauen fordert Paulus diese auf, sich zurückhaltend zu kleiden. In 1. Timotheus 2,9 geht es um die Kleidung und das Erscheinungsbild der Frau. Diese Richtlinien gelten heute genauso wie damals: »Ebenso, dass auch die Frauen sich in würdiger Haltung mit Schamhaftigkeit und Sittsamkeit schmücken.« Das ist natürlich ein grundsätzliches Prinzip im Wort Gottes, das für die Kleidung jedes Gläubigen gilt. Der Grundsatz ist Anstand. Die Bibel lehrt keine »Zehn-Zentimeter-übers-Knie-Regel«. Aber manches Erscheinungsbild ist offensichtlich unanständig.

Christen sollen sich zurückhaltend kleiden, aber das bedeutet nicht, dass eine ungläubige Bekannte, die man mit zur Gemeinde bringt, gleich am Eingang angesprochen werden sollte: »Tut mir leid, junge Frau – Sie müssen draußen warten, bis der Gottesdienst vorbei ist. Sie sind nicht angemessen gekleidet.« Die Anweisungen in 1. Timotheus richten sich an Gläubige. Frauen sollen sich zurückhaltend kleiden, »mit Schamhaftigkeit« (wörtl. »mit einem Sinn für das, was zu Beschämung führt; V. 9). Paulus spricht hier nicht von extremen psychologischen Traumen, sondern sagt, dass eine Frau ein ausreichendes Schamgefühl haben sollte, um zurückhaltend zu sein.

Hinter »Sittsamkeit« (V. 9) steht der Gedanke, Extreme zu meiden. Die Gemeinde ist nicht der rechte Ort, um Kleidung oder Aufmachung vorzuführen. Das würde nur von dem ablenken, was der Heilige Geist in unserem Leben erreichen möchte.

Am Ende von Vers 9 lesen wir, dass Frauen sich »nicht mit Haarflechten und Gold oder Perlen oder kostbarer Kleidung«

schmücken sollen. Zur Zeit von Paulus gab es modische Frisuren aus geflochtenem Haar. Die Frauen flochten alle Arten von Perlen und goldenem Schmuck in ihr Haar. Man kann sich vorstellen, wie ein in der Gemeinde sitzender Mann reagiert, auf dessen Vorderplatz sich eine Dame niederlässt, die einen ganzen Schmuckkasten in ihre Frisur eingearbeitet hat! Er würde dasitzen und denken: »Ich wette, die Perle rechts oben ist neunundachtzig Drachmen wert, und die links erst Mal ... wie groß sie ist ...!« Der eigentliche Grund seines Gemeindeaufenthalts ist dann schnell vergessen.

Das bedeutet nicht, dass Frauen nur billige Perlen und keine echt goldenen Ohrringe tragen dürfen. Es geht darum, dass im Blickfeld von Gläubigen, die Gott anbeten wollen, kein Platz für ein protziges Outfit ist. Wir sollen zurückhaltend gekleidet sein, damit wir andere nicht davon ablenken, was Gott durch seinen Geist und sein Wort tun möchte. Eine Christin sollte sich nicht mit auffälligen, extravaganten Äußerlichkeiten schmücken.

Vers 10 sagt, dass das Leben einer gottesfürchtigen Frau von »guten Werken« charakterisiert ist. Eine gottesfürchtige Frau sieht aus wie jemand, der sich für geistliche Dinge interessiert und nicht nur fürs Äußere. Sie macht sich keine Gedanken, wie sie die Bewunderung der anderen auf sich ziehen kann.

Dann erinnert Paulus die Frauen an ihre Verantwortung, in Unterwürfigkeit zu lernen. »Eine Frau lerne in der Stille in aller Unterordnung« (V. 11). Sollte eine Gemeinde Frauen als Prediger engagieren? Nein. Genau das wird durch diesen Vers untersagt. Bei öffentlichen Gemeindeveranstaltungen dürfen Frauen nicht lehren. Sie sollen nur andere Frauen belehren. Vers 12 ist noch deutlicher: »Ich erlaube aber einer Frau nicht zu lehren, auch nicht über den Mann zu herrschen, sondern ich will, dass sie sich in der Stille halte.«

Paulus forderte die Frauen außerdem zu einem gerechten Leben auf. In Titus 2,3 schreibt er, wie die »alten Frauen« sich verhalten sollen: »in ihrer Haltung dem Heiligen angemessen, nicht verleumderisch.« Das griechische Wort für »verleumderisch« bedeutet »Verkläger sein«. Ältere Menschen, die mehr Zeit haben, verlieren sich leicht in Gerede über aktuelles Geschehen, insbesondere heute, da die modernen Kommunikationsmittel diese Schwäche begünstigen. Was als harmloses Gerücht beginnt, kann zu einem handfesten Problem werden.

Frauen sollen »Lehrerinnen des Guten (sein); damit sie die jungen Frauen unterweisen, ihre Männer zu lieben, ihre Kinder zu lieben, besonnen, keusch, mit häuslichen Arbeiten beschäftigt, gütig zu sein, den eigenen Männern sich unterzuordnen, damit das Wort Gottes nicht verlästert werde!« (2,3-5). Der Gemeindehirte ist nicht dafür zuständig, herumzulaufen und jeden alles zu lehren. Die Gläubigen der Gemeinde sind dafür verantwortlich, anderen zu dienen, je nachdem, wie Gott sie leitet. Viele junge Frauen fragen sich, warum ihre Kinder so schwer zu erziehen sind und Probleme haben. Ein hauptsächlicher Grund dafür ist, dass viele von ihnen nie zu Hause bei ihren Kindern sind und ihnen keine geistlichen Prinzipien beibringen, die den Kindern die elementaren Muster für den Rest ihres Lebens liefern sollten. Eine geistliche Frau hat ihre Prioritäten richtig geordnet und belehrt ihre eigenen Kinder so, wie sie selber belehrt worden ist.

Kapitel 7

Ein Blick auf das Modell von Thessalonich[9]

Alle elementaren Inhalte, die der Herr Jesus für eine Gemeinde vorgesehen hat, waren in der Gemeinde von Thessalonich vorhanden. Der Brief des Paulus an die Thessalonicher stellt uns das Muster einer Gemeinde vor, die von Christus gebaut wird. Der Brief sagt nichts über die Anzahl an Gemeindegliedern und schweigt über ihre Ziele, Veranstaltungen, Predigten oder über Lieder. Wir finden keine Auskünfte über die dortige Sonntagsschule, ihren Gottesdienst oder ihre Ferienlager. Der Brief berichtet uns jedoch von einigen geistlichen Elementen.

Der Apostel Paulus verkündete den Thessalonichern das Evangelium zum ersten Mal auf seiner zweiten Missionsreise. Nachdem er Thessalonich verlassen hatte, sandte er Timotheus dorthin, um herauszufinden, wie es den Neubekehrten erging. Als Timotheus zurückkam, brachte er höchst erfreuliche Nachrichten mit, die in 1. Thessalonicher 3,6-7 überliefert sind: »Da jetzt aber Timotheus von euch zu uns gekommen ist und uns die gute Botschaft brachte von eurem Glauben und eurer Liebe, und dass ihr uns allezeit in gutem Andenken habt und sehr verlangt, uns zu sehen, wie auch wir euch: deswegen, Brüder, sind wir über euch bei all unserer Not und Bedrängnis getröstet worden durch euren Glauben.« Die guten Nachrichten, die Timotheus Paulus berichtete, veranlassten den Apostel zu seinem ersten Brief an die Thessalonicher.

Wenn wir uns nun einige grundlegende Prinzipien aus dem ersten Thessalonicherbrief anschauen, bin ich sicher, dass der Herr Ihnen dabei deutlich machen wird, was er von Ihnen wünscht und wie Ihre Gemeinde so sein kann, wie er es will.

Eine errettete Gemeinde

Die Gemeinde in Thessalonich war eine errettete Gemeinde. Das ist bedeutsam, da heute viele Gemeinden nicht wissen, was Errettung bedeutet. Die Gemeinde von Thessalonich war eine Versammlung wiedergeborener Christen. Diese Tatsache wird durch die Begriffe bestätigt, die Paulus in den ersten vier Versen von Kapitel 1 verwendet: »Paulus und Silvanus und Timotheus der Gemeinde der Thessalonicher in Gott, dem Vater, und dem Herrn Jesus Christus: Gnade euch und Friede! Wir danken Gott allezeit für euch alle, indem wir euch erwähnen in unseren Gebeten und unablässig vor unserem Gott und Vater an euer Werk des Glaubens gedenken und die Bemühung der Liebe und das Ausharren in der Hoffnung auf unsern Herrn Jesus Christus; und wir kennen, von Gott geliebte Brüder, eure Auserwählung.«

Paulus konnte Gott für die Thessalonicher danken, weil sie alle »in dem Herrn Jesus Christus« waren (V. 1). Bei ihnen war deutlich zu sehen, dass sie den Herrn Jesus Christus persönlich als ihren Retter kannten. Das ist der Beginn einer wirksamen Gemeinde. Viele Gemeinden sind aus dem Grund ineffektiv, weil sie aus einer Mischung aus Weizen und Unkraut bestehen, und das sogar innerhalb der Leiterschaft. Wenn nicht wiedergeborene Personen Verantwortungsposten besetzen, steht das Gottes Absichten entgegen und verwischt die Botschaft der Gemeinde.

Wir wollen anhand von Apostelgeschichte 17 sehen, wie die Gemeinde von Thessalonich entstand. Vers 1 berichtet: »Nachdem sie [Paulus und seine Begleiter] aber durch Amphipolis und Apollonia gereist waren, kamen sie nach Thessalonich, wo eine Synagoge der Juden war.« Wenn Paulus in eine Stadt kam, um dort das Evangelium zu verbreiten, ging er üblicherweise zuerst in die Synagoge. Dort hatte er die besten Möglichkeiten, da er ja selber Jude war. Außerdem war ihm klar: Wenn er erst zu den Heiden ginge, wären die Juden nicht mehr bereit, ihm zuzuhören. Deshalb verkündete er anfänglich in den Synagogen, um einige Juden für Christus zu gewinnen und somit Unterstützung für das Erreichen der Stadt zu bekommen.

Aus Vers 2-3 erfahren wir den Inhalt von Paulus' Verkündigung: »Nach seiner Gewohnheit aber ging Paulus zu ihnen hinein und unterredete sich an drei Sabbaten mit ihnen aus den Schriften, indem er eröffnete und darlegte, dass der Christus leiden und aus den Toten auferstehen musste und dass dieser der Christus ist: der Jesus, den ich euch verkündige.« Den Juden fiel es schwer, Jesus als Messias anzunehmen, weil er gestorben war. Die meisten Juden verstanden nicht, dass der Messias leiden musste, was in solchen Schriftstellen wie Jesaja 53 und Psalm 22 prophezeit war. Deshalb nahm Paulus sich Zeit und erklärte ihnen, dass der Messias leiden musste, um Gottes Ratschluss zu erfüllen. Das Ergebnis seiner Verkündigung war: »Und einige von ihnen ließen sich überzeugen und gesellten sich zu Paulus und Silas und eine große Menge von den anbetenden Griechen und nicht wenige der vornehmsten Frauen« (V. 4).

Von Anfang an gab es enorme Reaktionen, obwohl Paulus nur drei Sabbate in Thessalonich war. Die Neubekehrten wären in einer schlechten Situation gewesen, wenn nicht der Heilige Geist sie geleitet hätte. Da Paulus sehr um ihr Wohlergehen besorgt war, war er überglücklich, als er von Timotheus erfuhr, dass sie eine vollmächtige Wirkung auf ihre Umgebung hatten.

Der Schlüssel zum Erfolg der Gemeinde von Thessalonich war ihre Reinheit. In Apostelgeschichte 2 sehen wir, dass bei der Geburt der Gemeinde am Pfingsttag dreitausend Menschen an das Evangelium glaubten und getauft wurden. Vers 42 sagt, diese ersten Christen »verharrten« im Glauben. Das ist wirklich eine wiedergeborene Gemeinde! Und deshalb stellten sie die Stadt Jerusalem auf den Kopf! Sie hatten einen solch enormen Einfluss (Apg 5,28), dass die führenden Juden sich die Haare ausrauften und sagten: »Ihr habt Jerusalem mit eurer Lehre erfüllt.« Wenn eine Gemeinde, die nur aus Wiedergeborenen besteht, in der Kraft des Heiligen Geistes in einer Stadt wirkt, werden diese Gläubigen unvermeidlich einen großen Einfluss ausüben.

Bei den Thessalonichern war das nicht anders. Paulus schrieb: »Denn unser Evangelium erging an euch nicht im Wort allein, sondern auch in Kraft und im Heiligen Geist und in großer Gewissheit; ihr wisst ja, als was für Leute wir um euretwillen unter euch auftraten« (1Thes 1,5).

Eine hingegebene Gemeinde

In 1. Thessalonicher 1,6 lesen wir: »Und ihr seid unsere Nachahmer geworden und die des Herrn.« Aus dieser Aussage wird der echte Charakter der erretteten Gemeinde deutlich. Das griechische Wort, das hier mit »Nachahmer« übersetzt ist, heißt *mimêtes*, von dem unser Ausdruck *Mimik* abstammt. Die Christen aus Thessalonich waren nicht nur Schwätzer, sondern Nachahmer. Sie redeten nicht nur über ihre Erfahrung als Christen, sondern gestalteten ihr Leben tatsächlich nach dem Vorbild von Paulus und seinen Begleitern.

Christen sollen nicht nur als Gruppe Repräsentanten Christi auf Erden sein, sondern auch jeder einzelne Gläubige soll den Herrn repräsentieren, indem er ihm nacheifert. Der Christ strebt danach, wie Christus zu sein. Das ist der Schlüssel zur Einheit der Gemeinde. Wenn wir alle wie Christus wären, kämen wir problemlos miteinander aus. Doch leider leben wir nicht immer ganz harmonisch zusammen, weil wir nicht alle Christus folgen. A. W. Tozer sagte, wenn hundert Klaviere eines nach dem anderen gestimmt würden, dann wären sie nicht alle miteinander harmonisch. Doch wenn sie alle nach ein und derselben Stimmgabel gestimmt würden, dann würden sie auch alle miteinander im Einklang stehen. In gleicher Weise resultiert auch Einheit in der Gemeinde nicht daraus, dass man umherläuft und jeden auf jeden anderen abstimmt. Vielmehr muss jeder Einzelne wie Jesus Christus werden. Die Gemeinde von Thessalonich war der Christusähnlichkeit hingegeben, wie sie sich im Leben von Paulus, Silas und Timotheus zeigte.

Eine leidende Gemeinde

In 1. Thessalonicher 1,6 lesen wir: »Ihr seid unsere Nachahmer geworden und die des Herrn, indem ihr das Wort in viel Bedrängnis mit Freude des Heiligen Geistes aufgenommen habt.« Die Gemeinde von Thessalonich hatte es nicht einfach. Ja, jede Gemeinde, die gerettet und Christus hingegeben ist, wird durch Schwierigkeiten gehen.

Sobald die Gemeinde von Thessalonich entstanden war, erfuhren die Gläubigen Widerstand. Apostelgeschichte 17 berichtet, was geschah: »Die Juden aber wurden eifersüchtig und nahmen einige böse Männer vom Gassenpöbel zu sich, machten einen Volksauflauf und brachten die Stadt in Aufruhr; und sie traten vor das Haus Jasons und suchten sie unter das Volk zu führen. Als sie sie aber nicht fanden, schleppten sie Jason und einige Brüder vor die Obersten der Stadt und riefen: Diese, die den Erdkreis aufgewiegelt haben, sind auch hierher gekommen« (V. 5-6). Die Gemeinde geriet sofort in eine Verfolgung.

In 1. Thessalonicher 2,14-16 wird die Verfolgung der Gemeinde noch einmal rückblickend betrachtet: »Denn, Brüder, ihr seid Nachahmer der Gemeinden Gottes geworden, die in Judäa sind in Christus Jesus, weil auch ihr dasselbe von den eigenen Landsleuten erlitten habt wie auch sie von den Juden, die sowohl den Herrn Jesus als auch die Propheten getötet und uns verfolgt haben und Gott nicht gefallen und allen Menschen feindlich sind, indem sie – um ihr Sündenmaß stets voll zu machen – uns wehren, zu den Nationen zu reden, damit die errettet werden; aber der Zorn ist endgültig über sie gekommen.«

Die gerettete und Christus hingegebene Gemeinde wird die Opposition der Welt hervorrufen und folglich durch Leiden gehen. Jesus beschrieb das so: »Wenn die Welt euch hasst, so wisst, dass sie mich vor euch gehasst hat … Wenn sie mich verfolgt haben, werden sie auch euch verfolgen« (Joh 15,18.20).

In Kolosser 1,24 lesen wir, dass Paulus zum Leiden bereit war, wenn es der Errettung anderer diente: »Jetzt freue ich mich in den Leiden für euch und ergänze in meinem Fleisch, was noch aussteht von den Bedrängnissen des Christus für seinen Leib, das ist die Gemeinde.« Paulus meinte damit Folgendes: Da die Welt nun nicht mehr Jesus direkt verfolgen konnte, verfolgte sie seine Nachfolger. Der Apostel war bereit, für den zu leiden, der für ihn gelitten hatte.

Wäre es nicht großartig, deshalb verfolgt zu werden, weil man dem Herrn ähnlich ist und daher die Welt auf den Kopf gestellt hat? Wenn Ungläubige sich über Ihre Gemeinde ärgern (sofern sie das nicht aufgrund eines unnötigen Ärgernisses tun), bedeutet das wahrscheinlich, dass Ihre Gemeinde das Evangelium so verkündigt hat, wie es sich gehört: in einer Art und Weise, die Sünde anprangert. Die Gemeinde, die die Welt überführt, wird durch Leiden gehen. Die Überlieferung sagt, dass von den zwölf Aposteln elf als Märtyrer starben.

Eine seelengewinnende Gemeinde

Die Gemeinde von Thessalonich hatte in zweifacher Hinsicht ein herrliches Zeugnis. Erstens verbreiteten diese Gläubigen das Evangelium durch ihr vorbildliches Leben. Paulus sagte von ihnen, »dass ihr allen Gläubigen in Mazedonien und in Achaja zu Vorbildern geworden seid« (1Thes 1,7). Die anderen Leute konnten die Gemeinde von Thessalonich betrachten und sagen: »Ein solches Leben sollten auch wir führen.« Erstaunlicherweise entwickeln die Thessalonicher innerhalb von nur zwei Wochen einen Lebensstil, der an Christus ausgeliefert war. Als sie das erst einmal vollzogen hatten, geschah alles wie von selbst. Nicht die Veranstaltungen oder Einfälle geben einer Gemeinde ein glaubwürdiges Zeugnis. Es kommt auf die Christusähnlichkeit jedes einzelnen Gläubigen an.

Die Thessalonicher waren wie Jesus Christus. Sie waren Vorbilder für alle anderen, einschließlich für Gläubige. In 1. Thessalonicher 1 wird deutlich, wie die Gläubigen in Mazedonien und Achaja auf das Zeugnis der Thessalonicher reagierten: »Sie selbst erzählen von uns, welchen Eingang wir bei euch hatten und wie ihr euch von den Götzen zu Gott bekehrt habt, dem lebendigen und wahren Gott zu dienen« (V. 9). Paulus brauchte anderen gar nicht von der Bekehrung der Thessalonicher berichten, weil sie mit ihrem Leben selber ihre Bekehrung bezeugten. Die aktuellste Neuigkeit in Umgebung der Stadt lautete: »Hast du schon gehört, was in Thessalonich vorgefallen ist? Viele Menschen haben sich von den Götzen zu Gott bekehrt.« Das Unglaubliche ist, dass Thessalonich nur achtzig Kilometer entfernt vom Berg Olymp lag, wo angeblich die griechischen Götter wohnten. Obwohl die Thessalonicher von klein auf im Glauben an viele Götter erzogen worden waren, ließ eine ganze Gruppe von ihnen innerhalb von drei aufeinanderfolgenden Sabbaten ihr Götzensystem fahren, um dem lebendigen Gott zu dienen. Eine solche Radikalwende erregt Aufsehen.

Zweitens wird das Evangelium durch das mündliche Zeugnis und die Verkündigung des Wortes Gottes verbreitet. 1. Thessalonicher 1,8 sagt: »Von euch aus ist das Wort des Herrn erschollen … an jeden Ort.« Das griechische Wort für »erschollen« ist *exêchêtai*, von dem das Wort *Echo* abstammt. Das Zeugnis eines Christen sollte niemals unabhängig vom Wort Gottes sein. Es soll lediglich ein Echo der Wahrheit Gottes darstellen. Ein Echo wiederholt nur das, was ursprünglich gesagt wurde. Gott hat seine Stimme in uns hineingelegt – den Heiligen Geist. Er will nicht, dass wir uns unsere eigenen Worte ausdenken; er will einfach, dass wir seine Wahrheit wie ein Echo erschallen lassen.

Eine Gemeinde, die Jesu Wiederkunft erwartet

Vers 10 sagt, dass die Thessalonicher sich von den Götzen zu Gott bekehrt hatten, um »seinen Sohn aus den Himmeln zu erwarten, den er aus den Toten auferweckt hat – Jesus, der uns errettet von dem kommenden Zorn.« Jesus hat verheißen, dass er wiederkommen und die treuen Gläubigen versammeln wird, damit sie für immer bei ihm sind (Joh 14,1-3). Folglich erwartet die ideale Gemeinde seine Wiederkunft.

Wussten Sie schon, dass viele Gemeinden nicht auf die Wiederkunft Christi warten? Petrus warnte »dass in den letzten Tagen Spötter mit Spötterei kommen werden, die nach ihren eigenen

Begierden wandeln und sagen: Wo ist die Verheißung seiner Ankunft?« (2Petr 3,3-4). Heute behaupten manche, Christen zu sein,
doch sprechen sie nie über die Wiederkunft Jesu. Ich habe sogar
einmal einen Prediger sagen hören: »Ich spreche nie über die Wiederkunft Christi – in dieser Frage herrscht zu viel Verwirrung.«
Vielleicht kann sich seine Gemeinde glücklich schätzen, dass er
nicht über die Wiederkunft Christi spricht. Es macht keinen Sinn,
die bereits bestehende Verwirrung noch zu verschlimmern. Aber
das entschuldigt nicht das Versäumnis, die Wahrheit zu verkünden.
Jede Gemeinde, die sich wahrhaft verpflichtet weiß, so zu sein, wie
Gott es will, muss bewusst die Wiederkunft Christi erwarten.

Christen sollten die Wiederkunft Jesu sehnlichst erwarten. Der
Vorausblick in die Zukunft motiviert uns, in der Gegenwart gottes-
fürchtig zu leben und ihm zu dienen. Die letzten Worte Jesu in der
Bibel lauten: »Siehe, ich komme bald und mein Lohn mit mir, um
einem jeden zu vergelten, wie sein Werk ist« (Offb 22,12).

Wenn ich weiß, dass Jesus wiederkommt, bekomme ich ein Gespür dafür, wie dringend die frohe Botschaft anderen weitergesagt
werden muss. Nach seiner Auferstehung sagte Jesus: »Ihr werdet
Kraft empfangen, wenn der Heilige Geist auf euch gekommen ist;
und ihr werdet meine Zeugen sein« (Apg 1,8). Als er in den Himmel aufgefahren war, erschienen zwei Engel, die sagten: »Dieser
Jesus, der von euch weg in den Himmel aufgenommen worden ist,
wird so kommen, wie ihr ihn habt hingehen sehen in den Himmel«
(V. 11). Paulus sagt in 2. Korinther 5,11: »Da wir nun den Schrecken des Herrn kennen, so überreden wir Menschen.« Wenn ich
mir klarmache, dass das Gericht Gottes droht und bevorsteht, kann
ich nicht anders, als die Menschen zu überreden: »Lasst euch ver-
söhnen mit Gott!« (V. 20).

Eine Gemeinde, die nicht an die Wiederkunft Jesus glaubt, hat
weder einen Sinn für Lohn noch für die Dringlichkeit, Ungläubige
vor dem Gericht zu retten. Der Herr möchte, dass wir an seine Wiederkunft denken.

Eine standhafte Gemeinde

In 1. Thessalonicher 3,8 lesen wir: »Jetzt leben wir wieder auf, wenn
ihr feststeht im Herrn.« Paulus sagte damit: »Als wir erfuhren, dass
ihr im Herrn standhaft seid, hat uns das neue Lebenskraft gegeben!
Diese Nachricht hat uns unheimlich gefreut!«

Im Herrn standhaft zu sein, bedeutet zweierlei: Nicht lehrmäßig zu schwanken und eine standhafte Liebe zu bewahren. Man kann lehrmäßig feststehen, aber geistlich austrocknen. Deshalb muss ein Christ im Sinne einer beständigen Liebe standhaft sein. Bei der Gemeinde von Ephesus war das leider nicht der Fall. Unser Herr tadelte sie: »Ich habe gegen dich, dass du deine erste Liebe verlassen hast« (Offb 2,4).

Die Gemeinde von Thessalonich war fest im Wort Gottes gegründet. Paulus schrieb: »Unser Evangelium erging an euch nicht im Wort allein, sondern auch in Kraft und im Heiligen Geist ... Und ihr seid unsere Nachahmer geworden und die des Herrn, indem ihr das Wort in viel Bedrängnis mit Freude des Heiligen Geistes aufgenommen habt« (1,5-6). Außerdem dankte Paulus Gott dafür, »... dass, als ihr von uns das Wort der Kunde von Gott empfingt, ihr es nicht als Menschenwort aufnahmt, sondern, wie es wahrhaftig ist, als Gottes Wort« (2,13). Und er sagte, »Deswegen, Brüder, sind wir über euch bei all unserer Not und Bedrängnis getröstet worden durch euren Glauben« (3,7). Wie faszinierend ist es, wenn eine Gemeinde weder in der Lehre schwankt noch in ihrer Entschlossenheit nachlässt, einander zu lieben!

Eine unterwürfige Gemeinde

Dieses letzte Prinzip ist nicht so offensichtlich wie die anderen. In keinem anderen neutestamentlichen Brief erteilt Paulus so viele uneingeschränkte und nicht näher begründete Befehle wie im 1. Thessalonicherbrief. Als er beispielsweise an die Korinther schrieb, musste er seine Anweisungen verteidigen, weil die Korinther nicht die unterwürfige Gesinnung hatten wie die Thessalonicher (z. B. 1Kor 1,10 – 2,5; 2Kor 10,1 –13,10).

Aber Paulus brauchte die Thessalonicher in keiner Sache zurechtweisen oder überzeugen. In Kapitel 4 ermahnt er sie, »eure Ehre darein zu setzen, still zu sein und eure eigenen Geschäfte zu tun und mit euren Händen zu arbeiten, so wie wir euch geboten haben« (V. 11). Ebenso enthält Kapitel 5 viele knappe, nicht näher begründete Anordnungen:

> Wir bitten euch aber, Brüder, dass ihr die anerkennt, die unter euch arbeiten und euch vorstehen im Herrn und euch zurechtweisen, und dass ihr sie ganz besonders in Liebe achtet um ihres

Werkes willen. Haltet Frieden untereinander! Wir ermahnen
euch aber, Brüder: Weist die Unordentlichen zurecht, tröstet die
Kleinmütigen, nehmt euch der Schwachen an, seid langmütig gegen alle! Seht zu, dass niemand einem anderen Böses mit Bösem
vergelte, sondern strebt allezeit dem Guten nach gegeneinander
und gegen alle! Freut euch allezeit! Betet unablässig! Sagt in allem Dank! Denn dies ist der Wille Gottes in Christus Jesus für
euch. Den Geist löscht nicht aus! Weissagungen verachtet nicht,
prüft aber alles, das Gute haltet fest! Von aller Art des Bösen
haltet euch fern! (V. 12-22).

Paulus brauchte den Thessalonichern seine Anweisungen nicht detailliert erklären, weil sie unterwürfig waren. Er musste sich nicht
verteidigen. Können Sie sich einen Prediger vorstellen, der am
Sonntagmorgen auf der Kanzel steht und nichts Weiteres sagt als:
»Mein Text ist heute 1. Thessalonicher 5,16: Freut euch allezeit! Nun
lasst uns beten. Nächste Woche werden wir zu Vers 17 kommen«?
Wenn Paulus an die Korinther geschrieben hätte, dann hätte er drei
Kapitel benötigt, um ihnen nachzuweisen, dass sie das tatsächlich
tun sollten! Doch bei den Thessalonichern war das nicht erforder-
lich, weil sie eine dem Wort Gottes unterwürfige Gesinnung hatten.
Deshalb ist die Gemeinde von Thessalonich so einzigartig.

Paulus schrieb: »Ihr seid unsere Nachahmer geworden und die
des Herrn, indem ihr das Wort in viel Bedrängnis mit Freude des
Heiligen Geistes aufgenommen habt« (1,6). Im nächsten Kapitel
sagte er, »... dass, als ihr von uns das Wort der Kunde von Gott
empfingt, ihr es nicht als Menschenwort aufnahmt, sondern, wie es
wahrhaftig ist, als Gottes Wort« (2,13). Und er schrieb: »Übrigens
nun, Brüder, bitten und ermahnen wir euch in dem Herrn Jesus, da
ihr ja von uns Weisung empfangen habt, wie ihr wandeln und Gott
gefallen sollt – wie ihr auch wandelt – dass ihr darin noch reich-
licher zunehmt« (4,1). Damit sagte er: »Ihr habt bereitwillig euer
Herz geöffnet und unsere Anweisungen angenommen. Deshalb
gehorcht einfach weiterhin dem Wort Gottes!«

Die wichtigste Aufgabe eines Gemeindehirten ist es, seine Anvertrauten zur völligen Unterwerfung unter das Wort Gottes zu führen.
Wenn die Predigten eines Hirten einfach nur seine eigenen Ideen
und Ansichten wiedergeben und keinen biblischen Inhalt haben,
wird eine Gemeinde niemals lernen, das Wort Gottes anzunehmen,
wenn es ihr vorgestellt wird. Hüten Sie sich vor diesem Fehler!

Kapitel 8

Kennzeichen einer wirksamen Gemeinde[10]

Ich liebe die Gemeinde sehr – nicht nur die Grace Community Church, sondern die Gemeinde unseres Herrn Jesus Christus als ganze. Ich habe auch eine große Liebe zu Gemeindehirten, und mir liegt es am Herzen, dass Gemeinden so geformt werden, wie Gott es will. Wenn ich an die Ermahnung des Apostels Paulus denke, dass wir die Gemeinde Gottes hüten sollen, »die er sich erworben hat durch das Blut seines eigenen Sohnes« (Apg 20,28), erschreckt mich diese gewaltige Verantwortung.

Wenn eine Gemeinde geistlich und zahlenmäßig wächst, gibt es Gründe dafür. Die im Folgenden aufgeführten Prinzipien sind die Schlüsselelemente einer erfolgreichen Gemeinde.

Gottesfürchtige Leiter

Man kann nicht die Notwendigkeit einer gottesfürchtigen Leitung ignorieren und gleichzeitig Gottes Segen erwarten. Die Verantwortungsträger in einer Gemeinde müssen gottesfürchtige Männer und Frauen sein; dafür gibt es keinen Ersatz. Paulus sagte immer wieder, dass Christus das Haupt der Gemeinde ist (1Kor 11,3; Eph 1,22; 4,15; 5,23; Kol 1,18). Als ihr Haupt will Christus die Gemeinde durch heilige Menschen leiten. Unheilige Menschen sind ihm dabei nur hinderlich.

Es ist erstaunlich, wie die meisten Gemeinden ihre Leitung wählen. Sie suchen sich die Leute aus, die geschäftlich am erfolgreichsten sind, am meisten zu sagen haben und das meiste Geld besitzen. Ein Pastor bekannte mir, eines seiner Probleme in der Zusammenarbeit mit seinen Mitarbeitern sei, dass die eine Hälfte Christen sind und die andere nicht. Das ist ein schwerwiegendes Problem, denn Christus kooperiert nicht mit dem Teufel! Ein Mann muss keine Führungsposition in einer Gemeinde bekleiden, nur weil er ein erfolgreicher Geschäftsmann ist, ein natürliches Leitungstalent hat oder ein Topmanager ist. Wenn er ein Leiter ist, dann nur deshalb, weil er ein Mann Gottes ist. Damit fängt Wirksamkeit in der Gemeinde an.

Gott hat seine Herrschaft in der Welt stets durch gottesfürchtige Menschen vermittelt. Im Anfang regierte Gott durch Adam. Nach dem Sündenfall regierte er durch das Gewissen des Menschen. Nach der Sintflut regierte er durch menschliche Regierung. Schließlich begann Gott, seine Herrschaft durch die Patriarchen zu vermitteln und dann durch die Richter, Könige, Propheten und Priester. In den Evangelien regierte er durch Christus. Und jetzt regiert er durch die Gemeinde, deren Leiter die Repräsentanten Jesu Christi in der Welt sind.

Der wichtigste Bestandteil in der Gemeindeleitung ist Heiligkeit. Es braucht jedoch seine Zeit, eine heilige Leiterschaft zu entwickeln. Gott machte Mose über einen Zeitraum von vierzig Jahren zu dem Führer, den er haben wollte. Josua war jahrelang ein Schüler von Mose, bevor er bereit war, die Israeliten ins Gelobte Land zu führen. Abraham und David wurden über viele Jahre zubereitet. Viel Zeit war nötig, um Petrus, Philippus und Paulus auf ihren weitreichenden Dienst vorzubereiten. Es braucht seine Zeit, bis ein Mann Gottes herangereift ist.

Als Timotheus in Ephesus zurückblieb, war er dafür verantwortlich, die Gemeinde zur geistlichen Reife zu führen. Er wusste, dass er das nicht allein tun konnte und gottesfürchtige Leiter brauchte. Eine Gemeinde sollte für Leitungsaufgaben nicht einfach jeden Freiwilligen nehmen, sondern gottesfürchtige Männer suchen. Titus sah sich auf Kreta vor dieselbe Herausforderung gestellt, und Paulus erteilte ihm ganz ähnliche Anweisungen wie Timotheus. In seinen Pastoralbriefen stellte Paulus ein Profil auf, dem jemand entsprechen muss, der in der Gemeindeleitung mitarbeitet:

- *Untadelig* (1Tim 3,2) – Führungspersonen müssen über jeden Tadel erhaben sein. In ihrem Leben darf es nichts geben, wofür sie getadelt werden könnten.
- *Treu zu seiner Ehefrau* (1Tim 3,2) – Sie müssen auf eine einzige Frau – ihre Ehefrau – ausgerichtet sein.
- *Nüchtern* (1Tim 3,2) – Sie müssen geistlich standhaft sein und eine klare, biblische Lebensperspektive haben.
- *Besonnen* (1Tim 3,2) – Dieses Wort kann auch mit »vernünftig« bzw. »klug« übersetzt werden und bedeutet, seine Prioritäten zu kennen.
- *Sittsam* (1Tim 3,2) – Das Leben von Führungspersonen muss so gut in Ordnung sein, dass sie dafür geehrt werden.

- *Gastfrei* (1Tim 3,2) – Sie müssen Fremden Liebe erweisen und ihre Häuser für Hilfsbedürftige öffnen.
- *Lehrfähig* (1Tim 3,2) – Dieses griechische Wort (*didaktikos*) bedeutet wörtlich »zum Lehren geeignet«. Es bezeichnet niemals eine Lehrgabe oder das Amt eines Lehrers. Es besagt nicht, dass ein Leiter ein großer Bibellehrer sein muss. Es besagt, dass er sowohl *lern*fähig als auch imstande sein muss, biblische Wahrheiten weiterzuvermitteln. Dieser Begriff beschreibt nicht so sehr die Dynamik seiner Lehrtätigkeit, als vielmehr sein Feingespür gegenüber anderen. Er lehrt mit einem sanften und milden Geist.
- *Enthaltsam, selbstbeherrscht* (Tit 1,8) – Führungspersonen dürfen nicht süchtig nach Alkohol oder irgendeiner Art von Drogen sein. Sie müssen sich selbst beherrschen.
- *Nicht eigenmächtig* (Tit 1,7) – Führungspersonen sollen nicht auf sich selbst fixiert sein. Eine Gemeinde kann keine Männer in ihrer Leitung haben, die sich nur um sich selbst drehen. Das wichtigste an Gemeindeleitern ist, dass sie um die Leute ihrer Herde besorgt sind.
- *Nicht jähzornig* (Tit 1,7) – Leiter dürfen kein ungezügeltes Temperament haben, sondern müssen geduldig sein.
- *Kein Schläger* (Tit 1,7) – Eine Gemeinde kann niemanden in der Leiterschaft gebrauchen, der Probleme mit der Faust löst.
- *Nicht streitsüchtig* (1Tim 3,3) – Diese Haltung (gr. *a-machos*) entspricht der körperlichen Reaktion aus dem vorigen Punkt. Ein streitsüchtiger Mensch liebt es, zu konkurrieren und zu debattieren.
- *Milde* (1Tim 3,3).
- *Nicht geldliebend* (1Tim 3,3) – Gemeindeleiter dürfen nicht am Geld hängen (was aber nicht heißt, dass sie ganz von Geld frei sein müssen).
- *Der dem eigenen Haus gut vorsteht* (1Tim 3,4) – Gemeindeleiter müssen ihre Kinder mit Würde unter Kontrolle haben. Viele halten ihre Kinder unter Kontrolle, aber nicht viele mit Würde.
- *Er muss ein gutes Zeugnis haben von denen, die draußen sind* (1Tim 3,7) – Was denkt die Welt über den Gemeindeleiter? In ihrem Umgang mit Ungläubigen sollten sie von tadelloser Integrität sein.
- *Das Gute liebend* (Tit 1,8).
- *Gerecht* (Tit 1,8) – Gemeindeleiter müssen fair sein.

- *Heilig* (Tit 1,8) – Sie müssen in ihrem Alltagsleben heilig sein.
- *Keine Neubekehrten* (1Tim 3,6) – Sie müssen geistlich reif sein.

Das sind die biblischen Qualifikationen für Führungspersonen in der Gemeinde. Sie stellen uns solche Menschen vor, von denen Gott seine Gemeinde geleitet haben will. Wenn eine Gemeinde keine Männer hat, die Gottes Maßstab entsprechen, wird es von Anfang an Probleme geben. Gottesfürchtige Leiter zu haben, ist sogar so wichtig, dass ein Ältester, der sündigt, vor der ganzen Gemeinde zurechtgewiesen werden soll (1Tim 5,20).

Ziele und Schritte zu den Zielen

Eine Gemeinde muss konkrete Ziele haben, die sie durch ihre Aktivitäten anstrebt, ansonsten wird sie keine Orientierung haben. Wenn man nicht weiß, wo man hin will, weiß man auch nicht, wann man angekommen ist. Eine Gemeinde, der es an Orientierung fehlt, wird kein Gespür dafür haben, wann sie etwas erreicht hat.

Zunächst müssen wir uns über die elementaren Ziele der Gemeinde klar werden: Menschen für Christus zu gewinnen und ihnen zur Reife zu verhelfen. Unter diesen übergeordneten Zielen befinden sich konkretere wie z. B. das Vereinen von Familien, das Verhindern von Scheidungen und das Unterweisen der Kinder in den Dingen des Herrn. Das sind nur einige wenige von den vielen biblischen Zielen, die wir haben.

Außerdem müssen wir konkrete, praktische Schritte auf diese biblischen Ziele hin haben, die man auch als untergeordnete Etappenziele betrachten kann. Es reicht nicht aus zu sagen, dass wir das Wort Gottes besser kennen lernen müssen. Wir müssen konkreter werden und einige praktische Schritte auf dieses Ziel hin bieten.

Ziele und Schritte sind elementar wichtig. Eine Gemeinde kann keine nebulöse Orientierung haben. Sie muss den Leuten Ziele geben und auch die Schritte aufzeigen, wie diese Ziele erreicht werden können.

Jüngerschaft

Eine Gemeinde sollte Jüngerschaft im Sinne einer Lehrer-Schüler-Beziehung betonen. Gottes Plan für die christliche Gemeinde besteht nicht darin, dass ein professioneller Prediger von Laien finanziert wird, die lediglich Zuschauer sind. Jeder Christ sollte sich an der Erbauung von anderen Gläubigen beteiligen.

Ich wurde einmal gefragt, wann ich meine Hirtenbesuche mache, die viele Gemeindehirten traditionell am Nachmittag erledigen, wenn sie das Studium am Vormittag beendet haben. Wo sagt die Bibel, dass ein Hirte den ganzen Nachmittag über Besuchsdienste ausüben soll? Eine ihrer wenigen Aussagen über Besuchsdienste findet sich im Jakobusbrief: »Ein reiner und unbefleckter Gottesdienst vor Gott und dem Vater ist dieser: Waisen und Witwen in ihrer Bedrängnis zu besuchen« (1,27). Wer soll diesen reinen und unbefleckten Gottesdienst ausüben? Allein der Prediger? Nein. Jeder Christ soll das tun. Wenn Sie jemanden kennen, den Sie besuchen sollten, dann tun Sie das. Ebenso besuche ich jemanden, von dem ich weiß, dass er einen Besuch braucht. Es macht keinen Sinn, wenn ich diejenigen besuche, die ein anderer besuchen sollte, und wenn ein anderer jemanden besucht, den ich besuchen sollte. Ich glaube nicht, dass ich als Gemeindehirte dazu berufen bin, der offizielle »Besuchsdiensthabende« zu sein. Besuchsdienst – und der damit verwandte Dienst des Anleitens im Rahmen einer Jüngerschaftsbeziehung – ist die Verantwortung jedes Gläubigen.

Wenn ich jemanden als Jünger anleite, muss ich grundsätzlich dreierlei tun: Erstens *lehre ich biblische Wahrheit.* Üblicherweise gebe ich ihm Bücher und Vortragskassetten über bestimmte Themen, mit denen er sich beschäftigen und die er verstehen soll. Außer dem Lehrdienst von der Kanzel lehre ich biblische Wahrheiten auf persönlicher Ebene aus dem Wort Gottes.

Zweitens wende ich die Schrift auf das Leben an. Sie würden erstaunt sein, wenn Sie erfahren, wie viele Leute Prinzipien lernen, die sie niemals praktizieren. Ich stelle dem Jünger Fragen, anhand derer er seine Lebensumstände aus Gottes Perspektive durchdenken soll. Ich möchte, dass er das Leben geistlich interpretiert. Zum Beispiel leitete ich einen Mann als Jünger an, der von der Weltsituation völlig beunruhigt war. Doch als er begann, die Welt aus dem Blickwinkel eines souveränen Gottes zu sehen und nicht mehr aus Sicht eines verzweifelten Menschen, verschwand sein Problem. Von da an sagte er: »Ist das nicht faszinierend zu sehen, wie Gott mit der Welt handelt?« Die biblische Wahrheit muss gelehrt und dann in die passenden Einstellungen und Verhaltensweisen übersetzt werden.

Drittens und letztens arbeite ich mit einem Jünger daran, *Probleme auf biblische Art zu lösen.* Biblische Problemlösung ist ein

Schlüssel zu effektivem Jüngerschaftstraining. Man lernt am besten dann, wenn man etwas wissen will und muss. Ein gutes Beispiel dafür sind die Fluggäste, die der Stewardess zuhören sollen, wenn sie vor dem Start die Sicherheitsanweisungen erteilt. Niemand hört ihr zu (außer diejenigen, die zum ersten Mal fliegen), weil sie das alle schon einmal gehört haben und nicht annehmen, dass sie es diesmal wissen müssen. Doch wenn jemand während des Flugs rechts aus dem Fenster schaut und Flammen am Triebwerk sieht und ihn die Stewardess dann auffordert: »Bitte nehmen Sie Ihr Notfallset zur Hand«, dann würde jeder danach greifen. Und wenn es nicht genügend Sets gäbe, dann würde man auf der Suche danach zertrampelt werden! Grund für das gestiegene Interesse ist das plötzlich bewusst gewordene Bedürfnis. Man lernt stets am besten, wenn man die Antworten unbedingt wissen *muss.* Zu effektiver Jüngerschaft gehört, dass man biblische Antworten auf die Probleme gibt, mit denen der Jünger zu tun hat, und ihm beibringt, wie er die Bibel in einer Krise anwenden kann. Man kann einem Jünger nicht einfach eine Lektion erteilen. Wir müssen die Bibel gut genug kennen, um dem Jünger Antworten geben zu können, wenn er sie braucht.

Guter Einfluss auf die Gesellschaft

Eine effektive und erfolgreiche Gemeinde wird großen Wert darauf legen, dass sie einen guten Einfluss auf die Gesellschaft um sie herum ausübt. Wir müssen Menschen für Christus erreichen.

In den ersten Kapiteln der Apostelgeschichte sehen wir, dass die Urgemeinde das Volk förmlich bombardierte. Am Pfingsttag wurden 3.000 Menschen gerettet, die sich daraufhin wie ein Lauffeuer in ganz Jerusalem ausbreiteten. Die Gemeinde dort wuchs so schnell, dass die führenden Juden zu den Aposteln sagten: »Ihr habt Jerusalem mit eurer Lehre erfüllt« (Apg 5,28). Ihre Botschaft hatte die ganze Gesellschaft durchdrungen.

Bei vielen Christen besteht der engste Kontakt zur Gesellschaft dann, wenn sie mit ihrem Auto mit Fischaufkleber zur Gemeinde fahren. Wir kommen in die Gemeinde und sagen: »Ich habe meine Pflicht gegenüber Gott erfüllt.« Wir versuchen mehr, unser Zeugnis auszuleben als auszusprechen. Aber bisher ist noch nie jemand nur deshalb in den Himmel gekommen, weil jemand sein Zeugnis vor seinen Augen auslebte. Früher oder später muss man einem Interessierten das Evangelium erklären. Zum Durchdringen der Gesellschaft gehört es, die Leute für Christus zu erreichen.

Die ersten Christen haben sich nicht in einem Winkel isoliert und über Lehre geredet. Sie gingen hinaus und durchtränkten ihr Umfeld mit dem Evangelium.

- *Apostelgeschichte 13,44* – »Am nächsten Sabbat aber versammelte sich fast die ganze Stadt, um das Wort Gottes zu hören.« Die Christen von Antiochia waren so eifrig, dass fast die ganze Stadt aufkreuzte, als das Wort Gottes verkündet wurde. Das war in ihrer Anfangszeit typisch für die Gemeinde.
- *Apostelgeschichte 14,1* – »Es geschah aber zu Ikonion, dass sie zusammen in die Synagoge der Juden gingen und so redeten, dass eine große Menge, sowohl von Juden als auch von Griechen, glaubte.« Paulus und Barnabas konfrontierten sowohl Juden als auch Heiden mit dem Evangelium.
- *Apostelgeschichte 16,5* – »Die Gemeinden nun wurden im Glauben gefestigt und nahmen täglich an Zahl zu.« Paulus, Silas und Timotheus festigten die Gemeinden von Phrygien und Galatien.
- *Apostelgeschichte 17,3-4* – Paulus redete in der Synagoge von Thessalonich, »indem er eröffnete und darlegte, dass der Christus leiden und aus den Toten auferstehen musste … einige von ihnen ließen sich überzeugen … und eine große Menge von den anbetenden Griechen (wurde gläubig)«.

Am effektivsten ist Evangelisation, wenn sie auf persönlicher Ebene im eigenen Lebensumfeld geschieht.

Manche Christen sind ganz verrückt auf evangelistische Veranstaltungen und Programme. Ich nahm einmal am Bankett einer Gemeinde teil, auf dem sie ihr evangelistisches Jahresprogramm präsentierte. Zentrum dieses Programms bildete ein Football-Motto mit im Saal aufgestellten Toren und Stadion-Anzeigetafeln. Wenn jemand gerettet wurde, schossen sie den Ball über die Torlatte. Außerdem waren fünf Bälle in den Häusern von fünf ungläubigen Familien versteckt, um die Leute zum Evangelisieren zu motivieren. Wer den Ball aufspürte, gewann einen Preis. Draußen hatte die Gemeinde einen Hotdog-Stand. Sie teilten sogar Sweatshirts an Kinder aus, wenn sie eine bestimmte Anzahl von Freunden mit zur Gemeinde brachten. Ich konnte es gar nicht fassen, was für Werbegags sie einsetzten!

Ich kann mir nicht helfen, aber ich denke, dass ein solches Programm die schlechtest mögliche Art von Evangelisation ist – den Leuten attraktive Motive zu bieten, um sie zum Evangelisieren zu bewegen. Wie sollen sich die Ungläubigen vorkommen, wenn sie mitgebracht werden, damit die Gemeindeglieder einen Preis gewinnen?

Solche Methoden hat die Gemeinde nicht nötig. Wenn wir versuchen, die Gläubigen mit eigennützigen Motiven zur Mitarbeit zu bewegen, wird ihr Eifer Gott nicht ehren. Das ist Pharisäismus. Ich habe nichts gegen einen Besuchsabend oder Evangelisation von Tür zu Tür einzuwenden, aber die beste Möglichkeit, das Umfeld mit dem Evangelium zu erreichen, besteht in der »Selbstreproduktion«, d. h. in der persönlichen Evangelisation von Mensch zu Mensch. Dann ist ein Programm überflüssig. Was wäre Ihnen lieber: Eine Woche auf einer Erweckungskonferenz einmal jährlich, oder eine Gemeinde, die 365 Tage im Jahr evangelisiert? Ein Grund dafür, weshalb wir in der Grace Church noch nie eine »Höllenfeuer-und-Verdammnis-Erweckungsveranstaltung« hatten, besteht darin, dass ich die Gemeinde nicht auf einen einmal jährlichen evangelistischen Höhepunkt reduzieren möchte. Evangelisation sollte die ganze Zeit über praktiziert werden. Es ist wichtig, auf persönlicher Ebene zu evangelisieren.

Aktive Gemeindeglieder

Wenn nur das Leitungsgremium der Gemeinde alle Arbeit tut, läuft in der Gemeinde irgendetwas falsch. Das Hirtenteam soll die Gläubigen »für das Werk des Dienstes zurüsten« (Eph 4,12). Der Dienst der Gemeinde muss von allen Gläubigen ausgeübt werden, wobei alle die Gaben einsetzen, die Gott uns zur Erbauung des Leibes gegeben hat (Röm 12,6-8).

Es kursiert die Geschichte vom Baseballspieler Dizzy Dean, dessen Karriere als Werfer endete, als sein Zeh von einem Ball getroffen wurde. Diese Verletzung ruinierte seine Wurfbewegung, denn wenn er seinen Fuß hob, um zum Wurf anzusetzen, musste er den Schmerz ausgleichen, indem er den Fuß in die falsche Richtung drehte. Folglich überstrapazierte er seinen Arm, bis er schließlich nicht mehr werfen konnte. Dasselbe gilt in geistlicher Weise für die Gemeinde. Wo es funktionsuntüchtige Gläubige gibt, dort sind an anderer Stelle des Leibes Ausgleichsreaktionen nötig. Alle Gläubigen müssen sich daran beteiligen, die von Gott gegeben Gaben auszuüben.

Wenn die Leute in meiner Gemeinde zu mir sagen: »Wir brauchen dieses oder jenes Programm in unserer Gemeinde«, antworte ich: »Gut, wenn du das meinst, dann leg los und fang damit an.« Nachdem ich einige Jahre so auf derartige Anfragen reagiert hatte, kam niemand mehr mit Programmwünschen zu mir, der es nicht wirklich ernst meinte. Die Gemeinde sollte betonen, dass sich jeder einzelne Gläubige am Dienst beteiligen muss. Die Gemeindeleitung sollte die Gemeindeglieder nicht dazu auffordern, etwas aus gesetzlichem Pflichtgefühl zu tun, wozu sie nicht wirklich motiviert oder begabt sind. Vielmehr sollte die Leitung die Gläubigen so fördern, wie der Heilige Geist sie begabt hat. Entschlossene, aktive und dienende Gläubige machen eine erfolgreiche Gemeinde aus.

Gegenseitige Anteilnahme

Eine dynamische Gemeinde wird sich im Leben ihrer Gläubigen engagieren. Viele Gemeinden sind einfach Orte, wo die Leute hingehen, um zuzuschauen. Aber die Gemeindeglieder können nicht jeder für sich isoliert bleiben. Sie können nicht einfach nur hinkommen, dasitzen und wieder nach Hause gehen, und dann sagen, dass sie zu einer Gemeinde gehören. Alle Gläubigen haben eine enorme Verantwortung, den anderen Gläubigen zu dienen. Das Neue Testament ermahnt immer wieder, mit den Geistesgaben zu dienen und auf andere einzugehen.

Einmal hörte ich einen Rundfunk-Prediger aus vollem Halse schreien. Er befand sich in einer dieser »Amen-Gemeinden«, wo man kaum den Prediger hören kann, weil alle Leute so laut »Amen« rufen. Einige Minuten lang sagte er immer wieder: »Ich erinnere mich, als ich ein kleiner Junge war, da gingen die Leute zur Gemeinde. Was wir nötig haben, ist, dass wir zur Gemeinde gehen – wir müssen zurück zur Gemeinde gehen!« Aber die Leute waren bereits dort. Sie brauchten das nicht zu hören! Wirklich nötig gewesen wäre ihnen zu sagen, *wozu* sie in der Gemeinde sind.

Ich habe andere Leute sagen hören, dass die Amerikaner es nötig haben, zurück zur Gemeinde zu gehen. Doch die Amerikaner haben niemals herausgefunden, was sie in der Gemeinde tun sollten, wenn sie dort waren, und so gingen sie wieder heim. Jetzt wollen wir, dass die Leute zurückkommen, aber wir sagen ihnen immer noch nicht, was sie tun sollen, wenn sie dort sind!

Warum sollen wir zur Gemeinde gehen? Hebräer 10,24-25 sagt: »Lasst uns aufeinander Acht haben, um uns zur Liebe und zu guten Werken anzureizen, indem wir unser Zusammenkommen nicht versäumen, wie es bei einigen Sitte ist, sondern einander ermuntern.« Wir besuchen die Zusammenkünfte nicht nur um zuzuhören. Wir sollen andere ermuntern, Gutes zu tun. Jeder Christ sollte wie eine Batterie sein, die sich mit anderen Gläubigen zusammenschließt und gemeinsam die Kraft der Gemeinde steigert.

Das Neue Testament hat viel darüber zu sagen, wie Gläubige miteinander umgehen sollen. Sich für andere zu interessieren und um sie besorgt zu sein, ist in der Bibel ein wichtiges Thema:

- *Jakobus 5,16* – Wir sollen einander unsere Sünden bekennen.
- *Kolosser 3,13* – Wir sollen einander vergeben.
- *Galater 6,2* – Wir sollen einander die Lasten tragen.
- *Titus 1,13* – Wir sollen einander zurechtweisen.
- *1. Thessalonicher 4,18* – Wir sollen einander trösten.
- *Hebräer 10,25* – Wir sollen einander ermuntern.
- *Römer 14,19* – Wir sollen einander auferbauen.
- *Römer 15,14* – Wir sollen einander ermahnen, was bedeutet, andere mit der Zielsetzung zu beraten, dass sich ihr Verhalten ändert.
- *Jakobus 5,16* – Wir sollen füreinander beten.

Alle diese Vorkommen des Wortes *einander* weisen klar auf die Verantwortung hin, die Christen füreinander und in Bezug auf ihr ganzes Leben haben.

Wenn ich mir das Leben unseres Herrn Jesus Christus anschaue, sehe ich jemanden, der sich einzelnen Personen widmete. Er war ein fürsorglicher, aufmerksamer, liebevoller Freund, der persönlich auf das Leben anderer einging. Er spendierte einer Hochzeitsfeier Freude an gutem Wein. Er hatte freimütig Gemeinschaft mit Weinsäufern, sodass die Leute ihn selber als solchen bezeichneten (Mt 11,19). Er begegnete schwachen, unwichtigen Menschen und machte sie für die Ewigkeit wichtig. Er begegnete verdorbenen und feindseligen Menschen und offenbarte eine Herzlichkeit, die ihn zugänglich machte.

Als Jesus im Land der Gadarener in der Nähe des Sees Genezareth eintraf, begegnete ihm ein Wahnsinniger: »Und er schrie mit lauter Stimme und sagt: Was habe ich mit dir zu schaffen, Jesus, Sohn Gottes, des Höchsten?« (Mk 5,7). Dieser Mann war von

Dämonen besessen. Er hatte »seine Wohnung in den Grabstätten; und selbst mit Ketten konnte ihn keiner mehr binden, da er oft mit Fußfesseln und mit Ketten gebunden worden war und die Ketten von ihm in Stücke zerrissen und die Fußfesseln zerrieben worden waren; und niemand konnte ihn bändigen« (V. 3-4). Die Menschen mieden ihn offenbar! Doch Jesus nahm sich seiner an. Nachdem Jesus die Dämonen ausgetrieben hatte, fanden die Dorfbewohner diesen Mann »bekleidet und vernünftig sitzen« (V. 15). Jesus trat in das Leben eines Menschen und machte es neu. Und das ist nur ein Beispiel von vielen.

Die Gemeinde muss eine liebevolle Gemeinschaft von Gläubigen sein, die Anteil aneinander nehmen. Wir meinen so oft, wir hätten unseren Teil getan, wenn wir zur Gemeinde gegangen sind. Wir wälzen uns ins Gebäude, plumpsen auf den Stuhl, hören zu oder auch nicht und gehen zurück zum Auto, um zur Tagesordnung überzugehen. Möge Gott uns helfen, wenn das unsere Sicht von Gemeinde sein sollte.

Hingabe an die Familie

Es gab eine Zeit, als die Familie als eine Einheit funktionierte. Jedes Familienmitglied ging mit zur Gemeinde und saß Sonntag für Sonntag auf der Bank. Als die Gemeinde dann programmorientiert wurde, ging jedermann fort und tat, was ihm gefiel. Es wurden Gruppen gebildet, um dem Identitätsverlust in einer rasch wachsenden technisierten Gesellschaft zu begegnen. Die älteren Mitbürger wurden als Senioren bezeichnet. Die jungen Leute wurden mit Kinder- und Jugendgruppen identifiziert, die oft das Tempo für den Rest der Gemeinde vorgaben. Nach einer Weile konnten die Eltern nicht mehr Schritt halten und blieben zurück. In der Gemeinde müssen alle Familienmitglieder ausgewogen betont werden.

In 2. Mose 20,12 steht das fünfte der Zehn Gebote: »Ehre deinen Vater und deine Mutter, damit deine Tage lange währen in dem Land, das der HERR, dein Gott, dir gibt.« Die Konsequenzen, die folgen, wenn die Eltern nicht geehrt werden, lassen uns ahnen, wie ernst Gott dies nimmt: »Wer seinen Vater oder seine Mutter schlägt, muss getötet werden … Wer seinem Vater oder seiner Mutter flucht, muss getötet werden« (2Mo 21,15.17).

Gott möchte Ordnung und Achtung in der Familie sehen. Er möchte nicht nur, dass niemand seine Eltern schlägt, sondern

möchte auch nicht, dass jemand seinen Eltern flucht. Haben Sie
schon einmal junge Leute schlechte Dinge über ihre Eltern sagen
hören? Im Alten Testament wäre das des Todes würdig gewesen.
Wir müssen den jungen Leuten beibringen, welche Verantwortung
sie gegenüber ihren Eltern haben.

Vielleicht erkennen Sie unsere Generation in der Beschreibung
aus Sprüche 30 wieder. In Vers 11 lesen wir: »Eine Generation, die
dem Vater flucht und die Mutter nicht segnet.« In vielen Fällen
verdienen die Eltern keine Ehre, aber das berechtigt die Kinder
nicht, ihnen keine Ehre zu erweisen. Vers 12 sagt: »... eine Generation, die in ihren Augen rein ist und doch nicht gewaschen von
ihrem Unflat.« Sie denken, sie hätten die Anweisungen ihrer Eltern
nicht nötig und meinen, selber alle Antworten zu haben. Aber sie
merken nicht, wie schlimm sie dran sind. In Vers 13-14 heißt es:
»... eine Generation – wie hochmütig ihre Augen und überheblich
ihre Wimpern –; eine Generation, deren Zähne Schwerter sind und
Messer ihr Gebiss, um wegzufressen die Elenden von der Erde und
die Armen weg aus der Mitte der Menschheit!« Wenn eine stolze
junge Generation heranwächst, nutzt sie andere aus. Das haben wir
in Amerika mit eigenen Augen erlebt.

Vers 15 sagt: »Der Blutegel hat zwei Töchter: Gib her, gib her!«
Ein Blutegel ist ein Tier, das anderen Tieren als Schmarotzer das
Blut aussagt. Dieser Vers vergleicht eine stolze Generation mit einem Blutegel und besagt damit, dass sie aus der Gesellschaft so viel
für sich herausholen möchte wir nur möglich, und dabei doch nicht
zufrieden wird.

In Vers 17 lesen wir: »Ein Auge, das den Vater verspottet und
den Gehorsam gegen die Mutter verachtet, aushacken werden es
die Raben am Bach und auffressen die jungen Adler.« Das sind
drastische Worte. Wenn wir das lesen, bekommen wir eine Ahnung, wie ernst es Gott mit seinem Gebot ist, dass die Kinder ihre
Eltern ehren sollen.

Eine der großen Katastrophen in der Gemeindearbeit sind Gemeindeleiter, die sich nicht um ihre Familien kümmern, weil sie
zu sehr mit anderen Dingen beschäftig sind. Howard Hendricks,
Professor am Dallas Theological Seminary, erzählte von einem persönlichen Beispiel. Jemand rief ihn an und sagte: »Dr. Hendricks,
wir planen eine Bibelkonferenz und möchten Sie gern als Redner
einladen. Können Sie kommen?« Hendricks sagte Nein, aber der
Konferenz-Organisator gab nicht nach: »Das ist ein entscheidendes

Ereignis für unser ganzes gesellschaftliches Umfeld. Warum können Sie nicht kommen? Haben Sie einen anderen Termin?«

Hendricks sagte: »Nein. Ich möchte mit meinen Kindern spielen.«

»Sie möchten mit Ihren Kindern spielen? Sehen Sie nicht, dass unsere Leute Ihre Lehre brauchen?«

»Ja. Aber meine Kinder brauchen mich auch.« Hendricks hatte Recht. Wenn ein Mann mit einem so weitreichenden Einfluss wie er den Respekt seiner Kinder verliert, wäre damit sein Dienst nicht mehr glaubwürdig, ganz abgesehen davon, dass sein Herz gebrochen wäre. Es ist gut, mit seinen Kindern zu spielen, wenn man nicht wie ein Eli enden will.

Eli, der alttestamentliche Priester, kümmerte sich um die geistlichen Probleme von allen möglichen Leuten, aber um seine eigenen Kinder kümmerte er sich anscheinend nie. Seine Söhne Hofni und Pinhas wurden zu gottlosen Männern. Gott sagte sogar zu Eli: »Als ich die Priesterschaft einführte, sagte ich Aaron und seinen Söhnen, dass sie aufgrund ihrer aaronitischen Abstammung für immer Priester sein werden. Aber deine Söhne haben mein Gesetz in einem solchen Ausmaß gebrochen, dass ich dem Priesterdienst in deiner Familie ein Ende machen werde. Und damit diese Worte sich als wahr erwiesen, werden Hofni und Pinhas noch heute sterben« (1Sam 2,27-34). Als Eli das hörte, brach ihm das sein Herz. Er war so damit beschäftigt gewesen, sich um alle anderen zu kümmern, dass er sich nicht um sich und seine Familie kümmern konnte.

Ich werde nie eine Geschichte vergessen, die ich von einem Christen hörte, der ständig mit evangelistischen Veranstaltungen beschäftigt war. Eines Tages hörte er zufällig, wie sein kleiner Sohn einen Nachbarjungen fragte, ob sie zusammen spielen könnten. Der andere Junge antwortete: »Das geht nicht, weil ich mit meinem Vater in den Park spielen gehe.« Der Sohn des Evangelisten sagte daraufhin: »O! Mein Vater hat keine Zeit, um mit mir zu spielen. Er ist zu sehr damit beschäftigt, mit den Kindern anderer Leute zu spielen.« Der Evangelist sagte später, dass ihn kaum etwas jemals mehr getroffen hätte als diese Bemerkung.

Christen haben eine Verpflichtung gegenüber ihrer Familie. Eine starke christliche Familie sollte höchste Priorität sein. Deshalb müssen wir es anstreben, stabile Ehen und familienorientierte Gemeindeangebote zu entwickeln. Dazu müssen wir den Ehemännern beibringen, ihre Frauen zu lieben (Eph 5,25), den Frauen, sich

ihren Männern unterzuordnen (5,22), den Kindern, ihren Eltern
zu gehorchen (6,1) und den Eltern, ihre Kinder nicht zu verärgern,
sondern sie zu erziehen (6,4).

Das Lehren und Predigen der Bibel

Als W. A. Criswell zur First Baptist Church in Dallas kam, war er
erst der zweite Gemeindeleiter in der Geschichte dieser Gemeinde. Sein Vorgänger war ebenfalls ein großer Mann Gottes: Geor-
ge Truett. Als Criswell den Kanzeldienst übernahm, sagte er dem
Leitungsgremium, dass er vorhabe, Vers für Vers durch die ganze
Bibel zu predigen. Sie sagten zu ihm. »Das kannst du nicht machen – du wirst vor leeren Plätzen stehen!« Doch die Plätze wurden
nicht leer, denn diese Gemeinde wurde die größte Gemeinde Ame-
rikas mit über 15.000 Mitgliedern. Alle diese Leute kamen, weil
er sie das Wort Gottes lehrte. Sie reagierten darauf und ließen ihr
Leben dadurch verändern.

Die Verkündigung des Wortes Gottes durch Predigt (gr. *kêryg-
ma*) und Lehre (gr. *didachê*) verändert das Leben aller Zuhörer.
Deshalb werden dynamische Gemeinden von einem Prediger geleitet, der die Wahrheit der Bibel lehrt und die Christen motiviert,
diese Wahrheit anzuwenden.

Manche meinen, Zweck einer Predigt sei, dass die Leute sich gut
fühlen. Stellen wir uns einen Mann vor mit einem unglücklichen
Leben. Er schuftet schwer für einen ungerechten Chef, zuhause hat
er nichts zu sagen, seine Kinder sind rebellisch und er schafft es
nicht, die Raten für sein Auto zu zahlen. Wenn er in die Gemeinde
kommt, sollte er nicht obendrein noch rechts und links Schläge um
die Ohren bekommen. Deshalb meinen manche, die Predigt solle
das positive Denken fördern und helfen, alles wunderbar und rosig
zu sehen.

Einmal sah ich in einer christlichen Fernsehsendung einen Prediger, der sagte: »O, jeder Tag mit Jesus ist so schön! Wenn Sie nur
so glücklich sein könnten wie ich!« Das würde bei der Frau, die
gerade von der Beerdigung ihres Mannes kommt, nicht sonderlich
gut ankommen, und ebenso wenig bei der Mutter, bei deren Kind
Leukämie im Endstadium diagnostiziert wurde. Nicht jeder Tag ist
ein schöner Tag voller Glück. Jeder Tag ist erfüllend und es gibt
dauerhafte Freude in der Gegenwart Christi, aber Christsein ist
kein unbekümmerter Lebensstil von Lebenskünstlern. Wenn wir

nichts weiter tun als uns treffen und einander sagen, wie wunderbar das Leben ist, dann lügen wir alle.

Andere meinen, die Predigt solle darauf ausgerichtet sein, den Menschen beim Lösen ihrer Probleme zu helfen. Wir leben in einer Welt, die so psychologisch orientiert ist, dass wir anscheinend kaum noch denken können, ohne dabei klinische Analysen vorzunehmen. Wir können nichts objektiv akzeptieren, ohne es zu analysieren. Dieses Denken hat sich auch in der Gemeinde breit gemacht und hat zu einem Phänomen geführt, das ich als »problemorientiertes Predigen« bezeichne. In einer solchen Predigt spricht der Prediger über ein Problem und zitiert dazu zehn Verse losgelöst von ihrem Zusammenhang, die zeigen sollen, wie das Problem zu lösen sei. Das Ganze schmückt er noch mit ein paar Anekdoten aus, wie Menschen ein solches Problem gelöst haben.

Ein Prediger ist kein glorreicher Psychoanalytiker, Großvater oder Weihnachtsmann, der uns auf den Kopf tätschelt und sagt, dass alles in bester Ordnung sei. Die Aufgabe des Predigers besteht nicht nur darin, Christen im Wort Gottes zu unterweisen, sondern sie auch zu ermutigen, ihr Verhalten so zu ändern, dass es mit dem Wort Gottes übereinstimmt. In vielen Fällen muss er die Zuhörer zunächst sogar dahin bringen, sich schlechter zu fühlen, bevor sie sich besser fühlen können, weil Heilung stattfinden muss, bevor Auferbauung geschehen kann. Wenn eine Predigt von mir die Zuhörer überführt, weiß ich, dass die Botschaft rübergekommen ist. Der Predigtdienst einer Gemeinde soll nicht in erster Linie den Leuten helfen, Entscheidungen über die Details des Alltagslebens zu treffen. Die Predigt dient der Vermittlung des Wortes Gottes und dem Aufzeigen von Sünde, damit die Hörer ihr Verhalten ändern können. Jemanden in seinen Problemen zu besänftigen, hilft ihm nicht, sich besser zu fühlen. Vielmehr führen Sündenbekenntnis, Buße und Lebensveränderung zu wahrer Freude.

Bereitschaft zur Veränderung

Tradition hat nichts Heiliges an sich. Eine dynamische Gemeinde sollte regelmäßig alte Methoden aufgeben, die nicht mehr effektiv sind. Eine Gemeinde kann so bequem an traditionellen Formen hängen, dass ihre Glieder den Blick dafür verlieren, wozu sie dort sind.

Der Apostel Paulus passte sich Veränderungen an. Er lehrte von einem Tag bis zu sieben Tage pro Woche. Eine derart intensive Ver-

kündigung gibt es heute noch an manchen Orten in Afrika, wo sich
viele Christen sonntags bei Tagesanbruch versammeln und nach
Hause gehen, wenn die Sonne untergeht.

Ich habe in den Südstaaten in afroamerikanischen Gemeinden
gepredigt, wo die Gemeinde nach dem Ende meiner ersten Predigt
rief: »Bruder, halte noch eine Predigt!« Dann blätterte ich eine Seite in meinem Notizbuch weiter und begann einen weiteren Bibelabschnitt auszulegen. In solchen Situationen habe ich schon drei oder
vier Predigten nacheinander gehalten. Man vergleiche das mit der
bei uns üblicheren Haltung von »Punkt-Zwölf-ist-Schluss«-Fanati-
kern: »Es ist schon zwölf Uhr und die Predigt ist immer noch nicht
zu Ende! Ich kann nicht mehr!«

Manche Leute können sich auf Veränderungen nicht gut ein-
stellen. Einige verkraften es nicht, wenn es keinen Gottesdienst
am Sonntagmorgen gibt. Angenommen, wir würden sagen: »Wegen
der Energiekrise versammeln wir uns nicht mehr Sonntagmorgens,
sondern stattdessen werden wir uns eine Zeitlang Dienstagabends
an verschiedenen Stellen über die Stadt verteilt treffen.« Das sollte für einen Christen kein größeres Problem darstellen, weil dem
Christen jeder Tag heilig ist. Wir versammeln uns gern am ersten
Tag der Woche, weil wir dann an die Auferstehung des Herrn denken, aber das sollte uns nicht von Flexibilität abhalten, wenn diese
erforderlich wird.

Drei Schlüssel helfen einer Gemeinde, Flexibilität zu bewahren.

Erstens: *Wir müssen anerkennen, dass geistliches Leben Vorrang
hat vor Struktur.* Das Leben eines Christen außerhalb des Gemein-
degebäudes ist wichtiger als das, was innerhalb dieser Wände statt-
findet. Nicht das Gemeindegebäude, sondern der Gläubige ist das
Haus Gottes (1Kor 6,l9). Der Griechischexperte Kenneth Wuest
übersetzte 2. Korinther 6,16 wie folgt: »Wir sind ein inneres Heiligtum des lebendigen Gottes.«[11]

Zweitens: *Wir müssen offen sein für den Heiligen Geist.* Wenn der
Heilige Geist hinter der Veränderung steht, sollten die Gläubigen
bereit sein, die Veränderung mitzumachen.

Und drittens: *Wir müssen uns vergewissern, dass der Veränderungs-
prozess auf die Bedürfnisse eingeht.* Um geistlich lebendig zu bleiben,
muss eine Gemeinde auf die Bedürfnisse der Leute eingehen. Wenn
sich die Gesellschaft ändert, muss die Gemeinde flexibel sein, damit
sie effektiv wirken kann. Eine Gemeinde darf nicht in die Haltung
verfallen: »Das haben wir bisher noch nie so gemacht!«

Großer Glaube

Große Gemeinden leben glaubensmäßig am Rande des Abgrunds, wo sie nichts anderes tun können, als Gott zu vertrauen. Sie sind die Spannung gewohnt, Gott zu vertrauen und zugleich das Risiko zu akzeptieren, das untrennbar zum Glauben dazugehört. Obwohl Glaube untrennbar mit Risiko verbunden ist, verabscheuen Christen in der Regel ironischerweise alles Riskante. Da Epheser 3,20 sagt, dass Gott »über alles hinaus zu tun vermag, über die Maßen mehr, als wir erbitten oder erdenken, gemäß der Kraft, die in uns wirkt«, müssen wir ihm das glauben. Hebräer 11 listet Glaubenshelden auf, die Gott glaubten und Risiken auf sich nahmen. Daniel glaubte Gott und ließ sich in die Löwengrube werfen. Abraham glaubte Gott, als Sara zu alt war, um ein Kind zu bekommen, und Gott gab das verheißene Kind.

Das Motto des Christen ist nicht: »Besser ein Spatz in der Hand als die Taube auf dem Dach.« Christen sollten nicht davor zurückschrecken, mutig mit neuen Ideen voranzuschreiten. Eine Gemeinde kann alle möglichen großartigen Pläne haben, aber wenn sie nicht Gott vertrauen kann, dass er für die nötigen Mitarbeiter und Gelder sorgt, wird sie nicht viel erreichen. Für Gott war es noch nie ein Problem, das nötige Geld für das von ihm gewollte Werk zu besorgen. Es ist aufregend zu erleben, wie Glaube Wunder wirkt.

Aufopferung

Eine opferbereite Gesinnung steht in direktem Zusammenhang mit dem vorigen Punkt. Die Leiterschaft einer effektiven Gemeinde muss die Gläubigen nicht durch Appelle auffordern, mitzuhelfen oder zu spenden, denn die Gemeinde wird durch ihren Glauben selber diese opferbereite Initiative zeigen. Es sollten keine Werbegags, Kampagnen oder andere Tricks nötig sein, um die Leute dazu anzustacheln, was sie ohnehin tun sollten. Die Gemeinde sollte von einer aufopferungsvollen Gesinnung des Gebens geprägt sein. So war es bei den Gemeinden Mazedoniens, die ihre Liebe dadurch zeigten, dass sie »über Vermögen« für eine Sammlung für Bedürftige spendeten (2Kor 8,3). Paulus lobte die Gemeinde von Philippi, weil sie für seine Bedürfnisse gesorgt hatte (Phil 4,10.14-16). Er brauchte sie zu nichts aufzufordern, weil ihre Liebe zu ihm in so großzügiger und praktischer Weise zum Ausdruck kam.

Anbetung

Was eine Gemeinde letztendlich groß macht, ist ihr Schwerpunkt auf der Anbetung Gottes. Eine Gemeinde kann Wert auf viele gute Dinge legen. Manche Gemeinden orientieren sich ganz an ihren theologischen Besonderheiten. Sie behaupten, die einzigen zu sein, die einen ganz bestimmten Glauben vertreten. Manchmal taucht diese Besonderheit in ihrem Gemeindenamen auf. Vielleicht heißt sie: »Prämilleniale prätribulationale antiliberale prokonservative kompromisslose Gemeinde der Souveränität Gottes an der Eichenstraße.« Eine starke biblische Theologie ist wichtig, aber in der Gemeinde geht es um mehr als das.

Wenn eine Gemeinde sich ganz auf Gott ausrichtet und alles in ihren Kräften Stehende tut, um ihn zu ehren, hat sie eine Grundlage für kompromisslose Integrität. Es kommt nicht darauf an, was an den Veranstaltungen oder an der Gemeinde so einzigartig ist, oder welche theologischen Besonderheiten betont werden. Es kommt auf das an, was Gott will.

Mögen diese zwölf Kennzeichen einer wirksamen Gemeinde die Grundlage für jede christliche Gemeinde bieten, damit Gott völlig geehrt werde.

Kapitel 9

Die Berufung der Gemeinde[12]

Die Grace Community Church war im Laufe der Jahre oft ein Diskussionsthema. Zeitschriften haben über uns berichtet. Theologische Doktoranden haben Artikel über unsere Gemeinde geschrieben. In Berichten wurde versucht, uns zu analysieren. Wir wurden zerlegt, untersucht, studiert, abgestempelt, kategorisiert, unter die Lupe genommen, kopiert, gepriesen, verflucht, ausgezeichnet, publiziert und sogar verklagt. Warum all diese Aufmerksamkeit?

Der Schlüssel, um die Grace Church zu verstehen, besteht nicht darin, ihre Leiter, Mitarbeiter, Veranstaltungen, Methoden, Ältesten, Gläubigen, oder ihr Wachstum, ihre Größe und ihren Standort zu analysieren. Alle diese Dinge sind auf ihre Weise wichtig, aber sie sind nicht der Schlüssel. Das, worauf es ankommt, ist in unserem Namen enthalten: Grace Community *Church* – eine Gemeinde. Der Welt fällt es so schwer uns zu verstehen, weil sie nicht versteht, was eine Gemeinde ist. Der Begriff *Gemeinde* unterscheidet uns von allen anderen menschlichen Organisationen. Wir sind die Gemeinde des Herrn Jesus Christus, erkauft mit seinem Blut. Keine andere Institution in der Welt verdankt ihre Existenz einer solchen Tatsache.

Leider hat das Wort *Gemeinde* an seiner tiefen Bedeutung verloren. Heute denkt man dabei an ein Kirchengebäude oder an die Stadtverwaltung. Oder wir denken an die Gemeinde als eine Institution, die nach einer geistlichen Rangordnung aufgebaut ist. Deshalb müssen wir uns die Bedeutung des griechischen Wortes anschauen.

»Gemeinde« oder »Kirche« ist die Übersetzung des griechischen Wortes *ekklêsia*. Dieser Ausdruck stammt von dem Verb *kaleô* ab, was »rufen« bedeutet. Das ist eine gute Definition für die Gemeinde: Wir sind *berufen*. Römer 8,28 definiert die Versammlung der Gläubigen wunderschön als diejenigen, »die nach seinem Vorsatz berufen sind«. Wir sind eine von Gott nach seinem Vorsatz zusammengerufene Gruppe. Wir sind keine menschliche Organisation. Wir sind nicht das Ergebnis menschlicher Klugheit oder Kraft. Wir wurden nicht von guten, religiösen Menschen gegründet. Vielmehr wurden wir von Gott ins Dasein gerufen.

Dass Gott die Gläubigen beruft, wird im ganzen Neuen Testament betont:

- *Römer 1,6-7 –* Paulus schreibt an die Gemeinde von Rom: »... unter denen auch ihr seid, Berufene Jesu Christi. Allen Geliebten Gottes, berufenen Heiligen in Rom.«
- *1. Korinther 1,2 –* »... an die Gemeinde Gottes, die in Korinth ist, den Geheiligten in Christus Jesus, den berufenen Heiligen, samt allen, die an jedem Ort den Namen unseres Herrn Jesus Christus anrufen, ihres und unseres Herrn.«
- *1. Korinther 1,26 –* »Denn seht, eure Berufung, Brüder.« Dann fährt Paulus fort und beschreibt den Charakter der Glieder, aus denen die Gemeinde besteht.
- *Epheser 4,1-4 –* »Wandelt würdig der Berufung, mit der ihr berufen worden seid ... wie ihr auch berufen worden seid in *einer* Hoffnung eurer Berufung!«
- *1. Thessalonicher 2,12 –* »... des Gottes würdig zu wandeln, der euch zu seinem Reich und seiner Herrlichkeit beruft.«
- *2. Timotheus 1,9 –* »[Gott] hat uns errettet und berufen mit heiligem Ruf, nicht nach unseren Werken, sondern nach seinem eigenen Vorsatz und der Gnade.«
- *1. Petrus 5,10 –* »Der Gott aller Gnade aber, der euch berufen hat zu seiner ewigen Herrlichkeit in Christus ...«

Die ganze Gemeinde wurde von Gott selbst ins Dasein gerufen. Das erklärt, warum die Gemeinde so erfolgreich und gesegnet ist. Die Schwäche und das Versagen der Gemeinde werden jedoch durch die Tatsache erklärt, dass es Gott gefallen hat, durch Menschen zu wirken. Wenn wir Erfolg haben, dann ist das nicht uns zu verdanken, sondern Gott. Wenn wir versagen, müssen wir das uns zuschreiben und nicht ihm. Das Hauptziel der Gemeinde ist es, Gott wirken zu lassen und sein Reich zu bauen, und uns dabei gehorsam seinem Wort und seinem Geist zu unterwerfen. Epheser 1 hilft uns die Tragweite zu verstehen, was es bedeutet, berufen zu sein.

Zuvor berufen: die Erwählung

»... *wie er uns in ihm auserwählt hat vor Grundlegung der Welt ... und uns vorherbestimmt hat zur Sohnschaft durch Jesus Christus für sich selbst nach dem Wohlgefallen seines Willens ... die wir vorher-*

bestimmt waren nach dem Vorsatz dessen, der alles nach dem Rat seines Willens wirkt ...« (Eph 1,4-5.11).

Die Gemeinde ist nicht zufällig entstanden. Sie ist das Ergebnis von Gottes vorbestimmter, souveräner Berufung.

Paulus wiederholt Gottes Erwählung in 2. Timotheus 1,9: »Der hat uns errettet und berufen mit heiligem Ruf, nicht nach unseren Werken, sondern nach seinem eigenen Vorsatz und der Gnade, die uns in Christus Jesus vor ewigen Zeiten gegeben ... worden ist.«

Im Englischen gibt es ein Lied mit dem Titel »Das innere Leben«, worin der anonyme Liederdichter schreibt: »Ich suchte den Herrn, und danach wusste ich: Er bewegte meine Seele dazu, ihn zu suchen, weil er mich suchte. Nicht ich bin der, der gefunden hat. Nein, o wahrer Heiland, ich bin es, der von dir gefunden wurde.« Die Gemeinde erfüllt ein zuvorbestimmtes Schicksal, eine Berufung aus der Ära jenseits von Raum und Zeit. Für Gott hat die Zeit keine Grenzen. Alles ist für ihn unmittelbar ewig gegenwärtig. Bevor die Welt begann, war die Gemeinde für ihn so real wie heute.

Bevor ich zur Grace Church kam, kandidierte ich für das Pastorat in einer großen, sehr bekannten Gemeinde. Die dortigen Führungspersonen meinten jedoch, ich sei zu jung und unerfahren für ihre Gemeinde. Obwohl ich offen für alles war, wohin immer der Herr mich senden wollte, war ich schließlich doch enttäuscht. Aber es war nicht Gottes Plan, dass ich dort sein sollte. Vor Grundlegung der Welt wusste Gott, dass er die Grace Church gebrauchen würde, um Seelen zu erretten, und dass ich Bestandteil dieses Prozesses sein sollte. Jedes Mal, wenn ich erfahre, dass jemand durch unsere Gemeinde errettet wurde, begeistert mich die Vorstellung, dass dadurch Gottes vorbestimmter Plan ein Stück weit mehr in Erfüllung gegangen ist.

Heraus berufen: die Erlösung

»In ihm [Christus] haben wir die Erlösung durch sein Blut, die Vergebung der Vergehungen, nach dem Reichtum seiner Gnade ... In ihm seid auch ihr, nachdem ihr das Wort der Wahrheit, das Evangelium eures Heils, gehört habt und gläubig geworden seid, versiegelt worden mit dem Heiligen Geist der Verheißung« (Eph 1,7.13).

Paulus identifiziert die Gemeinde als diejenigen, die aus Gnade erlöst wurden und Vergebung empfingen. Gott »hat uns errettet aus der Macht der Finsternis und versetzt in das Reich des Sohnes seiner Liebe« (Kol 1,13). Wir sind aus Sünde, Tod und dem System der Welt ins Leben berufen worden (Röm 6,8-11; 1Jo 2,15-17). Wir sind eine Gemeinschaft von Erlösten, wiedergeboren durch den Geist Gottes.

Unerlöste Menschen, die sich unter einem religiösen Banner mit der Aufschrift »Gemeinde« oder »Kirche« versammeln, sind nicht Bestandteil der Gemeinde, die Jesus Christus baut. Rund um die Welt gibt es so genannte Gemeinden und Kirchen, die den Namen haben, dass sie leben, aber tot sind (Offb 3,1). Sie sind nicht aus der Welt heraus berufen, sondern Bestandteil dieser Welt – trotz ihrer religiösen Übungen.

Mir ist es so wichtig, dass man wirklich eine persönliche Errettung erlebt hat und dadurch der wahren Gemeinde angehört, dass ich darüber gleich am ersten Sonntag gepredigt habe, als ich meinen Dienst an der Grace Church antrat. Mein Text war Matthäus 7,21-23: »Nicht jeder, der zu mir sagt: Herr, Herr! wird in das Reich der Himmel hineinkommen ... Viele werden an jenem Tage zu mir sagen: Herr, Herr! Haben wir nicht durch *deinen* Namen geweissagt...? Und dann werde ich ihnen bekennen: Ich habe euch niemals gekannt. Weicht von mir, ihr Übeltäter!« Vielleicht meinen Sie, ich hätte besser warten sollen, bevor ich mit einer solchen Botschaft auf einen empfindlichen Nerv bei meinen Zuhörern abzielte. Aber ich machte mir Sorgen, dass manche Leute dort dachten, sie gehörten zur Gemeinde, aber in Wirklichkeit nicht dazugehörten. Eine Gemeinde muss von Anfang an verstehen, was sie ist, damit sie weiß, in welche Richtung sie zielen sollte. Infolge dieser konfrontativen Predigt verließen mehrere Ehepaare die Gemeinde, und wir stellten fest, dass mindestens ein Ältester gar nicht wiedergeboren war.

Der Titel dieser Predigt war: »Wie man Gemeinde spielt.« In Lukas 6,46 sagt Jesus: »Was nennt ihr mich aber: Herr, Herr! und tut nicht, was ich sage?« Im Dom von Lübeck in Deutschland hängt ein altes Gemälde als Mahnmal für diesen Vers, das den Titel trägt: »Klage Jesu Christi an die undankbare Welt.« Im dazugehörigen Text heißt es:

Ich bin das Licht, man sieht mich nicht.
Ich bin der Weg, ihr gehet mich nicht.
Die Wahrheit, ihr glaubet mir nicht.
Das Leben, man suchet mich nicht.
Ich bin reich, man bittet mich nicht.

Ich bin edel, man dienet mir nicht.
Der Schönste, man liebet mich nicht.
Ich bin barmherzig, man vertrauet mir nicht.
Ich bin allmächtig, man fürchtet mich nicht.
Ich bin ein Lehrer, man folget mir nicht.
Werdet ihr verdammt, verweiset mir's nicht.

Ich las von einem alten Pfarrer, der pensioniert war, weil seine Stimme durch jahrelanges Predigen ruiniert worden war. Obwohl er ganz bescheiden war, wurde er von einem Freund zu einem Mittagessen in hochgradig vornehmer Gesellschaft eingeladen. Der Vorredner dieses Festmahls bat einen anwesenden berühmten Schauspieler, einen Text für die Gäste aufzusagen. Er willigte ein und fragte, ob jemand einen besonderen Wunsch habe. Der alte Pfarrer dachte einen Augenblick nach und sagte: »Wie wäre es mit Psalm 23?« Der Schauspieler antwortete: »Das ist eine ungewöhnliche Bitte, aber zufällig kenne ich den Text. Ich sage ihn allerdings nur unter einer Bedingung auf: Sie sind nach mir an der Reihe, ihn zu zitieren!« Der alte Pfarrer wollte sich erst nicht darauf einlassen, aber um seines Herrn willen stimmte er zu. Der Schauspieler stand auf und rezitierte den 23. Psalm mit der großartigen Intonation seiner lyrischen Stimme. Als er fertig war, applaudierten alle. Dann stand der alte Pfarrer auf und sagte den Psalm in seiner bescheidenen Weise mit krächzender Stimme auf. Als er geendet hatte, war kein Auge im Saal trocken geblieben. Mit einem Empfinden für den emotionsgeladenen Augenblick stand der Schauspieler auf und sagte: »Für mich habt ihr applaudiert, aber für ihn habt ihr geweint. Der Unterschied ist offensichtlich: Ich kenne den Psalm, aber er kennt den Hirten.«

Wenn es irgendetwas gibt, was eine Gemeinde sein muss, dann ist es eine Gemeinschaft von Menschen, die den Hirten kennen. Alles Geringere ist keine Gemeinde.

Berufen **fort von**: Heiligung

»… dass wir heilig und tadellos vor ihm seien in Liebe« (Eph 1,4).

Christen sind aus der Welt herausberufen, um nach Heiligkeit zu streben. 1. Petrus 1,16 sagt: »Seid heilig, denn ich bin heilig.« Wir sind berufen, uns von der Welt abzusondern. Wir sollen kompromisslos sein. Der Heilige Geist fordert uns auf, uns »von der Welt unbefleckt zu erhalten« (Jak 1,27). Der Herr wünscht eine Gemeinde ohne »Flecken oder Runzel oder etwas dergleichen« (Eph 5,27). In 2. Korinther 11,2 sagt Paulus, dass er danach strebt, die Gemeinde »als eine keusche Jungfrau vor den Christus hinzustellen.« Gott hat uns zur Heiligkeit, Christusähnlichkeit und Tugend berufen.

Christen sollen die Heiligkeit unseres himmlischen Vaters darstellen, unseres Heilands und des Heiligen Geistes, der in uns wohnt. Wir dürfen keine Komplizen der Welt sein (2Kor 6,17). Wir dürfen nicht die Werke des Fleisches praktizieren (Gal 5,16-25; Kol 3,5). 1. Johannes 2,15 warnt uns, dass wir nicht das System dieser Welt lieben sollen, die Gott gegenüber feindlich ist. Wir sind zu einem heiligen Leben berufen. Deshalb müssen wir als Gemeinde betonen, wie wichtig Demut, Sündenbekenntnis, Gemeindezucht und Anbetung ist, damit wir in ehrerbietiger Gottesfurcht leben.

In 1. Thessalonicher 5,23-24 ruft Paulus uns mit diesen Worten zu einem heiligen Leben auf: »Er selbst aber, der Gott des Friedens, heilige euch völlig; und vollständig möge euer Geist und Seele und Leib untadelig bewahrt werden bei der Ankunft unseres Herrn Jesus Christus! Treu ist, der euch beruft; er wird es auch tun.« Bei unserem Streben nach Heiligkeit müssen wir zuerst die Heiligkeit Gottes und Christi erkennen und so Gott fürchten. In den Evangelien fürchteten die Menschen oft Jesus, wenn er ihnen seine Herrlichkeit und Heiligkeit offenbarte (Mk 9,5-6; Lk 5,8).

Wir sind nach dem Vorsatz Gottes berufen, und zu Gottes Vorsatz gehört es, dass wir heilig sein sollen.

Berufen *zu*: Identifikation

»... wie er uns in ihm auserwählt hat ... dass wir heilig und tadellos vor ihm seien in Liebe, und uns vorherbestimmt hat zur Sohnschaft durch Jesus Christus für sich selbst nach dem Wohlgefallen seines Willens, zum Preise der Herrlichkeit seiner Gnade, mit der er uns begnadigt hat in dem Geliebten« (Eph 1,4-6).

Die präpositionalen Wendungen »in ihm«, »vor ihm«, »für sich selbst« und »in dem Geliebten« offenbaren, dass Christen ganz eng mit Gott und Christus identifiziert werden. Die Gemeinde ist einzigartig. Sie ist keine religiöse Organisation aus Menschen, die einem bestimmten Regelkatalog verpflichtet oder in einer bestimmten Religionsform geübt sind. Wir sind in Christus und in Gott.

- *1. Thessalonicher 1,1* – Dieser Brief beginnt: »Paulus und Silvanus und Timotheus der Gemeinde der Thessalonicher in Gott, dem Vater, und dem Herrn Jesus Christus.« Die Gemeinde ist zu einer persönlichen Identifikation mit Gott berufen.
- *1. Johannes 1,3* – Unsere persönliche Vereinigung mit Gott ist eine wunderbare Gemeinschaft. Johannes schreibt: »Unsere Gemeinschaft ist mit dem Vater und mit seinem Sohn Jesus Christus.« Wir sind in eine intertrinitarische Gemeinschaft gestellt.
- *Johannes 17,22* – Vor seiner Verhaftung betete Jesus, dass die Gläubigen eins sind mit ihm, so wie der Vater und er eins sind.
- *1. Korinther 6,17* – »Wer aber dem Herrn anhängt, ist *ein* Geist mit ihm.«
- *Römer 8,14-17* – Christen sind in eine enge Beziehung zu Gott gestellt, da sie von ihm als Söhne angenommen worden sind. Dadurch sind wir zu Miterben Christi geworden. Die Gemeinde ist keine Gruppe, der man sich per Unterschrift anschließen kann. Sie ist mehr als eine Gesellschaft, die einem Lehrsystem verpflichtet ist.
- *Römer 6,4-5* – Wenn wir gerettet werden, treten wir durch Jesus Christus in eine persönliche Beziehung zum lebendigen Gott. Wir werden mit Christus in seinem Tod identifiziert und mit ihm in seiner Auferstehung auferweckt, damit wir »in Neuheit des Lebens wandeln« (V. 4).
- *Galater 2,20* – Paulus sagt: »Ich bin mit Christus gekreuzigt, und nicht mehr lebe ich, sondern Christus lebt in mir.« Das ist eine klare Aussage über die geistliche Vereinigung des Gläubigen mit Christus. Ich bin mir nicht bewusst, wo John MacArthur aufhört und Jesus Christus anfängt. (Aber wenn ich sündige, weiß ich, dass ich dafür verantwortlich bin!) Es sollte normal sein, dass Sie Gott in Ihrem Leben am Werk sehen, seine Macht wahrnehmen, seine Gebetserhörungen erleben, seiner Führung folgen und durch seinen Trost erquickt werden.

Wir glauben nicht, dass Gott ein kosmisches Monster ist, das nur darauf wartet, auf uns zu treten, wenn wir gegen eine seiner Regeln verstoßen. Vielmehr haben wir eine persönliche Beziehung der Liebe zu ihm. Wir sind zu einer lieblichen Vertrautheit mit Jesus Christus berufen – zu einer persönlichen, lebendigen Beziehung zu Gott.

Berufen **unter**: Offenbarung

»In ihm haben wir die Erlösung durch sein Blut, die Vergebung der Vergehungen, nach dem Reichtum seiner Gnade, die er uns reichlich gegeben hat in aller Weisheit und Einsicht. Er hat uns ja das Geheimnis seines Willens zu erkennen gegeben« (Eph 1,7-9).

Gott hat uns viele großartige geistliche Wahrheiten geoffenbart über das Leben, den Tod, sich selbst, den Menschen und die Ewigkeit. Er hat uns zudem einen Verstand gegeben, mit dem wir in Bezug auf irdische Dinge Weisheit praktisch anwenden können, wie z. B. Probleme zu lösen.

Christen sind berufen, sich dem Wort Gottes zu unterwerfen – wir entwerfen nicht unseren eigenen Kurs. Wenn wir uns treffen, um zu planen, zu beten und dem Herrn zu dienen, sollte eine Sache in unserem Denken zentral wichtig sein: Was sagt das Wort Gottes dazu? Das sollte im Blickpunkt unseres ganzen Handelns stehen.

Als ich zur Grace Church kam, musste ich vorher eine Probepredigt halten. Ich wählte dazu Römer 7 als Text. Weil es mir als enorme Last auf dem Herzen lag, dieses schwierige Kapitel auszulegen, und dabei alles andere vergaß, habe ich eine Stunde und 35 Minuten gepredigt. (Meine Frau sagte danach: »Das war's dann wohl mit dieser Gemeinde. Und wenn sich das herumspricht, wirst du auch keine andere Gemeinde finden.« Anschließend kamen einige Leute auf mich zu und sagten: »Das ist genau das, was wir haben wollen – aber könnten Sie sich etwas kürzer fassen?«) Einer der Ältesten sagte zu mir: »Wir sind bereit zu dienen. Wir möchten Gottes Willen erkennen, was wir tun sollen.« Das war in all den Jahren die Verpflichtung der Grace Church. In jenen ersten Tagen entdeckte ich, dass die Leute einen Sinn dafür haben, sich der Autorität des Wortes Gottes zu unterwerfen. Seit damals war es das Motto der Gemeinde, »zur Ausrüstung der Heiligen für das Werk des Dienstes, für die Erbauung des Leibes Christi« zu dienen (Eph 4,12).

Christen reifen durch das Studieren und Anwenden der Schrift. Aufgabe der Gemeindeleiter ist es, die Gläubigen auszurüsten mit dem »Schwert des Geistes, das ist Gottes Wort« (Eph 6,17). Das bedeutet mehr, als nur die Bibel zu kennen; vielmehr müssen unsere Gläubigen die Bibel verstehen, damit sie sie als Waffe zum Guten einsetzen können.

Berufen **mit**: Vereinigung

»... für die Verwaltung der Erfüllung der Zeiten: alles zusammenzufassen in dem Christus« (Eph 1,10).

Das letztendliche Ziel Gottes ist es, bei der Vollendung der Heilsgeschichte alle Dinge zusammenzufassen. Die Gemeinde ist jetzt das Symbol dafür. Wir sind berufen, eins zu sein in der Familie Gottes. Ich wuchs zu einer Zeit auf, als geistliche Isolation üblich war. Jeder lebte sein geistliches Leben für sich selbst. Darüber sprach man nicht. Stattdessen setzte man sein Christenlächeln auf, klemmte die Reisverschlussbibel unter den Arm und ging zur Sonntagsschule. Die Leute ließen nichts aus sich heraus und ließen auch niemanden in sie hineinblicken. Gemeinschaft bedeutete damals für die meisten Christen nicht mehr als Orangensaft, pappige Kekse und alte Damen, die Kaffee und Kuchen servierten. Das hatte wenig Tiefgang. Aber wir sind zu einer wunderbaren Gemeinschaft der Einheit berufen.

In Philipper 2,2 fordert Paulus die Christen auf, »dass ihr dieselbe Gesinnung und dieselbe Liebe habt, einmütig, *eines* Sinnes seid«. Unsere Liebe zu anderen muss auf Demut basieren. Deshalb sagte Paulus: »Ein jeder sehe nicht auf das Seine, sondern ein jeder auch auf das der anderen!« (V. 4). Dafür war Christus ein herrliches Beispiel, denn er erniedrigte sich selbst (V. 5-8). Um Einheit zu erlangen, müssen wir nicht nur auf uns selber achten, sondern auch aufeinander. Deshalb predige ich kein »Hilf-dir-selbst-Evangelium«, welches besagt: »Du bist o.k., denke positiv, sei jemand!« Zeigen Sie mir eine Gemeinde, wo eine solche Botschaft verkündet wird, dann zeige ich Ihnen, dass diese Gemeinde nicht weiß, was Gemeinschaft bedeutet, weil jeder sich nur um sich selbst kümmert und nicht um das Wohl der anderen. Zeigen Sie mir andererseits eine Gemeinde, wo Demut gepredigt wird, und ich zeige Ihnen, dass sich die Menschen dort einander lieben können.

Berufen **zur**: Verherrlichung

»Und in ihm haben wir auch ein Erbteil erlangt« (Eph 1,11).

Petrus beschrieb unser Erbe als ein »unvergängliches und unbeflecktes und unverwelkliches Erbteil, das in den Himmeln aufbewahrt ist für euch« (1Petr 1,4). Christen streben gezielt der Verherrlichung entgegen. Unser Blick ist nach vorn auf die Zukunft gerichtet. Wir sind keine Bürger dieser Welt. Philipper 3,20 sagt: »Unser Bürgerrecht ist in den Himmeln.« Wir sind nicht an die Erde gebunden, an dieses böse Weltsystem. Wir sind zu Erben eines grenzenlosen, ewigen Erbes geworden. Deshalb predige ich ausdrücklich nicht über politische oder soziale Themen, die nur von zeitlicher Bedeutung sind.

In Kolosser 3,1-2 lesen wir: »Wenn ihr nun mit dem Christus auferweckt worden seid, so sucht, was droben ist, wo der Christus ist … Sinnt auf das, was droben ist, nicht auf das, was auf der Erde ist!« Wir warten auf Jesus, auf seine Wiederkehr und Aufrichtung seines Reiches. Folglich investieren wir unser Leben und unseren Besitz nicht in diese vergängliche Welt. Mit den Worten von Hebräer 11,10 erwarten wir »die Stadt … deren Baumeister und Schöpfer Gott ist.«

Berufen *für*: Verkündigung

»… zum Preise seiner Herrlichkeit« (Eph 1,12).

Wir sind berufen, um die Herrlichkeit der Gnade Gottes zu verkünden. Die Welt sollte uns anschauen und sagen: »Seht euch diese Leute an. Was für einen wunderbaren Gott sie haben!« Gott sollte durch unser Verhalten und unsere Worte verherrlicht werden. In gewissem Sinne verkünden wir Gottes Herrlichkeit nicht nur der Welt, sondern auch ihm selbst und den heiligen Engeln. Wir sind zu seiner Herrlichkeit erlöst worden. Folglich kann die Welt uns nicht verstehen, solange sie nicht die Herrlichkeit Gottes versteht, denn wir sind die erste Offenbarung der Herrlichkeit Gottes. Auf die Herrlichkeit Gottes war mein Herz mehr als auf alles andere ausgerichtet, ganz abgesehen davon, dass es auch das großartigste Thema in der Bibel ist. Die Herrlichkeit Gottes war das wichtigste Entscheidungskriterium in meinem Leben. Wenn ich vor einer Weggabelung stehe, stelle ich mir nur die eine Frage: Wird meine Entscheidung Gott verherrlichen? Die Gemeinde wurde gebildet, um zum Preise seiner Herrlichkeit zu sein. Unser Herr hat es so ausgedrückt: »So soll euer Licht leuchten vor den Menschen, damit sie eure guten Werke sehen und euren Vater, der in den Himmeln ist, verherrlichen« (Mt 5,16).

Kapitel 10

Das Werk des Herrn in der Weise des Herrn[13]

Manche Bibelstellen scheinen auf den ersten Blick von nicht sonderlich hohem geistlichem Wert zu sein. Bei einem Großteil von 1. Korinther 16 könnte man das meinen:

> Ich werde aber zu euch kommen, wenn ich Mazedonien durchzogen habe. Denn Mazedonien durchziehe ich nur; bei euch aber werde ich vielleicht bleiben oder auch überwintern, damit ihr mich geleitet, wohin ich auch reise; denn ich will euch jetzt nicht im Vorbeigehen sehen, denn ich hoffe, einige Zeit bei euch zu bleiben, wenn der Herr es erlaubt. Ich werde aber bis Pfingsten in Ephesus bleiben, denn eine große und wirksame Tür ist mir geöffnet worden, und der Widersacher sind viele. Wenn aber Timotheus kommt, so seht zu, dass er ohne Furcht bei euch sei! Denn er arbeitet am Werk des Herrn wie auch ich. Es verachte ihn nun niemand. Geleitet ihn aber in Frieden, dass er zu mir komme! Denn ich erwarte ihn mit den Brüdern. Was aber den Bruder Apollos betrifft, so habe ich ihm vielfach zugeredet, dass er mit den Brüdern zu euch komme; und es war durchaus nicht sein Wille, jetzt zu kommen, doch wird er kommen, sobald er Gelegenheit findet (V. 5-12).

Das hört sich an, als sei Paulus unentschlossen: »Vielleicht gehe ich hierhin, vielleicht dorthin. Wenn Timotheus kommt, kümmert euch um ihn. Ich wollte, dass Apollos zu euch kommt, aber er wollte nicht.« Man fragt sich, wie überhaupt jemand Nutzen aus diesem scheinbar unbedeutenden Bibeltext ziehen kann. Der Schlüssel in diesem Abschnitt ist der Ausdruck »Werk des Herrn«, der zum ersten Mal in 15,58 vorkommt: »Daher, meine geliebten Brüder, seid fest, unerschütterlich, allezeit überreich in dem Werk des Herrn, da ihr wisst, dass eure Mühe im Herrn nicht vergeblich ist!« Und in 16,10 lesen wir: »Wenn aber Timotheus kommt, so seht zu, dass er ohne Furcht bei euch sei! Denn er arbeitet am Werk des Herrn wie auch ich.« Mithilfe dieser Aussagen können wir erkennen, wovon Paulus im Abschnitt zwischen diesen beiden Versen redete: vom

Werk des Herrn. Er sagte: »Ihr sollt stets überströmend sein im Werk des Herrn, so wie Timotheus und ich es sind.«

Paulus sagte, wer im Werk des Herrn arbeitet, sollte darin stets »unerschütterlich, allezeit überströmend« sein (Elb.). Wir sollen quasi verschwenderisch dem Werk des Herrn dienen. Wenn Sie von jemandem angesprochen werden, der Ihnen sagt: »Du tust zu viel, du übernimmst dich«, sollten Sie vielleicht mit 1. Korinther 15,58 antworten. Das Werk des Herrn zu tun, ist eine nicht zu unterschätzende Verantwortung.

Was ist das »Werk des Herrn«?

Um diese Frage zu beantworten, müssen wir herausfinden, was der Herr tat, als er auf der Erde war. Im Grunde tat er zwei Dinge: Er evangelisierte Ungläubige und erbaute Gläubige. In Lukas 19,10 sagt er: »Der Sohn des Menschen ist gekommen, zu suchen und zu retten, was verloren ist.« Das ist Evangelisation. In Apostelgeschichte 1,2-3 lesen wir, dass der Herr nach seiner Auferstehung »über die Dinge redete, die das Reich Gottes betreffen«. Das beschreibt die Auferbauung der Jünger Jesu.

Das Werk des Herrn wird in der Bibel nirgends als etwas Einfaches dargestellt. Die Begriffe »Werk« und »Mühe« in 1. Korinther 15,58 vermitteln den Gedanken, bis zur Erschöpfung zu arbeiten. Der Ausleger G. Campbell Morgan sagte, Paulus dachte hier »an die Art von Mühsal, die in sich das rote Blut von Opfern hat, diese Art von Mühsal, bei der man ausgelaugt und erschöpft wird«.[14] Paulus sagte dies über Epaphroditus: »Um des Werkes Christi willen ist er dem Tod nahe gekommen« (Phil 2,30). Dieser junge Mann arbeitete sich selbst fast zu Tode. Er ist ein gutes Beispiel für jemanden, der stets überströmend im Werk des Herrn war.

»Unsere Mühe ist nicht vergeblich«, wenn wir im Werk des Herrn arbeiten (V. 58). Die Mühe wird nicht umsonst sein, nicht ziellos, nutzlos oder ergebnislos. Vielmehr wird sie etwas bewirken und Frucht hervorbringen.

Viele Leute sind emsig mit Gemeindearbeit beschäftigt, aber ich bin mir nicht sicher, dass sie das Werk des Herrn tun – Evangelisation und Auferbauung.

Christen sind berufen, das Werk des Herrn in der Weise des Herrn zu tun. Wenn wir uns dieses Vorrechtes bewusst werden, sollte uns das begeistern und herausfordern. Ist Ihnen klar, dass der allmächtige Gott, der Herrscher des Himmels und der Erde, gesagt hat: »Willst du mein persönlicher Gesandter sein und meine

Botschaft zu Menschen in aller Welt bringen, solange du lebst?«
William Barclay hat treffend gesagt: »Es ist nicht der Mensch, der
das Werk verherrlicht, sondern das Werk, das den Menschen verherrlicht. Es gibt keine größere Würde als die Würde einer großartigen Aufgabe.«[15]

In seiner Beschreibung des Werkes von ihm und von Timotheus
und Apollos nennt Paulus sieben praktische Prinzipien, wie der
Herr sein Werk getan haben will.

Weitblick für die Zukunft

Wer dem Werk des Herrn hingegeben und motiviert ist, andere zu
erreichen, wird viele noch unerfüllte Bedürfnisse entdecken. Dann
wird er sich überlegen, wie er diesen Bedürfnissen begegnen kann.
Ein solcher Christ hat eine Perspektive mit Weitblick. Er gibt sich
nie mit dem zufrieden, was bereits erreicht worden ist. Er hat das
im Blick, was noch zu tun ist, und deshalb plant er voraus und sucht
neue Welten, die erobert werden können. Er nimmt die Herausforderung ungenutzter Gelegenheiten wahr und wartet nur darauf,
dass sich ihm neue Türen öffnen.

In 1. Korinther 16,5 sagt Paulus: »Ich werde aber zu euch kommen, wenn ich Mazedonien durchzogen habe.« Den 1. Korintherbrief schrieb Paulus offenbar am Ende eines dreijährigen Aufent-
halts in Ephesus. Timotheus überbrachte den Brief. 2. Korinther
1,15-16 zufolge hatte Paulus ursprünglich geplant, Timotheus nach
Korinth zu folgen, dann nach Mazedonien zu gehen und wieder
nach Korinth zurückzukehren. Doch er änderte diesen Plan und
entschloss sich, erst geradewegs nach Mazedonien zu reisen, dann
nach Korinth und schließlich nach Jerusalem.

In 1. Korinther 4,18-19 sagt Paulus: »Einige aber sind aufgeblasen, als ob ich nicht zu euch kommen würde. Ich werde aber bald
zu euch kommen, wenn der Herr will.« Paulus wollte die Gemeinde
von Korinth besuchen, weil sie mit inneren Problemen zu kämpfen
hatte. In 16,6 sagt er mit anderen Worten: »Ich muss kommen und
über Winter bleiben. Dann könnt ihr mir Proviant mitgeben, damit ich von dort weiterreisen kann.« Paulus plante voraus. Er hatte
Weitblick dafür, was er in Mazedonien und Korinth zu tun hatte,
bevor er nach Jerusalem zurückkehrte.

Römer 15 verschafft einen Einblick in Paulus' Strategie mit
Weitblick. Dort schrieb er: »(Ich werde zu euch kommen,) falls

ich nach Spanien reise … Wenn ich dies nun vollbracht und diese Frucht ihnen versiegelt habe, so will ich über euch nach Spanien reisen« (V. 24.28). Paulus hatte sein Auge auf Spanien gerichtet, weil dort noch kein Missionar gewesen war. Spanien war damals ein berühmter Teil des Römischen Reiches. Einige der größten Dichter und Redner lebten in Spanien. Der große stoische Philosoph Seneca, der spätere Lehrmeister von Nero und Minister des Römischen Reiches, wirkte einflussreich in Spanien. Zweifellos war Paulus begeistert von der Vorstellung, welche Wirkung das Evangelium in einem solchen Land erzielen könnte.

Es ist wichtig, dass wir uns auf die Gelegenheiten vorbereiten, die Gott uns gibt. Manche sagen: »Es kommt viel Arbeit auf uns zu.« Aber oft tun sie nichts, um sich darauf vorzubereiten.

Nehemia wandte sich nicht mit den Worten an König Artasasta: »Ich hätte gern eine Aufgabe. Könnten Sie bitte etwas finden, was ich für mein Volk tun könnte?« Stattdessen sagte er: »Mein Volk hat ein Problem: Es braucht seine Stadt, und deren Mauer muss wiederaufgebaut werden. Ich möchte das tun und ich habe bereits einen Plan, wie das zu schaffen wäre. Ich warte nur noch auf Ihre Erlaubnis.« Der König gewährte Nehemia sein Vorhaben.

Wer eine Schau für die Zukunft haben will, muss in der Gegenwart planen, damit die Zukunftspläne Realität werden können, wenn Gott die Gelegenheit dazu gibt. Manche Christen beginnen niemals die Aufgabe, auf die sie warten, weil sie nicht gezielt die Vorbereitung darauf angehen. Wir müssen aktiv mitarbeiten, um uns auch jetzt als bewährt zu erweisen, damit wir bereit sind, wenn sich die Gelegenheit bietet. Wir müssen uns als würdig erweisen.

William Carey, der große Pionier der modernen Mission, arbeitete als Schuhmacher und Schuhflicker in England. Während seiner beruflichen Arbeit betete und weinte er über einer Weltkarte, die er in seiner Werkstatt ständig vor sich liegen hatte. Nach jahrelangem Studieren und Planen wurde er von Gott in die Arbeit nach Indien ausgesandt. Er öffnete Indien für das Evangelium für jeden anderen Missionar, der seither dort hingegangen ist. Gott gebrauchte einen Man mit einer Schau für die Zukunft, der in der Gegenwart treu war und sich als fähig erwies.

Was sind Ihre Pläne? Was ist Ihre Schau? Die ganze Welt braucht Gott. Welche Strategie verfolgen Sie, um jemanden für Christus zu gewinnen? Um Ihre Geistesgaben auszuüben? Um Ihre Aufgabe möglichst effektiv zu erledigen? Wenn Sie ziellos von

Tag zu Tag treiben und sagen: »Ich warte einfach darauf, dass Gott mir etwas zu tun gibt«, werden Sie nie eine Gelegenheit bekommen. Wenn Sie jedoch das Werk des Herrn in der Weise des Herrn tun, haben Sie Weitblick für die Zukunft.

Flexibilität

Die Zukunft kann anders werden, als Sie es sich vorgestellt haben, und deshalb müssen Sie flexibel sein. Manche sagen: »Ich kenne Gottes Willen genau und weiß, was ich tun soll. Ich habe diese und jene Gabe und dieses und jenes Talent; deshalb sollte ich dieses und jenes tun. Und solange nicht dieses und jenes geschieht und ich nicht genau das finde, was meinen Erwartungen entspricht, tue ich gar nichts.« Das ist eine armselige Vorstellung davon, was es heißt, dem Willen Gottes zu folgen.

In 1. Korinther 16,6-7 sagt Paulus: »Bei euch aber werde ich vielleicht bleiben oder auch überwintern, damit ihr mich geleitet, wohin ich auch reise; denn ich will euch jetzt nicht im Vorbeigehen sehen, denn ich hoffe, einige Zeit bei euch zu bleiben, wenn der Herr es erlaubt.« Paulus hatte die flexible Haltung eines Abenteurers: »Ich denke, wenn ich zu euch komme, werde ich vielleicht über Winter bleiben. Wenn ich fertig bin, werde ich vielleicht woanders hin gehen. Ich bin nicht hundertprozentig sicher, aber wenn der Herr will, werde ich bleiben.« Mir gefällt der Planungsstil von Paulus. Er hatte gute Pläne, aber er blieb flexibel und gestand Gott das Recht zu, spontan umzudisponieren.

Die Korinther hatten Paulus vorgeworfen, er sei wankelmütig. Paulus antwortete darauf: »Und in diesem Vertrauen wollte ich vorher zu euch kommen ... und über euch nach Mazedonien reisen und wieder von Mazedonien zu euch kommen und von euch nach Judäa geleitet werden. Habe ich nun, indem ich mir dieses vornahm, etwa leichtfertig gehandelt? Oder was ich mir vornehme, nehme ich mir das nach dem Fleisch vor, damit bei mir das Ja-ja und das Nein-nein gleichzeitig wären?« (2Kor 1,15-17). In anderen Worten: »War ich etwa wankelmütig, als sich meine Pläne änderten? Nein, ich tat unter den gegebenen Umständen mein Bestes und war bereit umzudenken.«

Wie bereits festgestellt, lernte Paulus sehr früh, flexibel zu sein. Auf seiner zweiten Missionsreise hatte er Phrygien und Galatien durchreist und hatte vor, nun durch die größeren Städte Kleinasiens zu ziehen: Ephesus, Laodizea, Pergamos, Smyrna, Thyatira, Sardes und Philadelphia. Ich bin sicher, dass er seine Strategie sorgfältig durchdacht hatte. Es kam jedoch ganz anders: »Sie durchzogen aber Phrygien und die galatische Landschaft, nachdem sie von dem Heiligen Geist verhindert worden waren, das Wort in Asien zu reden« (Apg 16,6). Paulus und seine Begleiter entschlossen: Wenn wir nicht nach Süden können, müssen wir nach Norden ziehen. Lasst uns nach Bithynien gehen.« Aber in Vers 7 erfahren wir, dass der »Geist Jesu es ihnen nicht erlaubte.« Die einzige verbleibende Möglichkeit war nun, nach Westen zu reisen.

Sie zogen weiter bis Troas, und dort hatte Paulus ein Nachtgesicht: »Ein mazedonischer Mann stand da und bat ihn und sprach: Komm herüber nach Mazedonien und hilf uns! Als er aber das Gesicht gesehen hatte, suchten wir sogleich nach Mazedonien abzureisen, da wir schlossen, dass Gott uns gerufen habe, ihnen das Evangelium zu verkündigen« (V. 9-10). Welche Flexibilität legten sie an den Tag! Sie hatten ihre Pläne, aber obwohl sie nicht weiter wussten, blieben sie in Bewegung. Haben Sie schon einmal versucht, ein stehendes Auto zu lenken? Das ist äußerst schwierig. Doch wenn das Auto erst einmal rollt, lässt es sich viel einfacher manövrieren.

Wussten Sie, dass David Livingstone, der weltbekannte Forscher und Afrika-Missionar, ursprünglich nach China gehen wollte? Er war enttäuscht, dass er seinen Wunsch nicht verwirklichen konnte, bis ihm klar wurde, dass Gottes Wille einen anderen Weg für ihn vorgesehen hatte. Livingstone bewirkte schließlich für Afrika das, was Carey für Indien erreicht hatte: Er öffnete es für unzählige weitere Missionare.

Entschlossenheit zur Gründlichkeit

Das Werk des Herrn darf nicht oberflächlich getan werden. In 1. Korinther 16,6 sagt Paulus: »Vielleicht aber werde ich bei euch bleiben oder auch überwintern.« Paulus verbrachte schließlich den Winter in Korinth. Wahrscheinlich schrieb er den Korinthern seinen ersten Brief im Frühling von Ephesus aus, wo er bis Juni blieb. Dann ging er nach Korinth und verbrachte dort drei Wintermonate. In Vers 7 sagt er: »Ich hoffe, einige Zeit bei euch zu bleiben.« Anders ausgedrückt: »Ich möchte nicht nur bei euch durchreisen. Ich möchte eine Zeitlang bei euch bleiben.« Paulus legte in seinem Dienst großen Wert auf Gründlichkeit. Unser Herr sagte:

»Geht nun hin und macht alle Nationen zu Jüngern ... und lehrt sie alles zu bewahren, was ich euch geboten habe!« (Mt 28,19-20). Man kann niemandem beibringen, alle Gebote Gottes zu befolgen, ohne das eigene Leben in diesen Menschen zu investieren. Jünger kann man nicht oberflächlich heranbilden. Man kann keine Jünger machen, indem man Traktate verteilt und sich danach aus dem Staub macht, sondern dazu gehört wesentlich mehr.

Paulus hatte nicht vor, in Korinth nur einen kurzen Halt einzulegen. Er wusste, dass dort große geistliche Bedürfnisse bestanden, wie im 1. Korintherbrief unschwer zu erkennen ist. Er hatte bei seinem ersten Aufenthalt dort 18 Monate verbracht und wollte jetzt wenigstens einen weiteren Winter dort verbringen. In Ephesus wirkte er drei Jahre. Nach Galatien reiste er auf allen drei Missionsreisen, weil er dort gründliche Arbeit leisten wollte. Ich bin im vollzeitigen Hirtendienst, weil ich glaube, dass ich in dieser Position die gründlichste Arbeit leisten kann. Bevor ich zur Grace Church kam, war ich zweieinhalb Jahre auf Predigtreisen unterwegs und predigte 35 bis 40 Mal im Monat. Ich präsentierte einer Gemeinde nach der anderen biblische Wahrheiten und blieb jeweils ein bis vier Tage dort. Das frustrierte mich, weil meine Botschaften üblicherweise im Rahmen von evangelistischen Veranstaltungen stattfanden und auf Themen begrenzt waren wie Prophetie, der Heilige Geist und Weltlichkeit. Dann trat die Grace Church in mein Leben. Der Herr erfüllte mir meinen Herzenswunsch, etwas Gründlicheres zu tun.

In Kolosser 1,27-28 sagt Paulus, dass Gott den Heiden »zu erkennen geben wollte, was der Reichtum der Herrlichkeit dieses Geheimnisses unter den Nationen sei, und das ist: Christus in euch, die Hoffnung der Herrlichkeit. Ihn verkündigen wir, indem wir jeden Menschen ermahnen und jeden Menschen in aller Weisheit lehren, um jeden Menschen vollkommen in Christus darzustellen.« Damit sagte Paulus: »Wir wollen immer allen alles lehren, damit alle reif werden.« Das ist Wille zur Gründlichkeit!

In seinem Gebet zum Vater sagte Jesus, dass er das Werk erfüllt hatte, das der Vater ihm gegeben hatte (Joh 17,4.8). Jesus war gründlich. Für seine Ausbildung der Zwölf nahm er sich drei Jahre Zeit.

Wenn wir uns auf den Dienst für Christus als seine Boten vorbereiten, müssen wir das mit Exzellenz tun. Wir sollten dabei bis an unsere Leistungsgrenzen gehen. Dann werden unsere Mühen nicht vergeblich sein.

Entschlossenheit zum gegenwärtigen Dienst

Es gibt viele Träumer, die davon träumen, was sie tun werden, aber weit weniger Arbeiter, die an dem arbeiten, was sie tun sollen. Wenn Sie sich künftig von Gott gebrauchen lassen wollen, müssen Sie ihm auch schon jetzt dienen. Junge Männer auf theologischen Seminaren haben oft hohe Erwartungen an ihre künftigen Aufgaben und möchten an großen Werken mitarbeiten. Aber was tun sie jetzt? Die Gegenwart ist das Erprobungsfeld für die Zukunft. Ich werde nie ein Gespräch mit einem Seminarstudenten vergessen, der in einem Monat seinen Abschluss machen wollte. Er sagte: »Ich beende vier Jahre Seminar und habe jede Menge Informationen in meinem Kopf. Ich werde Hirte einer Gemeinde sein, aber ich habe keinerlei Vorstellung davon, welche Anforderungen dabei auf mich zukommen!« Ein Seminarabsolvent kann nicht erwarten, aus dem Himmel herabgelassen zu werden, als hätte er alle Antworten. Er muss sich erst bewähren.

Ich bekomme fast täglich Briefe von Gemeinden und Organisationen, die uns bitten, ihnen Mitarbeiter zu empfehlen. Meistens erkundigen sie sich nach jemandem, der sich bereits als effektiv bewährt hat. Ich kann ihnen das nicht zum Vorwurf machen.

Der Herr sagte zur Gemeinde in Philadelphia: »Dies sagt der ... der den Schlüssel Davids hat, der öffnet, und niemand wird schließen, und schließt, und niemand wird öffnen: ... Siehe, ich habe eine geöffnete Tür vor dir gegeben, die niemand schließen kann« (Offb 3,7-8). Diese Gemeinde unterschied sich krass von der toten Gemeinde von Laodizea, die der Herr als nächste ansprach. Eines der Dinge, die eine Philadelphia-Gemeinde zu Laodizea machen können, ist die Weigerung, durch offene Türen zu gehen.

Widerstand als Herausforderung annehmen

Wenn Sie einen Ort oder eine Gemeinde finden, wo es keine Probleme gibt, werden Sie dort nicht gebraucht. Nehmen Sie Widerstand als Herausforderung hin. Paulus sagte: »Ich werde aber bis Pfingsten in Ephesus bleiben, denn eine große und wirksame Tür ist mir geöffnet worden, und der Widersacher sind viele« (1Kor 16,8-9). Das schien ein guter Grund zu sein, nicht zu bleiben – aber nicht für Paulus! G. Campbell Morgan sagte einmal: Wenn wir keinen Widerstand erfahren, dienen wir am falschen Ort.[16]

Im Endeffekt sagte Paulus: »Ich muss in Ephesus bleiben, weil ich die Truppen nicht allein lassen kann; es gibt hier zu viel Widerstand!« Ephesus war eine raue Stadt. Der Diana-Tempel war das Zentrum des organisierten Götzendienstes und gekennzeichnet von sexueller Perversion der sich prostituierenden Priesterinnen. Außerdem gab es bestimmte jüdische Exorzisten, die behaupteten, Dämonen auszutreiben. Es gab Vorurteile, Aberglauben, Rassismus, sexuelle Unmoral, Feindschaft unter den Religionen, Heidentum, Götzendienst – alles, was es auch heute in jeder Stadt der Welt gibt. Die meisten würden sagen: »Ich suche mir einen etwas ruhigeren Platz«, aber Paulus nahm diese Situation als Herausforderung an.

Paulus ging nach Ephesus und lehrte über zwei Jahre lang täglich das Wort Gottes (Apg 19,8-10). Die Bekehrten gründeten wahrscheinlich die anderen Gemeinden in Kleinasien, die in Offenbarung 2-3 erwähnt werden. Diejenigen, die zuvor Magie betrieben hatten, verbrannten öffentlich ihre Bücher (Apg 19,19), und der Verkauf von Götzenfiguren der Göttin Diana ging so stark zurück, dass die Kunsthandwerker, die diese Figuren herstellten, verärgert eine Demonstration anzettelten (V. 23-41). Das Evangelium zeigte in Ephesus vollmächtige Auswirkungen.

In 2. Korinther 1 schreibt Paulus rückblickend über diese Zeit in Ephesus: »Denn wir wollen euch nicht in Unkenntnis lassen, Brüder, über unsere Bedrängnis, die uns in Asien widerfahren ist, dass wir übermäßig beschwert wurden, über Vermögen, sodass wir sogar am Leben verzweifelten. Wir selbst aber hatten in uns selbst schon das Urteil des Todes erhalten, damit wir nicht auf uns selbst vertrauten, sondern auf Gott, der die Toten auferweckt« (V. 8-9). Wenn man in einer derart hoffnungslosen Situation steckt, vertraut man nicht mehr auf sich selbst, sondern wendet sich zu Gott. Das ist der Zeitpunkt, wann er seine Macht zeigt und ein Feind nach dem anderen zu fallen beginnt!

In 2. Korinther 4,10 schreibt Paulus, er und seine Mitarbeiter würden »allezeit das Sterben Jesu am Leib umhertragen, damit auch das Leben Jesu an unserem Leibe offenbar werde«. Anders ausgedrückt: »Wir blicken täglich dem Tod ins Auge. In einer solch schlimmen Situation, wo wir keine Zuflucht haben und auf Gott vertrauen müssen, sehen wir, wie sich die Macht Christi zeigt.« Das ist die Begeisterung und das Abenteuer des Dienstes für den Herrn: Man gerät in Kämpfe und kann in der Kraft Christi Widerstand hinnehmen. Dann gibt Gott uns den Sieg. Nehmen Sie die Herausforderung an und finden Sie eine schwierige Wirkungsstätte!

John Paton nahm eine enorme Herausforderung an. Als Schüler einer Bibelschule in London berief Gott ihn, auf die von Kannibalen bewohnte Inselgruppe Neue Hebriden im Südpazifik zu reisen. Die meisten von uns hätten gesagt: »Herr, dazu bin ich der falsche Mann! Bist du dir sicher, dass meine Gaben dazu ausreichen? Und außerdem: Ich habe einen theologischen Abschluss; ich kann als Gemeindeleiter dienen. Es würde doch keinen Sinn machen, wenn ich nach all der ins Studium investierten Mühe auf dem Mittagstisch von Kannibalen ende! Ich kenne jemanden, der sein Studium an der Bibelschule abgebrochen hat und es niemals zum Gemeindeleiter schaffen wird. Schicke doch ihn dorthin; wenn sie den fressen, wird das nicht viel ausmachen. Und er würde obendrein als Held in die Geschichte eingehen!«

Doch John Paton haderte nicht mit Gott. Von dem Augenblick an, seitdem er und seine Frau eine kleine Hütte am Strand gebaut hatten, bewahrte der Herr sie auf wunderbare Weise. Als sich später der Stammeshäuptling jener Gegend zu Christus bekehrte, fragte er John, wer denn die Armee sei, die sich jeden Abend um seine Hütte postierte. Gottes Engel hatten ihn bewacht. Kurze Zeit später starb seine Frau bei einer Geburt samt ihrem Kind. Paton musste auf dem Grab schlafen, damit die Kannibalen nicht die Leichen ausgruben und aßen. Doch trotz dieser großen Herausforderung entschloss er zu bleiben. Es gab viele Feinde, aber er war an dem Ort, wo Gott ihn haben wollte.

Teamgeist

Paulus war ein teamorientierter Führer. Er versuchte sich nicht als Einzelkämpfer. Er brauchte andere als Mitarbeiter. In 1. Korinther 16,10 sagt er: Wenn aber Timotheus kommt, so seht zu, dass er ohne Furcht bei euch sei!« Nach 1. Korinther 4,17 sandte Paulus Timotheus nach Korinth, vielleicht sogar mit diesem Brief. Er warnte die stolzen und eigenmächtigen Korinther, Timotheus einzuschüchtern: »Denn er arbeitet am Werk des Herrn wie auch ich. Es verachte ihn nun niemand. Geleitet ihn aber in Frieden, dass er zu mir komme! Denn ich erwarte ihn mit den Brüdern« (16,10-11). Paulus forderte die Korinther auf, seinen Abgesandten zu respektieren, von dem er hoffte, dass er gute Neuigkeiten mitbringen würde. Obwohl Timotheus das geistliche Kind von Paulus war (1Tim 1,2), be-trachtete Paulus ihn als ebenbürtig. Er war schnell bereit, für seinen Mitarbeiter einzutreten. Obwohl Paulus ein Führer unter Führern war, erkannte er an, dass er einfach ein Mitarbeiter im Werk des Herrn war. Er hatte einen enormen Sinn für Teamarbeit.

Wir sehen Paulus im Werk des Herrn stets im Team mit Silas, Barnabas, Lukas, Aristarch, Markus oder Timotheus zusammen arbeiten. Wer das Werk des Herrn in der Weise des Herrn tut, ist sich im Klaren, dass er nur ein Teil der Gemeinschaft ist und dass er die Aufgabe hat, andere zu ermutigen und aufzuerbauen.

Gott beruft einige Christen dazu, andere zu führen oder ihnen zu dienen. Manche Christen dienen die ganze Zeit über, solange sie überhaupt in einer Aufgabe stehen. Andere dienen für eine gewisse Lehrzeit, und dann beruft der Herr sie in eine Führungsaufgabe. Aber in jedem Fall muss dieser Sinn für Teamarbeit erhalten blei-ben. Vielleicht sind wir berufen, andere zu unterstützen, oder sel-ber zu führen. Für jeden Fall gilt jedoch, was Jesus sagte: »dass ihr einander liebt … Daran werden alle erkennen, dass ihr meine Jün-ger seid, wenn ihr Liebe untereinander habt« (Joh 13,34-35). Wenn die Welt sieht, wie die Gemeinde als Team zusammenarbeitet, kann sie die Echtheit unseres Glaubens bezeugen.

Ein Gespür dafür, wie der Heilige Geist andere leitet

Wir sollen erkennen, wenn der Heilige Geist andere leitet, so wie Paulus beim Dienst des Apollos: »Was aber den Bruder Apollos betrifft, so habe ich ihm vielfach zugeredet, dass er mit den Brü-dern zu euch komme« (1Kor 16,12). Paulus wollte, dass Apollos zusammen mit Timotheus nach Korinth geht. Offenbar sollte er die Spaltungen schlichten, die um die Namen Paulus und Apollos in der dortigen Gemeinde aufgekommen waren (1Kor 1,11-12). Aber: »… es war durchaus nicht sein Wille, jetzt zu kommen, doch wird er kommen, sobald er Gelegenheit findet« (16,12). Apollos sagte: »Nein, Paulus, ich kann jetzt nicht nach Korinth gehen. Ich bin mit einer anderen Aufgabe beschäftigt.« Man beachte, dass Paulus nicht antwortete: »Weißt du nicht, dass ich der Apostel der Heiden bin? Bist du dir nicht klar, mit wem du sprichst? Ich bin Paulus – der, dem Christus auf dem Weg nach Damaskus erschienen ist!«

Sie können die Gläubigen nicht zwingen, im Werk des Herrn zu arbeiten. Ein effektiver Leiter muss aufmerksam sein für das, was

Gott anderen Mitarbeitern des Teams sagt. Dominieren Sie nicht über die anderen, sondern seien Sie geduldig und lassen Sie den Geist Gottes die anderen zu ihren Aufgaben führen.

Mögen wir alle im Werk des Herrn engagiert sein. Wenn dann der Herr Jesus kommt, um jeden Einzelnen zu belohnen, wird er sagen können: »Recht so, du guter und treuer Knecht! Du hast die Aufgabe erfüllt, die ich dir gegeben habe.«

Teil 3

Merkmale eines exzellenten Dieners

Die Könige der Nationen herrschen über sie, und die Gewalt über sie üben, lassen sich Wohltäter nennen. Ihr aber nicht so! Sondern der Größte unter euch sei wie der Jüngste und der Führende wie der Dienende.

Lukas 22,25-26

Hütet die Herde Gottes, die bei euch ist, indem ihr die Aufsicht nicht aus Zwang führet, sondern freiwillig, auch nicht um schändlichen Gewinn, sondern bereitwillig,

1. Petrus 5,2 (Elb.)

Kapitel 11

Der Geist der Verführung[17]

Die ersten fünf Verse von 1. Timotheus 4 sind eine ernste Warnung vor dem Abfall. In Vers 6 sagt Paulus zu Timotheus: »Wenn du dies den Brüdern vorstellst, so wirst du ein guter Diener Christi Jesu sein.« Um ein guter Diener Christi zu sein, ist es wichtig, dass wir das Wesen des Abfalls gut verstehen.

2. Chronik 25 berichtet über Amazja, dem König von Juda. Er war der Sohn des Joas und der Vater des Ussia, der zur Zeit des Propheten Jesaja als König regierte. Amazja regierte 29 Jahre in Jerusalem. In Vers 2 lesen wir: »Und er tat, was recht war in den Augen des HERRN, jedoch nicht mit ungeteiltem Herzen.« Er fungierte äußerlich in Übereinstimmung mit dem Glauben Israels. Er war rechtgläubig und verhielt sich entsprechend der Moralgesetze, aber nicht mit bereitwilligem Herzen. Er praktizierte eine kalte, äußerliche Religion ohne persönliche Beziehung zum lebendigen Gott. So wurde er schnell zum Götzendienst verführt und begann, die Götter Edoms zu verehren, vor denen er sich niederwarf und Weihrauch aufsteigen ließ (V. 14). Sein Leben endete tragisch: Nachdem er sich vom Herrn abgewandt hatte; wurde er von seinem eigenen Volk ermordet (V. 27).

Abfall vom Glauben geschieht heute in genau gleicher Weise wie damals im Alten Testament und in der Gemeinde, wo Timotheus war, als Paulus seinen ersten Brief an ihn schrieb. Es gibt immer Leute, die den Glauben auf intellektueller Ebene verstehen und sich gemäß der Offenbarung Gottes verhalten, aber nicht von Herzen Gott wohlgefällig leben wollen. Hebräer 3,12 sagt, dass die, die von Gott abfallen, damit zeigen, dass sie ein ungläubiges Herz haben.

Paulus schrieb in 1. Timotheus 4,1, dass manche – wie z. B. Judas, Demas oder die Jünger aus Johannes 6, die die Nachfolge Jesu aufgaben – »vom Glauben abfallen werden« (gr. *aphistêmi*, sich von der ursprünglich eingenommenen Position entfernen). Abfall ist weder ein unabsichtliches Zurückfallen noch ein persönliches Kämpfen mit Zweifeln. Abfall ist das vorsätzliche Verwerfen der Wahrheit zugunsten einer falschen Lehre. Mit dem »Glauben« ist hier nicht der Glaubensakt, sondern die Gesamtheit der christlichen Lehre gemeint: Einige werden vom »ein für allemal den Heiligen überlieferten Glauben« abfallen (Jud 3). Wer die christliche Lehre versteht und äußerlich dem Christentum zustimmt, aber kein gottgeweihtes Herz hat, ist ein Kandidat dafür, von Dämonen verführt und von der Wahrheit abgebracht zu werden.

Ein Abgefallener ist nicht jemand, der niemals die Wahrheit gewusst hat, sondern jemand, der sie gekannt, aber verworfen hat. Womöglich arbeitete er in verschiedenen geistlichen Aufgaben mit. Aber weil er niemals Gott wirklich kannte, wurde er von den Sirenenstimmen der Dämonen weggelockt, die hinter den Götzen und religiösen Systemen stecken.

Falsche Religiosität fördert die Lehren von verführerischen Geistern. Religion ist der Tummelplatz von Dämonen. Im 2. Korintherbrief schreibt Paulus, dass Satan und seine Engel sich als Engel des Lichts verstellen und als Diener verschiedener Religionen fungieren (11,14-15).

Der Herr selbst sagte in 3. Mose 17,7: Alles, was Menschen Götzen opfern, opfern sie in Wirklichkeit den Dämonen (vgl. 5Mo 32,17; Ps 96,5; 106,36-37). In 1. Korinther 10,20-21 sagt Paulus, wer zum Tisch des Herrn kommt und dann an einem heidnischen Heiligtum anbetet, hat nicht nur mit dem Herrn Gemeinschaft, sondern auch mit Dämonen.

Falsche Religionssysteme und verschiedene Götzen, die damit einhergehen, sind Brennpunkte dämonischer Aktivität. Wir sollten nicht so naiv sein und meinen, dass falsche Religionen einfach eine Ansammlung fehlgeleiteter Auffassungen sind. Wir müssen bedenken, dass hinter den Kulissen gefallene Engel stehen, die Menschen von der Wahrheit abbringen und zur ewigen Hölle verführen.

Das Wort Gottes lehrt eindeutig, dass Abfall eine dämonische Verführung ist, dass Götzendienst in Wirklichkeit Dämonenanbetung ist und dass Irrlehrer die Handlanger von Dämonen sind. Es ist ein Kampf zwischen einerseits Gott und seiner Wahrheit und andererseits dem Teufel und seinen Lügen. Gott beruft Menschen durch die Wahrheit zu sich, und der Teufel versucht, Menschen durch höllische Lügen von der Wahrheit wegzulocken.

Die Bibel ermahnt die Gemeinde oft, falsche Lehren anzuprangern. Diese Art von Konfrontation ist heute nicht besonders populär. Viele Gemeinden wollen im Namen der Liebe Lehrunterschiede vergessen und um jeden Preis vermeiden, kritisch zu sein.

Dennoch besteht die biblische Verpflichtung, auf falsche Lehren entsprechend zu reagieren. Im alttestamentlichen Israel und in der ersten Gemeinde waren die Fronten klar abgesteckt, und heute muss es genauso sein. Wir müssen wie Timotheus die Warnungen beherzigen und verstehen, was hinter den falschen Lehren steckt.

Das Thema von 1. Timotheus 4,1-5 lautet: »In späteren Zeiten werden manche vom Glauben abfallen« (V. 1). Paulus warnte Timotheus, dass er auf den Abfall gefasst sein soll, und er nannte ihm sechs Merkmale von Abgefallenen, damit er sie erkennen und bekämpfen könnte.

Der Abfall ist vorhersagbar

Es sollte uns nicht überraschen, dass einige abfallen werden. Der Geist Gottes sagt ausdrücklich, dass manche vom Glauben abweichen werden (V. 1).

Paulus wusste, dass es in der Gemeinde von Ephesus Abgefallene geben wird, weil der Heilige Geist ihm diese Tatsache zuvor offenbart hatte. Lange vor der Abfassung dieses Briefs an Timotheus hatte Paulus die Ältesten von Ephesus gewarnt: »Ich weiß, dass nach meinem Abschied grausame Wölfe zu euch hereinkommen werden, die die Herde nicht verschonen. Und aus eurer eigenen Mitte werden Männer aufstehen, die verkehrte Dinge reden, um die Jünger abzuziehen hinter sich her« (Apg 20,29-30).

Solche Prophezeiungen des Abfalls gibt es nicht nur im Neuen Testament. Der Heilige Geist warnte bereits im Alten Testament vor Abfall. Viele alttestamentliche Schriftstellen sprechen von Israeliten, die (sowohl einzeln als auch kollektiv) vom Glauben abfallen. Obwohl viele Menschen zum Volk Israel gehörten, bedeutet das nicht, dass sie alle an den Gott Israels glaubten. Folglich gehörten sie nicht zum gläubigen Überrest Israels (vgl. Röm 2,28-29). In vielen Jahrhunderten der Heilsgeschichte hat der Heilige Geist offenbart, dass manche vom Glauben abfallen werden (5Mo 13,12-15; 32,15-18; Dan 8,23-25).

Etliche andere Schriftstellen aus dem Neuen Testament sagen für die Endzeit viele Abgefallene voraus:

- *Matthäus 24,5* – Der Herr sagte: »Viele werden unter meinem Namen kommen und sagen: *Ich* bin der Christus! Und sie werden viele verführen.«

- *Markus 13,22* – Im selben Zusammenhang sagte Jesus: »Es werden aber falsche Christusse und falsche Propheten aufstehen und werden Zeichen und Wunder tun, um, wenn möglich, die Auserwählten zu verführen.«
- *2. Thessalonicher 2,3* – Paulus unterrichtet uns, dass es vor Christi Wiederkunft einen massiven Abfall vom Glauben geben wird.
- *2. Petrus 3,3* – Petrus sagt, dass in der Endzeit Spötter kommen werden, die den Glauben verwerfen, um ihren eigenen Lüsten nachzugehen (vgl. Jud 18).
- *1. Johannes 2,18-19* – Johannes sagte, dass Vorläufer des Antichristen vom Glauben abfallen werden und damit zeigen, dass sie von Anfang an niemals echte Christen waren.

Viele Menschen lassen sich nur zeitweilig auf die Wahrheit der Bibel ein, so wie die Saat, die auf steinigen Boden fiel (Mt 13,20-21). Weil sie keine Wurzeln haben und keine lebendige Verbindung zu Gott, sterben sie ab. Bei anderen wird ihr geistliches Bestreben erstickt durch die Sorgen dieser Welt und die Liebe zum Reichtum. Solche Menschen laufen eine Zeitlang mit, aber wenn ihr Herz nicht Gott hingegeben ist, werden sie von dämonischen Geistern verführt, die durch falsche Lehrer wirken.

Die Zeit des Abfalls

»In späteren Zeiten« (1Tim 4,1) bezieht sich nicht auf eine Zeit in ferner Zukunft, sondern auf das Zeitalter der Gemeinde, der Epoche zwischen dem ersten und zweiten Kommen Christi. Der Apostel Johannes sagte: »Kinder, es ist die letzte Stunde« (1Jo 2,18). Petrus sagte, dass Christus »zwar im Voraus vor Grundlegung der Welt erkannt, aber am Ende der Zeiten geoffenbart worden« ist (1Petr 1,20). Hebräer 1,2 erklärt, Gott hat »am Ende dieser Tage zu uns geredet im Sohn.« Der Hebräerbrief erklärt außerdem, dass Christus »*einmal* in der Vollendung der Zeitalter offenbar geworden ist, um durch sein Opfer die Sünde aufzuheben« (Hebr 9,26).

Diese Verse zeigen, dass die Endzeit begann, als Christus zum ersten Mal auf die Welt kam und das messianische Zeitalter einleitete. Jetzt baut er sein Reich in den Herzen der Menschen und wird wiederkehren, um dieses Reich zunächst auf der Erde und dann auch in der Ewigkeit aufzurichten. Von daher leben wir jetzt in der

Endzeit. Paulus sagte, dass der Abfall in dieser Haushaltung bzw. in diesem Zeitalter kommen wird.

Die Herkunft des Abfalls

Der Abfall ist dämonischer Herkunft. Abgefallene »achten« oder hören auf »betrügerische Geister« und auf »Lehren von Dämonen« (1Tim 4,1). Paulus beschrieb unseren übernatürlichen Kampf gegen dämonische Kräfte im Epheserbrief als einen Kampf »nicht gegen Fleisch und Blut, sondern gegen die Gewalten, gegen die Mächte, gegen die Weltbeherrscher dieser Finsternis, gegen die geistigen Mächte der Bosheit in der Himmelswelt« (Eph 6,12).

Menschen mit einem »bösen Herz des Unglaubens« leben »im Abfall vom lebendigen Gott« (Hebr 3,12), weil sie von dämonischen Geistern weggelockt werden, wenngleich sie hinter einer religiösen Fassade leben. Sie können nicht vom Geist Gottes für Christus gewonnen werden, weil ihre Herzen im Unglauben verhärtet sind. Deshalb fallen sie dem Teufel und seinen Lügen zur Beute, die er über seine Dämonen verbreitet.

Oft höre ich Eltern sagen: »Unser Junge wuchs in einem gläubigen Elternhaus auf, aber als er auf die Universität ging, wurde er von atheistischen Professoren oder religiösen Sektenführern irregeführt und verleugnet jetzt den Glauben.« Solche Studenten sind nicht Opfer von gelehrten und eloquenten Professoren, religiösen Führungspersonen oder geschickten Autoren, die unterschwellig Irrtümer in Lehrbüchern verbreiten. Gottlose Philosophien und falsche Religionen sind nicht nur menschliche Verirrungen, sondern das Produkt des Satans selbst.

Wir sollten uns streng in Acht nehmen, dass wir nicht uns selbst oder andere, die wir lieben, falschen Lehren aussetzen. Viele Schriftstellen warnen uns vor der Gefahr falscher Lehrer:

- *2. Johannes 7.10-11* – Der Apostel Johannes warnte uns vor falschen Lehrern und sagte, wie wir darauf reagieren sollen: »Denn viele Verführer sind in die Welt hinausgegangen, die nicht Jesus Christus, im Fleisch gekommen, bekennen … Wenn jemand zu euch kommt und diese Lehre nicht bringt, so nehmt ihn nicht ins Haus auf und grüßt ihn nicht! Denn wer ihn grüßt, nimmt teil an seinen bösen Werken.« Halten Sie sich fern von Irrlehrern.

- *Judas 23* – Wenn wir uns Menschen nahen, die unter dem Einfluss von Irrlehrern stehen, sollen wir sie quasi aus dem Feuer reißen und aufpassen, dass wir uns dabei nicht selber verbrennen.
- *5. Mose 13,12-18* – Der Herr warnte das Volk Israel durch Mose vor falschen Propheten: »Wenn du von einer deiner Städte, die der HERR, dein Gott, dir gibt, dort zu wohnen, hörst: Es sind Männer, ruchlose Leute, aus deiner Mitte hervorgetreten und haben die Bewohner ihrer Stadt verleitet, indem sie sagten: Lasst uns gehen und anderen Göttern dienen – die ihr nicht gekannt habt –, dann sollst du untersuchen und nachforschen und genau fragen. Und siehe, ist es Wahrheit, steht die Sache fest, ist dieser Gräuel in deiner Mitte verübt worden, dann sollst du die Bewohner dieser Stadt unbedingt mit der Schärfe des Schwertes erschlagen. Du sollst an ihnen und an allem, was in ihr ist, den Bann vollstrecken, auch an ihrem Vieh, mit der Schärfe des Schwertes. Und alle Beute in ihr sollst du mitten auf ihren Platz zusammentragen und die Stadt und alle Beute in ihr dem HERRN, deinem Gott, als Ganzopfer mit Feuer verbrennen. Ewig soll sie ein Schutthaufen sein, sie soll nie mehr aufgebaut werden. Und nichts von dem Gebannten soll an deiner Hand haften bleiben, damit der HERR sich von der Glut seines Zornes abwende und dir Barmherzigkeit erweise und sich über dich erbarme.« Wir wissen, dass Gott falsche Lehre nicht auf die leichte Schulter nimmt. Er unterwies die Israeliten, radikal und kompromisslos dagegen vorzugehen und die Stadt und ihre Bewohner samt dem Vieh zu erschlagen und sie nie wieder aufzubauen.

Der Ausdruck »betrügerische Geister« in 1. Timotheus 4,1 verweist auf die Herkunft der Irrlehren: Sie stammen von übernatürlichen dämonischen Geistwesen, das sind gefallene Engel. »Betrügen« ist eine Übersetzung des griechischen Begriffs, von dem unser Wort *Planet* abstammt. Er vermittelt den Gedanken des Umherwanderns und wird für Geister verwendet, die den Menschen durch Betrug oder Täuschung dazu bringen, von der Wahrheit abzuwandern. Der Heilige Geist leitet in die Wahrheit (Joh 16,13), diese Geister hingegen in die Lüge. Sie sind die Mächte und Gewalten, gegen welche die Gemeinde kämpfen muss (Eph 6,11-12).

Historisch gehen die betrügerischen Geister zurück auf den Garten Eden, wo der Satan Eva verführte und ihr einredete, dass Gott ihr das Beste vorenthalten habe (1Mo 3,1-6). Er verführte sie dazu, ungehorsam gegen Gottes Anweisung zu sein. Derartige Verführungen werden in der ganzen Bibel immer wieder berichtet, bis hin zum Buch der Offenbarung.

Irrlehrer verführen Menschen mit »Lehren von Dämonen«. Die Welt ist voller dämonischer Lehren. Alles, was dem Wort Gottes widerspricht, ist letztendlich eine Lehre von Dämonen. Falsche Lehren stammen nicht von klugen Menschen, sondern von Dämonen. Deshalb ist Kontakt mit Irrlehre gefährlicher als man zunächst annehmen könnte.

Jedoch nicht jede dämonische Lehre sieht oberflächlich betrachtet dämonisch aus. Manche sind so unterschwellig und getarnt, dass wir sie auf den ersten Blick nicht als solche erkennen und genauer hinsehen müssen.

Der Charakter der Abgefallenen

Die Lehren von Dämonen werden durch menschliche Mittler verbreitet, »durch die Heuchelei von Lügenrednern« (1Tim 4,2). Obwohl übernatürlicher Herkunft, ist das Mittel der Verführung natürlich und findet auf menschlicher Ebene statt. Dämonen bedienen sich Männern und Frauen, eben »Lügenrednern«, die gebildet und religiös erscheinen, aber »Heuchler« sind. Sie vermitteln den Eindruck, ihre Motive seien lauter und sie wollten den Menschen helfen. Aber die religiöse Fassade dient nur dazu, den dämonischen Irrtum zu verbergen. Heuchlerische Lehrer scheinen Gott zu erhöhen, aber in Wirklichkeit erhöhen sie Satan. Sie sind Verführer und Lügner, die mit religiösen Masken und Gewändern auftreten. Möglicherweise lehren sie sogar in einer christlichen Gemeinde oder Bibelschule oder schreiben christliche Bücher. Mithilfe der Führung der verführerischen Geister finden sie Gehör und verbreiten ihre höllischen Lehren.

Einige Ausleger meinen, der Ausdruck »die in ihrem eigenen Gewissen gebrandmarkt sind« (V. 2) spiele an auf den antiken Brauch, Sklaven an den Stirnen mit einem Brandmal zu versehen und bedeutete daher, dass diese Heuchler die Mittelsmänner des Teufels sind. Obwohl diese Bedeutung durchaus sinnvoll ist, scheint dieser Ausdruck auf mehr hinzuweisen als nur auf das Besitzrecht des Teufels. Das Gewissen ist im Menschen die Instanz, die eine Handlung gutheißt oder verurteilt und somit das Verhalten überwacht. Irrlehrer können ihre Heuchelei Tag für Tag praktizieren, weil ihr Gewissen so vernarbt ist, dass sie nicht zwischen Recht und Unrecht unterscheiden können. Sie haben ihr Empfinden für Wahrhaftigkeit und ihre Lauterkeit verloren.

Das griechische Wort für »brandmarken« (*kausteriasô*) ist der medizinische Begriff, den Hippokrates für Kauterisation verwendet; das ist das Wegsengen von Körpergewebe oder Blutgefäßen durch Hitze. Irrlehrer sind so verhärtet und verharscht, dass sie ihre heuchlerischen Lügen ohne Gewissensbisse fortführen können.

Meine Verantwortung, die Wahrheit Gottes zu reden, liegt mir schwer auf dem Herzen. Ich bete oft, dass ich nichts Unwahres sage, wenn ich Gottes Wort lehre. Mein Gewissen erfordert, dass ich mit Wahrheit sehr sorgsam umgehe, weil es Gottes Wahrheit ist und Menschenseelen auf dem Spiel stehen. Doch manche überprüfen niemals, ob ihre Lehre richtig ist, weil ihr Gewissen ständig missbraucht wurde und daher kein Empfinden mehr für die Wahrheit hat. Durch ihr Abfallen ist ihr Gewissen verhärtet worden.

Die Lehre der Abgefallenen

Abgefallene lehren falsche Maßstäbe für geistliches Leben: Sie »verbieten, zu heiraten, und gebieten, sich von Speisen zu enthalten, die Gott geschaffen hat zur Annahme mit Danksagung für die, welche glauben und die Wahrheit erkennen« (V. 3). Diese Verbote sind nur einige Beispiele für Irrlehren. Einige Irrlehren behaupteten, wenn man geistlich sein wollte, dürfte man nicht heiraten und müsste man sich bestimmter Speisen enthalten. Es ist typisch für den Teufel, etwas zu nehmen, was für bestimmte Menschen unter bestimmten Umständen richtig ist, und dies zu einer allgemeinen Pflicht zu erklären. Paulus lobt die Ehelosigkeit in 1. Korinther 7 und Jesus sagt in Matthäus 6, dass Fasten mit den richtigen Motiven durchaus geistlich sein kann. Aber die Abgefallenen, von denen Paulus in 1. Timotheus 4 spricht, forderten asketische Selbstverleugnung, um einen geistlichen Zustand zu erreichen. Sie meinten, die Errettung basiere auf ihrem Verzicht.

Alle falschen Religionen bieten menschliche Mittel zur Errettung. Entweder sind das Dinge, die man tun kann, oder Dinge, die man sein lassen muss. In beiden Fällen basiert das Heil dann auf menschlicher Leistung. Obwohl asketische Praktiken den Eindruck geistlicher Aufrichtigkeit vermitteln, sind sie dennoch keine Mittel zur Heiligung.

Bereits 166 v. Chr. entstand die jüdische Sekte der Essener, die eine isolierte Gemeinschaft in der Gegend am Toten Meer bildete. Ihre Anhänger betonten einen asketischen Lebensstil mit Ehelosigkeit und Verbot von bestimmten Speisen. Womöglich war dieses Gedankengut bis Ephesus vorgedrungen. Wahrscheinlicher ist jedoch, dass eine Vorform der griechischen Gnosis die Gemeinde in Ephesus beeinflusste. Die Gnosis lehrt, dass Geist gut und Materie böse sei. Die Vertreter dieser Philosophie verzichteten auf berechtigte natürliche Genüsse wie z. B. die Ehe und bestimmte Speisen. Sie glaubten, eine solche Abstinenz würde ihre Götter erfreuen. Wahrscheinlich waren auch die Korinther in ihrer Einstellung zur Ehe (1Kor 7) und in ihrer Auffassung von der leiblichen Auferstehung (1Kor 15) von dieser irrigen Philosophie beeinflusst.

Ein solcher Nachdruck auf Äußerlichkeiten ist typisch für falsche Religionen. Deshalb betont Paulus in 1. Timotheus 4,3, dass geistliches Leben nicht durch Enthaltung von Dingen bestimmt wird, die Gott uns zum Genuss gegeben hat. In Kolosser 2,16-23 schreibt er: »So richte euch nun niemand wegen Speise oder Trank oder betreffs eines Festes oder Neumondes oder Sabbats, die ein Schatten der künftigen Dinge sind, der Körper selbst [d. h. die Realität] aber ist des Christus. Um den Kampfpreis soll euch niemand bringen, der seinen eigenen Willen tut in scheinbarer Demut und Anbetung der Engel … [oder Unterwerfung unter] Satzungen, als lebtet ihr noch in der Welt: Berühre nicht, koste nicht, betaste nicht! – was doch alles zur Vernichtung durch den Gebrauch bestimmt ist – nach den Geboten und Lehren der Menschen.« Lassen Sie sich nicht auf die Forderung ein, man müsse durch Askese Wohlgefallen bei Gott erlangen. In Christus sind Sie »zur Fülle gebracht« (Kol 2,10). Wahrer Glauben erkennt an, dass allein der Herr unsere Errettung vollbracht hat. Falsche Religion besagt, wir müssten das durch Selbstverleugnung und menschliche Leistungen selber tun.

Der Irrtum der Abgefallenen

Abgefallene verstehen nicht die grundlegenden Tatsachen der Schöpfung. »Gott … [hat die Ehe und die Speisen] geschaffen zur Annahme mit Danksagung für die, welche glauben und die Wahrheit erkennen« (1Tim 4,3). Gott schuf die Ehe, als er die Frau für Adam erschuf. Paulus und Petrus betonten beide, wie wichtig eine gute eheliche Beziehung ist (1Kor 7,1-5; Eph 5,22-33; 1Petr 3,7).

Gott schuf eine Vielfalt an Nahrungsmitteln zur Ernährung und zur Freude des Menschen (1Mo 1,29; 9,3). Als Gott die Erde erschaffen hatte, erklärte er seine Erzeugnisse sogar als »sehr gut« (1Mo 1,31). Es macht keinen Sinn, wenn man dem Menschen das vorenthält, was Gott dazu geschaffen hat, dass der Mensch es mit Danksagung annimmt.

»Denn jedes Geschöpf Gottes ist gut und nichts verwerflich, wenn es mit Danksagung genommen wird« (1Tim 4,4). Das griechische Wort, das hier mit »gut« übersetzt ist (*kalos*), bedeutet »innerlich vorzüglich«. Ehe und Nahrungsmittel sind innerlich gut und sollen nicht abgelehnt, sondern dankbar angenommen werden.

»Es wird geheiligt durch Gottes Wort und durch Gebet« (V. 5). Der Ausdruck »Gottes Wort« bezeichnet in den Pastoralbriefen das Evangelium Jesu Christi. Die Heilsbotschaft erklärt, dass alle Speisegesetze abgeschafft sind. Sie wurden für eine Zeitlang dem Volk Israel gegeben, um bei ihnen die moralische Unterscheidungsfähigkeit zu entwickeln und um sie von anderen Nationen zu unterscheiden. Doch als Christus kam, erfüllte er die Opfergesetze und machte Juden und Heiden eins in ihm; und so wurden diese Speisegesetze beiseite gesetzt. Sie hatten einen auf das Volk Israel begrenzten Zweck. Wenn man sie wiederum einsetzt, fabriziert man damit ein System der Werkgerechtigkeit und entehrt Gott, indem man sagt, dass er etwas Böses geschaffen habe.

Wenn wir verstehen, dass uns das Evangelium von Speisegesetzen befreit hat und wenn wir Gott im Gebet danken, können wir alle seine guten Gaben ohne Einschränkung annehmen. Die Lehren des vorgeschriebenen Zölibats und Fastens sind dämonisch – sie leugnen, dass Gottes Schöpfung gut ist, und verhindern, dass Gott Lob und Dank dargebracht wird.

Äußerliche Selbstentsagung ist ein schwerer Irrtum, der typisch für falsche Religionen ist. Der Irrtum des Abfalls besteht in der Auffassung, man könne Gott gefallen, wenn man solche pharisäischen Praktiken befolgt und lehrt. Doch ganz im Gegenteil entehrt man dadurch Gott und folgt den Lügen von Dämonen. Obwohl Amazja, der judäische König, sich äußerlich richtig verhielt, hatte er nie ein Gott hingegebenes Herz. Das ist der Geist des Abfalls.

Kapitel 12

Die Pflichten eines Gemeindedieners[18]

In 1. Timotheus 4,6-16 listet Paulus die Qualifikationen für einen guten Diener Jesus Christi auf. Der Schlüsselbegriff steht in Vers 6: »… so wirst du ein guter Diener Christi Jesu sein.« In gewissem Sinne ist dies das Generalthema des ganzen Briefes, den Paulus zur Unterweisung von Timotheus schrieb, wie er der Gemeinde in Ephesus dienen kann.

Das griechische Wort für »gut« kann besser übersetzt werden mit »exzellent«, »edel«, »bewundernswert« oder »vorzüglich«. In 1. Timotheus 3,1 bezeichnet es den Aufseherdienst und hier beschreibt es den Charakter des Mannes, den Gott als Mitarbeiter im Gemeindedienst wünscht.

»Diener« ist die Übersetzung des griechischen Wortes *diakonos*, von dem das Wort *Diakon* abstammt. Es bezeichnet die offiziellen Diakone in der Gemeinde, die in Kapitel 3 dieses Briefes beschrieben werden. Hier bezeichnet dieses Wort zwar nicht das offizielle Diakonenamt, doch impliziert es auch hier, dass sich jeder, der in irgendeiner Weise im Dienst der Gemeinde mitarbeitet, als ein Diener des Herrn Jesus Christus betrachten muss.

Das Wort *diakonos* unterscheidet sich von *doulous*, das ebenfalls oft mit »Diener« übersetzt wird, aber häufig einen Sklaven bzw. Leibeigenen in Unterwerfung bezeichnet. *Diakonos* hingegen beschreibt einen Diener in einer freieren Stellung, der freiwillig dient. Der Ausdruck vermittelt den Gedanken der Nützlichkeit und impliziert, dass alle Christen danach streben sollten, sich im Werk des Herrn nützlich zu machen. In 1. Korinther 4,1-2 schreibt Paulus: »Dafür halte man uns: für Diener Christi und Verwalter der Geheimnisse Gottes. Übrigens sucht man hier an den Verwaltern, dass einer treu befunden werde.« Wir sind berufen, Diener und Verwalter zu sein, die den Besitz Gottes so verwalten, dass es seinem Namen Ehre macht. Die Anweisungen von Paulus an Timotheus gelten für alle, die dem Herrn dienen.

In 1. Timotheus 4,1-5 spricht Paulus von dämonischen Lehren, die von betrügerischen Geistern durch heuchelnde Lügner verbreitet werden. Nachdem er Timotheus gewarnt und ihm eingeschärft hat, dass falsche Lehren nicht von Menschen, sondern von Dämonen stammen, erklärt er ihm, wie er trotz der Gefahr falscher Lehre ein guter und effektiver Diener sein kann. Doch in seinen Anweisungen, wie Timotheus mit falschen Lehren umgehen sollte, betont Paulus nicht das Negative, sondern das Positive. Er fordert Timotheus nicht auf, einen defensiven Dienst des Widerlegens und Zurückweisens von Irrtum aufzubauen, sondern betont die offensive Vorgehensweise: Er soll das Wort Gottes lehren (V. 6.11.13.16). Der Dienst der Gemeindeleiter sollte hauptsächlich darin bestehen, das Volk Gottes aufzuerbauen, und nicht ausschließlich im Aufzeigen und Angreifen von Irrtümern.

In den Versen 6-16 nennt Paulus elf Charaktermerkmale, die erforderlich sind, um ein guter Diener Christi zu sein. Sie sind praktische und hilfreiche Ziele für jeden, der wünscht, dem Herrn in der Führung seines Volkes zu dienen.

Der exzellente Diener warnt vor Irrtümern

Obwohl der Verkündigungsdienst nicht vorwiegend negativ ausgerichtet ist, bedeutet das nicht, dass Warnungen vor der Schädlichkeit falscher Lehren keinen Platz hätten. Zunächst warnte Paulus vor dämonischen Lehren und leitete dann über zur Erläuterung, wie man ein exzellenter Diener Jesu Christi sein kann. In dieser Überleitung fordert er Timotheus auf, die Gemeinde vor derartigen Lehren zu warnen: »Wenn du dies den Brüdern vorstellst, so wirst du ein guter Diener Christi Jesu sein« (V. 6). Es ist notwendig, Christen vor Irrlehren zu warnen. Warnungen gehören zum Verkündigungsdienst.

Der griechische Ausdruck für »vorstellen« steht hier im Partizip Präsens, was bedeutet, dass vor real existierenden Irrlehren beständig gewarnt werden sollte. Es bedeutet nicht, Befehle zu erteilen, sondern den Zuhörern in milder, demütiger Haltung seelsorgerlichen Rat zu bieten. Ein Diener Christi muss den Leuten Unterscheidungsvermögen vermitteln, indem er sie zu biblischem Denken anleitet.

Das Aufzeigen von Irrtümern ist in der Verkündigung eines typischen Predigers nicht das Generalthema, sollte aber eine immer wiederkehrende Erinnerung sein. Paulus sagte zu den Ältesten von Ephesus: »Ich weiß, dass nach meinem Abschied grausame Wölfe zu euch hereinkommen werden, die die Herde nicht verschonen.

Und aus eurer eigenen Mitte werden Männer aufstehen, die verkehrte Dinge reden, um die Jünger abzuziehen hinter sich her. Darum wacht und denkt daran, dass ich drei Jahre lang Nacht und Tag nicht aufgehört habe, einen jeden unter Tränen zu ermahnen! Und nun befehle ich euch Gott und dem Wort seiner Gnade, das die Kraft hat, aufzuerbauen und ein Erbe unter allen Geheiligten zu geben« (Apg 20,29-32). Paulus machte die Epheser immer wieder auf Irrlehren aufmerksam und zeigte ihnen die positive Lösung: das Wort Gottes. Die Wahrheit bietet die geeignete Grundlage zum Umgang mit Irrtümern.

Wenn Christen fest gegründet im Wort Gottes sind, können sie dadurch vermeiden, »Unmündige (zu) sein, hin- und hergeworfen und umhergetrieben von jedem Wind der Lehre« (Eph 4,14). Auch in 1. Johannes 2,13-14 wird bestätigt, dass ein Gläubiger lernt, teuflische Irrtümer abzulehnen, wenn er stark ist im Wort Gottes, dem Schwert des Geistes. Nur so kann man im Kampf gegen jene Wesen bestehen, die sich als Engel des Lichts und Diener der Gerechtigkeit tarnen (2Kor 11,14-15).

Weil die Gemeinde in dieser Generation versäumt hat, wachsam Wahrheit von Irrtum zu unterscheiden, konnten alle möglichen Irrtümer in sie eindringen. Sie ist orientierungslos, schwach und nicht selten abtrünnig. Eine oberflächliche Theologie und überzeugungslose Verkündigung sind an die Stelle von kräftiger Lehre und klarer Schriftauslegung getreten. Das zieht ein tragisches Vermächtnis nach sich. Die Gemeinde wurde überflutet mit Orientierungslosigkeit, unbiblischer Psychologie, okkulten Einflüssen, erfolgsorientierten Philosophien und Wohlstandstheologie.

Die Gemeinde muss klare Linien zwischen Irrtum und Wahrheit ziehen und ihre Gläubigen im Wort Gottes auferbauen. Gemeindeleiter sind vor Gott dafür verantwortlich, die ihnen anvertrauten Gläubigen vor geistlichen Gefahren zu warnen. Der Herr sagte zu Hesekiel: »Menschensohn, ich habe dich dem Hause Israel zum Wächter gesetzt; und du sollst das Wort aus meinem Munde hören und sie von meinetwegen warnen. Wenn ich zu dem Gesetzlosen spreche: Du sollst gewisslich sterben! und du warnst ihn nicht und redest nicht, um den Gesetzlosen vor seinem gesetzlosen Wege zu warnen, um ihn am Leben zu erhalten, so wird er, der Gesetzlose, wegen seiner Ungerechtigkeit sterben, aber sein Blut werde ich von deiner Hand fordern« (Hes 3,17-18). Wenn geistliche Führungspersonen das unterlassen, werden sie vor Gott dafür Rechenschaft geben müssen (Hebr 13,17). Auch wenn die Gemeinde heute anscheinend alles mit offenen Armen akzeptiert, einschließlich Irrlehren, muss ein Diener Gottes solche Überzeugungen entwickeln, die auf einer biblischen Theologie gründen. Er muss die ihm anvertrauten Gläubigen beständig vor Irrtümern warnen. Es weiß sich verpflichtet, die Herde vor Gefahr zu schützen und nicht die Gefahr herabzuspielen.

Der exzellente Diener ist versiert im Bibelstudium

Ein guter Diener ist auch ein Experte im Bibelstudium, »der sich nährt durch die Worte des Glaubens und der guten Lehre, der du gefolgt bist« (V. 6). Es ist eine traurige Feststellung, dass viele Gemeindeleiter nur eine minimale Bibelkenntnis haben und die Bibel nur mit wenig Hingabe studieren. In der Kirchengeschichte gab es eine Zeit, als die Gemeindehirten herausragende Experten in Bibel und Theologie waren. Die puritanischen Prediger waren nicht in erster Linie gute Redner oder Entertainer, sondern vor allem und zuallererst Studenten des Wortes Gottes. Sie arbeiteten daran, das Wort Gottes mit Präzision und Weisheit zu verstehen, auszulegen und anzuwenden.

Das griechische Wort, das mit »sich nähren« übersetzt wurde, ist ein Partizip Präsens passiv. Das bedeutet, dass das Ernähren mit dem Wort Gottes ein ständiger, fortdauernder Prozess ist. Dazu gehört, die Bibel zu lesen, darüber nachzusinnen, am Text zu arbeiten und ihn so lange zu studieren, bis man ihn beherrscht. Es ist elementar wichtig, dass wir uns fortwährend mit dem »Wort des Glaubens« ernähren. Dieser Ausdruck bezieht sich auf die Gesamtheit der christlichen Wahrheit in der Schrift. Wir sollen Meister der Bibelkenntnis sein. Wir werden sie nie völlig beherrschen, aber wir sollen danach streben. Wir sollen Experten der Schriftkenntnis sein, und nicht nur gute Redner, die den Leuten in den Ohren kitzeln und ihnen den Eindruck vermitteln, sie würden etwas Angenehmes hören (2Tim 4,3). Wir müssen das Wort Gottes sorgfältig und exakt interpretieren und verteidigen. Wir sollen uns nicht nur direkt von den »Worten des Glaubens« nähren, sondern auch von »der guten Lehre« (gr. *kalê didaskalia*). Zur »guten Lehre« gehört das Lehren biblischer Wahrheit und das Anwenden ihrer Prinzipien. Geistliches Wachstum basiert auf unserem vertrauten Umgang mit biblischer Wahrheit.

- *1. Petrus 2,2* – Wir wachsen geistlich, wenn wir die Bibel studieren.
- *2. Timotheus 2,15* – Paulus schrieb: »Strebe danach, dich Gott bewährt zur Verfügung zu stellen als einen Arbeiter, der sich nicht zu schämen hat, der das Wort der Wahrheit in gerader Richtung schneidet!« Vorrangig vor allen anderen Aspekten des Verkündigungsdienstes sind wir dazu berufen, erfahrene Forscher im Wort Gottes zu sein.
- *Epheser 6,17* – Wir sollen mit großer Präzision Gebrauch machen vom »Schwert des Geistes, das ist Gottes Wort«.
- *Kolosser 3,16* – Das Wort Christi soll reichlich und tiefgründig in uns wohnen.
- *2. Timotheus 3,16-17* – Das Wort Gottes ist »nützlich zur Lehre, zur Überführung, zur Zurechtweisung, zur Unterweisung in der Gerechtigkeit, damit der Mensch Gottes richtig sei, für jedes gute Werk ausgerüstet«. Deshalb müssen wir es kennen, wenn wir andere geistlich zurüsten wollen.

Um biblisch denken und reden zu können, muss ein Gemeindehirte einen Großteil seiner Zeit damit verbringen, sich den Bibeltext zu erarbeiten. Die Bibel ist ein unerschöpflicher Schatz, und es erfordert eine ganze Lebenszeit, nur anzufangen, ihre Reichtümer zu begreifen. Unkenntnis ist keine Tugend. Leider sind wir eine Generation, die nicht gerne nachdenkt; Unterhaltung und Amüsement sind uns lieber. Dennoch müssen wir das Wort Gottes mit Entschlossenheit studieren, verstehen und vermitteln.

Leider gibt es viele Männer, die keine Freude am Studieren haben. Sie beschäftigen sich hier und da eine Stunde mit der Bibel oder überhaupt nicht. Viele Gemeindehirten betrachten Studium als eine unliebsame Aufgabe, die einen ansonsten leichtgängigen Tagesablauf störend unterbricht. Am liebsten haben sie so oft wie möglich Gastredner auf ihren Kanzeln, damit sie sich den fürs Bibelstudium nötigen Zeitaufwand sparen, und widmen sich lieber den vielfältigen Aufgaben in Verwaltung, Organisation und Besprechungen. Ihr Minimum an Bibelstudium bringt nur schwache Predigten hervor, die weder zum Herzen noch zum Verstand der Zuhörer vordringen.

William Tyndale, dem die englische Übersetzung des Neuen Testaments von 1525 zu verdanken ist, befand sich im Gefängnis und erwartete seinen Märtyrertod. Er schrieb einen Brief an den amtierenden Herrscher und erbat, dass ihm Folgendes aus seinem Besitz gesandt werden möge: Eine wärmere Mütze und ein wärmerer Mantel und ein Stück Tuch, um seine Hose zu flicken. Dann sagte er: »Doch am allermeisten erbitte und erflehe ich Ihr Mitleid, den Beauftragten zu drängen, dass er mir freundlicherweise erlaubt, eine hebräische Bibel, eine hebräische Grammatik und ein hebräisches Wörterbuch zu haben, damit ich die Zeit mit deren Studium verbringen kann.«[19] Jeder Bibelschulabsolvent, der mit Hebräisch zu kämpfen hatte, wird wahrscheinlich eine solche Bitte nicht nachvollziehen können! Doch wenn man später tiefer im Wort Gottes gräbt, ist es wunderbar sagen zu können: Am liebsten ist mir das, was mir hilft, das Wort Gottes besser zu verstehen.

Der exzellente Diener meidet den Einfluss unheiliger Lehre

»Die unheiligen und altweiberhaften Fabeln aber weise ab« (V. 7). »Fabeln« ist eine Übersetzung des griechischen Wortes *mythos*, das uns auch aus unserem Sprachgebrauch bekannt ist. In 2. Timotheus 4,4 lesen wir: »Sie werden die Ohren von der Wahrheit abkehren und sich zu den Fabeln hinwenden.« Wahrheit und Fabeln werden hier als Gegensätze gesehen. Der Christ muss sich von der Wahrheit ernähren und muss das Gegenteil der Wahrheit ablehnen.

Die Beschreibung der Fabeln als »altweiberhaft« hat eine kulturelle Bedeutung. Der Ausdruck wurde in philosophischen Kreisen als sarkastisches Beiwort gebraucht, wenn man eine bestimmte Auffassung mit besonderer Verachtung schmähen wollte. Er vermittelt das Bild einer alten Oma, die einem Kind ein Märchen erzählt, und wurde auf alles angewendet, was unglaubwürdig war.

Der Verstand ist eine kostbare Sache. Gott möchte, dass die geistlichen Führer einen reinen Verstand haben, der randvoll mit dem Wort Gottes gefüllt ist. Er hat keinen Platz für törichte Mythen oder unheilige Widersprüche zur Wahrheit. Doch irgendwie glaubt unsere Gesellschaft lieber fiktiven Geschichten als biblischer Wahrheit. In manchen Kreisen wird die theologische Gelehrsamkeit nicht mehr daran gemessen, wie gut man seine Bibel kennt, sondern wie gut man sich mit den Spekulationen des säkularen akademischen Establishments auskennt.

Als ich überlegte, in Theologie zu promovieren, prüfte der Vertreter des Promotionskurses an der Universität meine Skripte und schloss daraus, dass ich mich in meiner bisherigen akademischen Arbeit zu viel mit Bibel und Theologie beschäftigt hatte. Deshalb gab er mir eine Liste mit 200 Büchern, die ich zur Vorbereitung lesen sollte, bevor ich in das Programm aufgenommen werden konnte. Ich ging die Liste mit einem Experten in christlicher Literatur durch und stellte fest, dass keines dieser Bücher etwas anderes enthielt als liberale Theologie und humanistische Philosophie. Sie waren voller profaner altweiberhafter Fabeln, die als akademische Gelehrsamkeit ausgegeben wurden! Die Universität verlangte außerdem, dass ich an einem Kurs teilnahm mit dem Titel: »Jesus und das Kino.« Dazu gehörte es, moderne Kinofilme anzuschauen und zu überprüfen, ob sie die »Jesus-Moral« förderten oder bekämpften. Die zweite Person Gottes wurde zu einem Moralapostel degradiert! Ich wandte mich wieder an besagten Vertreter und sagte ihm: »Ich möchte nur, dass Sie wissen: Ich habe mein ganzes Leben mit dem Studium der Wahrheit zugebracht, und ich kann nicht einsehen, welchen Wert es haben soll, dass ich die nächsten paar Jahre damit verbringen soll, Irrtum zu lernen.« Dann legte ich die Unterlagen auf seinen Schreibtisch und verabschiedete mich.

Ich danke Gott, dass mein Verstand von Beginn meines Lernens an mit Wahrheit aufgefüllt worden ist. Mein Verstand ist kein Schlachtfeld der Unschlüssigkeit, was wahr ist und was falsch, und befasst sich nicht »mit Fabeln und endlosen Geschlechtsregistern ... die mehr Streitfragen hervorbringen, als sie den Verwalterdienst Gottes fördern« (1Tim 1,4). Das kann ich mit voller Überzeugung sagen, weil es in meinem Denken keine Zweideutigkeiten gibt. Um die Plage der vermeintlichen Intellektuellen oder Gelehrten, die der biblischen Wahrheit widersprechen, habe ich einen Bogen gemacht. Ein Bekannter von mir hatte jedoch Probleme auf diesem Gebiet. Er ging auf ein liberales Seminar, um sich auf seinen Gemeindedienst vorzubereiten, aber verließ das Seminar schließlich als Kellner. Die Orientierungslosigkeit des Liberalismus hat seine Motivation, Gott zu dienen, zerstört. Unser Verstand ist kostbar und wir müssen ihn vor satanischen Lügen bewahren. Der exzellente Diener des Wortes Gottes bewahrt seine biblischen Überzeugungen und seinen klaren Verstand, indem er sich viel mit dem Wort Gottes beschäftigt.

Der exzellente Diener übt sich in persönlicher Gottseligkeit

J. Oswald Sanders schreibt in seinem Buch *Spiritual Leadership* (»Geistliche Leiterschaft«): »Geistliche Ziele können nur von geistlichen Menschen erreicht werden, die geistliche Methoden anwenden.«[20] Im Gemeindedienst geht es vor allem um Gottseligkeit. Es geht nicht darum, wie clever man ist oder wie gut man sich verkaufen kann; sondern ob man das Wort Gottes kennt und ein gottseliges Leben führt. Der Dienst für den Herrn ergibt sich aus Letzterem.

In 1. Timotheus 4,7 lesen wir: »... übe dich aber zur Gottseligkeit«. Unser Wort *Gymnasium* stammt von dem griechischen Ausdruck, der hier mit »üben« übersetzt ist (*gymnasô*). Es wurde für Sportler verwendet, die für einen Wettkampf trainierten und bedeutet strenges, selbstkasteiendes Training. In der griechischen Kultur wurde eine Turnhalle als *Gymnasium* bezeichnet, die für Jugendliche zwischen 16 und 18 Jahren der zentrale Platz der Stadt war. Da großer Wert auf Sport gelegt wurde, gab es gewöhnlich in jeder Stadt eine solche Turnhalle. Dieser Körperkult führte dazu, dass übermäßig viel Zeit mit Sport, Training und Wettkämpfen verbracht wurde, ganz ähnlich wie heute bei uns.

Paulus spielte auf diese kulturelle Gegebenheit an, als er Timotheus ermahnte, auf das Ziel der Gottseligkeit hin zu »trainieren«, und sagte damit im Endeffekt: »Wenn du dich mit Training beschäftigen willst, so konzentriere dich darauf, deine innere Natur zur Gottseligkeit zu trainieren.« Das griechische Wort für Gottseligkeit ist *eusebia*, was »Frömmigkeit«, »Gottesfurcht« oder »wahre geistliche Tugend« bedeutet. »Trainiere eifrig für eine Steigerung der geistlichen Tugend«, wäre eine passende Übersetzung von Paulus' Ermahnung an Timotheus.

Paulus war sich im Klaren, wie wichtig Disziplin im geistlichen Dienst ist: »Ich zerschlage meinen Leib und knechte ihn, damit ich nicht, nachdem ich anderen gepredigt, selbst verwerflich werde« (1Kor 9,27). Timotheus sagte er: »Nimm teil an den Leiden als ein guter Streiter Christi Jesu! Niemand, der Kriegsdienste leistet, verwickelt sich in die Beschäftigungen des Lebens, damit er dem gefalle, der ihn angeworben hat. Wenn aber auch jemand am Wettkampf teilnimmt, so erhält er nicht den Siegeskranz, er habe denn gesetzmäßig gekämpft« (2Tim 2,3-5). So wie ein Soldat Entbehrungen auf sich nimmt, Opfer bringt und sich von der Welt trennt, um demjenigen zu gefallen, der ihn rekrutiert hat, und so wie ein Sportler fleißig trainieren und sich im Wettkampf an die Regeln halten muss, so muss ein Diener Gottes Opfer auf sich nehmen, Disziplin üben und sich an den Maßstab Gottes halten.

Körperliche Übungen nützen wenig (V. 8). Erstens dienen sie nur dem Körper und nicht dem Geist. Zweitens halten ihre positiven Auswirkungen nur kurze Zeit an. Man kann Jahre damit verbringen, sich in Form zu bringen, aber sobald man mit dem Training nachlässt, verliert man sofort die Fitness, die man sich so hart antrainiert hat.

Im Gegensatz dazu gilt: »Die Gottseligkeit aber ist zu allen Dingen nütze, weil sie die Verheißung des Lebens hat, des jetzigen und des zukünftigen« (V. 8). Gottseligkeit ist nützlich nicht nur für den Körper, sondern auch für die Seele. Wenn Sie sich Vorsätze für das neue Jahr machen, dann nehmen Sie sich nicht vor, drei Mal pro Woche Sport zu treiben, wenn Sie nicht bereits täglich Zeit mit dem Wort Gottes verbringen und Ihre Gottseligkeit fördern. Geistliche Disziplin wird Ihnen ein erfülltes, von Gott gesegnetes, fruchtbares und sinnvolles Leben einbringen. Und der Segen der Gottseligkeit bleibt in Ewigkeit bestehen.

»Das Wort ist gewiss und aller Annahme wert« (V. 9). Diesen Ausdruck verwendete Paulus noch an vier weiteren Stellen seiner Pastoralbriefe (1Tim 1,15; 3,1; 2Tim 2,11; Titus 3,8). »Aller Annahme wert« betont seine Bekräftigung und bezeichnet eine vertrauenswürdige Aussage oder ein offenkundiges Axiom. Es liegt unbestreitbar auf der Hand, dass geistliche Übung von größerem Nutzen ist als körperliche.

Sich übermäßig viel mit seinem Körper zu beschäftigen, zeugt von geistlicher Unreife und von einer eingeschränkten Wahrnehmung geistlicher und ewiger Dinge. In der Gemeinde sollte es unzweifelhaft feststehen, dass Christen keinen Körperkult betreiben, sondern Menschen sind, die sich geistlich ertüchtigen, um dem Willen Gottes zu entsprechen.

Der exzellente geistliche Diener strebt nach Gottseligkeit. Er wendet dazu alle verfügbaren Gnadenmittel an – Gebet, Bibelstudium, Teilnahme am Mahl des Herrn, Sündenbekenntnis, aktive Mitarbeit, Verantwortung und manchmal auch Fasten – um sich in der Gottseligkeit zu üben.

Gottseligkeit ist das Herzstück der Wahrheit (1Tim 6,3). Sie wird durch Christus empfangen (2Petr 1,3), doch müssen wir auch danach streben (1Tim 6,11). In einer feindlichen Umgebung verursacht sie Drangsal (2Tim 3,12). Und sie segnet uns für die Ewigkeit, aber nicht unbedingt mit zeitlichem Wohlstand (1Tim 6,5-8).

Der exzellente Diener weiß sich zu harter Arbeit verpflichtet

Nachdem Paulus uns zur Gottseligkeit aufgefordert hat, bringt er uns nun auf den Erdboden zurück. Der Verkündigungsdienst ist eine himmlische Beschäftigung, aber gleichzeitig eine irdische Aufgabe – harte Arbeit. »... denn dafür arbeiten und kämpfen wir« (V. 10).

In 2. Korinther 5,9 schreibt Paulus: »Deshalb setzen wir auch unsere Ehre darein, ob einheimisch oder ausheimisch, ihm wohlgefällig zu sein.« Dann nennt er zwei Gründe, weshalb wir hart arbeiten sollten. Erstens sagt er in Vers 10: »Denn wir müssen alle vor dem Richterstuhl Christi offenbar werden.« Wir werden vor Christus stehen und für unseren Dienst für ihn ewigen Lohn empfangen. Der Lohn wird dem von uns geleisteten Dienst entsprechen, sei er gut oder nutzlos (vgl. 1Kor 3,11-15).

In Vers 11 sagt Paulus dann: »Da wir nun den Schrecken des Herrn kennen, so überreden wir Menschen.« Hier blickte Paulus über sich selbst hinaus auf unerrettete Menschen. Sie werden keinen Lohn zu erwarten haben, sondern Gericht. Und da wir das wissen, sollen wir sie von der Wahrheit des Evangeliums überzeugen, damit sie gerettet werden und dem Gericht entgehen können.

Paulus arbeitete hart, weil er wusste, dass seine Mühen Konsequenzen für die Ewigkeit haben werden: Lohn für ihn selbst und die Möglichkeit, das Schicksal der Ungläubigen zu wenden. Das ist die Perspektive, von der die Diener Gottes angetrieben werden. Es gibt einen ewigen Himmel, aber auch eine ewige Hölle.

In 1. Timotheus 4,10 bedeutet »arbeiten« (gr. *kopiaô*) »arbeiten bis zur Erschöpfung«. »Kämpfen« (gr. *agônizomoai*) bedeutet »im Todeskampf ringen«. Wir arbeiten bis zur Erschöpfung und oft in Schmerzen, weil wir wissen, um welche ewigkeitsrelevanten Ziele es geht.

J. Oswald Sanders schrieb, wenn ein Mann »nicht bereit ist, für seinen Führungsdienst den Preis der Erschöpfung zu zahlen, wird er immer mittelmäßig bleiben.«[21] Er sagte außerdem: »Wahre Leiterschaft fordert stets einen hohen Preis, und je effektiver Leiterschaft ist, desto höher wird der Preis sein.«[22] Wir wollen diesen Preis nicht herabsetzen, weil wir wissen, wie dringlich unser Dienst ist. Müdigkeit, Einsamkeit, Kämpfe, frühes Aufstehen, kurze Nächte und Verzicht auf Vergnügen gehören alle zum Dienst dazu. In 1. Korinther 9 sagt Paulus: »Ein Zwang liegt auf mir. Denn wehe mir, wenn ich das Evangelium nicht verkündigte! ... Ich kämpfe so, nicht wie einer, der in die Luft schlägt; sondern ich zerschlage meinen Leib und knechte ihn« (V. 16.26-27). Damit beschreibt er seine enorme Mühe und Hingabe für einen Dienst mit ewigkeitsrelevanten Konsequenzen. In 2. Korinther 11,24-27 berichtet Paulus, wie oft er geschlagen und ausgepeitscht wurde und Erschöpfung, Leid, Schmerz, Kampf und Schiffbruch erfahren hat. Er nahm alle diese Gefahren auf sich, weil er seinem unmittelbaren Dienst völlig hingegeben war. Warum? Weil er die Ewigkeit im Blick hatte. Er erkannte, dass das Schicksal von Seelen auf dem Spiel stand.

»Weil wir auf einen lebendigen Gott hoffen« (V. 10) bedeutet wörtlich: »Wir haben unsere Hoffnung auf den lebendigen Gott gerichtet.« Missionare, die das Evangelium über Jahre hin verkünden, verzichten auf nahezu jede irdische Annehmlichkeit, weil ihre Hoffnung auf den lebendigen Gott gerichtet ist. Sie glauben, dass er über dieses Leben hinaus für sie sorgen wird. Niemand von uns sollte versuchen, hier ein Vermögen anzusammeln, um vor seinem Abscheiden noch in Überfluss schwelgen können. Unsere Hoffnung ist auf die Zukunft gerichtet.

Man beachte, dass Paulus Gott hier beschreibt als »ein Retter aller Menschen, besonders der Gläubigen« (V. 10). In welchem Sinne ist Gott der Retter aller Menschen? Und inwiefern ist er der Retter insbesondere der Gläubigen? Hierzu gibt es viele verschiedene Auslegungsversuche. Der Schlüssel zur Auslegung dieses Ausdrucks besteht darin, den Kontext zu beachten.

Als Paulus zu den gebildeten Athenern auf dem Marshügel sprach, sagte er, dass Gott »nicht von Menschenhänden bedient wird, als wenn er noch etwas nötig hätte, da er selbst allen Leben und Odem und alles gibt. Denn in ihm leben und weben und sind wir ... Denn wir sind auch sein Geschlecht« (Apg 17,25.28). In einem allgemeinen Sinne ist Gott der Versorger und Erhalter des Lebens aller Menschen.

Bei einem Unwetter auf See sagte Paulus zur Schiffsmannschaft: »Deshalb ermahne ich euch, Speise zu euch zu nehmen, denn dies gehört zu eurer Rettung« (Apg 27,34). Hier steht für »Rettung« dieselbe griechische Wurzel wie bei »Retter« in 1. Timotheus 4,10. Paulus sprach hier nicht von geistlicher, sondern leiblicher Errettung.

In Jakobus 5,15 lesen wir: »Und das Gebet des Glaubens wird den Kranken *retten*« (Hervorhebung zugefügt). Die griechischen Wörter für »Rettung« oder »retten« sind in ihrer Bedeutung nicht auf die Rettung der Seele beschränkt. Sie können sich auf Befreiung von Krankheit oder Problemen beziehen oder auf die Versorgung mit Nahrung.

Davon spricht Paulus in 1. Timotheus 4,10. Wir haben gesehen, dass Gott auf weltweiter Ebene Kraft gibt. Wir haben gesehen, wie er großzügig für die zeitlichen Bedürfnisse aller Menschen sorgt. Doch diese Fürsorge ist für den Gläubigen besonders kostbar, weil sie nicht nur zeitlich, sondern auch ewig ist.

Paulus argumentiert so: Wir arbeiten und kämpfen im Verkündigungsdienst, weil wir glauben, dass diese Arbeit Konsequenzen für die Ewigkeit haben wird. Wir haben unsere Hoffnung auf einen lebendigen Gott gerichtet und wir wissen, dass er die Seelen derer retten wird, die dem Evangelium glauben, weil wir seine erhaltende Macht in der Welt gesehen haben. Deshalb arbeiten wir hart.

Ich erinnere mich, wie ich von einem Mann namens Thomas Cochrane las, der interviewt wurde, weil er in die Mission gehen wollte. Er wurde gefragt: »Auf welchen Teil des Missionsfeldes fühlen Sie sich besonders berufen?« Er antwortete: »Ich weiß nur, dass ich das Schwierigste wünsche, das Sie mir anbieten können.« Das Werk des Herrn ist nichts für Leute, die Bequemlichkeit und Wohlleben wollen. Aber es bietet ewigen Lohn für solche, die ihre Hoffnung auf die Ewigkeit richten.

Richard Baxter schrieb: »Die Arbeit als geistlicher Diener muss mühsam und fleißig ausgeführt werden, da sie von solch unaussprechlicher Konsequenz für andere und für uns selbst ist. Wir versuchen, die Welt zu bewahren, sie vor dem Fluch Gottes zu retten, die Schöpfung vollkommen zu machen, die Ziele der Erlösung Christi zu erreichen und das Reich Christi aufzurichten, und helfen anderen, das Reich der Herrlichkeit zu erreichen. Und können diese Arbeiten mit einer leichtfertigen Gesinnung oder einer schlaffen Hand verrichtet werden? Oh, siehe zu, dass du diese Arbeit mit all deiner Kraft tust! Studiere emsig, denn der Brunnen ist tief und unsere Hirne seicht«.[23]

Unsere ganze Arbeit ist eine Mühe, aber keine menschliche Mühe: Paulus sagte, sein Ziel sei es, »jeden Menschen vollkommen in Christus darzustellen« (Kol 1,28). Dann sagte er: »... wozu ich mich auch bemühe [gr. *kopiaô* »im Todeskampf ringen«] und kämpfend ringe gemäß seiner Wirksamkeit, die in mir wirkt in Kraft« (V. 29). Unsere Arbeit wird nicht im Fleisch vollbracht. Der Herr kräftig die, die ihm dienen, durch seinen Geist.

Der exzellente Diener lehrt mit Autorität

»Dies gebiete und lehre!«, befahl Paulus Timotheus (V. 11). Das griechische Wort, das mit »lehre« übersetzt ist, beschreibt das Vermitteln von Informationen, in diesem Fall das Weitergeben von Anweisungen bzw. Glaubenslehren. Dies soll in Form eines Befehls geschehen.

Heute wird oft in vergnügter, unterhaltsamer Weise gepredigt, aber selten so, dass die Predigt vollmächtig ist oder das Leben der Hörer umgestaltet. Sind die seichten Meinungen, die heute von den Kanzeln zu hören sind, wirklich das, was Gott will? In Apostelgeschichte 17,30 sagte Paulus, dass Gott den Menschen *gebietet,* dass sie alle überall Buße tun sollen« (Hervorhebung zugefügt).

In Matthäus 7,28-29 lesen wir: »Und es geschah, als Jesus diese Worte vollendet hatte [die Bergpredigt], da erstaunten die Volksmengen sehr über seine Lehre; denn er lehrte sie wie einer, der Vollmacht hat.« Paulus forderte Timotheus vielmals auf, autoritativ zu sein. In 1. Timotheus 1,3 sagt er: »… du solltest einigen Weisung erteilen, nichts anderes zu lehren.« Dann schrieb er: »Dies gebiete!« (5,7). In 5,20 drängt er Timotheus, bestimmte Personen öffentlich zurechtzuweisen. In 6,17 nennt er ihm Befehle für die Reichen in der Gemeinde. In Titus 2,15 schreibt er: »Dies rede und ermahne und überführe mit allem Nachdruck! Niemand soll dich verachten!« Das bedeutet nicht, dass wir unsere Autorität missbrauchen oder gnadenlos sein sollen. Aber wenn Christen dem Wort Gottes nicht gehorchen, müssen wir sie zur Verantwortung ziehen.

Der treue Diener ist freimütig. Er brandmarkt Sünde ohne Umschweife. Er verurteilt Unglauben, Ungehorsam und Mangel an Hingabe. Gott beschrieb Jesus als »mein geliebter Sohn … Ihn hört!« (Mt 17,5). Der exzellente Diener gibt diese Aufforderung Gottes weiter und befiehlt allen Menschen, Buße zu tun und auf Jesus Christus zu hören.

Unsere Autorität hat eine Grundlage. Erstens müssen wir wissen, was wir über die Bibel glauben. Wenn wir nicht sicher sind, dass sie Gottes Wort ist, können wir nicht autoritativ sein. Dann müssen wir wissen, was Gottes Wort sagt. Wenn wir nicht sicher sind, was es bedeutet, können wir nicht autoritativ sein. Dann muss es uns wichtig sein, dass das Wort Gottes richtig vermittelt wird, weil wir dafür Sorge tragen, dass es bewahrt wird. Und schließlich sollte uns wichtig sein, wie die Leute auf Gottes Wort reagieren.

Unsere Lehre sollte nicht nur mit sentimentalen Vorschlägen angefüllt sein, sondern mit Befehlen. Anstatt uns mit Gottes Wahrheit an die Leute heranzuschleichen, müssen wir das Wort Gottes freimütig und geradewegs verkünden und darauf vertrauen, dass es nicht unwirksam bleiben wird.

Der exzellente Diener ist ein Vorbild an geistlicher Tugend

Paulus schrieb Timotheus: »Niemand verachte deine Jugend, vielmehr sei ein Vorbild der Gläubigen im Wort, im Wandel, in Liebe, im Glauben, in Keuschheit!« (V. 12). Das griechische Wort, das hier mit »Vorbild« übersetzt wurde, ist *typos*, was Modell, Muster oder Abdruck bedeutet. Wenn ein Schneider ein Kleidungsstück mit Hilfe eines Musters anfertigt, legt er das Muster oben auf den Stoff und schneidet rundherum. Ein Maler verwendet ein Modell, um seine Gemälde zu reproduzieren. Wenn wir ein Vorbild sind, liefern wir den Menschen eine Mustervorlage für ihr Leben. Jemand sagte einmal: »Dein Leben redet so laut, dass ich nicht hören kann, was du sagst.« Ihr Lebensstil ist Ihre vollmächtigste Botschaft.

Ein Freund von mir besuchte kürzlich sein Seminar, wo er studiert hatte; es ist eine der bekanntesten theologischen Ausbildungsstätten in den USA. Er stellte fest, dass die meisten Absolventen offenbar ein mangelhaftes Verständnis von wahrer Gottseligkeit hatten. Er schlug vor, dass sie zusätzlich das Unterrichtsfach »Persönliche Heiligung« aufnehmen sollten. Einer der Professoren sagte zu ihm: »Das hätte keine akademische Glaubwürdigkeit.« Aber akademische Glaubwürdigkeit ist im Hirtendienst nicht das Wichtigste. Nennen Sie mir einen gottesfürchtigen Menschen, und ich werde Ihnen zeigen, dass er dadurch ein Vorbild für unser Leben ist. Nennen Sie mir einen Menschen, dessen Kopf voller Erkenntnis ist, dem es aber an Heiligung fehlt, und ich zeige Ihnen, dass man sich an ihm besser kein Vorbild nehmen sollte. Er würde Sie orientierungslos machen und Sie würden anfangen, es ihm gleichzutun: Die richtige Lehre ist vorhanden, aber das richtige Verhalten fehlt. Diese Doppelmoral ist tödlich und abschreckend.

Das Neue Testament fordert immer wieder dazu auf, ein Vorbild für ein gottesfürchtiges Leben zu sein. Schauen wir uns allein diese Befehle des Apostels Paulus an:

- *1. Korinther 4,16* – »Ich bitte euch nun, seid meine Nachahmer!« Man könnte meinen, Paulus sei anmaßend. Aber nein, er demonstrierte einfach den Charakter eines gottesfürchtigen Menschen, der sich im Klaren war, dass er ein Vorbild sein musste. Offensichtlich wusste er, dass er nicht vollkommen war, aber er strebte danach – soweit es möglich ist –, so zu sein, wie der Mensch sein soll. Ein geistlicher Diener sollte nach nichts weniger streben als das. Das griechische Wort für »Nachahmer« ist *mimête*, wovon unsere Worte *Mimik* und *mimen* abstammen.
- *1. Korinther 10,31.33; 11,1* – »Tut alles zur Ehre Gottes! Wie auch ich in allen Dingen allen zu gefallen strebe, dadurch dass ich nicht meinen Vorteil suche, sondern den der vielen, dass sie errettet werden. Seid meine Nachahmer, wie auch ich Christi Nachahmer bin!«
- *Philipper 3,17* – »Seid miteinander meine Nachahmer, Brüder, und seht auf die, welche so wandeln, wie ihr uns zum Vorbild habt!«
- *Philipper 4,9* – »Was ihr auch gelernt und empfangen und gehört und an mir gesehen habt, das tut!«
- *1. Thessalonicher 1,5-6* – »Unser Evangelium erging an euch nicht im Wort allein, sondern auch in Kraft und im Heiligen Geist und in großer Gewissheit; ihr wisst ja, als was für Leute wir um euretwillen unter euch auftraten. Und ihr seid unsere Nachahmer geworden und die des Herrn.«
- *2. Thessalonicher 3,7.9* – »Ihr selbst wisst, wie man uns nachahmen soll; denn wir haben unter euch nicht unordentlich gelebt. Nicht, dass wir nicht das Recht dazu haben, sondern damit wir uns euch zum Vorbild gäben, damit ihr uns nachahmt.«
- *2. Timotheus 1,13* – »Halte fest das Vorbild der gesunden Worte, die du von mir gehört hast.«

Der Schreiber des Hebräerbriefes sagte: »Gedenkt eurer Führer, die das Wort Gottes zu euch geredet haben! Schaut den Ausgang ihres Wandels an und ahmt ihren Glauben nach!« (13,7). Wer in der Gemeinde als Hirte dient, muss ein Leben führen, das andere nachahmen können. Das ist eine enorme Herausforderung. Deshalb sagte Jakobus: »Werdet nicht viele Lehrer, meine Brüder, da ihr wisst, dass wir ein schwereres Urteil empfangen werden!« (Jak 3,1). Es ist eine schlimme Sache, wenn man sich falscher Lehre oder eines heuchlerischen Lebens schuldig macht. Das Leben eines Mannes muss mit seiner Botschaft übereinstimmen. Leider wird gegen dieses Prinzip im Gemeindedienst immer wieder verstoßen.

Timotheus war jung, wahrscheinlich noch keine vierzig, und daher wurde seine Autorität und Kompetenz zum Teil in Frage gestellt. Deshalb schrieb Paulus an Timotheus, dass er respektiert werden müsse, wenn die Gläubigen ihm folgen sollen. Doch da Timotheus jung war, musste er sich diesen Respekt verdienen. Wie sollte er das erreichen? Indem er sich als »ein Vorbild der Gläubigen im Wort, im Wandel, in Liebe, im Geist, im Glauben, in Keuschheit« erwies.

Im Wort

Der Diener Gottes muss in seinem Reden vorbildlich sein. In Matthäus 12,34 sagt Jesus: »Aus der Fülle des Herzens redet der Mund.« Was aus dem Mund eines Menschen hervorgeht, zeigt, was in seinem Herzen ist. Deshalb sagte Jesus: »Denn aus deinen Worten wirst du gerechtfertigt werden, und aus deinen Worten wirst du verdammt werden« (V. 37).

Aus Epheser 4 lernen wir, wie unsere Rede sein soll. In Vers 25 lesen wir: »Legt die Lüge ab.« Ein Diener des Herrn sollte nie etwas Falsches sagen. Er sollte nicht dem einen etwas anderes sagen als dem anderen. Dann sagt Paulus: »Redet Wahrheit, ein jeder mit seinem Nächsten!« (V. 25). Wir sollen zu allen die Wahrheit sagen. Wenn die Leute untereinander feststellen, dass ein geistlicher Führer dem einen etwas anderes gesagt hat als dem anderen und sie angelogen hat, wird das seine Glaubwürdigkeit zunichte machen.

In Vers 26 schreibt Paulus: »Zürnet, und sündigt nicht!« Heiliger Zorn und gerechter Grimm haben zwar ihren Platz, aber nicht, wenn dieser Zorn Sünde ist. Das gilt insbesondere für diesen schwelenden Zorn, der über mehrere Tage anhält. Ein exzellenter Diener darf sich nicht dazu hinreißen lassen, derart zornig zu sein, dass seine Worte bitter, hetzend oder gnadenlos werden. Auch für ihn gilt: »Euer Wort sei allezeit in Gnade, mit Salz gewürzt« (Kol 4,6).

Vers 29 sagt: » Kein faules Wort komme aus eurem Mund.« Ein Gläubiger sollte sich niemals in unreiner Weise ausdrücken. Es ist peinlich zu hören, wie jemand behauptet, Christus zu dienen, aber gottlose Worte gebraucht. Das offenbart ein unreines Herz. Im Leben des Christen gibt es keinen Platz für verderbliche oder schmutzige Ausdrücke. Eine Sprache, die Gott verherrlicht, ist »gut zur notwendigen Erbauung, damit es den Hörenden Gnade gebe«

(V. 29). Freude und Spaß haben ihren Platz, denn »ein fröhliches Herz bringt gute Besserung« (Spr 17,22). Keinen Platz gibt es hingegen für schmutzige Ausdrücke, aufbrausende Worte oder eine lügnerische Zunge.

Im Wandel

Der Diener muss ein Vorbild für ein gerechtes Leben sein – jemand, der seine Überzeugungen auslebt, die auf biblischen Prinzipien basieren. Was Sie tun, wohin Sie gehen, was Sie besitzen – jeder Aspekt Ihres Lebens ist eine Predigt. Diese Predigt untermauert oder untergräbt das, was Sie sagen.

Worin investieren Sie Ihre Zeit, Ihr Geld und Ihre Kraft? Der Lebensstil, der heute von der Welt vorgelebt wird, ist mit dem biblischen Maßstab völlig unvereinbar. Viele Familien gehen kaputt, weil beide Elternteile arbeiten wollen, damit sie sich ein größeres Haus und ein größeres Auto leisten können. Die wenige verbleibende Freizeit widmen sie ihrer körperlichen Fitness, anstatt sie zur Erbauung ihrer Seelen, ihrer Familien und ihrer Kinder zu nutzen. Und auch die Gemeinde ahmt oft die Perspektive der Welt nach.

In Liebe

In Liebe zu dienen, bedeutet nicht unbedingt, allen die Hände schütteln und auf die Schulter klopfen zu müssen. Paulus und Epaphroditus zeigten ihre Liebe zur Gemeinde durch harte Arbeit (1Thes 2,7-12; Phil 2,27-30). Manchmal frage ich mich: »Soll ich in der Grace Church bleiben und mich hier aufreiben, oder soll ich in eine andere Aufgabe wechseln?« Doch ich weiß, dass Gott mich berufen hat, mein Leben für die Menschen dieser Gemeinde zu geben. Dadurch kommt meine Liebe zu den Geschwistern zum Ausdruck. Wir alle müssen aufopferungsvoll anderen dienen.

Im Glauben

Das griechische Wort, das hier mit »Glauben« übersetzt ist, kann auch »Treue«, »Zuverlässigkeit« oder »Verbindlichkeit« bedeuten. Timotheus musste in seinem Dienst zuverlässig und treu sein, man musste sich auf ihn verlassen können. Einem solchen Führer können die Menschen folgen. In 1. Korinther 4,2 schreibt Paulus: »Übrigens sucht man hier an den Verwaltern, dass einer treu befunden werde.« Zuverlässigkeit unterscheidet die Erfolgreichen von den Versagern.

Paulus war für seine Zuverlässigkeit bekannt. Das Gleiche galt für seine Mitarbeiter. Epaphras (Kol 1,7) und Tychikus (Kol 4,7) waren nur zwei von vielen zuverlässigen Dienern Christi.

In Reinheit

Das griechische Wort, das mit »Reinheit« übersetzt wurde (*hagneia*) bezeichnet nicht nur sexuelle Reinheit, sondern auch die innere Reinheit des Herzens. Wenn unser Herz rein ist, wird auch unser Verhalten rein sein.

Die Geschichte hat gezeigt, dass ein geistlicher Dienst durch sexuelle Unreinheit einer Führungsperson ruiniert werden kann. Männer in Führungspositionen sind auf diesem Gebiet verwundbar, wenn sie nicht auf der Hut sind. Wir alle müssen absolute sittliche Reinheit bewahren.

Der exzellente Diener übt einen gründlichen biblischen Dienst aus

»Bis ich komme«, schrieb Paulus an Timotheus, »achte auf das Vorlesen, auf das Ermahnen, auf das Lehren!« (V. 13). Das griechische Verb, das mit »achten« übersetzt wurde, ist *prosechô*. Es steht im Imperativ Präsens aktiv, d.h. es ist ein fortdauernder Befehl. Paulus befahl Timotheus, beständig auf das Vorlesen, Ermahnen und Lehren zu achten. Das sollte zum Lebensstil von Timotheus werden. Der Bibelausleger Donald Guthrie schreibt, das Verb »impliziert vorherige persönliche Vorbereitung«.[24] Dasselbe Verb wird in Hebräer 7,13 von den Priestern gesagt, die sich ständig ihrem Dienst am Altar widmeten (ihn »warteten«). So sollte der Mittelpunkt des Dienstes von Timotheus aus Vorlesen, Ermahnen und Lehren bestehen.

Vorlesen

In Vers 13 steht im Griechischen ein bestimmter Artikel vor »Vorlesen«. Timotheus sollte auf »das Vorlesen« achten. Bei den Zusammenkünften der Urgemeinde war eine bestimmte Zeit für das Verlesen der Schrift vorgesehen. Darauf folgte eine Auslegung des Textes. Dieses Modell der textauslegenden Predigt stammt aus Nehemia 8,8: »Und sie lasen aus dem Buch, aus dem Gesetz Gottes, abschnittsweise vor und gaben den Sinn an, sodass man das Vorgelesene verstehen konnte.« Die Bibel muss erklärt werden, damit die

Menschen sie verstehen können. Je weiter wir uns kulturell, geografisch, sprachlich, philosophisch und geschichtlich von der ursprünglichen Welt der Bibel entfernen, desto notwendiger wird es, diese ursprünglichen Gegebenheiten zu erforschen. Das ist die Herausforderung für den Bibellehrer und dort sind seine Mühen gefragt.

Ermahnen

Wenn wir durch das Vorlesen und Auslegen der Schrift bereits erfahren, was sie bedeutet, wozu dient dann noch das Ermahnen? Es ist der Aufruf an die Zuhörer, das Verstandene anzuwenden. Ermahnen bedeutet, jemanden zu warnen, damit er im Hinblick auf das Gericht dem Wort Gottes gehorcht. Wir sollen andere ermuntern, entsprechend auf das Wort Gottes zu reagieren, indem wir ihnen sagen, welchen Segen oder welche Konsequenzen ihr Verhalten haben wird. »Ermahnen« ist der verbindliche Appell an das Gewissen, das Verhalten entsprechend zu ändern.

Lehren

Das griechische Wort, das mit »Lehren« übersetzt wurde (*didaskalia*), bedeutet »Lehre vermitteln«. Damit ist das systematische Lehren des Wortes Gottes gemeint. Das bezieht sich sowohl auf Gruppen- als auch Einzelunterricht. *Didaskalia* erscheint fünfzehn Mal in den Pastoralbriefen. Das gibt uns einen Eindruck, wie wichtig das Lehren für das Leben der Gemeinde ist. Es verwundert nicht, dass ein Ältester »lehrfähig« sein muss (1Tim 3,2). Da sich der ganze Gemeindedienst um das Lehren des Wortes Gottes dreht, wie könnte da jemand auf eine Führungsposition in der Gemeinde hoffen, wenn er kein begabter Lehrer ist?

In 1. Timotheus 5,17 lesen wir: »Die Ältesten, die gut vorstehen, sollen doppelter Ehre gewürdigt werden, besonders die in Wort und Lehre arbeiten.« Je intensiver jemand in der Vermittlung des Wortes Gottes arbeitet, desto mehr Ehre verdient er. Es ist traurig, dass viele Männer im Gemeindedienst von der wichtigsten Aufgabe abgebracht worden sind.

Wir müssen unnachgiebige Lehrer sein. Der puritanische Prediger John Flavel schrieb: »Bei uns ist es nicht wie bei anderen Arbeitern: Wenn sie zu ihrer Arbeit zurückkehren, finden sie diese genauso vor, wie sie sie verlassen haben.« Stellen wir uns einen Tischler vor, der abends sein unvollendetes Werk verlässt und es am nächsten Morgen genauso vorfindet, wie er es am Tag zuvor zurückgelassen hat. Flavel fährt fort: »Sünde und Satan machen fast alles zunichte, was wir tun; die Eindrücke, die wir bei der einen Predigt den Seelen vermitteln, sind bis zur nächsten Predigt verschwunden.«[25]

Mit diesem Auflösungsprozess haben wir stets zu kämpfen. Deshalb wiederhole ich viel von dem, was ich bereits gelehrt habe. Jeder gute Gemeindeleiter und Lehrer weiß, dass die Leute vergessen, was er gelehrt hat, und deshalb muss er es wiederholen. Aber er ist sich auch im Klaren, dass die Leute mit seiner Lehre vertraut werden. Wenn sie merken, dass etwas gelehrt wird, was sie schon einmal gehört haben, meinen sie, dass kennen sie schon und fühlen sich gelangweilt. Der Lehrer steht vor der Herausforderung, seine Lehre in solcher Weise zu wiederholen, dass die Leute meinen, er lehre etwas Neues. Es wäre für mich ein Leichtes, hundert Predigtunterlagen zu nehmen, auf Reise zu gehen und diese Predigten immer wieder zu verkündigen. Meine Herausforderung ist es, hier am selben Ort zu bleiben, immer wieder dieselben Dinge zu sagen und doch den Leuten den Eindruck zu vermitteln, dass ich etwas lehre, was sie noch nie zuvor gehört haben. Wenn Sie die Bibel studieren, werden Sie feststellen, dass die Bibel genauso vorgeht. Ihre Prinzipien werden immer und immer wieder in unterschiedlichen Zusammenhängen und durch Erzählungen aus anderer Perspektive wiederholt.

Der exzellente Diener erfüllt seine Berufung

In 1. Timotheus 4,14 schreibt Paulus: »Vernachlässige nicht die Gnadengabe in dir, die dir gegeben worden ist durch Weissagung mit Handauflegung der Ältestenschaft!« Manche Christen werden Prediger oder Gemeindeleiter, aber steigen nach einer Zeit aus, weil sie nicht in diese Position berufen waren. Aber manchmal steigen Gläubige aus dem Dienst aus, obwohl sie dazu berufen sind, und damit verlassen sie den Platz, an dem Gott sie haben wollte.

Die Aufforderung »vernachlässige nicht die Gnadengabe«, kann ein Hinweis darauf sein, dass Timotheus im Begriff stand, seinen Dienst zu vernachlässigen oder bereits nachlässig geworden war. Vielleicht stand er sogar kurz vor dem Aufgeben und befand sich an einem Punkt, wo er mit dem inneren und äußeren Druck der Situation nicht mehr fertig wurde. Das griechische Verb »vernachlässige nicht« steht im Imperativ Präsens aktiv. Es ist ein Befehl im Hinblick auf ein fortdauerndes Verhalten. Das griechische Wort für »Gnadengabe« ist *charisma* und bezeichnet ein Geschenk der Gnade Gottes. Jeder Gläubige hat eine Gabe bekommen, die ein Mittel oder Werkzeug ist, durch das der Geist Gottes anderen dient. Umfassende Listen dieser Gaben finden sich in Römer 12 und 1. Korinther 12 und weitere Hinweise dazu in Epheser 4 und 1. Petrus 4.

Ich beschreibe Geistesgaben gern als von Gott gegebene Fähigkeiten. Sie werden uns vom Geist Gottes gemäß seinem souveränen Plan erteilt. Die Gemeinde besteht aus vielen Menschen. Sie funktioniert wie ein Körper, wobei jeder Mensch ein Teil dieses Körpers ist. Die uns verliehenen Geistesgaben befähigen zusammen den Körper, richtig zu funktionieren. Timotheus hatte die Gabe des Lehrens. Deshalb forderte Paulus ihn auf zu lehren, zu predigen, Anweisungen zu erteilen und zu ermahnen. Er sollte die Arbeit eines Evangelisten tun und somit seinen Dienst völlig unter Beweis stellen (2Tim 4,5). Er war begabt auf den Gebieten Evangelisation, Predigt, Lehre und Leitung. Diese Begabungen ergaben zusammen eine einzigartige Geistesgabe.

Jeder Christ hat eine Geistesgabe, eine Mischung aus verschiedenen Gaben, die der Heilige Geist für jeden von uns zusammengestellt hat. Wie ein Maler aus den wenigen Farben auf seiner Palette durch deren Kombination eine unendliche Anzahl von Farbtönen mischen und kreieren kann, so mischt der Geist Gottes ein wenig von der einen Gabe mit ein wenig von einer anderen und gestaltet so die perfekte Kombination in uns. Folglich haben wir eine einzigartige Stellung im Leib Christi und können in einer Weise dienen wie niemand sonst.

In Vers 14 schreibt Paulus an Timotheus, dass ihm seine Gabe unter Weissagung gegeben worden ist. Das ist die objektive Bestätigung für die Berufung von Timotheus in den Dienst. Ich glaube nicht, dass er die Gabe durch die Weissagung empfing, aber ich glaube, dass seine Gabe durch eine Offenbarung von Gott öffentlich bestätigt wurde.

Ich sollte vielleicht hinzufügen, dass die Erfahrung von Timotheus untypisch war. Ich übe meinen Dienst nicht deshalb aus, weil Gott mir eine Offenbarung gegeben hat. Die Gabe von Timotheus wurde in der apostolischen Zeit bestätigt. Heute würde die Gabe nicht durch direkte Offenbarung objektiv bestätigt, sondern durch Vorsehung. Gott bestätigt unsere Berufung oft dadurch, wie er unsere Umstände und Gelegenheiten lenkt und wie er Menschen zueinander führt. Manchmal werde ich von jungen Männern gefragt, ob ich denke, dass sie auf ein theologisches Seminar gehen sollten.

Einer sagte mir: »Ich fühle mich so zum Predigen gedrungen, aber ich weiß nicht, ob ich auf ein Seminar gehen sollte.« Ich antwortete: »Besteht denn für dich die Möglichkeit, ein Seminar zu besuchen?« Das bejahte er. Dann fragte ich: »Kannst du es dir leisten?« Auch das bestätigte er. Ich fragte weiter: »Kennst du ein gutes Seminar, das du besuchen möchtest?« Wiederum bejahte er. Daher sagte ich schließlich: »Hört sich das vielleicht danach an, dass der Herr die Umstände durch seine Vorsehung so gelenkt hat?« Dem jungen Mann wurde klar, dass es wohl so sein müsse. Wenn Sie sich also zu einer bestimmten Aufgabe gedrängt fühlen und die Gelegenheit dazu bietet sich, kann das Gottes Bestätigung durch seine Vorsehung sein.

Die »Handauflegung der Ältestenschaft« (V. 14) war die gemeinsame Bestätigung der Berufung von Timotheus. Die Gemeinde bestätigte seine Gabe. Ich bin sicher, dass dies während des Zeitraums von Apostelgeschichte 16,1-5 geschah.

Als die Ältesten Timotheus die Hände auflegten, bestätigte die Gemeinde damit, dass Timotheus der richtige Mann war. Und der eigene Wunsch von Timotheus, zu predigen und zu lehren, bestätigte seine Berufung. Auf diese Weise ruft Gott auch heute noch Menschen in den Dienst. Zunächst muss der Gläubige den Wunsch haben zu dienen. Als nächstes müssen die Umstände die Vorsehung Gottes bezeugen. Und schließlich muss eine Gruppe von geistlichen Führungspersonen dem angehenden Diener ihre Hände auflegen, um damit seine Qualifikation anzuerkennen. Paulus ermutigte also Timotheus, die Berufung Gottes zu erfüllen und nicht die Gnadengabe zu vernachlässigen, die Gott bei ihm bestätigt hatte.

Im Gemeindedienst gibt es viele, die eine Zeitlang dienen, dann aber plötzlich aufgeben. Sie sind wie Sternschnuppen oder kurzlebige Kerzen. Im Gegensatz dazu bewundere ich solche, die bis an ihr Lebensende am Wort Gottes dienen. Ich nenne sie geistliche Marathon-Prediger. Sie haben womöglich eine kleine Gemeinde, sind unbekannt, aber bleiben ihrer Berufung treu und erfüllen sie. Bildlich ausgedrückt, sterben sie im geistlichen Sattel.

Niemand wird den Dienst von John MacArthur auswerten können, bevor nicht alle Faktoren bekannt sind. Das wahre Kennzeichen eines exzellenten Dieners Jesu Christi ist, dass er seine Berufung bis zum Ende erfüllt. Er wird innerlich von der Leidenschaft seines Herzens angetrieben und äußerlich von den Gelegenheiten überzeugt, die Gott ihm gibt, sowie von der Bestätigung durch geistliche Gläubige. Ich erinnere mich sehr gut an den Tag, als ich

mich in Gegenwart heiliger Männer niederkniete und sie mir ihre
Hände auflegten, um mich für den Dienst auszusondern. In mei-
nem Büro hängt eine Urkunde mit den Namen derer, die bestätigt
haben, dass ich mein Leben lang das Werk des Dienstes tun soll.
Das Erfüllen der Berufung gehört untrennbar dazu, ein solcher
Diener zu sein, wie Gott ihn haben möchte.

Der exzellente Diener geht ganz in seiner Arbeit auf

»Bedenke dies sorgfältig«, schrieb Paulus an Timotheus, »lebe darin« (V. 15). Ein vorzüglicher Diener ist mit ungeteilter Gesinnung
auf seinen Dienst ausgerichtet, im Gegensatz zu einem geteilten
Menschen, der in allen seinen Wegen unbeständig ist (Jak 1,8). Das
griechische Wort, das mit »sorgfältig bedenken« übersetzt wurde
(*meletaô*) vermittelt den Gedanken, etwas im Voraus durchzuden-
ken, zu planen, Strategien zu entwickeln und etwas gedanklich zu
durchdringen. Wenn ein Diener Gottes gerade nicht mit dem Werk
des Dienstes selbst beschäftigt ist, muss er es planen.

»Lebe darin« heißt im Griechischen wörtlich »sei darin«. Wir
müssen im Dienst völlig aufgehen, völlig davon in Beschlag genommen sein. Es verlangt von einem Gläubigen nicht nur viel, ein
Diener zu sein, sondern es verlangt alles von ihm. Ein vorzüglicher
Diener geht völlig in seiner Arbeit auf.

Ein Diener im Gemeindedienst kann keine zwei Ziele zugleich
anstreben. Er kann seine Kräfte nicht aufteilen zwischen den beiden Zielen, seinen Dienst zu erfüllen und ein Tennis- oder Golf-
Ass zu sein, reich zu werden oder nebenbei eine Firma aufzubauen.
Wer in diese Falle hineintappt, wird nie sein ganzes Potential erkennen, weil zu viele Dinge ihn ablenken und Kräfte verzehren. Ein
exzellenter Diener Christi muss sich ganz seinem Dienst hingeben,
wie Epaphroditus, der beim Erfüllen seiner Aufgabe beinahe ums
Leben gekommen wäre (Phil 2,25-27).

In 2. Timotheus 4,2 schreibt Paulus an Timotheus: »Predige
das Wort, stehe bereit!« Der Griechischexperte Fritz Rienecker
erklärt, dass der griechische Begriff für »stehe bereit« (*ephistêmi*)
ein militärischer Ausdruck ist und so viel bedeutet wie »auf dem
Posten sein«, »Dienst haben«[26]. Ein Diener Gottes ist niemals außer Dienst, sondern steht immer auf seinem Posten. Mein Vater
sagte oft zu mir, ein Prediger müsse stets auf der Stelle bereit sein
zu predigen, zu beten oder zu sterben.

Paulus forderte Timotheus auf: »Stehe bereit zu gelegener und ungelegener Zeit!« (2Tim 4,2). Ein Diener Christi ist im Dienst, sowohl wenn es ihm passt als auch wenn es ihm ungelegen ist. Ich erinnere mich an einen Sonntagabend, als ich sehr müde nach Hause kam. Ich hatte nur zwei Wünsche: Ein kühles Getränk und einen Sessel um auszuruhen. Doch ich hatte mich noch nicht gesetzt, da klingelte das Telefon. Eine Familie steckte in schweren Problemen. Ich telefonierte fast eine dreiviertel Stunde, während der das Essen, das meine Tochter mir zubereitet hatte, ungenießbar wurde. Als ich aufgelegt hatte, klingelte das Telefon schon wieder, und diesmal ging es um eine noch schlimmere Katastrophe. Ich nehme an, dass der Herr mir auf diese Weise klar machte, dass ich immer im Dienst bin. So ist das im Gemeindedienst – man muss völlig davon in Beschlag genommen sein.

Ein exzellenter Diener ist ständig geistlich am Wachsen

Paulus schreibt: »… damit deine Fortschritte allen offenbar seien!« (V. 15). Das bedeutet, dass das geistliche Wachstum von Timotheus für alle offenkundig sein sollte. Demzufolge hatte er noch keine Perfektion erlangt. Ein Diener sollte die ihm anvertrauten Gläubigen nicht zu überzeugen versuchen, dass er fehlerlos sei, sondern ihnen vielmehr sein Wachstum vor Augen führen. Der Maßstab für einen Diener Christi ist hoch; niemand erreicht ihn völlig. Sogar Paulus sagte: »Nicht, dass ich es schon ergriffen habe oder schon vollendet bin; ich … jage auf das Ziel zu« (Phil 3,12.14). Paulus hatte seine Fehler; er war nicht vollkommen (Apg 23,1-5). Die Leute müssen unsere Aufrichtigkeit und Demut erkennen können. Ich bin nicht perfekt, aber ich hoffe, dass ich Fortschritte mache.

Das griechische Wort, das mit »Fortschritte« übersetzt wurde (*prokopê*), wird im militärischen Sinne für eine herannahende Truppe verwendet. Die Stoiker bezeichneten damit den »Fortschritt in der Erkenntnis«[27]. Es wurde auch für einen Pionier verwendet, der mühevoll eine Schneise schlug und sich so an ein neues Ziel heranarbeitete. Wir sollen Fortschritte machen hin zur Christusähnlichkeit, und das soll nicht im Verborgenen geschehen.

Manchmal macht mich jemand darauf aufmerksam, dass ich auf einer Vortragskassette etwas sage, was einer Aussage auf einer späteren Vortragskassette widerspricht. Dann antworte ich, dass ich am Wachsen bin. Ich wusste damals noch nicht alles, und ich weiß auch jetzt noch nicht alles.

Menschlich gesprochen, eignet sich niemand für die Aufgabe des Verkündigungsdienstes. Der Herr weiß das; derselbe Herr, der uns hohe Maßstäbe gab, weiß auch, dass wir diese Maßstäbe nie aus unserer Kraft erfüllen können. Doch wenn wir uns dem Geist Gottes ergeben und von ihm das erwarten, was wir selber niemals erreichen könnten, wird seine Kraft durch uns wirken.

Am Ende von 1. Timotheus 4 schreibt Paulus: »Habe Acht auf dich selbst und auf die Lehre; beharre in diesen Dingen!« (V. 16). »Habe Acht« bedeutet aufpassen. Timotheus sollte auf zwei Dinge achten: auf sein Verhalten und auf seine Lehre. Diese zwei bilden das Herzstück des Gemeindedienstes. Die elf Kennzeichen, die wir in diesem Abschnitt betrachtet haben, können in diesen zwei Befehlen zusammengefasst werden.

Die Bibel bekräftigt immer wieder: Wer wirklich gerettet ist, wird im Glauben ausharren. Paulus versicherte Timotheus, dass sein Beharren in der persönlichen Heiligung und seine korrekte Lehre ihn weiterbringen werden auf seinem Weg zur letztendlichen und glorreichen Errettung: »Denn wenn du dies tust, so wirst du sowohl dich selbst erretten als auch die, die dich hören« (V. 16). Seine Beharrlichkeit sollte der Beweis sein für die Echtheit seines Glaubens.

Wenn wir in Gottseligkeit und Wahrheit ausharren, wird unser Leben Auswirkungen auf andere haben; wir werden ihnen die Botschaft der Errettung vermitteln. Wir selbst sind nicht die Retter, aber wir werden von Gott dazu gebraucht, wenn wir sein Wort verkünden und ein heiliges Leben führen. Alle Qualifikationen des vortrefflichen Diener Gottes dienen letztlich der Errettung von Seelen. Das ist der Zweck unseres Lebens und der Grund, weshalb wir noch auf der Erde bleiben, nachdem wir erlöst worden sind. Wenn Gott nichts weiter von uns wollte, als dass wir ihn anbeten, könnte er uns im Augenblick unserer Errettung in den Himmel nehmen. Aber er will, dass wir die Heilsbotschaft zu den Verlorenen bringen. Das ist die Summe des ganzen geistlichen Dienstes. Das ist eine hohe, heilige und herrliche Berufung!

Kapitel 13

Die Herde Gottes hüten[28]

»Die Ältesten, die unter euch sind, ermahne ich … Hütet die Herde Gottes, die bei euch ist, indem ihr die Aufsicht nicht aus Zwang führet, sondern freiwillig, auch nicht um schändlichen Gewinn, sondern bereitwillig, nicht als die da herrschen über ihre Besitztümer, sondern indem ihr Vorbilder der Herde seid. Und wenn der Erzhirte offenbar geworden ist, so werdet ihr die unverwelkliche Krone der Herrlichkeit empfangen.«

1. Petrus 5,1-4 (Elb.)

Petrus schrieb diese Verse an Christen, die in ihrer Kultur sehr vertraut mit Schafen und dem Beruf des Hirten waren. Leider ist uns heute die tiefe Bedeutung dieses bildhaften Vergleichs verloren gegangen, da die meisten von uns in Gegenden leben, wo Schafherden nicht an der Tagesordnung sind. Ein sorgfältiger Blick auf die Aufgabe des Hirten und auf das Wesen der Schafe wird uns vielleicht tiefere Einblicke in einige hilfreiche Prinzipien der Gemeindeleitung vermitteln.

Als ich auf der Highschool war, hatte ich zum ersten Mal näher mit Schafen zu tun. Ich nahm über die Sommerferien einen Job als Schafhirte an, und dadurch wurde mein Interesse für Schafe geweckt. Während meiner Dienstjahre habe ich mich ausführlich mit dem Thema Schafe und Hirten beschäftigt, aber mein Interesse daran wurde nochmals beträchtlich gesteigert, als ich 1988 nach Australien und Neuseeland reiste. Ich verbrachte einige Zeit mit Hirten, die ihr Leben lang diesen Beruf ausgeübt haben, und darüber hinaus befasste ich mich mit den Schriften eines der führenden Hirten in Neuseeland. Was ich daraus lernte, war wirklich erleuchtend.

Hirten sind Retter

Ein Schaf ist ein schönes, zartes, demütiges und – im Gegensatz zur landläufigen Auffassung – intelligentes Tier. Doch anders als andere Tiere hat es keinen Orientierungssinn und keinen Instinkt, um den Weg nach Hause zu finden. Ein Schaf kann bereits wenige

Kilometer von seinem Stall völlig verloren sein. Verirrte Schafe laufen üblicherweise endlos im Kreis umher und sind orientierungslos, rastlos und in Panik.

Im Umkreis seines vertrauten Reviers kommt ein Schaf gut zurecht. Es kennt seine Weide und den Ort, wo es geboren und vom Muttertier gesäugt wurde. Es liegt täglich am selben Schattenplatz und schläft im selben Pferch. Mehr als jedes andere Weidetier bleibt es im vertrauten Umfeld. Aber wenn es die vertraute Umgebung verlässt, können die Folgen katastrophal sein.

Als Jesus die geistlich orientierungslosen, hilflosen und verlorenen Volksmengen sah, verglich er sie mit Schafen ohne Hirten (Mt 9,36). Der Prophet Jesaja beschrieb die Verlorenen als solche, die sich wie Schafe verirrt haben und ihren eigenen Weg gehen (Jes 53,6). Verlorene Menschen brauchen, wie verirrte Schafe, einen Retter, der sie in die Sicherheit des Stalls zurückführt.

Hirten sind Leiter

Schafe sind von Natur aus darauf ausgelegt, anderen zu folgen, und können leicht in die Irre geführt werden. In Neuseeland werden jedes Jahr etwa 40 Millionen Schafe zur Schlachtung geführt. Ein besonders ausgewählter Schafbock, der treffend als »Judas-Schaf« bezeichnet wird, führt die unwissenden Schafe zum Ort ihrer Tötung. Die Schafe ahnen nicht, was auf sie zukommt und folgen blindlings dem Judas-Schaf in den Tod.

Leider gibt es auch untreue, falsche Hirten, die die Schafe auf Abwege führen. In Jeremia 23,1-2 spricht Gott ein Wehe über die ungerechten Herrscher Judas, die er mit untreuen Hirten vergleicht: »Wehe den Hirten, die die Schafe meiner Weide zugrunde richten und zerstreuen! ... Ihr habt meine Schafe zerstreut und sie vertrieben und habt nicht nach ihnen gesehen. Siehe, ich werde die Bosheit eurer Taten an euch heimsuchen, spricht der HERR.«

Hirten sind Wächter

Sie wachen über die Nahrung der Schafe

Die meiste Zeit ihres Lebens verbringen Schafe mit Fressen und Trinken, wobei sie jedoch wahllos alles nehmen, was sie vorfinden. Sie können nicht zwischen giftigen und genießbaren Pflanzen unterscheiden. Deshalb muss der Hirte genau aufpassen, was sie fressen.

Wenn sie eine Weide abgegrast haben, sind sie nicht imstande, selbständig einen neuen Weideplatz zu suchen. Wenn sie nicht auf grüne Wiesen geführt werden, knabbern sie weiter an den Stoppeln des alten Grases, bis nur noch Schmutz übrig ist. Dann würden sie schon bald nichts mehr zu fressen haben und verhungern.

Das Trinken ist eine weitere Herausforderung. Schafe brauchen sauberes Wasser, das weder abgestanden noch mit Krankheitserregern verseucht ist. Es darf nicht zu kalt und nicht zu warm sein und darf nicht zu schnell fließen. Es muss in der Nähe und leicht zugänglich sein. Sie müssen, wie der Psalmist sagt, zu stillen Wassern geführt werden (Ps 23,2).

Die meisten Tiere können Wasser aus einiger Entfernung riechen, aber Schafe können das nicht. Wenn sie zu weit von ihrer Weide abirren, können sie kein Gewässer wahrnehmen, selbst wenn es sich in nächster Nähe befindet.

Sie wachen über die Sauberkeit der Schafe

Kleine Lämmer sind anschmiegsame, weiche, saubere, weiße und wollige Tiere, bei denen es eine Freude ist, sie mit einer Flasche zu stillen. Wenn sie älter werden, ändert sich das jedoch schnell. Ältere Schafe sind selten weiß und so gut wie nie sauber. Sie sind schmutzig und fettig, weil ihre Wolle viel Lanolin enthält, das Schmutz, Kräuter, Samen und fast alles anzieht und festhält, was in ihrer Umgebung umherwirbelt. Weil sie sich nicht selber säubern können, bleiben sie dreckig, bis der Hirte sie schert.

Wenn sie nasses Gras fressen, können sie schlimmen Durchfall bekommen, der sich verhärtet, wenn er in ihre fettige Wolle gerät. Das kann tödlich für das Schaf werden, wenn dadurch der After verstopft wird oder wenn Insekten ihre Eier in ihr verschmutztes Fell legen und dann die Maden ausschlüpfen. Der Hirte muss die Schafe baden, um sie sauber zu halten. Manchmal muss er ihr Hinterteil scheren, um die mit Fäkalien verklebte Wolle zu entfernen.

Nasser Boden ist ebenfalls eine Gefahr. Der Grund muss fruchtbar, aber nicht matschig sein. Wenn die Schafe zu lange im Nassen sind, können sie Fußfäule oder gefährliche Abszesse unter ihren Hufen bekommen.

Die meisten Krankheiten, von denen Schafe befallen werden, sind hochgradig ansteckend. Parasiten, Infektionen und andere

Erkrankungen breiten sich in Windeseile von einem Schaf zum anderen aus. Deshalb ist es dringend erforderlich, dass der Hirte immer darauf achtet und die Krankheit eines Schafes erkennt und behandelt, bevor die Herde von einer Epidemie heimgesucht wird.

Hirten sind Beschützer

Schafe sind fast gänzlich wehrlos. Sie können weder treten noch kratzen, noch beißen, noch anspringen, noch anrempeln. Sie brauchen einen schützenden Hirten, der ihr Überleben sicherstellt. Wenn sie von einem Raubtier angegriffen werden, laufen sie nicht fort, sondern drängen sich aneinander. Daher sind sie eine leichte Beute.

Wenn ein Schaf mit dickem Fell auf seinen Rücken fällt, ist es oft nicht imstande, sich wieder auf die Beine zu stellen. In den meisten Fällen gibt es einfach auf und stirbt, es sei denn, ein Hirte kommt ihm zu Hilfe.

Wenn ein Schaf lange Zeit auf dem Rücken liegt, sackt sein Kreislauf zusammen. Wenn der Hirte das Tier dann auf die Beine stellt, bevor der Kreislauf wieder funktioniert, wird es abermals umfallen. Der Hirte muss es dann eine Stunde oder noch länger tragen, bis es wieder selbständig laufen kann.

Hirten sind Tröster

Schafe haben keinen Selbsterhaltungstrieb. Sie sind so demütig und sanftmütig, dass ihr Gemüt bedrückt wird, wenn man sie schlecht behandelt, und es kann sein, dass sie dann einfach resignieren und sterben. Der Hirte muss den Charakter jedes einzelnen Schafs kennen und sich darum kümmern, dass den Tieren nicht zu viel abverlangt wird.

Ein Tag im Leben eines Hirten

Derart verwundbare Tiere brauchen Hirten, die weise, aufmerksam, fürsorglich und hingebungsvoll sind. W. G. Bowen schrieb ein wunderschönes Portrait eines solchen Hirten:

> Beschwingten Schrittes und mit einem Blick auf den Himmel macht sich der Hirte bei Sonnenaufgang auf zum Pferch seiner Schafe. Sobald er am Tor rasselt, ertönt sein Morgenruf; er

begrüßt die Schafe, oft namentlich, und jedes Schaf stellt sich auf seine Beine. Mit erwartungsvollem Blick und leuchtenden Augen hüpfen sie auf das Tor zu: Ein weiterer großartiger Tag auf der Weide mit ihrem liebevollen Hirten, der sie zu frischem Gras und kühlem Wasser führt, beginnt.

Eifrig drängen sie durch das Tor, eines nach dem anderen, die jüngeren Lämmer und Jährlinge mit einem verspielten Freudenhopser, die älteren etwas gemächlicher und würdiger, als wollten sie ihre Kraft aufsparen für die Anforderungen des langen vor ihnen liegenden Tages.

Die Sonne blinzelt über den Horizont jenseits der Hügel und verwandelt die Tautropfen an den Sträuchern, am Gras und an den Hecken in Juwelen. Die Luft ist klar, frisch und strahlend. Der Wind ist noch nicht aufgekommen und alles ist in eine friedevolle Stimmung gehüllt. Während die Herde sich Tier für Tier durch das Tor fädelt, herrscht nur Freude, Lebensfülle und Eintracht.

Die Schafe folgen dem Hirten, der sie entlang einer neuen Route in eine neue Richtung zu einem frischen Weideplatz führt, auf dem seit einigen Monaten keine Herde mehr gegrast hat. Die Leittiere scheinen zunächst beunruhigt, als wollten sie umkehren zum gewohnten, bereits ausgetrampelten Weg, doch zögernd folgen sie der Führung ihres Hirten, der sie zu frischen, sauberen Wiesen und lieblichen Weidegründen führt.

Bei der Ankunft am neuen Weideplatz ist alles in Aufruhr. Leben kommt in die Herde. Jedes Schaf versucht die anderen Tiere wegzudrängen, auf der Suche nach dem ersten Leckerbissen – einer süßen Wildblume, einer reifen Ähre, einem fetten Kleebüschel oder einer üppigen Pflanze. Jeder zarte Halm wird im Vorübergehen angeknabbert, bei jedem Schritt ein Biss. Welche Freude, einer Herde hungriger Schafe zuzuschauen, die auf einer frischen, lieblichen Weide grast!

Doch das hält nicht lange an. Der erste Hunger ist schnell gestillt, und die Herdentiere beginnen sich hinter den aktiven Leittieren zu versammeln. Die Lämmer sind nun bereit für ihr morgendliches Vergnügen: die Muttermilch. Diese wunderbare Mutter gibt ihrem Zwillingspaar bereitwillig alles hin. Sie werden größer und fetter, während die Mutter dünner wird. Um die süße Milch zu bekommen, heben sie ihre Mutter beinahe vom Boden hoch, wenn sie unter ihren Bauch stoßen und schubsen. Kein

Wunder, dass sie oft ein wenig zögert und erschöpft wirkt, da sie die unersättlichen Ansprüche dieser heißhungrigen »kleinen Wilden« stillen muss, die anscheinend niemals genug kriegen.

Die Leittiere sind entweder allein oder kümmern sich um ein einzelnes Lamm. Oft sind sie unfruchtbare weibliche Schafe, Hammel [kastrierte männliche Schafe] oder Böcke, die von nichts zurückgehalten werden. Sie sind oft eigennütziger als die anderen Schafe, die viele Opfer auf sich nehmen. Sie stürzen drauf los, laufen voraus, erstoßen und erdrängen sich ihre Position und fordern die ersten und besten Leckerbissen für sich selbst.

Der Hirte kennt ihr Verhalten sehr gut. Oft lässt er sie absichtlich vorauseilen auf ein kahles Felsplateau, während er den Rest der Herde und die Nachhut umlenkt auf einen Weg in ein liebliches Seitental und zu einer fetten Weide. Manchmal geht er zu den gierigen Schafen und den Leittieren, die die Herde hinter sich her in eine falsche Richtung ziehen. Der Hirte nimmt sich die Zeit umzukehren und sie zum Rest der Herde zurückzubringen, wenn die anderen genügend Zeit hatten, sich die besten Früchte zu ergattern.

Wenn es im Tagesverlauf heißer wird und die Sonne zum Zenith am klaren, strahlenden Himmel hinaufsteigt, beginnt die Herde nach Schattenplätzen zu suchen – dem Schatten eines Baumes, Strauches oder Felsens – und jedes Schaf zeigt Symptome von Durst: es lässt die Ohren hängen und leckt sich über sein Maul.

Der Hirte kennt den Weideplatz. Lange bevor selbst das älteste seiner Tiere geboren wurde, ist er die Wege bereits abgegangen. Er weiß, wo die grünen Wiesen und die frischen Wasserquellen sind. Der Weg dorthin ist nicht immer einfach.

Manchmal müssen die Schafe gezwungen und überzeugt werden, um einen steilen, felsigen Pfad hinunter zu steigen. Das ist stets ein schwieriges Unterfangen. Nach ihrer natürlichen Vorliebe klettern sie viel lieber bergauf, als dass sie abwärts steigen. Der felsige Pfad ist eng und gefährlich. Er fügt ihren Klauen Schmerzen zu. Dort gibt es ein unnötiges Gedränge, und dort gibt es Staub und Hitze.

Schließlich kommen sie am unteren Plateau an. Endlich: Dort beim Felsen gluckert friedlich die Quelle und bildet einen Teich von kristallklarem Wasser. Die Leittiere blöken den anderen zu und signalisieren, dass Wasser entdeckt wurde. Innerhalb weniger Minuten ist die ganze Herde voller Zufriedenheit. Anstelle von Durst herrscht nun Erquickung.

Und was für ein Anblick! Jedes Schaf kommt an die Reihe und säuft nicht, sondern trinkt vielmehr anständig. Es gibt kein Gedrängel, kein Wegschubsen, kein Durchzwängen vor die anderen. Sie warten freundlich aufeinander. Oft nehmen sie sich Zeit, benetzen ihre seidenen Mäuler, schnaufen, werfen den Kopf hoch und trinken langsam ohne Eile und mit großer Zufriedenheit.

Dann ist »Siesta«; die Schafe ziehen sich in den kühlen Schatten von Felsen, Sträuchern und Bäumen zurück, und der Hirte liegt an einem erhöhten Platz im Schatten, wo er die ganze Herde überblickt, die sich zu einem Nickerchen von zwei bis drei Stunden niederlässt. Als letzte finden die Böcke, Hammel und älteren Schafe einen Platz zum Ausruhen und Entspannen. Zu guter Letzt werden auch die Lämmer still und sind bereit, ihre Muttertiere allein und in Ruhe zu lassen. Eine Zeit der Stille und Ruhe beginnt. Eine Zeit der Einkehr und des Wiederkäuens. Kein Lärm. Keine Raubtiere. Keine Gefahren. Nun ist in Umgebung von Weidegrund, Gras und Wasser der beste Teil des Tages gekommen. Welch ein erhabenes Ereignis für die Schafe unter dem wachsamen Auge des Hirten!

Es ist nun mitten am Nachmittag und der erste, der sich bewegt, ist der Hirte. Die Schatten werden allmählich länger. Die größte Hitze des Tages ist vorüber. Und es ist Zeit, die Schritte zurück nach Hause zu lenken, zum Pferch. Nur langsam erhebt sich die Herde von ihrer Pause. Wenn der Hirte es zuließe, würden die Schafe hier den ganzen Tag liegen bleiben, bis die Sonne unterginge, aber jetzt ist es Zeit aufzubrechen und den Heimweg anzutreten.

Die Leittiere der Herde kehren als erste um und trotten auf den Weg, der nach Hause führt, den steilen Hang hinauf. Der Rest der Herde folgt langsam. Als sie oben angekommen sind, kommt der Nachmittagswind auf. Der Wind wird stärker und entwickelt sich zu einem Sturm, der der Herde direkt ins Gesicht bläst. Der Staub weht ihnen ins Gesicht und die heiße Luft bläst ihnen um die Ohren.

Wie die Herde diesen Wind im Gesicht verabscheut! Auf der Weide kehren sie dem Wind stets unverzüglich den Rücken zu. Aber jetzt müssen sie geradewegs dem Wind entgegen gehen. Warum? Warum lässt der Hirte uns nicht in die andere Richtung gehen und einen anderen Weg nehmen? Die Antwort ist: Auch wenn es schwer fällt, auch wenn es unangenehm ist – es ist der Heimweg für die Schafe. Wenn sie zögern und bummeln, wenn sie nicht bei Sonnenuntergang daheim sind, würde sich die Herde zerstreuen, verirren und Raubtieren zur Beute fallen oder andern Dieben und Räubern, die die Finsternis dem Licht vorziehen, weil ihre Werke böse sind. Das ist ein schwieriges Ende des Tages. Sie haben viele Probleme bewältigt, viele Gefahren überstanden, viele Nöte gestillt – und der Hirte musste dabei den ganzen Tag lang wachsam bleiben.

Wenn der Weg mühsam ist, wird die Herde oft unruhig, sogar wenn sie auf dem Heimweg ist. Der Hirte sieht, wie ein altes Muttertier in der Nachhut schwerfällig hinkt. Er geht zu ihr hin und findet einen großen Holzsplitter zwischen ihren Hufen. Er nimmt das Tier auf seine Arme, hält es sanft und beruhigend fest und entfernt vorsichtig den schmerzenden Fremdkörper. Dann massiert er etwas lindernde Salbe ein, stellt es wieder auf seine Beine und lenkt sie auf den Heimweg.

Eine Zählung der Herde ergibt, dass ein Schaf fehlt. Der Hirte blickt sich nah und fern um und geht dann den Weg zurück, um das eine vermisste Schaf zu finden. Er sucht oben an den Hängen und unten in den Senken – und dort, im Dickicht der Dornsträucher hat sich ein junges Schaf verfangen und kann sich nicht befreien. Sanft löst er das Einjährige aus den Dornen heraus, hebt es auf seine Schultern und trägt es einen Kilometer weit, bis es sich der Prozession nach Hause anschließen kann.

Als der Hirte wieder bei der Herde ankommt und das verirrte Schaf zurückbringt, sieht er, wie zwei große Böcke um die Leiterposition und Dominanz über die Herde kämpfen. Schleunigst trennt er sie und zeigt ihnen, wer wirklich der Chef ist – er selbst.

Während der Hirte auf der Suche war, ist ein Muttertier in ein Loch gefallen und ihr Lamm wurde von ihr getrennt und auf die andere Seite der Herde gedrängt. Beide Tiere sind in großer Not. Der Hirte greift ein, hebt die Mutter wieder auf ihre Beine, tröstet sie, führt sie durch die Herde, während er nach dem kleinen Lamm ruft. Bald darauf sind sie wieder vereint und überglücklich.

Zwischen den farbenprächtigen Wolken des Westhimmels geht nun rot die Sonne unter, was für morgen schönes Wetter verheißt.

Der letzte Kilometer, der leichte Kilometer, ist ein gut ausgetretener Pfad zurück zum Pferch. Schon viele Male an vielen Tagen sind sie diesen Weg gegangen. Die Schafe erkennen die vertraute Umgebung, die Felder ihrer Heimat und ihren Pferch. Der Hirte geht ihnen voraus und stellt sich neben das weit geöffnete Tor. Er ruft ihnen zu: »Kommet her zu mir ... und ihr werdet Ruhe finden.« Die Herde strömt ohne Widerwillen durch das Tor ein zur Ruhe, zum Schutz und zur Zufriedenheit.

Hier im Pferch gibt es keine Gefahren mehr. Hier sind keine felsigen Pfade, keine Raubtiere, keine sengende Sonne. Hier gibt es kein vertrocknetes Gras, keinen Staub, keinen Wind, keine Dornen, kein Geschrei, keine Schmerzen. Stattdessen gibt es hier süßes Stroh, reines Wasser, hohe Zäune um das Heiligtum, Schutz vor allen Gefahren, süßen Frieden, süße Ruhe und süße Gemeinschaft – bis der Hirte kommt und sie weckt zu einem neuen, strahlenden Morgen.

Der Hirte kennt seine Herde. Er kennt ihre Zahl, und kein Tier fehlt, alle sind gezählt. Wenn alle Tiere eingekehrt sind, schließt er das Tor. Niemand kann hinein und niemand hinaus. Nur er hat die Macht, das Tor wieder zu öffnen.[29]

Der Erzhirte

Jesus ist das vollkommene Beispiel eines liebevollen Hirten. In ihm ist alles vereint, was einen geistlichen Führer ausmacht. Petrus nannte ihn den »Erzhirten« (1Petr 5,4). Jesus nennt sich selbst der »gute Hirte«, der sein Leben für die Schafe gibt (Joh 10,11). In Johannes 10,27-28 sagt er: »Meine Schafe hören meine Stimme, und ich kenne sie, und sie folgen mir; und ich gebe ihnen ewiges Leben, und sie gehen nicht verloren in Ewigkeit, und niemand wird sie aus meiner Hand rauben.« Er ist unser großer Retter, Wächter, Beschützer und Tröster.

Von der Analogie zur Realität

Älteste sind Unterhirten, die unter dem wachsamen Auge des Erzhirten die Herde hüten (Apg 20,28). Sie haben die Vollzeit-Verantwortung, weil sie dem Volk Gottes dienen, und diese Gläubigen sind oft, wie Schafe, verletzlich, wehrlos, unkritisch und zum Stehenbleiben geneigt.

Unterhirten müssen die Schafe mit dem Wort Gottes nähren und sie durch ihr Vorbild leiten. Sie müssen die Schafe vor dem Herumstreunen bewahren und vor dem Abirren auf solche Weiden, die für sie gefährlich sind. Sie müssen sie beschützen vor allen »Judas-Schafen«, von denen sie in lehrmäßige Verirrungen und geistliche Katastrophen geführt werden. Sie müssen der Aufforderungen folgen: »Weist die Unordentlichen zurecht, tröstet die Kleinmütigen, nehmt euch der Schwachen an, seid langmütig gegen alle!« (1Thes 5,14).

Hirtendienst für die Herde Gottes ist eine enorme Aufgabe, aber für treue Älteste bringt sie den reichen Lohn der unverwelklichen Krone der Herrlichkeit, die ihnen der Erzhirte bei seiner Wiederkunft persönlich übergeben wird (1Petr 5,4).

Anhänge

Antworten auf Schlüsselfragen über Älteste

Die Betonung auf Leitung durch Älteste war über die Jahre eine Besonderheit der Gemeindepraxis der Grace Community Church. Der Herr hat uns mit einer Gruppe von hingegebenen Männern gesegnet, die der Gemeinde eine starke, vereinte Leiterschaft geboten haben, indem sie kompromisslos dem Willen Gottes verpflichtet waren. Ihre Leiterschaft, die auf dem biblischen Muster basiert, ist ein entscheidender Schlüssel für den Segen, den die Grace Church in Form von Wachstum und Wirksamkeit erfahren hat.

Der amerikanische Evangelikalismus mit seinem Erbe an demokratischen Werten und seiner langen Geschichte der kongregationalen Gemeindebewegung neigt dazu, das Prinzip der Ältestenschaft skeptisch zu betrachten. Stimmen wurden laut, die Ältestenschaft als ein neuartiges und subversives Konzept charakterisierten, welches das Leben der Gemeinde bedrohe. Auf unseren halbjährlichen Hirtenkonferenzen sind die Seminare zum Thema Ältestenschaft stets die beliebtesten. Gemeindeleiter wollen wissen, was Ältestenschaft ist, ob Leitung durch Älteste wirklich die Gemeinde stärkt und wie sie Ältestenschaft in ihren Gemeinden einführen können.

Richtige biblische Gemeindeleitung durch Älteste stärkt die Gemeinde, und die biblische Norm für Gemeindeleitung ist eine Gruppe von Ältesten, die von Gott eingesetzt sind. Außerdem ist Ältestenschaft das einzige Muster für Gemeindeleitung im Neuen Testament. Nirgends in der Schrift finden wir eine Ortsgemeinde, die von der Meinung der Mehrheit oder von einem einzigen Pfarrer geleitet wird.

Ich bin zuversichtlich, dass eine Rückkehr zum biblischen Muster viel dazu beitragen würde, um die Gemeinde von heute wiederzubeleben. Die Kraft, Gesundheit, Produktivität und Fruchtbarkeit einer Gemeinde spiegelt direkt die Qualität ihrer Leiterschaft wieder.

Im Plan, den Gott für die Gemeinde verordnet hat, bedeutet Leiterschaft eine Stellung des demütigen, liebevollen Dienstes. Die Leiter des Volkes Gottes müssen Vorbilder sein an Reinheit, Aufopferung, Fleiß und Hingabe. Und mit der enormen Verantwortung, die das Leiten der Herde Gottes mit sich bringt, öffnet sich ein Potential entweder für großen Segen oder für schweres Gericht. Gute Führungspersonen werden doppelt gesegnet, schlechte doppelt gestraft, denn »wem man viel anvertraut hat, von dem wird man desto mehr fordern« (Lk 12,48). Jakobus 3,1 sagt: »Werdet nicht viele Lehrer, meine Brüder, da ihr wisst, dass wir ein schwereres Urteil empfangen werden!«

Biblisch gesehen geht es beim Thema Gemeindeleitung vor allem um den Ältesten. Die Ältesten sind damit betraut, die Gemeinde zu unterrichten, zu nähren und zu beschützen, und es sind die Ältesten, die vor Gott für die Gemeinde verantwortlich sind. Doch bei Begegnungen mit Ältesten und Gemeindeleitern aus ganz Amerika stelle ich immer wieder fest, dass viele weder die Wichtigkeit noch das Potential ihrer Rolle verstehen. Sie sind sich nicht sicher, was ihre Funktion am Leib ist und in welcher Beziehung sie zu ihm stehen, und daher können sie ihre Aufgabe nur sehr beeinträchtigt ausüben. Angesichts dieser Tatsache möchte ich elf Schlüsselfragen aufstellen, deren Antworten grundlegend sind für ein biblisches Verständnis des Ältestendienstes.

Was ist das richtige Verständnis des Begriffes *Ältester*?

Der Begriff *Ältester* stammt aus dem Alten Testament. Das übliche hebräische Wort für *Älteste* (*saqen*) kommt z.B. in 4. Mose 11,16 und 5. Mose 27,1 vor und wird dort für die siebzig Führer des Volkes verwendet, die Mose unterstützten. Dort bezieht es sich auf eine spezielle Kategorie von Männern, die zum Leitungsdienst im Volk Israel ausgesondert waren, vergleichbar mit einem Senat. Aus 5. Mose 1,9-18 wird deutlich, dass sie mit der Verantwortung betraut waren, das Volk zu richten. Durch sie ließ Mose seine Botschaften an das Volk mitteilen (2Mo 19,7; 5Mo 31,9). Sie leiteten das Passah (2Mo 12,21) und möglicherweise auch andere Teile des Gottesdienstes.

Später amtierten die Ältesten Israels als Vorsteher von Städten (1Sam 11,3; 16,4; 30,26). Auch dann noch war es ihre Aufgabe, Entscheidungen zu treffen – d.h. Weisheit praktisch anzuwenden und unter dem Volk Konflikte zu lösen, Wegweisung zu geben und allgemein die Einzelheiten einer geordneten Gesellschaft zu beaufsichtigen.

Das Alte Testament bezeichnet sie als »Älteste Israels« (1Sam 4,3), »Älteste des Landes« (1Kö 20,7), »Älteste von Juda« (2Kö 23,1), »Älteste jeder Stadt« (Esr 10,14) und »Älteste der Gemein-

de« (Ri 21,16). Sie fungierten als kommunale Richter und als Vorsteher über die Stämme (5Mo 16,18; 19,12; 31,28).

Ein weiteres hebräisches Wort für *Älteste* ist *sab*, das nur fünf
Mal im Alten Testament vorkommt, und zwar nur im Buch Esra.
Es bezeichnet die Gruppe jüdischer Führungspersonen, die nach
dem babylonischen Exil mit dem Wiederaufbau des Tempels betraut waren.

Das griechische Wort für *Älteste* (*presbyteros*) kommt im Neuen
Testament etwa siebzig Mal vor. Es spricht von reifem Alter, genau
wie auch das hebräische *saqen*, das »alt« oder »bärtig« bedeutet,
wie das hebräische *sab*, das »grauhaarig« bedeutet, oder unser
deutsches Wort Ältester. Beispielsweise zitiert Petrus in Apostelgeschichte 2,17 aus Joel 2,28: »Eure Ältesten werden Traumgesichte
haben«. Im Hebräischen steht in Joel *saqen*, und im Griechischen in
der Apostelgeschichte *presbyteros*. Wenn der Begriff in diesem Sinne verwendet wird, bezeichnet er keinen offiziellen Titel, sondern
einfach einen älteren Mann.

In 1. Timotheus 5,2 bezeichnet die weibliche Form von *presbyteros* ältere Frauen im Gegensatz zu jüngeren: »(Ermahne) ältere
Frauen als Mütter, jüngere als Schwestern in aller Keuschheit!«
Auch in diesem Zusammenhang bezieht sich dieses Wort nur auf
reiferes Alter und nicht auf eine Stellung in der Gemeinde.

In 1. Petrus 5,5 wird der Begriff ganz ähnlich verwendet: »Ebenso ihr Jüngeren, ordnet euch den Ältesten unter!« Hier wird der
Ausdruck, wie auch in 1. Timotheus 5,2, als Gegensatz zu jungen
Leuten verwendet. In einem solchen Zusammenhang wird *presbyteros* im Allgemeinen so verstanden, dass lediglich »eine ältere
Person« gemeint ist und nicht unbedingt ein Amtsinhaber. Das ist
die grundlegende Bedeutung dieses Begriffs in seiner allgemeinen
griechischen Verwendung.

Zur Zeit Jesu wurde *presbyteros* häufig verwendet. Im Neuen
Testament bezeichnet es an 28 Stellen eine Gruppe von amtierenden religiösen Führungspersonen: »Hohepriester und Älteste« (Mt
27,3) und »Oberste des Volkes und Älteste« (Apg 4,8). In allen
diesen Fällen und ähnlichen Verwendungen bezeichnet *presbyteros*
anerkannte religiöse Führer in Israel, die keine Priester waren. Offenbar bildeten sie den Sanhedrin, die höchste Regierungsinstanz
des Judentums zur Zeit Jesu.

In Matthäus 15,2 und Markus 7,3.5 finden wir den Ausdruck
»Überlieferung der Ältesten«. Hier bezeichnet *presbyteros* die geist-

lichen Vorväter, von denen die Regeln des religiösen Lebens überliefert wurden. Sie waren die Lehrer, die die jüdische Überlieferung bestimmten. In diesem Sinne entspricht der *Älteste* dem *Rabbiner*, ob im offiziellen Status oder nicht.

Im Buch der Offenbarung kommt das Wort *presbyteros* zwölf Mal vor und bezeichnet stets die 24 Ältesten, die wahrscheinlich einzigartige Repräsentanten des erlösten Volkes Gottes aller Zeiten sind.

Wie wird der Begriff **Älteste** in Bezug auf die Gemeinde verwendet?

Die neutestamentliche Gemeinde war ursprünglich jüdisch, und daher übernahm die Urgemeinde natürlich das jüdische Konzept der Ältestenschaft. *Ältester* war der einzige übliche Begriff für eine Leitung, die nichts mit dem Königtum oder der Priesterschaft zu tun hatte. Das ist wichtig, denn in der Gemeinde ist jeder Gläubige ein Mitherrscher mit Christus, und daher konnte es keinen irdischen König geben. Und im Gegensatz zum Volk Israel hat die Gemeinde keine gesondert eingesetzte Priesterschaft, denn alle Gläubigen sind Priester. Daher trifft von allen jüdischen Leitungskonzepten das der Ältestenschaft am besten auf die Leitung zu, die für die Gemeinde verordnet ist.

Die Ältesten von Israel waren reife Männer. Sie waren Familienoberhäupter (2Mo 12,21); zeichneten sich durch einen starken, sittlichen Charakter aus; waren gottesfürchtige Männer von Wahrhaftigkeit und Integrität (2Mo 18,20-21); erfüllt mit Heiligem Geist (4Mo 11,16-17); fähige Männer, geprägt von Weisheit, Unterscheidungsvermögen und Erfahrung; unparteiische und mutige Männer, auf die man sich verlassen konnte, dass sie gerecht und fair halfen, lehrten und richteten (5Mo 1,13-17). Das jüdische Verständnis des Begriffs *presbyteros* umfasste alle diese Charaktermerkmale. Die Bezeichnung von Gemeindeleitern mit diesem Ausdruck betont die Reife ihrer geistlichen Erfahrung, wie aus der Kraft und Beständigkeit ihres sittlichen Charakters deutlich wird.

Das Wort *presbyteros* wird in der Apostelgeschichte und den Briefen fast zwanzig Mal für eine besondere Gruppe von Gemeindeleitern verwendet. Von Anfang an war klar, dass eine Gruppe von geistlich reifen Führungspersonen die Verantwortung in der Gemeinde tragen sollte. Die Gemeinde in Antiochia z.B., wo die Gläubigen erstmals »Christen« genannt wurden, sandte Barnabas und Saulus zu den Ältesten in Jerusalem, um ihnen eine Gabe für die bedürftigen Brüder in Judäa zu überbringen (Apg 11,30). Das zeigt, dass es schon zu frühester Zeit der Gemeinde Älteste gab und dass die Gläubigen in Antiochia die Autorität dieser Ältesten anerkannten.

Da die Gemeinde in Antiochia aus dem Dienst der Gemeinde von Jerusalem entstand, gab es wahrscheinlich auch dort Älteste. Es ist sogar wahrscheinlich, dass Paulus selbst in Antiochia als Ältester fungierte, bevor er als Apostel auszog. In Apostelgeschichte 13,1 wird er als einer der Führer dieser Gemeinde aufgezählt.

Älteste spielten eine führende Rolle beim Konzil von Jerusalem, wie wir in Apostelgeschichte 15 lesen (siehe V. 2.4.6.22-23 und 16,4). Offensichtlich bestimmten sie das Leben der Urgemeinde in entscheidendem Maße mit.

Als Paulus und Barnabas begannen, das Wort Gottes in neuen Territorien zu verkündigen und die Gemeinde sich auszuweiten begann, nahm der Identifikationsprozess von Gemeindeleitern konkrete Gestalt an. Und mit der Fortentwicklung der Gemeinde wurden ihre Leiter im ganzen Neuen Testament Älteste genannt.

Bereits im Bericht von Apostelgeschichte 14 sehen wir: Einer der wichtigsten Schritte zur Gründung einer neuen Gemeinde war es, Älteste für die Gemeindeleitung zu erkennen und einzusetzen. Vers 23 sagt: »Als sie ihnen aber in jeder Gemeinde Älteste gewählt hatten, beteten sie mit Fasten und befahlen sie dem Herrn, an den sie gläubig geworden waren.«

Von nahezu jeder Gemeinde, die wir aus dem Neuen Testament kennen, wird gesagt, dass sie Älteste hatte. Beispielsweise lesen wir in Apostelgeschichte 20,17: »Von Milet aber sandte er nach Ephesus und rief die Ältesten der Gemeinde herüber.« Dass die Gemeinde von Ephesus Älteste hatte, ist bedeutsam, weil alle Gemeinden in Kleinasien – wie z. B. die in Offenbarung 1,11 angeführten – aus dem Dienst der Gemeinde von Ephesus entstanden. Wir können annehmen, dass diese Gemeinden ihre Leiterschaft ebenfalls nach demselben Muster erkannten, welches Ephesus durch sein Vorbild geliefert hatte: eine Gruppe von Ältesten.

Petrus schrieb an die zerstreuten Gläubigen in Pontus, Galatien, Kappadozien, Asien und Bithynien: »Die Ältesten unter euch nun ermahne ich … Hütet die Herde Gottes« (1Petr 5,1-2). Dies waren keine Städte, sondern Gegenden; Petrus schrieb nämlich an eine ganze Reihe von Gemeinden, die in ganz Kleinasien verteilt waren. Sie alle hatten Älteste.

Was hat der Begriff Älteste mit einem Bischof oder Pastor zu tun?

Bischöfe und Pastoren sind im biblischen Sinne nichts anderes als Älteste; diese Begriffe sind einfach andere Ausdrücke für dieselben Personen. Das griechische Wort für *Bischof* ist *episkopos*, wovon z.B. das Wort *episkopal* stammt sowie der Begriff *Bischof* selbst. *Pastor* heißt *Hirte*, und das griechische Wort dafür ist *poimên*.

Aus dem Bibeltext ist ersichtlich, dass alle drei Begriffe dasselbe Amt bezeichneten. Die Qualifikationen für einen »Bischof« in 1. Timotheus 3,1-7 entsprechen eindeutig den Qualifikationen für einen Ältesten in Titus 1,6-9. Im Titusbrief verwendet Paulus sogar beide Begriffe für ein und dieselbe Person (1,5.7).

In 1. Petrus 5,1-2 werden alle drei Begriffe verwendet: »Die Ältesten [*presbyteros*], die unter euch sind, ermahne ich, der Mitälteste und Zeuge der Leiden des Christus und auch Teilhaber der Herrlichkeit, die geoffenbart werden soll: Hütet [›behirtet‹, *poimanô*] die Herde Gottes, die bei euch ist, indem ihr die Aufsicht [*episkopeô*] nicht aus Zwang führet, sondern freiwillig …« (Elb.).

Auch in Apostelgeschichte 20 werden alle drei Begriffe austauschbar verwendet. In Vers 17 versammelt Paulus alle Ältesten [*presbyteros*] der Gemeinde, um ihnen seine Abschiedsbotschaft mitzuteilen. In Vers 28 sagt er: »Habt Acht auf euch selbst und auf die ganze Herde, in welcher der Heilige Geist euch als Aufseher [*episkopos*] eingesetzt hat, die Gemeinde Gottes zu hüten [*poimainô*].«

Im allgemeinen Sprachgebrauch bevorzuge ich den Begriff *Ältester*, weil er in unserer Sprache anscheinend keinen solchen kulturellen Bedeutungswandel erfahren hat wie *Bischof* oder *Pastor*.

Episkopos, das Wort für Bischof, bedeutet, »Aufseher« oder »Wächter«. Das Neue Testament verwendet *episkopos* fünf Mal. In 1. Petrus 2,25 wird Jesus Christus als »*episkopos* eurer Seelen« bezeichnet. Er hat den klarsten Überblick über uns und versteht uns am besten. Er ist der Hirte und Aufseher unserer Seelen. Die anderen vier Vorkommen von *episkopos* bezeichnen Führungspersonen von Gemeinden.

Episkopos ist die säkulare griechische Entsprechung zum hebräischen Konzept des Ältesten. Aufseher wurden von den Kaisern eingesetzt, um eroberten oder neugegründeten Stadtstaaten vorzustehen. Der Aufseher war mit der Aufsicht betraut und war dafür dem Kaiser verantwortlich. Er fungierte als dessen Vertreter und regelte die Angelegenheit der neuen Kolonie. Dem griechischen Denken des ersten Jahrhunderts vermittelte *episkopos* daher zwei Gedanken: Verantwortung gegenüber einer übergeordneten Macht und Leitung einer neuen Ordnung der Dinge. Heidnische Bekehrte haben dieses Konzept sicherlich sofort verstanden.

Es ist interessant, die biblische Verwendung von *episkopos* zu untersuchen. Dieses Wort kommt in der Apostelgeschichte nur einmal vor, fast an deren Ende (Apg 20,28). Damals gab es natürlich relativ wenig Heidenchristen in der Gemeinde, und daher war dieser Ausdruck nicht gebräuchlich. Doch als mehr und mehr Heiden gerettet wurden und die Gemeinde allmählich ihren jüdischen Beigeschmack verlor, wurde das von der griechischen Kultur geprägte Wort *episkopos* häufiger für Führungspersonen verwendet, die als Älteste fungierten (1Tim 3,1).

Der neutestamentliche Bischof oder Aufseher ist verantwortlich für das Lehren (1Tim 3,2), Ernähren, Beschützen und allgemeine Pflegen der Herde (Apg 20,28). Biblisch gesehen gibt es keinen Unterschied zwischen der Rolle von Ältesten und Aufsehern; die beiden Begriffe bezeichnen ein und dieselbe Gruppe von Leitern. *Episkopos* betont die Aufgabe, *presbyteros* den Charakter.

Poimên, das griechische Wort für Hirte (»Pastor«), kommt im Neuen Testament einige Male vor und wird üblicherweise mit *Hirte* übersetzt. Bei zwei der drei Vorkommen von *poimên* in den Briefen bezieht sich der Ausdruck auf Christus. Hebräer 13,20-21 ist ein Schlusssegen: »Der Gott des Friedens aber, der den großen Hirten [*poimên*] der Schafe aus den Toten heraufgeführt hat durch das Blut eines ewigen Bundes, unseren Herrn Jesus, vollende euch in allem Guten, damit ihr seinen Willen tut.« Und 1. Petrus 2,25 sagt: »Denn ihr gingt in der Irre wie Schafe, aber ihr seid jetzt zurückgekehrt zu dem Hirten [*poimên*] und Aufseher [*episkopos*] eurer Seelen.«

In Epheser 4,11 steht *Hirte* (*poimên*) in Verbindung mit dem Begriff *Lehrer.* Diese griechische Konstruktion zeigt an, dass die beiden Begriffe zusammengehören. Man könnte sie auch mit einer Wortkomposition übersetzen: Hirten-Lehrer. Der Nachdruck liegt auf dem Lehrdienst des Hirten. Daher betont *poimên* die hirtendienstliche Aufgabe des Pflegens und Nährens, wenngleich das Bild des Hirten auch das Konzept der Leiterschaft mit einschließt. Der Begriff *poimên* betont die Einstellung dieses Mannes. Um sich als Hirte zu eignen, muss er das fürsorgliche Herz eines Hirten haben.

So können wir festhalten: Der Begriff *Ältester* betont, wer dieser Mann ist. *Aufseher* spricht davon, was er tut. Und beim *Hirten* geht es um die Art und Weise seines Dienstes. Alle drei Begriffe werden für dieselben Gemeindeleiter verwendet und bezeichnen jene Männer, die die Gemeinde ernähren und führen, doch jeder Begriff hat seine besondere Betonung.

Welche Rolle übt ein Ältester aus?

Gegen Ende der Zeit der Apostel hatte sich das Ältestenamt als höchste Ebene der örtlichen Gemeindeleitung herausgebildet. Somit war eine enorme Verantwortung damit verbunden. Was die Belange der Gemeinde anbetraf, gab es keine höhere Instanz und keine übergeordnete Erkenntnisquelle, um die Gedanken und das Herz Gottes zu kennen.

In 1. Timotheus 3,1 steht: »Das Wort ist gewiss: Wenn jemand nach einem Aufseherdienst [*episkopos*] trachtet, so begehrt er ein schönes Werk.« In Vers 5 sagt Paulus, dass es die Aufgabe eines *episkopos* ist, »für die Gemeinde Gottes zu sorgen«. Daraus folgt eindeutig, dass ein Aufseher in erster Linie dafür zuständig ist, sich um die Gemeinde zu kümmern.

Dazu gehören eine Reihe konkreter Pflichten. Die vielleicht offensichtlichste ist es, die Belange der Ortsgemeinde zu verwalten. 1. Timotheus 5,17 sagt: »Die Ältesten, die gut vorstehen, sollen doppelter Ehre gewürdigt werden.« Das griechische Wort, das in diesem Vers mit »vorstehen« übersetzt wurde, ist *proistêmi*, das in 1. Timotheus vier Mal die Verantwortungen des Ältesten bezeichnet (3,4-5; 5,12.17), ebenso einmal in 1. Thessalonicher 5,12 (wo es ebenfalls mit »vorstehen« übersetzt wird) und einmal in Römer 12,8, wo dieses Vorstehen in einer Liste von Geistesgaben aufgezählt wird. *Proistemi* bedeutet wörtlich »als erstes stehen« und spricht von der Pflicht der allgemeinen Aufsicht, die allen Ältesten obliegt.

Als Führungspersonen der Gemeinde unterliegen Älteste keiner höheren irdischen Autorität außerhalb der örtlichen Gemeinde. Sie üben ihre Autorität über die Gemeinde nicht mit Gewalt oder diktatorischer Macht aus, sondern durch Anleitung und Vorbild (Hebr 13,7).

Die Ältesten dürfen auch nicht durch Mehrheitsentscheidung oder Abstimmung vorgehen. Wenn alle Ältesten vom selben Geist geleitet werden und alle die Gesinnung Christi haben, sollten sie in ihren Entscheidungen einmütig sein (1Kor 1,10; Eph 4,3; Phil 1,27; 2,2). Wenn ihre Meinungen voneinander abweichen, sollten alle Ältesten zusammen die Bibel untersuchen, beten und den Willen Gottes erfragen, bis sie einen Konsens erreichen. Hier beginnen Einheit und Harmonie in der Gemeinde.

Die Ältesten sind dafür verantwortlich, zu predigen und zu lehren (1Tim 5,17). Sie müssen entscheiden, was in der Gemeinde gelehrt wird und tragen die Verantwortung, dass der Gemeinde die Wahrheit verkündet wird. In 1. Timotheus 3,2, wo die geistlichen Qualifikationen des Aufsehers aufgelistet sind, wird nur eine einzige Qualifikation aufgeführt, die mit einer besonderen Aufgabe zu tun hat: Er muss »lehrfähig« sein. Alle anderen Qualifikationen sind persönliche Charaktereigenschaften.

Titus 1,7-9 betont darüber hinaus auch, wie wichtig die Verantwortung des Ältesten als Lehrer ist: »Der Aufseher muss ... fähig sei(n), sowohl mit der gesunden Lehre zu ermahnen als auch die Widersprechenden zu überführen.« Schon die drohende Gefahr falscher Lehrer war so groß, dass ein Verständnis gesunder Lehre und die Fähigkeit, diese zu vermitteln, eine Schlüsselqualifikation für die Gemeindeleitung war. »Ermahnen« ist in diesem Vers *parakaleô*, was wörtlich »herbeirufen« bedeutet. Aus dem Gebrauch dieses Wortes im Neuen Testament erkennen wir, dass der Dienst der Ermahnung facettenreich ist und mehrere Bereiche umfasst: Überzeugen (Apg 2,4; 14,22; Tit 1,9), Zureden (2Kor 8,17), Trösten (1Thes 2,11), Ermuntern (1Thes 4,1) und das beharrliche Wiederholen wichtiger Lehren (2Tim 4,2).

Die Ältesten sind Ansprechpartner für solche, die jemanden zum gemeinsamen Beten suchen. Jakobus schrieb: »Ist jemand krank unter euch? Er rufe die Ältesten der Gemeinde zu sich, und sie mögen über ihm beten und ihn mit Öl salben im Namen des Herrn« (Jak 5,14).

Apostelgeschichte 20,28 sagt, dass eine weitere Aufgabe des Ältesten der Hirtendienst ist: »Habt Acht auf euch selbst und auf die ganze Herde, in welcher der Heilige Geist euch als Aufseher eingesetzt hat, die Gemeinde Gottes zu hüten.« Dieses »Hüten« umfasst das Ernähren und Beschützen der Herde. Die Verse 29-30 betonen, dass die Aufseher die Herde dadurch beschützen, dass sie die Gefahr falscher Lehrer abwehren.

Der Älteste arbeitet als fürsorglicher und liebevoller Hirte, aber die Bibel bezeichnet die Gläubigen niemals als »seine« oder »eure«

Herde. Es ist die »Herde Gottes« (1Petr 5,2), und der Älteste ist lediglich ein Verwalter – ein Betreuer über den Besitz Gottes.

Als geistliche Aufseher der Herde treffen die Ältesten die wichtigen Entscheidungen für die Gemeinde (Apg 15,22); führen Aufsicht über die Gemeinde (Apg 20,28); berufen andere Älteste (1Tim 4,14); leiten, lehren und predigen (1Tim 5,17); ermahnen and weisen zurecht (Titus 1,9); und bieten als Hirten ein Vorbild für alle anderen (1Petr 5,1-3). Diese Verantwortungen rücken die Ältesten ins Zentrum neutestamentlicher Gemeindearbeit.

Verständlicherweise können Älteste es sich nicht leisten, sich in geschäftliche Detailfragen zu verlieren, sich mit Öffentlichkeitsarbeit aufzuhalten oder sich um finanzielle Belange und andere wiederkehrende Routineaufgaben der Gemeinden zu kümmern. Sie sollen sich zuallererst dem Gebet und dem Dienst des Wortes widmen und die weniger wichtigen Dinge an andere delegieren (Apg 6,3-4).

Welche Qualifikationen muss ein Ältester erfüllen?

1. Timotheus 3 und Titus 1 nennen die Qualifikationen eines Ältesten. 1. Timotheus 3,1-7 sagt:

> Das Wort ist gewiss: Wenn jemand nach einem Aufseherdienst trachtet, so begehrt er ein schönes Werk. Der Aufseher nun muss untadelig sein, Mann *einer* Frau, nüchtern, besonnen, sittsam, gastfrei, lehrfähig, kein Trinker, kein Schläger, sondern milde, nicht streitsüchtig, nicht geldliebend, der dem eigenen Haus gut vorsteht und die Kinder mit aller Ehrbarkeit in Unterordnung hält – wenn aber jemand dem eigenen Haus nicht vorzustehen weiß, wie wird er für die Gemeinde Gottes sorgen? – nicht ein Neubekehrter, damit er nicht, aufgebläht, dem Gericht des Teufels verfalle. Er muss aber auch ein gutes Zeugnis haben von denen, die draußen sind, damit er nicht in übles Gerede und in den Fallstrick des Teufels gerät.

Die vorrangige Qualifikation, die von den übrigen Qualifikationen nur weiter unterstrichen wird, ist »untadelig«. Das heißt, er muss ein Leiter sein, dem man keinerlei Sünde vorwerfen kann. Alle anderen Qualifikationen – abgesehen von vielleicht Lehr- und Leitungsfähigkeit – betonen nur diesen einen Gedanken der Tadellosigkeit.

Ein Ältester muss untadelig sein in seinem Eheleben, seinem gesellschaftlichen Leben, seinem Familienleben, seinem Berufsleben und seinem geistlichen Leben. »Mann *einer* Frau« (wörtl. ein »Einzige-Frau-Mann«) bedeutet nicht einfach, dass er mit einer Frau verheiratet ist – das wäre keine geistliche Qualifikation. Vielmehr ist damit gemeint, dass er ungeteilt seiner Frau hingegeben sein sollte. Wenn er unverheiratet ist, sollte er kein Draufgänger sein und nicht mit Vorliebe herumflirten. »Nüchtern« spricht von einem ausgewogenen Leben der Mäßigkeit. »Besonnen« ist ein anderes Wort für »weise«. »Sittsam« bedeutet, dass er anständig ist und von seinen Mitmenschen geachtet wird. »Gastfrei« bedeutet, dass er Fremde liebt – nicht unbedingt, dass er oft zu geselligen Abendessen einladen muss, sondern dass er keine Cliquenwirtschaft betreibt. »Lehrfähig« heißt *didaktikos* oder »geschickt im Lehren«. Außerdem ist er »kein Trinker« (Timotheus selbst trank offenbar keinen Wein, 1Tim 5,23); und »kein Schläger«, d. h. niemand, der Auseinandersetzungen sucht oder seine Faust einsetzt. Vielmehr soll er »milde« sein, »nicht streitsüchtig« und »nicht geldliebend«.

All diese Punkte müssen nachgewiesene Eigenschaften und Fähigkeiten des Ältesten sein, und an erster Stelle muss er sie in seiner eigenen Familie an den Tag legen. Er muss seinem eigenen Haus gut vorstehen und seine Kinder mit Würde unter Kontrolle haben. Der Ausdruck »Haus« in Vers 5 bezieht sich wahrscheinlich auf einen Haushalt im weiteren Sinne, d. h. einschließlich der Bediensteten, Ländereien und Besitztümer sowie viele angeheiratete und andere Verwandte. Im 1. Jahrhundert gehörten diese zu einem »Haus« dazu und es erforderte enorme Führungsqualitäten und einen geistlichen Charakter, um diesem großen Bereich gut vorzustehen. Wenn ein Mann seinem Haus nicht vorstehen konnte, wie konnte er dann mit der Verwaltung der Gemeinde betraut werden? Die Qualifikationen für einen Ältesten gehen daher weit über einen guten sittlichen Charakter hinaus. Ein Ältester muss sich nachweislich als Lehrer und Verwalter eignen. Wenn irgendetwas in seinem Leben auf eine Schwäche in diesen Bereichen hindeutet, ist er disqualifiziert. Wenn er Schulden hat, wenn seine Kinder rebellisch sind oder wenn ihm unlautere Geschäfte vorgehalten werden können, kann er kein Ältester sein.

Er kann auf keinen Fall ein Neubekehrter sein, denn geistliche Reifung braucht ebenso Zeit wie das Prüfen und Auswerten des Lebens und der Qualifikation eines Gläubigen. Außerdem wird ein

Neubekehrter zur Überheblichkeit versucht, wenn er in eine Führungsposition erhoben wird.

Zusammenfassend kann man sagen, dass ein Ältester einen tadellosen Ruf haben muss sowohl bei Leuten außerhalb der Gemeinde als auch bei den Gläubigen.

In Titus 1,5-9 führt Paulus ganz ähnliche Qualifikationen auf:

Deswegen ließ ich dich in Kreta zurück, damit du, was noch mangelte, in Ordnung bringen und in jeder Stadt Älteste einsetzen solltest, wie ich dir geboten hatte, wenn jemand untadelig ist, Mann *einer* Frau, gläubige Kinder hat, die nicht eines ausschweifenden Lebens beschuldigt oder aufsässig sind. Denn der Aufseher muss untadelig sein als Gottes Verwalter, nicht eigenmächtig, nicht jähzornig, nicht dem Wein ergeben, nicht ein Schläger, nicht schändlichem Gewinn nachgehend, sondern gastfrei, das Gute liebend, besonnen, gerecht, heilig, enthaltsam, der an dem der Lehre gemäßen zuverlässigen Wort festhält, damit er fähig sei, sowohl mit der gesunden Lehre zu ermahnen als auch die Widersprechenden zu überführen.

Die meisten dieser Qualifikationsmerkmale decken sich mit denen aus 1. Timotheus. Auch hier sagt Paulus, ein Ältester muss Mann *einer* Frau sein und darf keine rebellischen oder ausschweifenden (d.h. in Sünde schwelgenden) Kinder haben. Anders ausgedrückt: Seine Kinder lehnen sich nicht gegen ihn oder gegen die Werte eines gerechten Elternhauses auf, und sie leben nicht unanständig.

Der Aufseher muss »untadelig sein als Gottes Verwalter«. Das bedeutet wiederum, dass er sich im Dienst bereits bewährt hat. Er ist »nicht eigenmächtig«, d.h. er versucht nicht seine eigenen Vorstellungen durchzusetzen. Er ist »nicht jähzornig«, »nicht dem Wein ergeben«, kein »Schläger«, d.h. nicht gewalttätig. Er versucht nicht, auf illegale oder fragwürdige Weise an Geld zu kommen. Er ist »gastfrei«, liebt das Gute, ist »besonnen« bzw. bedächtig. Er ist gerecht, Gott hingegeben und selbstbeherrscht.

Darüber hinaus muss er Geschick beweisen beim Umgang mit dem Wort Gottes, damit er »sowohl mit der gesunden Lehre ermahnen« als auch »die Widersprechenden überführen« kann.

Man beachte die Parallelen und Unterschiede zwischen diesen beiden Listen. (Für eine weitergehende Erörterung der einzelnen Merkmale siehe Anhang 3.)

1. Timotheus 3	Titus 1
• untadelig (V. 2)	• untadelig (V. 6)
• Mann *einer* Frau (V. 2)	• Mann *einer* Frau (V. 6)
• nüchtern (V. 2)	• enthaltsam (selbstbe-herrscht) (V. 8)
• besonnen (V. 2)	• besonnen (V. 8)
• sittsam (V. 2)	
• gastfrei (V. 2)	• gastfrei (V. 8)
• lehrfähig (V. 2)	• fähig, sowohl mit der gesunden Lehre zu ermahnen als auch die Widersprechenden zu überführen (V. 9)
• kein Trinker (V. 3)	• nicht dem Wein ergeben (V. 7)
• kein Schläger (V. 3)	• kein Schläger (V. 7
• milde (V. 3)	
• nicht streitsüchtig (V. 3)	
• nicht geldliebend (V. 3)	• nicht schändlichem Gewinn nachgehend (V. 7)
• der dem eigenen Haus gut vorsteht (V. 4)	• untadelig als Gottes Verwalter (V. 7)
• der die Kinder mit aller Ehrbarkeit in Unterordnung hält (V. 4)	• gläubige Kinder, die nicht eines ausschweifenden Lebens beschuldigt oder aufsässig sind (V. 6)
• kein Neubekehrter (V. 6)	
• ein gutes Zeugnis von denen, die draußen sind (V. 7)	
	• nicht eigenmächtig (V. 7)
	• nicht jähzornig (V. 7)
	• das Gute liebend (V. 8)
	• gerecht (V. 8)
	• heilig (V. 8)

Können Frauen als Älteste dienen?

Dass Frauen als Älteste dienen können, ist in keiner Weise vorgesehen. 1. Timotheus 2,11-12 sagt: »Eine Frau lerne in der Stille in aller Unterordnung. Ich erlaube aber einer Frau nicht zu lehren, auch nicht über den Mann zu herrschen, sondern dass sie sich in der Stille halte.« In der Gemeinde sollen die Frauen unter der Autorität der Ältesten stehen und dürfen keine Männer belehren oder Führungspositionen über sie bekleiden.

Es beruht weder auf einem kulturellen Grund, weshalb Frauen sich der Leiterschaft unterordnen sollen, noch spiegelt das ein Vorurteil von Paulus wider, wie einige behaupten. Vielmehr ist diese Lehre in der Schöpfungsordnung begründet: »… denn Adam wurde zuerst gebildet, danach Eva« (V. 13). Der Sündenfall bekräftigte diese Ordnung: »Und Adam wurde nicht betrogen, die Frau aber wurde betrogen und fiel in Übertretung« (V. 14).

Das Gleichgewicht der Einflussnahme wird erreicht, wenn die Frauen ihrer Verantwortung nachkommen und Kinder bekommen und aufziehen (V. 15).

Wie sollen Älteste eingesetzt werden?

Aus dem Neuen Testament ist klar ersichtlich, dass Älteste auf besondere Weise für ihr Amt ausgesondert bzw. darin eingesetzt wurden. Das Neue Testament verwendet für die Einsetzung von Ältesten üblicherweise den Begriff *kathistêmi*, was so viel bedeutet wie »ordinieren«. Der Gedanke der Ordination beinhaltet die offizielle Anerkennung durch die Gemeindeleitung und einer öffentlichen Bekanntmachung, dass diese Männer für einen besonderen Dienst beiseite gestellt wurden.

In 1. Timotheus 4,14 sagt Paulus zu Timotheus: »Vernachlässige nicht die Gnadengabe in dir, die dir gegeben worden ist durch Weissagung mit Handauflegung der Ältestenschaft!« Dieses Handauflegen geht auf das alttestamentliche Opfersystem zurück. Wenn ein Opfer dargebracht wurde, legte der Opfernde seine Hände auf das Opfertier auf, um anzudeuten, dass er sich damit identifiziert. So wurde die Handauflegung zu einem Zeichen, mit dem man sich mit jemand anderem identifizieren konnte.

In gleicher Weise verdeutlichte die neutestamentliche Einsetzungszeremonie die Solidarität der Ältesten mit demjenigen, dem sie ihre Hände auflegten. Sie war ein sichtbares Zeichen, mit dem sie sagten: »Wir empfehlen dich zum Dienst. Wir stehen zu dir, unterstützen dich und bestätigen dein Recht, dieser Gemeinde in einer Führungspositionen zu dienen.«

Paulus warnte Timotheus jedoch: »Die Hände lege niemand schnell auf, und habe nicht teil an fremden Sünden! Bewahre dich selbst rein!« (1Tim 5,22). Das betont, wie bedeutsam die Solidaritätserklärung ist. Wenn man jemandem die Hände auflegt, der in Sünde lebt, und ihn somit in ein Leitungsamt einsetzt, hat man sich an seiner Sünde beteiligt. Wenn man nicht an Sünde teilhaben will, darf man nicht versäumen, den Willen des Herrn in dieser Sache zu suchen.

Ein Mann sollte nur dann für die Einsetzung in Betracht kommen, nachdem er sich während einer *Prüfungsphase* als geeignet für einen Leitungsdienst erwiesen hat. Danach kann er eine Zeitlang einen *eingeschränkten* Dienst ausüben, während dessen beobachtet wird, wie er in einem ihm zugeteilten Verantwortungsbereich dient. Wenn er sich dann als zur Leitung geeignet und gegenüber dem Evangelium als treu erweist, kann er öffentlich als jemand anerkannt werden, dem man den Leitungsdienst *anvertraut*. Im Hinblick auf ihren künftigen Bedarf an Leitern sollte eine Gemeinde Männer in allen Phasen dieses Prüfungsprozesses haben.

In der Bibel wurde die Handauflegung von den anerkannten Führern der Gemeinde vorgenommen. Damit identifizierten sie sich mit den angehenden Leitern. Aber auch die Gemeinde kann am Prozess des Erkennens von Ältesten beteiligt sein. In Apostelgeschichte 14,23 lesen wir: »Als sie ihnen aber in jeder Gemeinde Älteste gewählt hatten, beteten sie mit Fasten und befahlen sie dem Herrn, an den sie gläubig geworden waren.« Das Wort für »gewählt« in diesem Vers ist *cheirotoneô*, was wörtlich so viel bedeutet wie »durch Handzeichen wählen«. Mit demselben Begriff wurden in der Regierung von Athen Stimmabgaben bezeichnet. Später bedeutete es dann »einsetzen«. Manche meinen, die Verwendung von *cheirotoneô* lasse darauf schließen, dass die Gemeinde die Ältesten durch Handzeichen gewählt habe. Das wäre aber ein Missbrauch dieses Wortes. Der Kontext von Apostelgeschichte 14,23 zeigt, dass nur Barnabas und Paulus (auf die sich das Pronomen *sie* bezieht) an der Wahl beteiligt waren.

In 2. Korinther 8,19 beschreibt *cheirotoneô* die »Wahl« eines nicht namentlich erwähnten Bruders als Reisebegleiter des Paulus, wozu ihn die Gemeinden bestimmt hatten. Der Plural »Gemeinden« weist darauf hin, dass er nicht von einer einzelnen Gemeinde ausgesucht wurde, sondern durch einen Konsens unter den Gemeinden Mazedoniens – die wahrscheinlich durch ihre Führer vertreten wurden.

Wenn man also den Begriff *cheirotoneô* auch in überbuchstäblicher Weise verwendet, kann man damit noch nicht belegen, dass Älteste durch Abstimmung der Gemeinde gewählt wurden, wenngleich die Zustimmung der Gemeinde erforderlich gewesen sein mag.

Apostelgeschichte 6,5 wird oft als Beweis für eine gemeindliche Abstimmung angeführt: »Und die Rede gefiel der ganzen Menge; und sie erwählten Stephanus, einen Mann voll Glaubens und Heiligen Geistes, und Philippus und Prochorus und Nikanor und Timon und Parmenas und Nikolaus, einen Proselyten aus Antiochia.« Man beachte jedoch, dass die hier Gewählten nicht Älteste genannt werden. Sie waren Diener und hatten die Aufgabe, die Apostel zu entlasten, damit sich diese auf ihre geistlichen Führungsaufgaben konzentrieren konnten. Und das Volk brachte sie zu den Aposteln, um deren Zustimmung zu erlangen – nicht umgekehrt (V. 6). Die Gläubigen erkannten sie an als gottesfürchtige und geeignete Männer, doch die Apostel setzten sie in ihre Aufgabe ein.

Die Gemeinde wird im Neuen Testament in einer Übergangsphase gesehen. Mit zunehmender Reife der Gemeinde des 1. Jahrhunderts entwickelte sich auch die Form der Gemeindeleitung. Anfänglich wählten die Apostel die Ältesten aus und setzten sie ein (Apg 14,23). Danach wurden Älteste von nahestehenden Mitarbeitern der Apostel eingesetzt. Beispielsweise beauftragte Paulus Titus ausdrücklich mit dem Einsetzen von Ältesten (Titus 1,5). In der dritten Phase setzten die Ältesten selber weitere Älteste ein (1Tim 4,14). Die Verantwortung für das Einsetzen von Ältesten trug letztlich stets die Gemeindeleitung.

Heute haben wir keine Apostel mehr, aber die biblische Vorlage ist immer noch gültig. Die Gemeindeleiter – ob sie nun Älteste, Aufseher, Hirten, Missionare, Evangelisten, apostolische Repräsentanten oder sonst wie genannt werden – sollten dafür verantwortlich sein, andere Älteste ausfindig zu machen und einzusetzen.

Ein angehender Ältester muss den persönlichen Wunsch haben, in dieser Aufgabe zu dienen. In 1. Timotheus 3,1 lesen wir: »Das Wort ist gewiss: Wenn jemand nach einem Aufseherdienst *trachtet*, so *begehrt* er ein schönes Werk« (Hervorhebung zugefügt). Ausgangspunkt beim Finden von potentiellen Ältesten ist der Wunsch im Herzen des Einzelnen. 1. Petrus 5,2 sagt: »Hütet die Herde Gottes, die bei euch ist, nicht aus Zwang, sondern freiwillig, Gott gemäß.«

Anders ausgedrückt: Wir sollen nicht hinausgehen und Männer als Älteste rekrutieren. Wenn jemand als Ältester geeignet ist,
wird er auch die Ambition haben, das Wort Gottes zu lehren und
die Herde Gottes zu leiten, ohne dabei an persönlichen Gewinn
zu denken. Er wird sich diese Aufgabe wünschen, bestrebt sein,
sich dafür bereit zu halten und sich dem Wort Gottes widmen. Niemand braucht ihm das einzureden, denn es ist von Herzen seine
Leidenschaft.

Außerdem dient er »freiwillig, *Gott gemäß*« (Hervorhebung
zugefügt). Sein Ältestendienst ist eine Berufung von Gott. Der
Wunsch, als Ältester zu dienen, ist deshalb in seinem Herzen, weil
Gott diesen Wunsch dort hineingelegt hat.

Wenn ein Gläubiger den Wunsch hat, sich berufen fühlt und alle
Qualifikationen erfüllt, ist noch eine weitere Sache nötig, bevor er
als Ältester eingesetzt werden kann. Die Ältesten müssen gemeinsam den Willen Gottes suchen und bestätigen, dass dies die richtige
Entscheidung ist. Apostelgeschichte 14,23 beschreibt den Prozess,
wie die Apostel Älteste auswählten: »Nachdem sie ihnen aber in
jeder Gemeinde Älteste erwählt hatten, übergaben sie diese unter
Gebet und Fasten dem Herrn, an welchen sie gläubig geworden waren« (Schl.). Bevor sie die Ältesten endgültig einsetzten, vertieften
sie sich in Gebet und Fasten. Sie betrachteten die Ältestenschaft
mit großer Ernsthaftigkeit als die höchste Berufung überhaupt.

Apostelgeschichte 20,28 bestätigt das Wirken des Heiligen
Geistes bei der Wahl von Ältesten: »Habt Acht auf euch selbst und
auf die ganze Herde, in welcher *der Heilige Geist euch als Aufseher
eingesetzt hat*, die Gemeinde Gottes zu hüten« (Hervorhebung zugefügt). Gott beruft einen Ältesten und legt gleichzeitig in dessen
Herz den Wunsch nach dieser Aufgabe. Dann bestätigt er die Berufung durch die Führung des Heiligen Geistes in den Herzen der
betenden und fastenden Gemeindeleitung.

Als ich als junger Mann den Ruf Gottes zum Hirtendienst ver-
nahm, suchte ich jahrelang Gottes Willen, um diese Berufung in
meinem Herzen bestätigt zu haben, bevor ich mich auf den Dienst
vorzubereiten begann. Jeder Älteste sollte seine Berufung als ernste Sache ansehen, denn sie ist wirklich äußerst wichtig. Niemand
sollte Ältester werden, nur weil er eine vage Ahnung hat, dass er
die Gemeinde mit seinen Gaben und Fähigkeiten zu unterstützen
wünscht. Er sollte motiviert sein von einer Last auf seinem Herzen,
die ihn dazu treibt, ernstlich Gottes Willen zu suchen.

Apostelgeschichte 13,2 sagt, dass die Brüder in Antiochia dann vom Heiligen Geist die Weisung erhielten, Paulus und Barnabas auszusondern, »während sie aber dem Herrn dienten [in Anbetung] und fasteten«. Die Berufung Gottes darf nicht auf die leichte Schulter genommen werden, und der Wille Gottes kann nicht auf oberflächliche Weise gesucht werden. Gottes Wille hinsichtlich der Einsetzung von Gemeindeleitern wird deutlich werden durch einen gemeinsamen Blick dafür, wie Gott unter den Gemeindeleitern wirkt. Die Gemeindeleiter müssen empfänglich dafür sein. Die Berufung kann nur in der Gemeinde bestätigt werden.

Älteste sind also eine Gruppe von besonders berufenen und eingesetzten Männern mit dem innigen Wunsch, die Herde Gottes zu leiten und zu ernähren. Sie werden vom Heiligen Geist in ihr Amt eingeführt, durch Gebet bestätigt und durch ein beständiges Zeugnis eines reinen Lebens in den Augen aller qualifiziert.

Sollen Älteste finanziell von der Gemeinde unterstützt werden?

Auch in der Urgemeinde wurden einige Älteste von der Gemeinde für ihre Arbeit bezahlt. 1. Timotheus 5,17-18 sagt: »Die Ältesten, die gut vorstehen, sollen doppelter Ehre gewürdigt werden, besonders die in Wort und Lehre arbeiten. Denn die Schrift sagt: ›Du sollst dem Ochsen, der da drischt, nicht das Maul verbinden‹, und: ›Der Arbeiter ist seines Lohnes wert.‹« Das Wort »Ehre« in Vers 17 ist das griechische Wort *time*, was hier – wie aus dem Zusammenhang ersichtlich – eine finanzielle Zuwendung bezeichnet.

In 1. Korinther 9,1-9 schreibt Paulus:

Bin ich nicht frei? Bin ich nicht Apostel? Habe ich nicht Jesus, unseren Herrn, gesehen? Seid nicht *ihr* mein Werk im Herrn? Wenn ich für andere kein Apostel bin, so bin ich es doch für euch; denn das Siegel meines Apostelamtes seid *ihr* im Herrn. Meine Verteidigung vor denen, die mich zur Untersuchung ziehen, ist diese: Haben wir etwa kein Recht, zu essen und zu trinken? Haben wir etwa kein Recht, eine Schwester als Frau mitzunehmen wie die übrigen Apostel und die Brüder des Herrn und Kephas? Oder haben allein ich und Barnabas kein Recht, nicht zu arbeiten? Wer tut jemals Kriegsdienste auf eigenen Sold? Wer pflanzt einen Weinberg und isst dessen Frucht nicht?

Oder wer hütet eine Herde und isst nicht von der Milch der Herde? Rede ich dies etwa nach Menschenweise, oder sagt das nicht
auch das Gesetz? Denn in dem Gesetz Moses steht geschrieben:
›Du sollst dem Ochsen, der da drischt, nicht das Maul verbinden‹. Ist Gott etwa um die Ochsen besorgt?

Anders ausgedrückt: Es gehört fest zum Wesen des Dienstes, dass
diejenigen, die ihn verrichten, unterstützt werden. Soldaten werden
von der Regierung besoldet. Landwirte essen von ihrer Ernte. Hirten trinken die Milch ihrer Herde. Sogar Ochsen werden mit dem
Ertrag ihrer Arbeit gefüttert. So soll auch der Gemeindehirte von
der Gemeinde unterstützt werden. Paulus fügt in Vers 13 hinzu:
»Wisst ihr nicht, dass die, welche die heiligen Dienste tun, aus dem
Tempel essen, dass die, welche am Altar tätig sind, Anteil am Altar
haben?« So wie die Priester von den Opfergaben des Volkes lebten,
so sollen die Diener des Neuen Bundes von denen unterstützt werden, denen sie dienen.

Dennoch bestätigt Paulus auch, dass diese Unterstützung optional ist. Sie ist keine Pflicht, sondern ein Recht. In Vers 6 sagt er:
»Oder haben allein ich und Barnabas kein Recht, nicht zu arbeiten?«
Barnabas und er sorgten durch eigene Arbeit außerhalb der Gemeinde für ihren Lebensunterhalt. Sie hatten ihr Recht aufgegeben, nicht
erwerbstätig zu sein. Als geistliche Arbeiter hatten sie das Recht,
Unterstützung von der Gemeinde zu empfangen, auch wenn sie sich
entschlossen, von diesem Recht keinen Gebrauch zu machen. Sie
arbeiteten freiwillig, und nicht weil sie es mussten, denn sie wollten
das Evangelium unentgeltlich verkündigen (V. 18) und wollten die
Gemeinde nicht mit ihrem Unterhalt belasten (1Thes 2,9).

Auch jeder Älteste hat dieses Recht. Wenn der Herr ihn als
Ältesten berufen hat und die Gemeinde seine Berufung erkennt,
hat er das Recht, von der Gemeinde unterstützt zu werden. Wenn
er sich vom Heiligen Geist geführt sieht, finanzielle Unterstützung
anzunehmen, um mehr Freiheit für die Tätigkeiten zu haben, die
Gott ihm aufs Herz gelegt hat, dann ist die Gemeinde verpflichtet,
ihn zu unterstützen, weil sie seine Leitungsposition anerkannt hat.

Aber auch das Leben als »Zeltmacher« kommt in Frage. Wenn
sich ein Ältester entscheidet, auf andere Weise für seinen Lebensunterhalt zu sorgen, kann er das im Rahmen der biblischen Möglichkeiten tun. Älteste können sich, wie Paulus, aus vielerlei Gründen durch Arbeit außerhalb der Gemeinde finanzieren: Vielleicht

merken sie, dass ihr Zeugnis wirksamer ist, wenn sie kein Geld annehmen. In einer Gemeinde mit mehreren Ältesten ist es wahrscheinlich, dass einige selber für ihren Lebensunterhalt sorgen und andere von der Gemeinde unterstützt werden. Das hat jedoch keinen Einfluss auf die Stellung dieser Männer als Älteste.

Die Begriffe *Laien* und *Kleriker* sind unbiblisch. Das bedeutet jedoch nicht, dass sie nicht hilfreich sind. Unter bestimmten Umständen kann es nützlich sein, zwischen solchen zu unterscheiden, die ihren Lebensunterhalt vollständig aus der Gemeindearbeit beziehen und solchen, deren Haupterwerbsquelle eine andere Tätigkeit ist. Doch die Bibel trifft keine solche künstliche Unterscheidung. Es gibt keine unterschiedlichen Klassen von Gläubigen, und was die Stellung betrifft, gibt es von der Bibel her keinen Unterschied zwischen einem Laienältesten und einem hauptamtlichen Gemeindehirten. Jeder Älteste ist dafür verantwortlich, dass die Herde beaufsichtigt, versorgt, ernährt, beschützt und belehrt wird. Alle Ältesten zusammen bilden die Leiterschaft und das Vorbild für den Rest der Gemeinde. Alle sind von der Gemeinde eingesetzt und von Gott berufen und zum Hirtendienst ausgesondert worden, so wie es die Bibel definiert. Sie sind zum selben Maß an Hingabe und zum selben Amt berufen. Finanzielle Unterstützung sollte hier keinen Trennstrich ziehen. Jeder Älteste hat die Option, Unterstützung anzunehmen oder selber für seinen Lebensunterhalt zu sorgen, je nachdem, was Gottes Wille für ihn ist.

Die Ältesten, die auf eine Unterstützung durch die Gemeinde verzichten, haben sogar einen Vorteil: In ihrer Position können sie der Welt ihr untadeliges Zeugnis vor Augen führen. Sie stehen in näherem Kontakt zu Ungläubigen am Arbeitsplatz und befinden sich an der Wasserscheide zu einer anderen Dimension des Lebens. So sind sie fähig, mit Menschen zu kommunizieren, zu denen die Gemeinde ansonsten keinen Kontakt hätte. Sie können die Glaubwürdigkeit des ganzen Ältestenteams steigern. Daher ist die finanzielle Unterstützung eines Ältesten optional, seine geistlichen Qualifikationen hingegen nicht.

Ist der Hirtendienst Teamarbeit?

Alles in der Bibel weist darauf hin, dass der Hirtendienst Teamarbeit ist. Es ist bedeutsam, dass der Begriff *presbyteros* im Neuen Testament stets im Plural verwendet wird, mit Ausnahme der

Stellen, wo die Apostel Johannes und Petrus sich selbst als Älteste bezeichnen (in 2Jo, 3Jo und 1Petr 5,1). Eine Mehrzahl von Ältesten war in der Gemeinde des Neuen Testaments die Norm. Nirgends im Neuen Testament ist von einem einzigen Pastor die Rede, der über eine Gemeinde gestellt ist. Das heißt nicht, dass es so etwas nicht gab, aber kein solcher Fall ist erwähnt. Es ist bedeutsam, dass Paulus die Empfänger seines Briefes an die Philipper beschreibt mit: »alle Heiligen in Christus Jesus, die in Philippi sind, samt den Aufsehern [Plural, *episkopoi*] und Dienern« (1,1).

Einige meinen, Offenbarung 1 deute auf das Konzept eines einzelnen Pastors hin. Dort spricht der Apostel Johannes von »den Engeln (gr. *angeloi*) der sieben Gemeinden« (V. 20). *Angelos* kann »Bote« bedeuten, und die Verfechter der Pastoren-Theorie sagen, bei den Boten in Offenbarung 1 bis 3 handle es sich um die Pastoren der Gemeinden. Diese Auslegung bringt jedoch einige Probleme mit sich: Erstens bezeichnet *angelos* an keiner anderen Stelle des Neuen Testaments einen Pastor, Ältesten oder Aufseher, und bei jedem anderen Vorkommen im Neuen Testament bezeichnet es Engel.

Zweitens: Selbst wenn nachgewiesen werden könnte, dass diese »Engel« Pastoren waren, beweist das immer noch nicht, dass sie nicht Repräsentanten einer Gruppe von Gemeindehirten waren. Das eindeutige neutestamentliche Muster für die Gemeindeleitung ist eine Gruppe von Hirten. Apostelgeschichte 14,23 sagt: »Als sie ihnen aber in jeder Gemeinde Älteste gewählt hatten, beteten sie mit Fasten und befahlen sie dem Herrn, an den sie gläubig geworden waren.« In Titus 1,5 lesen wir: »Deswegen ließ ich dich in Kreta zurück, damit du, was noch mangelte, in Ordnung bringen und in jeder Stadt Älteste einsetzen solltest, wie ich dir geboten hatte.« Möglicherweise war jeder Älteste in der Stadt für eine besondere Gruppe von Gläubigen zuständig. Aber die Gemeinde wurde als eine Einheit gesehen, und Entscheidungen wurden durch einen gemeinsamen Prozess getroffen und bezogen sich auf die Gesamtgemeinde und nicht auf einzelne Untergruppen.

Viele weitere Argumente könnten dafür angeführt werden, dass eine neutestamentliche Gemeindeleitung aus einer Mehrzahl von gottesfürchtigen Männern besteht. Ihre vereinte Weisheit stellt sicher, dass die Entscheidungen nicht eigenmächtig oder eigennützig von einer Einzelperson getroffen werden (vgl. Spr 11,14). Die Leitung durch einen Alleinherrscher ist kein Merkmal der Gemeinde, sondern von Sekten.

Schließt die Leitung durch Älteste die Rolle eines besonderen Leiters aus?

Eine Mehrzahl von Ältesten schließt nicht eine besondere Rolle einer Führungsperson aus. Innerhalb der Grenzen des Ältestendienstes gibt es eine breite Vielfalt, da jeder Älteste seine besonderen Gaben ausübt. Manche sind besonders begabt für Verwaltungsaufgaben oder Dienstleistungen, andere zum Lehren, Ermahnen oder für andere Tätigkeiten. Manche stehen im Rampenlicht, andere arbeiten im Hintergrund. Alle Aufgaben sind im Plan Gottes für die Gemeinde enthalten.

Die zwölf Apostel waren hinsichtlich ihres Amtes und ihrer Vorrechte alle gleich. Ausgenommen Judas werden sie alle gleichermaßen auf Thronen herrschen und alle gleich geachtet und geehrt werden (Mt 19,28). Und dennoch bestand innerhalb der Zwölf eine beträchtliche Vielfalt.

Die Bibel zählt die Jünger in vier verschiedenen Listen auf (Mt 10,2-4; Mk 3,16-19; Lk 6,14-16; Apg 1,13). Jede Liste gliedert die Zwölf in drei Gruppen zu je vier Namen, und die drei Untergruppen enthalten in allen vier Listen dieselben Namen; nur die Reihenfolge innerhalb dieser Untergruppen ist unterschiedlich. Die Namen werden in absteigender Reihenfolge aufgezählt; zuerst werden jene genannt, die Christus am nächsten standen. Alle Listen enden mit Judas Iskariot. Die ersten vier Namen sind stets Petrus, Jakobus, Johannes und Andreas. Mit ihnen sind wir besonders vertraut, weil sie Christus am nächsten standen und die Evangelien mehr über sie berichten als über die anderen. Die zweite Gruppe besteht aus Philippus, Matthäus, Nathanael und Thomas, und die letzte Gruppe umfasst Jakobus, Simon, Judas Thaddäus und Judas Iskariot.

Es ist bedeutsam, dass der erstgenannte Name jeder Gruppe in allen vier Listen derselbe ist, obwohl die sonstige Reihenfolge innerhalb der Untergruppen variiert. In der ersten Gruppe wird stets Petrus als erster genannt; die zweite Gruppe beginnt stets mit Philippus und die dritte Untergruppe stets mit Jakobus.

Offenbar gab es in allen Gruppen einen anerkannten Führer. Diese waren nicht unbedingt als solche eingesetzt, sondern sie waren Führungspersonen aufgrund ihres besonderen Einflusses auf den Rest der Gruppe. Petrus, der in jeder Liste als erster angeführt wird, war der Sprecher der Gesamtgruppe, wie es wiederholt in der

Bibel deutlich wird. Nahezu jedes Mal, wenn die Jünger Jesus eine
Frage stellen wollten, war es Petrus, der sie aussprach.

Sie hatten das gleiche Amt, die gleiche Ehre, die gleichen Vorrechte und Verantwortungen. Sie wurden alle zu zwei und zwei
ausgesandt. Sie verkündeten alle das Reich Gottes. Sie alle heilten.
Sie alle hatten Zugang zu Jesus. Doch obwohl keiner von ihnen geringer war als die anderen, was das Amt oder die geistliche Qualifikation betraf (mit Ausnahme von Judas), waren manche von ihnen
besondere Führer unter Führern.

Eine Führungsposition bedeutet nicht unbedingt geistliche
Überlegenheit. Es ist unwahrscheinlich, dass Petrus der geistlich
qualifizierteste Apostel war. Vielleicht erbaten Jakobus und Johannes deshalb die höchsten Plätze im Reich, weil sie Petrus für
nicht qualifiziert hielten. Obwohl Petrus ein Führer war, war er den
anderen geistlich gewiss nicht überlegen. Möglicherweise war Jakobus, der »Kleine« (Mk 15,40), der Geistlichste von allen. Vielleicht
hatte er wunderbare Gaben, von denen wir nichts lesen, weil Petrus
als Sprecher der Gruppe so dominant war. Das wissen wir nicht.
Aber es beeinträchtigt die Ebenbürtigkeit der Zwölf keineswegs,
wenn einer von ihnen die Leitung der Gruppe übernahm.

Dasselbe Phänomen kann man in der Apostelgeschichte beobachten. Jakobus wurde offenbar als Führer und Sprecher der ganzen Gemeinde angesehen (Apg 12,17; 15,13). Obwohl er in keiner
Weise eine offizielle Position über die anderen Ältesten bekleide-
te, erwarteten sie anscheinend von ihm die Leitung, zumindest in
der Gemeinde von Jerusalem. Petrus war auch dort, aber Jakobus
war derjenige, der die Dinge regelte. Sie hatten eindeutig verschiedene Aufgaben. Aber keiner von ihnen war ein Universalführer
über alles.

Petrus und Johannes sind in den ersten zwölf Kapiteln der
Apostelgeschichte die Hauptpersonen. Doch weist nichts darauf
hin, dass Johannes jemals auch nur eine einzige Predigt hielt. Auch
hier war Petrus stets der Sprecher. Es war nicht so, dass Johannes
nichts zu sagen gehabt hätte. Als er schließlich am Zug war, schrieb
er das Johannesevangelium, drei Briefe und das Buch der Offenbarung. Aber Petrus hatte besondere Gaben, und nach Gottes Plan
sollte Petrus der Sprecher sein. Johannes hatte eine unterstützende
Aufgabe, die nicht geringer, aber anders war.

Ab Kapitel 13 konzentriert sich die Apostelgeschichte auf den
Dienst von Paulus und Barnabas. Und obwohl Barnabas wahr-

scheinlich der führende Lehrer in der Gemeinde war, bevor Paulus kam, dominierte stets Paulus dieses Duo. Die Griechen nannten ihn sogar »Hermes«, weil er (wie dieser griechische Götterbote) der Sprecher war (Apg 14,12). Barnabas lehrte und predigte sicherlich auch, aber seine Predigten sind nicht überliefert. In ihrem gemeinsamen Dienst hatte er eine andere Aufgabe – vielleicht weniger öffentlich, aber nicht weniger wichtig.

Jede Arbeit im Werk des Herrn, die wir im Neuen Testament sehen, ist eine Teamarbeit. Das schließt keine besonderen Führungsrollen aus. Aber das bedeutet, dass es keinen Platz gibt für diktatorische, eigenmächtige Führer wie einen Diotrephes, der es liebte, der erste zu sein (3Jo 9).

In welcher Beziehung stehen die Ältesten zu den Gläubigen der Gemeinde?

Älteste werden von Gott berufen und eingesetzt, von der Gemeindeleitung bestätigt und in ihre Leitungsaufgabe eingeführt. Ihnen wird die Verantwortung auferlegt, Vorbilder der Herde zu sein, der Gemeinde Wegweisung zu geben, die Gläubigen zu unterrichten und die Gemeinde zu leiten. Die Bibel geht davon aus, dass jeder Gläubige auf einer niedrigeren Ebene der Leiterschaft unter der Autorität der Ältesten steht.

Weil Älteste in der Gemeinde eine einzigartige Verantwortung und Position haben, verdienen sie besondere Achtung. In 1. Thessalonicher 5,12-13 lesen wir: »Wir bitten euch aber, Brüder, dass ihr die anerkennt, die unter euch arbeiten und euch vorstehen im Herrn und euch zurechtweisen, und dass ihr sie ganz besonders in Liebe achtet um ihres Werkes willen.«

Das griechische Wort, das hier mit »anerkennen« übersetzt ist, bedeutet »persönlich kennen«. Zusammen mit diesen beiden Versen deutet es hin auf eine enge Beziehung, die Wertschätzung, Respekt, Liebe und Kooperation umfasst. Wertschätzung soll ihnen vor allem wegen ihrer Tätigkeit – »um ihres Werkes willen« – entgegengebracht werden. Wir sollen sie respektieren aufgrund ihrer Berufung, die sie erfüllen – nicht nur wegen ihrer fleißigen Arbeit und der ihnen anvertrauten Aufgabe, sondern weil ihre Berufung so erhaben ist.

Hebräer 13,7 sagt: »Gedenkt eurer Führer, die das Wort Gottes zu euch geredet haben! Schaut den Ausgang ihres Wandels an, und ahmt ihren Glauben nach!« Das betont sowohl die Verantwortung des Ältesten, vorbildlich zu leben und in seinem Leben Tugenden zum Ausdruck zu bringen, als auch die Pflicht der Gemeinde, dem Vorbild der Ältesten zu folgen.

In Vers 17 wird eine weitere Seite genannt, wozu die Gemeinde gegenüber ihren geistlichen Führern verpflichtet ist: »Gehorcht und fügt euch euren Führern! Denn *sie* wachen über eure Seelen, als solche, die Rechenschaft geben werden, damit sie dies mit Freuden tun und nicht mit Seufzen; denn dies wäre nicht nützlich für euch.« Anders ausgedrückt: Die Gemeinde ist gegenüber ihren Ältesten verantwortlich, und die Ältesten sind gegenüber Gott verantwortlich. Die Gläubigen der Gemeinde sollen sich der Leitung der Ältesten unterordnen und es den Ältesten überlassen, ihrer Verantwortung vor dem Herrn nachzukommen. Und wenn die Gemeinde unterwürfig und gehorsam ist, können die Ältesten mit Freude statt mit Seufzen führen. Letzteres wäre schließlich für alle Beteiligten nachteilig.

Das bedeutet jedoch nicht, dass die Sünde eines Ältesten ignoriert werden sollte, wenn er sündigt: In 1. Timotheus 5,19-21 steht:

> Gegen einen Ältesten nimm keine Klage an, außer bei zwei oder drei Zeugen! Die da sündigen, weise vor allen zurecht, damit auch die übrigen Furcht haben! Ich bezeuge eindringlich vor Gott und Christus Jesus und den auserwählten Engeln, dass du diese Dinge ohne Vorurteil befolgen und nichts nach Gunst tun sollst.

Wenn einem Ältesten Sünde vorgeworfen wird, soll das weder leichtfertig hingenommen noch übergangen werden. Bei Sünde müssen Älteste ebenso disziplinarischen Maßnahmen unterstellt werden wie jeder andere Gläubige auch. Sie dürfen in keiner Weise bevorzugt behandelt werden.

Im Leben der Ältesten kommt das Zeugnis der Gemeinde am sichtbarsten zum Ausdruck. Wenn sie die biblische Pflicht der Heiligkeit ignorieren, wird die Gemeinde die Konsequenzen erleiden. Gleicherweise gilt: Wenn die Gemeinde sich nicht der von Gott verordneten Leitung unterordnet, wird ihr Zeugnis beeinträchtigt, ihre Effektivität gemindert, ihre Prioritäten ins Ungleichgewicht geraten und schließlich wird ihre Würze als Salz der Erde verloren gehen.

Mein Wunsch ist es, dass Gottes Gemeinde so funktioniert, wie er es verordnet hat, mit Kraft und Reinheit inmitten einer schwachen und schmutzigen Gesellschaft. Ich bin fest überzeugt: Wenn sich die Gemeinde dem Muster Gottes für Gemeindeleitung unterwirft, werden wir seinen Segen in solchem Ausmaß erfahren, wie wir es nicht erbitten noch erdenken könnten.

Antworten auf Schlüsselfragen über Diakone

Der Titel *Diakon* hat anscheinend so viele verschiedene Nebenbedeutungen, wie es Gemeinden gibt, die ihn verwenden. In manchen Gemeinden bilden die Diakone das offizielle Führungsgremium und die anerkannte Verwaltungskörperschaft. Andere Gemeinden ernennen geradezu jeden regelmäßigen Besucher zum Diakon. Wieder andere Gemeinden verleihen diese Bezeichnung als Ehrentitel für Laien. Die Aufgaben von Diakonen sind also von Gemeinde zu Gemeinde ganz unterschiedlich, und deshalb muss man jemandem, der sich als Diakon vorstellt, gewöhnlich erst eine ganze Reihe von Fragen stellen, um herauszufinden, was er denn nun – wenn überhaupt etwas – für die Gemeinde tut.

Die Bibel selbst äußert sich nicht besonders konkret dazu, was Diakone zu tun haben. Wir lesen viel darüber, was einen Gläubigen als Diakon qualifiziert, aber wenig, wie Diakone sich in der Ortsgemeinde engagieren sollen. Allein aus dieser Tatsache können wir viel über Gottes Sicht von Gemeindeleitung lernen: Es kommt auf den Charakter an und nicht so sehr auf die konkrete Tätigkeit.

Leider wird dieser Punkt bei Gesprächen über Gemeindeleitung oft übersehen. Ich bin überzeugt: Wenn eine Gemeinde ebensoviel Wert darauf legt, dass die hohen Maßstäbe für Reinheit und Integrität der Leiterschaft erreicht werden, wie auf das Beibehalten einer bestimmten Leitungsform, dann wird sie folglich auch in allen anderen Bereichen schriftgemäßer werden.

Wie wird das Wort **Diakon** im Neuen Testament verwendet?

Der Text des Neuen Testaments verwendet hauptsächlich drei Wörter für Diakone: *diakonos*, was so viel wie »Diener« bedeutet, *diakonia*, was »Dienst« bedeutet, und *diakoneô*, »dienen«. Ursprünglich wurde diese Wortgruppe mit einer bestimmten Bedeutung verwendet, nämlich dem Bedienen von Tischen, um Essen zu servieren. Aber die Bedeutung wurde erweitert, sodass die Begriffe schließlich Dienst jeglicher Art bezeichneten.

Zunächst ist es wichtig zu verstehen, dass die griechische Wortgruppe, von welchem unser Wort *Diakon* abstammt, in der Bibel keine eingeschränktere Bedeutung hat als das entsprechende deutsche Wort. Im biblischen Gebrauch ist mit *diakonia* jede Art von Dienst gemeint, den man auch mit dem deutschen Begriff *Dienst* bezeichnen kann. Wir verwenden dieses Wort angefangen bei einem Bleistift, der dazu *dient*, Skizzen anzufertigen, bis zu einem Polizisten, der im *Dienst* ist. Wir verwenden es für einen Sklaven, der seinem Herren dient, ebenso wie für einen König, der seinem Volk dient.

Die griechischen Wörter *diakonos, diakoneô* und *diakonia* haben ein ebenso breites Bedeutungsspektrum, aber im Allgemeinen bezeichnen sie jede mögliche Art von Dienst, der die Bedürfnisse von anderen erfüllt. Diese Wörter kommen mindestens einhundert Mal im Neuen Testament vor und werden in der Elberfelder Bibel stets mit Varianten des deutschen Wortes *dienen* übersetzt. Einzige Ausnahme ist die Übersetzung von *diakonia* mit »Hilfeleistung« in Apostelgeschichte 11,29. In allen Versen und in jeder Verwendung dieser Worte im ganzen Neuen Testament geht es vorrangig um Dienst an anderen.

Um welche Art von Dienst geht es bei dem griechischen Wort für Diakon?

Servieren von Mahlzeiten

Die ursprüngliche und eingeschränkteste Bedeutung des Wortes *diakoneô* hat mit dem Servieren von Mahlzeiten zu tun. Gut veranschaulicht wird das durch den Bericht über die Hochzeit zu Kana: »Seine Mutter spricht zu den Dienern [*diakonoi*]: Was er euch sagen mag, tut! ... Als aber der Speisemeister das Wasser gekostet hatte, das Wein geworden war – und er wusste nicht, woher er war, die Diener [*diakonoi*] aber, die das Wasser geschöpft hatten, wussten es – ruft der Speisemeister den Bräutigam« (Joh 2,5.9). Hier geht es eindeutig um die Bediensteten, die an den Tischen servierten. Das ist die traditionelle und ursprüngliche Bedeutung des Wortes *Diakon*.

In Lukas 4,39 lesen wir: Nachdem Christus die Schwiegermutter des Petrus geheilt hatte, stand sie »sogleich auf und diente ihnen«. Hier steht die Verbform *diakoneô*. Die Schwiegermutter des Petrus

diente dem Herrn und Petrus, was wahrscheinlich bedeutet, dass sie
ihnen ein Mahl bereitete. Drei weitere Schriftstellen in den Evangelien, wo das Wort *Diener* jemanden bezeichnet, der eine Mahlzeit
serviert, sind Johannes 12,2, Lukas 10,40 und Lukas 17,8.

Allgemeiner Dienst

Manchmal wird *diakoneô* oder eines der davon abgeleiteten Wörter
verwendet, ohne dass näher ersichtlich ist, um was für einen Dienst
es sich handelte. In Johannes 12,26 sagt der Herr: »Wenn mir jemand dient, so folge er mir nach! Und wo ich bin, da wird auch mein
Diener sein. Wenn mir jemand dient, so wird der Vater ihn ehren.«
Hier hat das Wort eine allgemeine Bedeutung und kann sich auf
verschiedene Formen des Dienstes beziehen.

Das Wort *diakonos* beschränkt sich in der Bibel nicht ausschließlich auf Gläubige. In Römer 13,3-4 lesen wir: »Willst du dich aber
vor der staatlichen Macht nicht fürchten, so tue das Gute, und du
wirst Lob von ihr haben; denn sie ist Gottes Dienerin, dir zum Guten. Wenn du aber das Böse tust, so fürchte dich! Denn sie trägt das
Schwert nicht umsonst, denn sie ist Gottes Dienerin, eine Rächerin
zur Strafe für den, der Böses tut.« Hier steht für *Dienerin* ebenfalls
das Wort *diakonos*, das zwei Mal für einen Polizisten oder Soldaten
verwendet wird, der nicht unbedingt Christ ist.

Eine Schriftstelle, in der sowohl die ursprüngliche als auch die
allgemeine Bedeutung vorkommen, ist Lukas 22,27, wo Christus
sagt: »Wer ist größer, der zu Tisch Liegende oder der Dienende?
Nicht der zu Tisch Liegende? Ich aber bin in eurer Mitte wie der
Dienende.« In diesem Vers kommt *diakoneô* zwei Mal vor. Beim
ersten Mal geht es eindeutig um das Servieren einer Mahlzeit, beim
zweiten Mal um allgemeinen Dienst.

Geistlicher Dienst

Wenn wir uns den Begriff näher anschauen, stellen wir fest, dass
er für die Rolle des Gläubigen als Diener verwendet wird. In Römer 15,25 schreibt Paulus: »Nun aber reise ich nach Jerusalem im
Dienst für die Heiligen.« Er bezeichnete sich selbst als Diener (*diakonos*). Aus Apostelgeschichte 20,19 erfahren wir, dass er »dem
Herrn diente mit aller Demut«.

In 2. Korinther 8,3-4 schreibt Paulus über die Gemeinden von
Mazedonien: »Denn nach Vermögen, ich bezeuge es, und über
Vermögen waren sie aus eigenem Antrieb willig und baten uns mit

vielem Zureden um die Gnade und die Beteiligung am Dienst [*diakonia*] für die Heiligen.« Hilfeleistungen zum Erfüllen von Grundbedürfnissen sind eine Form geistlichen Dienstes.

In diesem geistlichen Sinne von *diakonos* und den damit verwandten Wörtern sollte jeder Gehorsamsakt eines Christen sich als ein Dienst für Christus erweisen. In dem Sinne, wie diese Wörter in der Apostelgeschichte und den Briefen häufig verwendet werden, kann ein Gläubiger, der sich in irgendeiner Form engagiert, als Diener oder Diakon Christi bezeichnet werden.

In 1. Korinther 12,5 lesen wir: »Es gibt Verschiedenheiten von Diensten [*diakonia*], und es ist derselbe Herr.« Alle Christen sind in irgendeine Form des Dienstes gestellt. Alle, die dem Herrn dienen, sind Diakone oder Diener – wenn auch nicht offiziell, so doch zumindest im allgemeinen Sinn dieses Wortes.

Weitere Verse, die das Wort *Diener* im Sinne von geistlichem Dienst verwenden, sind 2. Korinther 4,1; 9,1 und Offenbarung 2,19. In diesen und allen Versen, die wir uns bisher angeschaut haben, wird das Wort nicht im Sinn des offiziellen Diakons in der Gemeinde verwendet.

Spricht das Neue Testament von einem Amt eines Diakons?

Wegen der Bedeutungsvielfalt des Wortes *diakonos* und der damit verwandten Begriffe ist es schwierig – von ein oder zwei Ausnahmen abgesehen –, irgendeinen eindeutigen Hinweis im Neuen Testament auf das Amt eines Diakons in der Leitung der Urgemeinde zu finden. Bei den meisten Vorkommen dieser Wortfamilie geht es um die allgemeine Bedeutung des Dienens und eindeutig nicht um ein Amt in der Gemeinde. Andere Schriftstellen sind weniger eindeutig, aber im Normalfall verlangt die geradlinigste und natürlichste Auslegung, die Begriffe in ihrer allgemeinen Bedeutung zu verstehen und nicht als Hinweis auf einen besonderen Titel, der einer auserwählten Gruppe innerhalb der Gemeinde gehörte.

Einige sagen z. B., Römer 12 enthalte einen Hinweis auf das Amt des Diakons: »Da wir aber verschiedene Gnadengaben haben nach der uns gegebenen Gnade, so lasst sie uns gebrauchen: … es sei Dienst, im Dienen« (V. 6-7). Aber ist die Gabe des Dienstes dasselbe wie die Aufgabe oder das Amt eines Diakons? Diese Schriftstelle unterstützt diese Annahme in keiner Weise. Außerdem sind

Ämter nicht unbedingt mit Gaben verbunden. Ein Gläubiger, der beispielsweise die Gabe des Lehrens hat, muss kein Hirten-Lehrer sein, um seine Gabe auszuüben. Die Gaben haben mit Berufung und Aufgabe zu tun, und nicht nur mit Ämtern.

In 1. Korinther 16,15 sagt Paulus: »Ihr kennt das Haus des Stephanas, dass es der Erstling von Achaja ist und dass sie sich in den Dienst [*diakonia*] für die Heiligen gestellt haben.« Sagte Paulus damit, dass die Familie des Stephanas offiziell den Titel von Diakonen trug? Aufgrund der verwendeten Begriffe oder des Zusammenhangs kann das auf keinerlei Weise bestätigt werden. Die natürlichste Interpretation ist, dies so zu verstehen, wie es übersetzt wurde.

Einige meinen, in Epheser 4,12 ginge es um Diakone in der Gemeinde. In Vers 11 und 12 lesen wir: »Und [der Herr] hat die einen als Apostel gegeben und andere als Propheten, andere als Evangelisten, andere als Hirten und Lehrer, zur Ausrüstung der Heiligen für das Werk des Dienstes, für die Erbauung des Leibes Christi.« Das »Werk des Dienstes« (*diakonia*) ist nicht das Werk der Diakone, sondern vielmehr das Werk aller Gläubigen, das sie als Diener tun. Paulus sprach nicht vom Amt eines Diakons, sondern von Christen im Allgemeinen, die zum geistlichen Dienst zugerüstet werden.

Wird im Neuen Testament überhaupt jemand als Diakon bezeichnet?

Paulus war wahrscheinlich kein Diakon

Einige glauben, Paulus sei ein Diakon gewesen und verweisen dazu auf Apostelgeschichte 20,24, wo er sagt: »Aber ich achte mein Leben nicht der Rede wert, damit ich meinen Lauf vollende und den Dienst [*diakonia*], den ich von dem Herrn Jesus empfangen habe: das Evangelium der Gnade Gottes zu bezeugen.« Doch hier sagt Paulus, dass Christus ihn mit einem besonderen Dienst betraut hatte; er nannte sich nicht selber Diakon oder Diener im Sinne eines Amtes. In Römer 11,13 schreibt er: »Denn ich sage euch, den Nationen: Insofern ich nun der Nationen Apostel bin, bringe ich meinen Dienst [*diakonia*] zu Ehren.« Luther übersetzt *diakonia* hier recht willkürlich mit »Amt«. Es ist unwahrscheinlich, dass Paulus mit diesem Ausdruck eine offizielle Position meinte. Sein Amt war das eines Apostels, und er bezeichnete das als seinen »Dienst«.

In 1. Timotheus 1,12 schreibt Paulus: »Ich danke Christus Jesus, unserem Herrn, der mir Kraft verliehen, dass er mich treu erachtet und in den Dienst gestellt hat.« Auch hier übersetzt Luther mit »Amt«, aber die Elberfelder gibt die akkurate Übersetzung wieder, denn Paulus sagt hier nicht, dass er in das Amt eines Diakons gestellt worden war. Andere Schriftstellen, die Paulus als Diener bezeichnen, sind 1. Korinther 3,5; 2. Korinther 3,6; 6,4 und Epheser 3,7. In allen diesen Versen weist nichts darauf hin, dass Paulus das Amt eines Diakons innehatte. Er bezeichnete sich selbst als Diener Gottes im allgemeinen Sinne.

Paulus war ein Apostel. In 2. Korinther 10-12 bekräftigt er diese Tatsache ausführlich. Das Amt des Apostels war das höchste in der Urgemeinde und übertraf das des Ältesten und des Diakons. In einem amtlichen Sinne hätte Paulus niemals behauptet, ein Diakon zu sein; er war ein Apostel.

Tychikus war wahrscheinlich kein Diakon

Paulus schrieb an die Epheser: »Damit aber auch ihr meine Umstände wisst, wie es mir geht, wird Tychikus, der geliebte Bruder und treue Diener [*diakonos*] im Herrn, euch alles berichten« (Eph 6,21). Möglicherweise bezeichnete Paulus hier Tychikus als treuen Diakon. Aber Paulus verwendete *diakonos* auch in Epheser 3,7 und *diakonia* in Epheser 4,12 im Sinne von allgemeinem Dienst, und es gibt keinen Anlass, für Kapitel 6,21 eine andere Bedeutung anzunehmen.

Epaphras war wahrscheinlich kein Diakon

In Kolosser 1,7 bezeichnet Paulus Epaphras als »unseren geliebten Mitknecht, der ein treuer Diener [*diakonos*] des Christus für euch ist«. In den Versen 23 und 25 schreibt er: »… sofern ihr im Glauben gegründet und fest bleibt und euch nicht abbringen lasst von der Hoffnung des Evangeliums, das ihr gehört habt, das in der ganzen Schöpfung unter dem Himmel gepredigt worden ist, dessen Diener [*diakonos*] ich, Paulus, geworden bin … Ihr [der Gemeinde] Diener [*diakonos*] bin ich geworden nach der Verwaltung Gottes, die mir im Blick auf euch gegeben ist.« Paulus wandte *diakonos* sowohl auf sich als auch auf Epaphras an. Da wir sicher sein können, dass Paulus sich nicht selbst Diakon nannte, scheint es höchst unwahrscheinlich, dass er Epaphras als einen solchen bezeichnete. Ein Grundprinzip der Schriftauslegung besagt, dass die Bedeutung eines Wortes vom Kontext des betreffenden Buches bestimmt wird, und im Kontext des Kolosserbriefes gibt es keinen Hinweis darauf, dass mit *diakonos* das Amt eines Diakons gemeint sei.

Die in Philipper 1,1 erwähnten Gläubigen waren wahrscheinlich keine Diakone

Eine weitere Schriftstelle, wo das Wort *diakonos* vorkommt, ist Philipper 1,1. Der Philipperbrief beginnt: »Paulus und Timotheus, Knechte Christi Jesu, allen Heiligen in Christus Jesus, die in Philippi sind, samt den Aufsehern und Dienern [*diakonos*]«. Die Bibelübersetzer haben hier zu Recht nicht mit *Diakonen* übersetzt, denn obwohl es vom Text her möglich wäre, scheint der Kontext eine solche Interpretation nicht zu unterstützen.

Das in diesem Vers mit »Aufseher« (*episkopos*) übersetzte Wort ist nicht der üblicherweise für Älteste verwendete Ausdruck (*presbyteros*). Die natürlichste Auslegung dieses Verses besagt, dass Paulus seinen Brief an die ganze Gemeinde richtete. Anscheinend sagt er: »Wir schreiben an die ganze Gemeinde, einschließlich der Leiterschaft und derer, die den Leitern folgen oder dienen.« Wenn man sagt, in Philipper 1,1 sei das Amt von Diakonen gemeint, kann man zwar Recht haben, aber diese Entscheidung wäre willkürlich getroffen. Um dogmatisch sein zu können, fehlt es an Belegen.

Wir haben nun bereits viele Verwendungen der griechischen Wörter *diakonos, diakoneô* und *diakonia* gesehen, aber keine davon bezog sich eindeutig auf ein besonderes Gemeindeamt.

Spricht nicht Apostelgeschichte 6 von Diakonen?

Viele sehen Apostelgeschichte 6 als Einführung des Diakonenamts an. In den Versen 1-2 heißt es: »In diesen Tagen aber, als die Jünger sich mehrten, entstand ein Murren der Hellenisten gegen die Hebräer, weil ihre Witwen bei der täglichen Bedienung übersehen wurden. Die Zwölf aber riefen die Menge der Jünger herbei und sprachen: Es ist nicht gut, dass wir das Wort Gottes vernachlässigen und die Tische bedienen.« Als Lebensmittel verteilt wurden, um für die Witwen zu sorgen, erhielten die griechischen Witwen nicht den Anteil, der ihnen zugestanden hätte. Offensichtlich bevorzugten die gebürtigen Juden die Bedürfnisse ihrer eigenen Volksangehörigen.

Es ist wichtig zu beachten, wie problematisch es für die Gemeinde war, alle mit Nahrung zu versorgen. Die Gemeinde umfasste zu der Zeit womöglich über 20.000 Menschen. Die zwölf Apostel konnten unmöglich die Zeit aufbringen, um die Nahrungsmittel in der ganzen Stadt zu verteilen und Hunderte von Witwen zu versorgen. Nicht nur das Essen musste verteilt werden, sondern es wurden auch Leute gebraucht, die das ganze Verteilverfahren verwalteten. Dazu gehörte, die nötigen Mittel einzusammeln und aufzubewahren, die Lebensmittel einzukaufen und sie gerecht zu verteilen.

Den Aposteln war die Größe des Problems klar, aber sie erkannten auch, dass es nicht auf Kosten ihrer eigenen wertvollen Zeit und Prioritäten gelöst werden durfte. Sie sagten zur Gemeinde: »Es ist nicht gut, dass wir das Wort Gottes vernachlässigen und die Tische bedienen« (V. 2).

Was die Apostel der Gemeinde rieten, finden wir in Vers 3: »So seht euch nun um, Brüder, nach sieben Männern unter euch, von gutem Zeugnis, voll Geist und Weisheit, die wir über diese Aufgabe setzen wollen!« Es war wichtig, Männer auszuwählen, die als ehrlich bekannt waren, da ihnen Gelder anvertraut werden sollten. Damals gab es keine Schecks oder Bankkonten mit Buchführung wie heute. Die Männer mussten außerdem »voll Geist und Weisheit« sein. Es ist schwierig, ein gerechtes Verteilungssystem auszuarbeiten für Leute mit unterschiedlichen Bedürfnissen. Diese Männer mussten entscheiden, ob die Leute zurecht bedürftig waren.

Sieben Männer sollten gewählt werden, sodass die Apostel für das freigestellt waren, wozu Gott sie berufen hatte. In Vers 4 sagen sie: »*Wir* aber werden im Gebet und im Dienst des Wortes verharren.« In den Versen 5-6 lesen wir: »Die Rede gefiel der ganzen Menge; und sie erwählten Stephanus, einen Mann voll Glaubens und Heiligen Geistes, und Philippus und Prochorus und Nikanor und Timon und Parmenas und Nikolaus, einen Proselyten aus Antiochia. Diese stellten sie vor die Apostel; und als sie gebetet hatten, legten sie ihnen die Hände auf.«

Bekleideten die sieben Männer aus Apostelgeschichte 6,5 das Amt von Diakonen? Die traditionelle Auslegung von Apostelgeschichte 6 besagt, dass sie die ersten Diakone waren. In Vers 1-2 heißt es: »…. weil ihre [die hellenistischen] Witwen bei der täglichen Bedienung [*diakoneô*] übersehen wurden. … Die Zwölf aber … sprachen: Es ist nicht gut, dass wir das Wort Gottes vernachlässigen und die Tische bedienen [*diakonia*].« Manche sagen, die Verwendung dieser Wörter lasse darauf schließen, dass diese Männer ins Amt von Diakonen gewählt worden waren.

Als weiteres Argument, sie seien Diakone gewesen, gilt die Bestätigung durch die frühe Kirchengeschichte, dass Diakone in der nachapostolischen Zeit für administrative Angelegenheiten verantwortlich waren, einschließlich des Verteilens von Hilfsgütern an die Armen. Außerdem begrenzte die nachapostolische Gemeinde in Rom die Anzahl der Diakone viele Jahre lang auf sieben. Diese Zahl gründete sie offenbar auf die Sieben aus Apostelgeschichte 6.

Doch es gibt auch eine Reihe von Gründen, die gegen die Auffassung sprechen, dass diese sieben Männer ins Amt von Diakonen gewählt wurden. Die Verwendung von *diakonia* und *diakoneô* ist nicht eindeutig, da *diakonia* in Vers 4 für die Tätigkeit der Apostel selbst verwendet wird. Deshalb kann man nicht schlussfolgern, dass in Vers 5 das Amt eines Diakons gemeint sei. Das Neue Testament bezeichnet diese Männer aus Apostelgeschichte 6 nirgends als Diakone. Nur zwei von ihnen werden an anderer Stelle der Schrift nochmals erwähnt (Stephanus und Philippus), doch auch sie werden nirgends Diakone genannt.

Wir müssen bedenken, dass die Apostelgeschichte in den ersten Jahren der Gemeinde geschrieben wurde. Wir haben bereits gesehen, dass keiner der Briefe an bestimmte Gemeinden ein Diakonenamt anerkennt, abgesehen vom möglichen Hinweis im Philipperbrief. Diese Briefe enthalten keinerlei aussagekräftige Indizien dafür, dass das Diakonenamt bereits in Apostelgeschichte 6 eingeführt wurde. Älteste werden an späterer Stelle der Apostelgeschichte erwähnt sowie in mehreren Briefen an Gemeinden, aber keine Diakone. Wenn in Apostelgeschichte 6 tatsächlich das Diakonenamt eingeführt wird, ist es seltsam, dass die Apostelgeschichte keine weiteren Erwähnungen von Diakonen enthält.

Man beachte das Wort »Werk« in Apostelgeschichte 6,3. Das legt nahe, dass die sieben Männer berufen waren, um in einer einmaligen Krisenzeit zu helfen, und nicht unbedingt in ein permanentes Amt befördert worden waren. Dauerhafte Dienste sind anscheinend etwas anderes als eine unmittelbare Aufgabe. Keiner der Sieben wird jemals wieder im Zusammenhang mit der Aufgabe von Nahrungsverteilung erwähnt.

Man beachte auch, dass alle sieben ausgesuchten Männer griechische Namen hatten. Wenn sie von der Jerusalemer Gemeinde in einen dauerhaften Dienst eingesetzt wurden, mutet es seltsam an, dass nur Griechen auserkoren wurden. Eine langfristige Gruppe von Diakonen in Jerusalem hätte wohl kaum nur aus Griechen bestanden. Andererseits scheint es vernünftig zu sein, dass sieben Griechen gewählt wurden, um sich vorübergehend um die vernachlässigten griechischen Witwen zu kümmern. Diese Männer kannten die Situation und ihre Volksgenossen.

Die Ereignisse in Apostelgeschichte 6 versteht man am besten als Versuch der Jerusalemer Gemeinde, Abhilfe in einer zeitweiligen Krise zu leisten, und die Berufung der sieben Männer als zeitweiligen Dienst.

Wenn die Männer in Apostelgeschichte 6 keine Diakone waren, was waren sie dann?

Wenn das Diakonat als Amt eingeführt worden war, dann wäre zu erwarten, dass es in Apostelgeschichte 11 erwähnt wird. Dort ist von einer Hungersnot in Judäa die Rede, die das Land sechs oder sieben Jahre nach der Begebenheit aus Apostelgeschichte 6 heimsuchte. Die Gemeinde in Antiochia reagierte auf die Hilfsbedürftigkeit der Gläubigen in Jerusalem und sandte ihnen Nahrungsmittel: »Sie beschlossen aber, dass, je nach dem wie einer der Jünger begütert war, jeder von ihnen zur Hilfeleistung den Brüdern, die in Judäa wohnten, etwas senden sollte; das taten sie auch, indem sie es durch die Hand des Barnabas und Saulus an die Ältesten sandten« (Apg 11,29-30).

Aus einem Vergleich zwischen Apostelgeschichte 6,1-6 und 11,29-30 wird deutlich, dass der permanente Dienst der Güterverteilung in der Jerusalemer Gemeinde keinen Diakonen anvertraut war, sondern den Ältesten. Wenn in Apostelgeschichte 6 ein offizielles Diakonenamt eingeführt worden wäre, das dauerhaft für die Lebensmittelverteilung an die Bedürftigen zuständig war, dann hätte die Gemeinde in Antiochia ihre Hilfeleistung an diese Gruppe gesandt.

Schauen wir uns nun die in Apostelgeschichte 6 gewählten Männer näher an. Vers 8 sagt: »Stephanus aber, voller Gnade und Kraft, tat Wunder und große Zeichen unter dem Volk.« Stephanus war kein typischer Diakon, wie es später aus 1. Timotheus 3 deutlich wird. Er war wortgewandt und hatte geradezu apostolische Gaben. Er vollbrachte große Wunder und Zeichen.

In Apostelgeschichte 21,8 lesen wir von Philippus, der als Evangelist beschrieben wird. Da Stephanus in Kapitel 7 predigt und Philippus in Kapitel 8 evangelisiert, waren die sieben Männer aus Apostelgeschichte 6 in ihrer Funktion anscheinend eher Älteste als Diakone. Sie waren für administrative Aufgaben verantwortlich, beaufsichtigten einen sehr umfangreichen Dienst, einige verkündeten das Wort Gottes und einige evangelisierten unter den Verlorenen. Sie waren voll von Geist, Glauben und Weisheit, und einige wirkten sogar Zeichen und Wunder (vgl. Apg 6,8; 8,6-7).

Es ist erwähnenswert, dass nur sieben Männer gewählt wurden. Wie sollte es möglich sein, dass sieben Männer den gewaltigen Bedarf bewältigen konnten, der in der Jerusalemer Gemeinde bestand? Allein für die Verteilung der Lebensmittel wären weit mehr als sieben Leute erforderlich! Es ist wahrscheinlicher, dass die Sieben eine Gruppe hochqualifizierter geistlicher Führungspersonen, Lehrer und ehrbarer Männer waren, die auserkoren wurden, um die Situation zu verwalten. Durch ihre Tätigkeit entbanden sie die Apostel von dieser Aufgabe, sodass diese sich den Prioritäten von Gebet und Dienst des Wortes widmen konnten.

Obwohl wir nicht definitiv sagen können, ob in Apostelgeschichte 6 von Ältesten oder Diakonen als Ämter die Rede ist, wird dort klar ersichtlich, dass zwei Dienstbereiche nötig sind: zum einen Lehren und Predigen (V. 4), was nur geistliche Fürsorge betrifft, und zum anderen Verwaltung und Ausschau nach Bedürfnissen (V. 1-3), was sowohl geistliche als auch leibliche Fürsorge umfasst.

Die sieben Männer in Apostelgeschichte 6,5 waren mit mehr beschäftigt, als nur Essen zu verteilen. Wir wissen, dass Stephanus und Philippus wirkungsvolle Prediger waren. Man könnte vielleicht annehmen, dass die übrigen fünf Männer keine begabten Prediger waren. Doch lesen wir unmittelbar nach ihrer Wahl: »Diese stellten sie [die Gemeinde] vor die Apostel; und als sie gebetet hatten, legten sie ihnen die Hände auf. Und das Wort Gottes wuchs, und die Zahl der Jünger in Jerusalem mehrte sich sehr« (Apg 6,6-7). Das weist darauf hin, dass die Sieben zum Wachstum der Jerusalemer Gemeinde beitrugen. Außerdem kann man daraus schließen, dass sie eher als Älteste fungierten und nicht als Diakone.

Nichts deutet darauf hin, dass die Sieben dauerhaft in ihrer ursprünglichen Aufgabe dienten. Stephanus wurde kurze Zeit später umgebracht, und Philippus ging nach Samaria. Bereits in Apostelgeschichte 8 entstand eine Christenverfolgung in Jerusalem, wodurch die ganze Gruppe zerstreut wurde. Wie bereits gesagt, wird die Gruppe zur Zeit von Apostelgeschichte 11,29-30 überhaupt nicht mehr erwähnt. Dort lesen wir vielmehr von einer Gruppe von Ältesten. Wenn einer von den Sieben noch in Jerusalem war, dann war er wahrscheinlich ein Ältester und kein Diakon.

Gibt es überhaupt eine Schriftstelle, die von einem Amt des Diakons spricht?

Nachdem wir nun mehrere allgemeine bzw. nicht eindeutige Schriftstellen zum Amt des Diakons untersucht haben, müssen wir nun zu der einen Schriftstelle im Neuen Testament kommen, von der definitiv gesagt werden kann, dass sie von einem solchen Amt spricht: 1. Timotheus 3. In Vers 8 lesen wir: »Ebenso die Diener: ehrbar, nicht doppelzüngig, nicht vielem Wein ergeben, nicht schändlichem Gewinn nachgehend.« Ein Schlüssel zur Auslegung dieses Verses ist das Wort »ebenso«, das sich auf Vers 1 bezieht. Dort finden wir die Aussage: »Wer nach einem Aufseheramt trachtet …« (Schl.)« Das weist darauf hin, dass Diakone, genau wie Älteste, ein anerkanntes Amt bekleideten.

In der Gemeinde soll es also eine Mehrzahl gottesfürchtiger Männer geben – eine Gruppe Ältester – die die Aufsicht über das Werk des Herrn in der Gemeinde führen. Sie werden in ihrer Arbeit von den Diakonen unterstützt. Die elementaren Ämter in der Gemeinde brauchen nicht komplizierter zu sein als dieses Muster.

Etwa im Jahre 60 n. Chr., als der 1. Timotheusbrief geschrieben wurde, hatte sich die Gemeinde so weit entwickelt, dass die geistlichen Qualifikationen für die Gemeindeleiter konkret angegeben wurden, für die Gemeindeorganisation es jedoch nur begrenzt Anweisungen gab. Das hat Gott absichtlich so vorgesehen. Die Organisation der einzelnen Gemeinden kann sehr flexibel gehandhabt werden, weil Gott wusste, dass die Situationen und Bedürfnisse zu verschiedenen Zeiten und in verschiedenen Kulturen variieren. Die Bibel betont nicht die strukturelle Organisation, sondern die Reinheit und geistliche Tiefe der Führungspersonen.

Was qualifiziert einen Gläubigen als Diakon?

Die Qualifikationen für Diakone können in zwei Kategorien aufgeteilt werden: persönlicher Charakter und geistlicher Charakter.

Persönlicher Charakter

Paulus listet vier persönliche Qualifikationen auf. Erstens müssen Diakone ehrbare Männer sein (1Tim 3,8). D. h. sie müssen Respekt verdienen, von ernsthafter Gesinnung sein und mit wichtigen Dingen nicht leichtfertig umgehen. Das griechische Wort für »ehrbar«

ist *semnos*, was so viel bedeutet wie »ehrwürdig, achtbar, ernsthaft, seriös und aufrecht«. Dasselbe griechische Wort kommt in Titus 2,2 vor, wo es heißt, »dass die alten Männer nüchtern seien, *ehrbar*, besonnen, gesund im Glauben, in der Liebe, im Ausharren« (Hervorhebung zugefügt).

1. Timotheus 3,8 sagt ferner, dass ein Diakon nicht doppelzüngig sein und keinen böswilligen Tratsch verbreiten darf. In dem, was er sagt, muss er stets geradlinig, gerecht und redlich sein. Dann dürfen Diakone nicht »vielem Wein ergeben« sein. Vielmehr sollen sie für ihr nüchternes Denken und ihre Selbstbeherrschung bekannt sein. Schließlich sagte Paulus, dass Diakone nicht auf unlauteren Gewinn erpicht sein dürfen. Das ist wichtig, weil Diakonen manchmal Gelder anvertraut werden. Deshalb dürfen ihre Lebensziele nicht finanzieller Art sein. In 1. Timotheus 6,9 lesen wir, dass ein dominierender Wunsch nach finanziellen Gewinnen einen Menschen verdirbt.

Geistlicher Charakter

Paulus listete außerdem vier geistliche Qualifikationen auf. Erstens müssen Diakone solche sein, »die das Geheimnis des Glaubens in reinem Gewissen bewahren« (1Tim 3,9). Anders ausgedrückt: Ein Diakon muss Überzeugungen haben, die auf der Kenntnis wahrer biblischer Lehre gegründet sind. Er muss am Glauben festhalten und die Wahrheit in seinem Leben anwenden.

Eine zweite geistliche Qualifikation für Diakone wird in Vers 10 genannt: »Auch sie aber sollen zuerst erprobt werden, dann sollen sie dienen, wenn sie untadelig sind.« Bevor ein Gläubiger offiziell zum Diakon ernannt wird, muss er sich als treu im Dienst für den Herrn erwiesen haben. Wenn er sich als untadelig bewährt hat, dann kann er als Diakon dienen.

Drittens muss ein Diakon, genau wie ein Ältester, in jeder Hinsicht sittlich rein sein. Vers 10 sagt wörtlich: »Sie sollen als Diakone dienen, wenn sie sich im Prozess befinden, untadelig zu sein.« Wer nicht untadelig ist, ist für den Dienst als Diakon disqualifiziert. In Vers 12 lesen wir: »Die Diener seien jeweils Mann *einer* Frau.« Auch das bedeutet, dass Diakone sittlich rein sein müssen. Aber das bedeutet nicht unbedingt, dass ein Diakon nicht geschieden sein darf. Das wäre allerdings dann eine Disqualifikation, wenn er aufgrund seiner Sünde die Scheidung mitverursacht hat, oder wenn er aufgrund der Umstände der Scheidung nicht untadelig ist.

Hier geht es vor allem darum, dass ein Diakon seiner Frau ohne Abstriche geweiht sein muss. Wörtlich übersetzt heißt es hier im Griechischen: »Diakone sollen Eine-Frau-Männer sein.« Eine Frau zu haben, sagt nicht unbedingt etwas über den Charakter aus, aber einzig und allein seiner Frau hingegeben zu sein, sehr wohl.

Das vierte Charaktermerkmal des geistlichen Lebens eines Diakons ist, dass er seine Familie gut führt. Diakone »sollen den Kindern und den eigenen Häusern gut vorstehen« (V. 12). Ein Diakon muss zeigen, dass er zu Führungsaufgaben fähig ist. Für Leiterschaftsaufgaben erprobt wird ein Mann auf dem Gebiet der Führung seiner Kinder und Familie.

Wenn auch die Gläubigen, die im Amt von Ältesten und Diakonen dienen, besondere persönliche und geistliche Qualifikationen erfüllen müssen, heißt das nicht, dass für die anderen Gläubigen der Gemeinde niedrigere Maßstäbe gelten würden. Jeder sollte bestrebt sein, die Rolle eines Diakons auszuüben – ob er als solcher offiziell anerkannt ist oder einfach als Glied am Leib der Gemeinde dient. Die Qualifikationen aus 1. Timotheus 3 sollten ein Ziel und eine Richtschnur für jeden Gläubigen sein.

Was sagt die Bibel über Frauen als Diakone?

1. Timotheus 3,11 beginnt: »Ebenso sollen die Frauen ehrbar sein.« Auch hier verweist »ebenso« zurück zu einem Amt in der Gemeinde. Obwohl Luther statt »die Frauen« mit »ihre Frauen« übersetzt, wissen wir, dass Paulus hier nicht die Ehefrauen der Diakone meinte, denn er verwendete kein Pronomen vor dem Wort »Frauen«. Er schrieb nicht »*ihre* Frauen« oder »*ihre* Gattinnen«. Da es keine Aussagen über die Ehefrauen von Ältesten gibt, warum sollten dann solche Aussagen über die Ehefrauen von Diakonen getroffen werden?

In Römer 16,1 lesen wir: »Ich empfehle euch aber unsere Schwester Phöbe, die eine Dienerin [*diakonos*] der Gemeinde in Kenchreä ist.« Phöbe wurde von der Gemeinde für ihren Dienst anerkannt. Möglicherweise diente sie in einer offiziellen Stellung als Diakonin in der Gemeinde von Kenchreä.

Das griechische Wort für »Frauen« in 1. Timotheus 3,11 ist *gynaikas*. Diesen Ausdruck verwendete Paulus offenbar mit einer bestimmten Bedeutung, weil es im Griechischen keine weibliche Form von *diakonos* gibt. Dieselbe Form des Wortes *diakonos* ist sowohl maskulin als auch feminin. Wenn Paulus dasselbe Wort *dia-*

konos auch für weibliche Diener verwendet hätte, dann hätte er sich unklar ausgedrückt. Er musste sie als Frauen identifizieren.

Wir sehen also, dass in 1. Timotheus 3 drei verschiedene Gemeindeämter beschrieben werden: Älteste, Diakone und Diakoninnen. Über die Diakoninnen musste Paulus schreiben: Sie sollen »ehrbar sein, nicht verleumderisch, nüchtern, treu in allem« (V. 11).

Was ist der Unterschied zwischen Ältesten und Diakonen?

Es ist grundlegend wichtig, zu erkennen, dass Diakone hinsichtlich ihres Charakters und geistlichen Lebens ebenso qualifiziert sein müssen wie die Ältesten. Der einzige Unterschied in ihren Qualifikationen besteht darin, dass die Ältesten lehrfähig sein müssen, die Diakone hingegen nicht. In heutigen Gemeinden sind einige der anerkannten Ältesten eher Diakone, und auch der umgekehrte Fall trifft zu. Beide sollten bewährte Diener Christi sein, die fähig sind, ihren Hausstand und die Glieder ihrer Gemeinde zu führen. Älteste tragen die hauptsächliche Verantwortung dafür, dass das Wort Gottes gelehrt wird, und diese Aufgabe können sie erfüllen, wenn die Diakone sie im Werk des Dienstes unterstützen.

Diakone sollen verwalten und fürsorgliche Hirtendienste für die Herde leisten. Wenngleich das Lehren nicht ihre vorrangige Aufgabe ist, sind sie geistlich nicht minder qualifiziert, geehrt oder angesehen als Älteste. Sie entlasten diejenigen, die begabter sind im Lehren, damit diese mehr Freiraum haben, um zu beten und das Wort Gottes zu studieren.

In gewissem Sinne fasst die Aufgabe der Diakone das Wesen geistlicher Größe zusammen. Unser Herr sagte: »Wenn jemand unter euch groß werden will, wird er euer Diener sein, und wenn jemand unter euch der Erste sein will, wird er euer Sklave sein; gleichwie der Sohn des Menschen nicht gekommen ist, um bedient zu werden, sondern um zu dienen« (Mt 20,26-28).

Deshalb ist der Herr Jesus selbst das Vorbild für solche, die die Aufgabe eines Diakons annehmen möchten. Das ist eine Aufgabe des Dienens, Aufopferns und der Hingabe an die Bedürfnisse anderer. Der Lohn für Diakone ist nicht zeitliche Ehre in Form menschlicher Schmeichelei, sondern der ewige Segen, den ein Leben des geistlichen Dienstes zur Ehre Gottes mit sich bringt.

Qualifikationen für geistliche Leiterschaft[30]

Der Charakter und die Effektivität einer Gemeinde steht in direktem Zusammenhang mit der Qualität ihrer Leitung. Deshalb betont die Bibel so sehr die Wichtigkeit qualifizierter Gemeindeleitung und sie nennt ausdrückliche Maßstäbe, um die Kandidaten für diese bedeutende Position zu prüfen. Versagen im Festhalten an diesen Maßstäben hat viele der Probleme verursacht, mit denen Gemeinden in aller Welt derzeit zu kämpfen haben.

Es ist bedeutsam, dass Paulus sich beim Beschreiben der Qualifikationen von Ältesten mehr auf ihren Charakter konzentriert als auf ihre Tätigkeit. Ein Gläubiger ist qualifiziert aufgrund dessen, was er ist, und nicht aufgrund dessen, was er tut. Wenn er sündigt und dadurch seinen Charakter verunreinigt, muss er vor der ganzen Gemeinde disziplinarischen Maßnahmen unterstellt werden (1Tim 5,20). Die Gemeinde muss auf dieses wichtige Amt sorgfältig achten.

Die geistlichen Qualifikationen für Leiterschaft sind unersetzlich. Ich bin überzeugt, dass sie ausschlaggebend dafür sind, ob ein Mann wirklich von Gott in diesen Dienst berufen ist. Bibelschulen und theologische Ausbildungsstätten können hilfreich sein, um einen Mann für den Dienst zuzurüsten; Gemeindegremien und Kanzel-Komitees können ihm Gelegenheiten zum Dienst bieten; aber nur Gott allein kann einen Mann berufen und ihn für diesen Dienst geeignet machen. Bei der Berufung in den Dienst geht es nicht darum, die Talente eines Kandidaten zu analysieren und dann die für ihn verheißungsvollste Karrierelaufbahn auszuwählen. Diese Berufung ist vielmehr der vom Heiligen Geist bewirkte Drang, ein Mann Gottes zu sein und Gott in der Gemeinde zu dienen. Wen Gott beruft, der wird auch diese Qualifikationen erfüllen.

Warum sind die Maßstäbe so hoch? Weil sich die Leute in der Gemeinde an ihren Führern orientieren und so werden wie sie. Hosea sagte: »So wird, wie das Volk, der Priester sein« (4,9; Elb.). Jesus sagte: »Ein Jünger ist nicht über dem Lehrer; jeder aber, der vollendet ist, wird sein wie sein Lehrer« (Lk 6,40). Aus der ganzen Bibel wird deutlich: Nur selten wird das geistliche Niveau von

Führungspersonen vom geistlichen Niveau ihrer Untergebenen übertroffen.

In 1. Timotheus 3 werden die geistlichen Qualifikationen für die Männer in Führungspositionen detailliert aufgelistet. In den Versen, die wir untersuchen werden (V. 1-7), spricht Paulus insbesondere über die Qualifikationen der Ältesten. Man beachte jedoch, dass der einzige wesentliche Unterschied zwischen den Qualifikationen von Ältesten und Diakonen darin besteht, dass ein Ältester als Lehrer befähigt sein muss (vgl. V. 1-7 und 8-13).

Paulus erklärt zunächst, dass jemand, der das Ältestenamt anstrebt, ein gutes Werk begehrt (V. 1). Aber niemand sollte allein aufgrund seines Wunsches in die Gemeindeleitung gestellt werden. Die Gemeinde ist dafür verantwortlich herauszufinden, ob dieser Mann für den Dienst qualifiziert ist. Dazu muss sie ihn an Gottes Maßstäben für Leiterschaft prüfen, wie sie in den Versen 2-7 eindeutig aufgelistet sind.

»Untadelig« –
Er ist ein Mann von unanfechtbarem Charakter

Paulus beginnt mit der Aussage: »Der Aufseher [oder Älteste] nun muss untadelig sein« (V. 2). Das griechische Wort, das hier mit »muss« übersetzt wurde, betont die absolute Notwendigkeit: Tadellosigkeit ist für Aufseher obligatorisch und eine fundamentale, allgemeine Anforderung. Im Grunde definieren und illustrieren die übrigen Qualifikationen in Vers 2-7 nur, was Paulus mit »untadelig« meinte.

Der griechische Text zeigt, dass es hier um einen gegenwärtigen Zustand der Unbescholtenheit geht. Hier geht es nicht um Sünden, die dieser Gläubige begangen hat, bevor er ein reifer Christ wurde, es sei denn, solche Sünden haben einen Schatten auf seinem Leben hinterlassen. (In diesem Sinne ist niemand untadelig.) Hier liegt der Gedanke zugrunde, dass er für seine Tadellosigkeit bekannt ist.

»Untadelig« (V. 2) bedeutet wörtlich »nicht festhaltbar«. Jemanden, der untadelig ist, kann man nicht festhalten wie einen Kriminellen, der wegen seines Verbrechens gefesselt werden muss. Es besteht kein Anlass, ihm etwas vorzuwerfen. Er ist über jeden Vorwurf erhaben.

Das Leben eines Gemeindeleiters darf nicht von Sünde getrübt sein, sei es hinsichtlich seiner Einstellungen, seiner Gewohnheiten oder seines Verhaltens. Das heißt nicht, dass er vollkommen sein muss, aber in seinem Charakter darf es keine offenkundigen Defizite geben. Er muss ein Vorbild an Gottseligkeit sein, sodass er seine Gemeinde zu Recht auffordern kann, seinem Vorbild zu folgen (Phil 3,17). Die Gläubigen müssen ihm vertrauen können, dass er sie nicht in Sünde führen wird.

Geistliche Führungspersonen müssen untadelig sein, weil sie für die Gemeinde das Vorbild liefern, welchem die Gläubigen folgen sollen. Das ist ein hoher Maßstab, der keine Doppelmoral zulässt. Da der Gläubige verantwortlich ist, dem Vorbild seines geistlichen Führers zu folgen (Hebr 13,7.17), fordert Gott auch von diesem Gläubigen, dass er untadelig ist. Der Unterschied ist, dass bestimmte Sünden einen Gemeindeleiter auf Lebzeiten disqualifizieren können, wohingegen dies für weniger herausragende Rollen in der Gemeinde nicht gilt. Dessen ungeachtet verlangt Gott von allen Gläubigen Tadellosigkeit (vgl. Eph 1,4; 5,27; Phil 1,10; 2,15; Kol 1,22; 2Petr 3,14; Jud 24).

Ein Gemeindeleiter ist disqualifiziert, wenn es einen Makel auf seinem Leben gibt, der anderen den Eindruck vermittelt, man könne in Sünde leben und trotzdem eine geistliche Führungsperson sein. Es gibt stets bösartige Menschen, die nach einer Möglichkeit suchen, Christus und seine Gemeinde in Verruf zu bringen. Einem solchen Menschen spielt eine sündige Führungsperson geradewegs in die Hände und bietet ihm eine einmalige Gelegenheit, ihren Unglauben zu rechtfertigen.

Es ist kein Zufall, dass viele Gemeindeleiter in Sünde fallen und sich für den Dienst disqualifizieren. Der Teufel ist eifrig bemüht, die Integrität geistlicher Führungspersonen zu untergraben, weil er damit ihren Dienst zerstört und Schande über Christus bringt. Deshalb müssen geistliche Führer sorgsam auf ihre Gedanken und Taten achten und die Gemeinde muss ernstlich um Kraft für ihre Leiterschaft beten.

Ich glaube, dass der Teufel geistliche Führungspersonen heftiger angreift, als es die meisten Christen jemals erleben werden. Es ist nur logisch, dass jene, die die Streitkräfte der Wahrheit und des Lichts gegen die Mächte der Finsternis anführen, den erbittertsten Widerstand des Feindes erfahren werden.

Ein unheiliger Gemeindeleiter ist wie ein farbiges Glasfenster – ein religiöses Symbol, das aber den Lichteinfall behindert. Darum

ist das erste Qualifikationskriterium für geistliche Leiterschaft,
»untadelig« zu sein. Der Puritaner Richard Baxter schrieb:

> Habe Acht auf dich, dass du nicht in jenen Sünden lebst, ge-
> gen welche du anderen predigst, und dass du dich nicht dessen
> schuldig machst, was du täglich verurteilst. Machst du es dir zur
> Aufgabe, Gott zu verherrlichen, und wenn du dies getan hast,
> entehrst du ihn genau wie andere? Verkündigst du Christi regie-
> rende Macht, und verdammst sie dennoch und rebellierst selber?
> Predigst du seine Gesetze und brichst sie willentlich?
>   Wenn Sünde böse ist, warum lebst du dann darin? Wenn
> sie nicht böse ist, warum bringst du dann Menschen davon ab?
> Wenn sie gefährlich ist, wie wagst du es, dich auf sie einzulas-
> sen? Wenn nicht, warum sagst du es den Menschen dann? Wenn
> Gottes Drohungen wahr sind, warum fürchtest du sie nicht?
> Wenn sie falsch sind, warum beunruhigst du dann Menschen
> unnötig damit und versetzt sie grundlos in Ängste?
>   Du »kennst die Rechtsforderung Gottes, dass die, die solches
> verüben, des Todes würdig sind«, und dennoch tust du dasselbe?
> »Der du nun einen anderen lehrst, du lehrst dich selbst nicht? Der
> du sagst, man solle nicht ehebrechen«, oder betrunken sein oder
> begehren, du tust dasselbe? »Der du dich des Gesetzes rühmst, du
> verunehrst Gott durch die Übertretung des Gesetzes?« Was! Soll
> dieselbe Zunge Böses reden, die gegen Böses spricht? Sollen jene
> Lippen deinen Nächsten tadeln und verleumden, die doch diese
> Dinge und dergleichen mehr bei anderen verurteilen?
>   Habe Acht auf dich, dass du nicht Sünde verurteilst und sie
> doch nicht überwindest; denn während du sie bei anderen aus-
> tilgen willst, beugst du dich ihr und wirst ihr Sklave: »denn von
> wem jemand überwältigt ist, dem ist er auch als Sklave unter-
> worfen.« »Wem ihr euch zur Verfügung stellt als Sklaven zum
> Gehorsam, dessen Sklaven seid ihr, dem ihr gehorcht; entweder
> Sklaven der Sünde zum Tod oder Sklaven des Gehorsams zur
> Gerechtigkeit.« O Brüder! Es ist einfacher, eine Sünde zu ta-
> deln, als sie zu überwinden.[31]

An anderer Stelle schrieb Baxter:

> Wenn deine Gedanken eine heilige, himmlische Form haben,
> werden deine Gläubigen wohl an den Früchten davon teilhaben.

Dein Gebet, dein Lobpreis und deine Lehre wird ihnen süß und himmlisch sein. Sie werden wahrscheinlich merken, wenn du viel Gemeinschaft mit Gott hattest: Was dir am meisten auf dem Herzen liegt, wird am wahrscheinlichsten in ihr Ohr dringen ...

Wenn ich mein Herz erkalten lasse, wird meine Predigt kalt; und wenn mein Herz nicht klar ist, wird meine Predigt nicht klar sein. Und so kann ich es oft sogar bei den besten meiner Zuhörer beobachten: Wenn ich kalt in der Predigt geworden bin, erkalten auch sie; und auch die nächsten Gebete, die ich von ihnen gehört habe, waren ganz ähnlich wie meine Predigt ...

O Brüder, habt deshalb Acht auf eure Herzen: Haltet Lüste, Leidenschaften und weltliche Neigungen fern davon; belebt den Glauben, die Liebe und den Eifer; seit viel daheim und in Gemeinschaft mit Gott ... Habt Acht auf euch selbst, damit euer Vorbild nicht eurer Lehre widerspreche ... damit ihr mit eurem Leben nicht das zunichte macht, was ihr mit euren Zungen sagt, und dass ihr so nicht zu den größten Hindernissen für den Erfolg eurer eigenen Mühen werdet ... Ein einziges stolzes, verdrießliches oder herablassendes Wort, ein unnötiger Zwist, eine begehrliche Tat kann schon so mancher Predigt die Kehle durchschneiden und die Frucht aller eurer Mühe fortblasen.[32]

Wie kann sich ein geistlicher Führer vor den Angriffen des Teufels schützen? Die Antwort ist eine dreifache: Bibelstudium, Gebet und Gemeinschaft. David sagte: »In meinem Herzen habe ich dein Wort verwahrt, damit ich nicht gegen dich sündige« (Ps 119,11). Ständig dem lebendigen Wort Gottes ausgesetzt zu sein, bewahrt uns vor Sünde und reinigt uns (vgl. Joh 15,3). Leider lassen sich viele geistliche Führer vom Wort Gottes wegziehen. Vielleicht ist es bei ihrem Dienst nicht unbedingt nötig, täglich das Wort Gottes zu studieren, und so ist ihr Leben nicht regelmäßig der überzeugenden Wahrheit der Bibel ausgesetzt. Oder vielleicht sind sie selbstzufrieden und bequem geworden, was ihre Hingabe an das Wort Gottes betrifft. Wenn das der Fall ist, haben sie die Kraft vernachlässigt, die wir nur empfangen können, wenn Gottes Geist sie uns durch sein Wort vermittelt, und so haben diese Führungspersonen einen schlimmen Schwachpunkt in ihrer geistlichen Waffenrüstung geschaffen.

Durch Gebet erkennen wir an, dass wir von Gott abhängig sind, um von ihm geistliche Kraft und Sieg zu empfangen. Es ist das

Eingeständnis, dass wir Hilfe brauchen. Gemeinschaft ist ebenso wichtig. In meinem geistlichen Kampf beziehe ich viel Kraft und Ermutigung von den Mitgläubigen in meinem Umfeld, die in denselben Kämpfen stecken.

Wenn Paulus sagt, dass ein Aufseher untadelig sein muss, meint er damit nicht, dass ein solcher Mann vollkommen sein müsse. Dann wären alle disqualifiziert. Er meinte aber eindeutig, dass keine Sünde irgendeinen Makel verusachen darf, der den Ruf beeinträchtigt oder seinen Charakter in Frage stellt. Mit der Auflistung der anderen Qualifikationen für Aufseher erläutert Paulus lediglich die konkreten Einzelheiten, was es bedeutet, untadelig zu sein.

»Mann *einer* Frau« – Sexuelle Reinheit

»Mann *einer* Frau« könnte auch mit »Ehemann *einer* Ehefrau« übersetzt werden, aber meiner Beschäftigung mit dem griechischen Grundtext zufolge ist das nicht die beste Übersetzung. Ich glaube, dass »Frau« (*gynaikos*) und »Mann« (*anêr*) in der Elberfelder Bibel treffender übersetzt sind. Die griechische Satzkonstruktion betont das Zahlwort *einer* und vermittelt dadurch den Gedanken an einen Mann, der auf eine einzige Frau ausgerichtet ist.

Es ist angemessen, dass Paulus sexuelle Treue an erster Stelle seiner Liste sittlicher Qualifikationen stellt, weil Männer sich in diesem Bereich am häufigsten für den Dienst disqualifizieren. Deshalb ist dieser Punkt eine sehr schwerwiegende Sache.

Bei dieser Qualifikation wurden viele verschiedene Auslegungen vorgeschlagen. Die Sichtweise, dass ein Ältester nicht mehr als eine Frau gleichzeitig haben kann, ist dabei das herkömmliche Verständnis des Ausdrucks »Mann *einer* Frau«. Doch im religiösen und kulturellen Umfeld seiner damaligen Zeit war es unwahrscheinlich, dass Paulus hier von Polygamie sprach. Weder die Juden noch die Römer neigten zur Vielehe.

Manche sagen, »Mann *einer* Frau« bedeutet, dass ein Mann kein Ältester sein könne, wenn er aus irgendeinem Grund ein zweites Mal geheiratet habe. Aber Paulus konnte sich hier nicht auf Wiederheirat beziehen, weil er bereits klargemacht hatte, dass Gott Wiederheirat zulässt, wenn der Ehegatte gestorben ist (1Tim 5,9-15; Röm 7,2-3; 1Kor 7,39).

Andere sagen, Paulus schließe geschiedene Männer vom Dienst als Älteste aus. Doch wenn Paulus hier von Scheidung sprach, hätte er das deutlicher ausdrücken können, wenn er geschrieben hätte: »Ein Ältester muss ein Mann sein, der nie geschieden worden ist.« Doch auch diese Aussage würde Probleme bereiten, weil die Bibel lehrt, dass Wiederheirat nach einer Scheidung unter zwei Umständen Gottes Wille sein kann.

Erstens ist Scheidung gerechtfertigt, wenn ein Partner in ständiger sexueller Sünde lebt. Jesus sagte zu den religiösen Führern: »Es ist aber gesagt [durch die rabbinische Tradition]: Wer seine Frau entlassen will, gebe ihr einen Scheidebrief« (Mt 5,31). Viele jüdische Männer ließen sich aus unbedeutenden Gründen von ihren Frauen scheiden, und dazu war nichts weiter nötig als das erforderliche Stück Papier auszufüllen.

Aber Jesus sagte: »Jeder, der seine Frau entlassen wird, außer aufgrund von Hurerei, macht, dass mit ihr Ehebruch begangen wird; und wer eine Entlassene heiratet, begeht Ehebruch« (Mt 5,32). Das impliziert, dass Hurerei (außerehelicher Verkehr) ein berechtigter Grund zur Scheidung ist.

Ich glaube, dass sich »Hurerei« hier auf extreme Situationen von unbeirrbarer sexueller Sünde bezieht, wovon der betreffende Sünder keine Buße tun will. In seiner Gnade gewährt Gott dem unschuldigen Partner, frei von der Bindung an einen derart sündigen Partner zu sein. Damit einher geht die Freiheit, erneut (einen Gläubigen) zu heiraten.

Unter dem Gesetz des Alten Testaments konnte ein Ehepartner, der Ehebruch beging, zu Tode gesteinigt werden. Dadurch wäre der andere Partner vom Ehebund frei geworden und hätte damit auch die Freiheit erlangt, erneut zu heiraten. Obwohl Gott heute nicht mehr den Tod eines untreuen Ehepartners verlangt, ist die Sünde des Ehebruchs noch genauso schwer. Sollte nun Gottes Gnade gegenüber dem Ehebrecher, dessen Leben er verschont, für den unschuldigen Partner die Strafe bedeuten, dass er nun ein Leben lang allein bleiben muss? Ich denke nicht. Die Gnade, die das Leben des Ehebrechers verschont, gewährt dem unschuldigen Partner auch die Freiheit, wieder zu heiraten.

Zweitens ist Scheidung dann gerechtfertigt, wenn ein Ungläubiger seinen gläubigen Ehepartner verlässt. In 1. Korinther 7,15 sagt Paulus: »Wenn aber der Ungläubige sich scheidet, so scheide er sich. Der Bruder oder die Schwester ist in solchen Fällen nicht gebunden; zum Frieden hat uns Gott doch berufen.« Wenn ein ungläubiger Partner die Ehe lösen will, hat der Gläubige die Freiheit, ihn oder sie gehen zu lassen. Gott verlangt nicht von uns, mit einem solchen Partner im Kriegszustand zu leben.

Einige sagen, 1. Timotheus 3,2 schließe einen Unverheirateten vom Dienst als Ältesten aus. Doch diese Auffassung wird dadurch widerlegt, dass Paulus, der ein Ältester war (1Tim 4,14; 2Tim 1,6), selber unverheiratet war (1Kor 7,7-9).

Bei dem Ausdruck »Mann *einer* Frau« geht es überhaupt nicht um den Familienstand. Paulus beschreibt nicht, welchen Sozialstatus oder welche äußeren Umstände ein Ältester erfüllen muss, sondern nennt sittliche Qualifikationen für geistliche Leiterschaft. »Mann *einer* Frau« spricht vom Charakter des Mannes und seinem Herzenszustand. Wenn er verheiratet ist, muss er einzig und allein seiner Frau gewidmet sein. Ob er nun verheiratet ist oder nicht, darf er auf keinen Fall ein Frauenheld sein.

Leider ist es möglich, zwar mit einer Frau verheiratet und trotzdem kein Mann *einer* Frau zu sein. Jesus sagte: »Ich aber sage euch, dass jeder, der eine Frau ansieht, sie zu begehren, schon Ehebruch mit ihr begangen hat in seinem Herzen« (Mt 5,28). 1. Timotheus 3,2 sagt, dass ein verheirateter – oder auch unverheirateter – Mann, der viele Frauen begehrt, nicht zum Dienst geeignet ist. Ein Ältester darf nur die Frau lieben, begehren und in seiner Fantasie an sie denken, die Gott ihm gegeben hat.

Sexuelle Reinheit ist ein wichtiges Thema im Gemeindedienst. Deshalb hat Paulus diesen Punkt an die Spitze seiner Liste gestellt.

»Nüchtern« – Er darf keinen Ausschweifungen nachgehen

Das griechische Wort, das mit »nüchtern« übersetzt wurde (*nêphalios*) bedeutet »ohne Wein« oder »nicht mit Wein vermischt«. Es spricht von Nüchternheit im Sinne des Gegenteils eines Rauschzustandes. Wein war zu biblischer Zeit ein übliches Getränk. Da es in Palästina heiß und trocken war, musste man oft große Mengen Wein trinken, um die Wasservorräte des Körpers aufzufüllen, die in der Hitze eingebüßt wurden. Um Trunkenheit zu vermeiden, wurde der Wein normalerweise mit viel Wasser vermischt. Doch auch dann war Trunkenheit noch ein Problem, weil das Getränk nicht gekühlt werden konnte und schnell weiter gor.

Auch wenn Wein das Herz eines Menschen erfreuen kann (Ri 9,13) und zu medizinischen Zwecken diente wie z.B. bei Magenleiden (1Tim 5,23) und Sterbenden Schmerzlinderung verschaffte (Spr 31,6), wurde er häufig missbraucht. Deshalb sagt Sprüche 20,1: »Ein Spötter ist der Wein, ein Lärmer der Rauschtrank; und jeder, der davon taumelt, ist unweise.«

Sprüche 23,29-35 sagt: »Wer hat Ach, wer hat Weh, wer Zänkereien, wer Klage, wer Wunden ohne Ursache, wer trübe Augen? Die spät beim Wein noch sitzen, die einkehren, um den Mischkrug zu erforschen. Sieh den Wein nicht an, wenn er so rötlich schimmert, wenn er im Becher funkelt und leicht hinuntergleitet. Zuletzt beißt er wie eine Schlange und speit Gift wie eine Viper. Deine Augen sehen Seltsames, und dein Herz redet Verworrenes, und du bist wie einer, der im Herzen des Meeres liegt, und wie einer, der da liegt im Ausguck am Mast. Man hat mich geschlagen, es schmerzte mich nicht; man hat mich geprügelt, ich merkte es nicht. Wann werde ich aufwachen? Ich will ihn noch einmal aufsuchen.«

1. Mose 9 berichtet von einem Beispiel für die spöttischen Auswirkungen von Wein. Noah pflanzte einen Weinberg, baute Wein an und betrank sich. In seinem Rausch »lag er entblößt im Innern seines Zeltes« (V. 21). Der hebräische Grundtext deutet hier auf eine sexuelle Sünde hin. Ham, einer von Noahs Söhnen, sah ihn in diesem Zustand und spottete über ihn. Die zwei anderen Söhne gingen rückwärts ins Zelt und deckten Noah zu, weil ihnen seine Sünde peinlich war.

Manche jüdischen Führungspersonen tranken aufgrund ihrer Stellung, ihres Vorbilds und ihres Einflusses keinen Wein. Priester durften unter Alkoholeinfluss nicht das Haus Gottes betreten (3Mo 10,9). Auch Königen wurde empfohlen, keinen Wein zu trinken, weil sie dadurch womöglich in ihrem Urteil getrübt würden (Spr 31,4-5). Das Gelübde des Nasiräers – die höchste Form geistlicher Hingabe im Alten Testament – untersagte ihm den Genuss von Wein (4Mo 6,3). In gleicher Weise müssen heute geistliche Führungspersonen Trunkenheit vermeiden, damit sie ein verantwortungsbewusstes Urteil treffen können und Vorbilder eines vom Heiligen Geist beherrschten Lebens darstellen.

Wahrscheinlich meinte Paulus mit seiner Verwendung des Wortes *nêphalios* mehr, als nur den buchstäblichen Sinn des Vermeidens von Trunkenheit. Im bildhaften Sinn forderte er auf, aufmerksam und wachsam zu sein. Ein Ältester muss jeder Ausschweifung im Leben entsagen, die sein klares Denken und sein gesundes Urteil beeinträchtigt.

Der Bibelkommentator William Hendriksen schreibt: »Ein solcher Mensch lebt mit Tiefgang. Seine Freuden sind nicht in erster Linie Sinnesfreuden, wie es z. B. bei einem Trunkenbold der Fall ist, sondern Freuden der Seele. Er ist erfüllt von geistlicher und sittlicher Ernsthaftigkeit. Er ist nicht der Ausschweifung hingegeben (im Umgang mit Wein usw.), sondern ist enthaltsam, ausgewogen, ruhig, bedächtig, standhaft und vernünftig. Das betrifft seinen körperlichen, sittlichen und geistigen Geschmack und Lebenswandel.«[33]

Umgang mit Alkohol ist nur ein Bereich, wo man in Ausschweifung geraten kann. Gefräßigkeit wurde als Sünde der Prediger bezeichnet, und das ist oftmals eine berechtigte Kritik. Geistliche Führungspersonen sollen in jedem Lebensbereich selbstbeherrscht und ausgewogen sein.

»Besonnen« – er ist diszipliniert

Das griechische Wort, das hier mit »besonnen« übersetzt wurde (*sôphrôn*), spricht von Disziplin oder Selbstbeherrschung. Das ergibt sich, wenn man enthaltsam ist (V. 8). Wer enthaltsam ist, vermeidet Ausschweifung, sodass er die Dinge klar sehen kann, und diese Klarheit der Gedanken führt ihn zu einem ordentlichen, disziplinierten Leben. Er weiß, wie er seine Prioritäten zu ordnen hat.

Sôphrôn beschreibt einen Menschen, der Geistliches ernst nimmt; er hat nicht den Ruf eines Clowns. Das bedeutet nicht, dass er keinen Humor hat – jeder gute Führer ist imstande, Humor einzusetzen und zu genießen. Aber er muss eine Wertschätzung dafür haben, was im Leben wirklich wichtig ist.

Manche jungen Männer sind in ihrem Denken unreif und albern, aber je länger sie Christus dienen und im Leben stehen, desto mehr sehen sie die Dinge aus Gottes Sicht. Mit der Zeit wird ihre Albernheit gezügelt, da sie immer mehr die Verlorenheit des Menschen und die unausweichlich drohende Hölle begreifen. Das gehört zur Besonnenheit dazu.

Ich bekam einmal einen Brief von einer Frau, die sich bei mir bedankte, weil unser Radioprogramm ihr geholfen hatte, eine jahrzehntelange Sucht nach TV-Seifenopern zu überwinden. Sie hatte gelernt, sich mit Gottes Wort zu beschäftigen und darüber nachzusinnen, anstatt fünf Stunden täglich ihrer Gewohnheit nachzugehen. Sie lobte Gott für sein gnadenreiches Wirken in ihrem Leben. Ich freue mich mit ihr, weil sie lernt, ihre Gedanken auf etwas zu richten, was es wert ist, darüber nachzudenken. Paulus sagte: »Alles, was wahr, alles, was ehrbar, alles, was gerecht, alles, was rein, alles, was liebenswert, alles, was wohllautend ist, wenn es irgendeine Tugend und wenn es irgendein Lob gibt, das erwägt [d.h. daran denkt]!« (Phil 4,8). Das ist es, worauf man sich mit einem ordentlichen und disziplinierten Denken konzentriert.

»Sittsam« – er ist gut organisiert

Das griechische Wort, das mit »sittsam« übersetzt wurde, ist *kosmios*. Es stammt von der Wurzel *kosmos*, die im allgemeinen Sinne hindeutet auf die Wechselwirkungen zwischen menschlichen, göttlichen und teuflischen Werten. Ein »sittsamer« Mensch geht mit allen Aspekten des Lebens in systematischer, ordentlicher Weise um.

Ein solcher Mensch erfüllt gewissenhaft seine vielen Pflichten und Verantwortungen. Sein disziplinierter Sinn bringt disziplinierte Taten hervor – er ist »sittsam«.

Das Gegenteil von *kosmios* ist Chaos. Älteste dürfen keinen chaotischen Lebensstil haben, weil zu ihrem Aufgabenbereich auch Verwaltung, Aufsicht, Planung und das Aufstellen von Prioritäten gehört.

Ein Mann, dessen Leben ein beständiges Durcheinander von unausgeführten Plänen und unorganisierten Aktivitäten ist, hat im Gemeindedienst keinen Platz. Im Laufe der Jahre habe ich viele Männer erlebt, die Schwierigkeiten damit hatten, ihren Dienst effektiv zu erfüllen, weil sie es nicht schafften, ihr Leben sinnvoll zu ordnen. Sie konnten sich nicht auf eine Aufgabe konzentrieren oder systematisch Ziele setzen und erreichen. Eine solche Unordnung disqualifiziert für den Dienst als Ältester.

»Gastfrei « – er nimmt gern Gäste auf

Das griechische Wort, das mit »gastfrei« übersetzt wurde, besteht aus den Wörtern *xenos* (»Fremder«) und *phileô* (»lieben, Zuneigung zeigen«) und bedeutet somit »Fremde lieben«.

Ich höre oft Aussagen wie: »Soundso hat die Gabe der Gastfreundschaft, weil sie eine großartige Köchin ist oder weil sie so gern Freunde einlädt.« Doch so vorbildlich und wichtig diese Tugenden auch sind, bieten sie keine Beispiele für biblische Gastfreundschaft.

Biblische Gastfreundschaft ist Hilfsbereitschaft nicht gegenüber Freunden, sondern gegenüber Fremden. In Lukas 14,12-14
sagt Jesus: »Wenn du ein Mittag- oder ein Abendessen machst,
so lade nicht deine Freunde ein, noch deine Brüder, noch deine
Verwandten, noch reiche Nachbarn, damit nicht etwa auch *sie* dich
wieder einladen und dir Vergeltung zuteil werde. Sondern wenn du
ein Mahl machst, so lade Arme, Krüppel, Lahme, Blinde ein! Und
glückselig wirst du sein, weil sie nichts haben, um dir zu vergelten;
denn es wird dir vergolten werden bei der Auferstehung der Gerechten.«

Mir ist klar, dass Opferbereitschaft nötig ist, um Fremden gegenüber Liebe zu erweisen, und dass dies sogar gefährlich werden kann,
weil manche womöglich unsere Freundlichkeit ausnutzen. Gott verlangt zwar nicht, dass wir beim Umgang mit Fremden unseren Verstand aufgeben sollen (vgl. Mt 10,16), aber er verlangt, dass wir sie
durch Gastfreundschaft lieben (Röm 12,13; Hebr 13,2; 1Petr 4,9).

Wenn ich bedenke, dass ich dafür verantwortlich bin, Fremde
zu lieben, erinnert mich das daran, dass Gott uns in seine Familie
aufgenommen hat, obwohl wir »ausgeschlossen waren vom Bürgerrecht Israels und Fremdlinge hinsichtlich der Bündnisse der Verheißung« und »ohne Hoffnung und ohne Gott in der Welt« (Eph
2,12). Da wir auch als Heidenchristen von Gott aufgenommen wurden, wie können wir es da unterlassen, Fremde in unsere Häuser
aufzunehmen? Schließlich gehört alles, was wir haben, Gott. Wir
sind einfach nur seine Verwalter.

»Lehrfähig« – er ist ein geschickter Lehrer

Das griechische Wort, das mit »lehrfähig« übersetzt wurde (*didak-*
tikon), kommt nur zwei Mal im Neuen Testament vor (hier und in
2Tim 2,24) und bedeutet »geschickt im Lehren«. Das ist hier die
einzige Qualifikation, die mit der Tätigkeit des Ältesten zu tun hat
und die den Ältesten vom Diakon unterscheidet.

Paulus hat Timotheus immer wieder an die vorrangige Wichtigkeit des Lehrens erinnert (1Tim 5,17; 2Tim 2,2.15). Älteste müssen
geschickt im Lehren sein. Sie müssen die Fähigkeit haben, Gottes
Wort anderen zu vermitteln sowie die Integrität aufweisen, die ihre
Lehre glaubhaft macht.

Die größte Kraft für einen effektiven Lehrdienst ist Glaubwürdigkeit. Ein fähiger Lehrer praktiziert das, was er predigt. Wenn

man die eine Sache lehrt und eine andere lebt, widerspricht man seiner eigenen Lehre und untergräbt sie.

Paulus schrieb an Timotheus: »Niemand verachte deine Jugend, vielmehr sei ein Vorbild der Gläubigen« (1Tim 4,12). Er wollte, dass Timotheus ein Vorbild ist, dem andere folgen können – ein Prototyp seiner eigenen Lehre. Paulus fuhr fort und listete die Lebensbereiche auf, in denen Timotheus ein Vorbild sein sollte: »im Wort [in dem, was du sagst], im Wandel [in dem, was du tust], in Liebe [in dem, was du fühlst], im Geist [in dem, was du denkst], im Glauben [in dem, was du glaubst], in Keuschheit [in deinen Motiven]!« (V. 12, Schl.). Das ist vorbildliches Verhalten in jedem Lebensbereich und das ist der erste und wichtigste Faktor für fähiges Lehren.

In 1. Korinther 11,1 sagt Paulus: »Seid meine Nachahmer, wie auch ich Christi Nachahmer bin!« Man ist kein fähiger Lehrer, solange man die Leute nicht auffordern kann, dem eigenen Vorbild zu folgen.

Der Heilige Geist gibt denen die Gabe des Lehrens, die berufen sind, die Gemeinde zu lehren (Röm 12,7; 1Kor 12,28; Eph 4,11). Die Lehrgabe ist keine natürliche Fähigkeit, sondern eine vom Heiligen Geist verliehene Gabe, die jemanden befähigt, das Wort Gottes wirksam zu lehren.

1. Timotheus 4,6 beschreibt einen »guten Diener Christi Jesu« als jemanden, »der sich nährt durch die Worte des Glaubens und der guten Lehre«. Obwohl Timotheus bereits ein solcher Diener Jesu war, ermutigte Paulus ihn, sorgsam auf die gesunde Lehre zu achten, die ihm vermittelt worden war. In 1. Timotheus 6,20 schreibt Paulus: »O Timotheus, bewahre das anvertraute Gut.« In 2. Timotheus 1,13-14 sagt er: »Halte fest das Vorbild der gesunden Worte, die du von mir gehört hast … Bewahre das schöne anvertraute Gut durch den Heiligen Geist, der in uns wohnt!«

Verallgemeinert kann man sagen: Je mehr lehrmäßige Erkenntnis ein Lehrer hat, desto wertvoller wird sein Lehrdienst sein. Das bedeutet nicht, dass ein jungbekehrter Christ kein Lehrer sein könne, aber er wird fleißig arbeiten müssen, um seinen Mangel an Erkenntnis zu beheben.

Die Einstellung des Lehrers ist ebenso wichtig wie seine Erkenntnis. Wer Gottes Wahrheit in einer überheblichen Haltung vermittelt, wird seine Lehre dadurch beeinträchtigen. Deshalb ist Demut für einen Lehrer so elementar wichtig. Paulus sagte: »Ein Knecht des Herrn aber soll nicht streiten, sondern gegen alle milde sein, lehrfähig, duldsam, und die Widersacher in Sanftmut zurechtweisen« (2Tim 2,24-25).

»Kein Trinker«

Das griechische Wort, das hier mit »Trinker« übersetzt wurde (*paroinos*), bedeutet wörtlich »beim Wein (sitzend)«. Damit ist kein Alkoholiker gemeint – das wäre eine offensichtliche Disqualifikation. Hier geht es um den Ruf des Mannes: Ist er als Trinker bekannt?

Wir haben gesehen, dass das griechische Wort, das mit »nüchtern« übersetzt wurde (V. 2), buchstäblich jemanden beschreibt, der nicht berauscht ist. *Paroinos* hingegen bezieht sich auf den gesellschaftlichen Umgang. Jemand, der *paroinos* ist, besucht Kneipen, Bars und Gaststätten. Er ist in den lauten Milieus zu Hause, wo getrunken wird, und führt den Lebensstil eines Trinkers. Das darf auf einen Ältesten nicht zutreffen.

»Kein Schläger« – er ist nicht gewalttätig

Niemand kann ein Ältester sein, der seine Konflikte mit der Faust oder auf andere gewalttätige Weise löst. Das griechische Wort, das mit »Schläger« übersetzt wurde (*plêktês*), bedeutet wörtlich »jemand, der schlägt«. Ein Ältester ist kein Choleriker, der schnell zu unnötiger körperlicher Gewalt greift. Diese Qualifikation hängt eng zusammen mit »kein Trinker«, weil solche Gewalttätigkeit üblicherweise mit dem Umfeld von exzessiven Trinkern verbunden ist.

Eine geistliche Führungsperson muss imstande sein, Dinge mit kühlem Kopf und sanftem Geist zu regeln. Paulus sagte: »Ein Knecht des Herrn aber soll nicht streiten« (2Tim 2,24).

»Milde« – er vergibt Versagen unverzüglich

Wir überspringen die Qualifikation »nicht unehrliche Hantierung treiben« (siehe Lu12), die zwar im Textus Rezeptus steht, aber in den besseren griechischen Manuskripten nicht enthalten ist. Diese Qualifikation ist identisch mit »nicht geldliebend« am Ende von Vers 3, auf die wir später eingehen werden.

Das griechische Wort, das mit »milde« übersetzt wurde (*epieikês*), bedeutet so viel wie »rücksichtsvoll, nachsichtig, duldsam, gnädig oder sanftmütig«. Aristoteles sagte, es beschreibe jemanden, der schnell menschliches Versagen vergibt.[34] Dieses Wort kommt auch in 2. Timotheus 2,24 vor: »Ein Knecht des Herrn aber soll nicht streiten, sondern gegen alle milde sein, lehrfähig, duldsam«. Dort ist es allerdings mit »duldsam« übersetzt.

Im praktischen Sinne ist Milde und Duldsamkeit die Fähigkeit, sich auf das Gute zu besinnen und das Böse zu vergessen. Ein milder Mensch führt kein Verzeichnis über das Unrecht, das andere ihm angetan haben (vgl. 1Kor 13,5). Das ist für eine geistliche Führungsperson eine wichtige Tugend. Ich kenne Christen, die ihren Dienst aufgegeben haben, weil sie nicht damit fertig wurden, dass andere sie kritisierten oder aufregten. Sie führen Buch über alles erlittene Unrecht, und das beraubt sie schließlich ihrer Freude am Dienst für andere.

Es ist wichtig, dass wir uns zusammennehmen und nicht über erlittenes Unrecht sprechen oder auch nur darüber nachdenken. Das wäre nicht konstruktiv, sondern bringt nur wieder die alten Verletzungen auf den Tisch und benebelt unser Denken mit Verdruss.

»Nicht streitsüchtig«

Das griechische Wort, das mit »nicht streitsüchtig« übersetzt wurde (*amachos*), ist gleichbedeutend mit *mê plêktês* (»kein Schläger«, V. 3). Der Unterschied besteht darin, dass es bei »kein Schläger« darum geht, nicht körperlich gewalttätig zu sein, wohingegen »nicht streitsüchtig« bedeutet, keine Konflikte herauszufordern.

Wenn eine Gruppe von Gemeindeleitern versucht, eine Entscheidung zu treffen, kann man nicht weit kommen, wenn jemand von ihnen streitsüchtig ist. Deshalb sagt Paulus: »Ein Knecht des Herrn aber soll nicht streiten, sondern gegen alle milde sein … duldsam« (2Tim 2,24). Er muss ein Friedensstifter sein.

»Nicht geldliebend«

Das griechische Wort, das mit »geldliebend« übersetzt wurde (*aphilargyros*), ist eine Negation der griechischen Wörter für »Liebe« und »Silber« und beschreibt jemanden, der Geld nicht liebt.

Geldliebe kann den Dienst eines Christen verderben, weil er dadurch versucht ist, Menschen als Mittel zur Bereicherung anzusehen. Paulus sagte: Die Gottseligkeit mit Genügsamkeit aber ist ein großer Gewinn; denn wir haben nichts in die Welt hereingebracht, sodass wir auch nichts hinausbringen können. Wenn wir aber Nahrung und Kleidung haben, so wollen wir uns daran genügen lassen. Die aber reich werden wollen, fallen in Versuchung und Fallstrick und in viele unvernünftige und schädliche Begierden, welche die Menschen in Verderben und Untergang versenken. Denn eine Wurzel alles Bösen ist die Geldliebe, nach der einige getrachtet haben und von dem Glauben abgeirrt sind und sich selbst mit vielen Schmerzen durchbohrt haben.«

Wie bewahren wir uns vor Geldliebe? Ich habe ein simples Prinzip dazu verwendet: Geben Sie Ihrem Dienst keinen Preis. Manchmal werde ich gefragt, wie viel Honorar ich für einen Lehr- oder Predigtdienst berechne. Aber ich berechne gar nichts. Wenn ich bezahlt werde, ist das in Ordnung, wenn nicht, ist das auch in Ordnung. Ich überlasse das meinem Herrn und denen, denen ich diene. Ich akzeptiere das, was immer er mir zuteilt, aber ich will nicht, dass mein Dienst von finanziellen Interessen beeinflusst, gestört oder verdorben wird.

Wenn Sie eine finanzielle Zuwendung erhalten, die Sie nicht erwartet haben, können Sie diese vom Herrn annehmen und dankbar dafür sein. Aber wenn Sie selber Geld verlangen, können Sie nicht wissen, ob es vom Herrn oder von Ihren eigenen Bemühungen kommt. Das würde Sie Ihrer Freude berauben, zu erleben, wie Gott für Ihre Bedürfnisse sorgt.

»Der ... gut vorsteht« – er hat eine gottesfürchtige Familie

In 1. Timotheus 3,4-5 lesen wir, dass ein Aufseher jemand sein muss, »der dem eigenen Haus gut vorsteht und die Kinder mit aller Ehrbarkeit in Unterordnung hält – wenn aber jemand dem eigenen Haus nicht vorzustehen weiß, wie wird er für die Gemeinde Gottes sorgen?« Das Familienleben eines Ältesten ist ein wichtiger Aspekt. Bevor er in der Gemeinde leiten kann, muss er seine geistlichen Führungsqualitäten im Rahmen seiner Familie erweisen.

Das griechische Wort, das hier mit »vorstehen« übersetzt wurde, bedeutet »leiten, Autorität haben über, vorstehen oder verwalten«. Ein solcher Mann ist der Vorstand seiner Familie. Das ist eine Bestätigung für die biblische Lehre, dass der Mann das Haupt der Familie ist. Offensichtlich gibt es gemeinsame Verantwortungen von

Mann und Frau, und auch die Frau hat viele Aufgaben im Haus zu regeln, aber der Mann muss der Leiter sein.

Dasselbe griechische Wort wird in 1. Timotheus 5,17 verwendet: »Die Ältesten, die gut vorstehen, sollen doppelter Ehre gewürdigt werden.« Wenn ein Ältester fähig ist, die Gemeinde zu leiten, wird sich das in seiner Familie zeigen. Deshalb muss er zu Hause eine starke geistliche Führungsperson sein, bevor er geeignet ist, in der Gemeinde zu führen.

Er muss seinem Haus »gut« vorstehen. Es gibt viele Männer, die ihrer Familie vorstehen, aber nicht besonders »gut« vorstehen – sie erzielen nicht die gewünschten Ergebnisse.

Definitionsgemäß gehören zum »Haus« auch die Ressourcen. Ein Christ kann den Herrn lieben und geistlich und sittlich als Ältester qualifiziert sein. Er mag sogar ein geschickter Lehrer sein und eine gläubige Frau und Kinder haben, die seiner Führung zu Hause folgen; aber sagen wir, dass er beispielsweise seinen Besitz schlecht verwaltet hat und bankrott ist. Anscheinend ist er irgendwie unfähig, seine Finanzen in Ordnung zu halten. Da er im finanziellen Bereich seinem Haus nicht gut vorsteht, ist er damit für eine geistliche Führungsaufgabe disqualifiziert. Verwaltung von Besitz ist ein entscheidendes Prüfungskriterium für die Führungsqualitäten eines Mannes. Sein Zuhause ist ein Erprobungsgelände, wo seine verwalterischen Fähigkeiten deutlich werden.

Das griechische Wort, das hier mit »Unterordnung« übersetzt wurde, stammt aus dem Militärwesen und beschreibt den Vorgang, nach Rangordnung unter den Autoritätspersonen anzutreten. Die Kinder des Ältesten müssen sich unter seine Autorität fügen und respektvoll, beherrscht und diszipliniert sein. Diese Qualifikation gilt nur, wenn dieser Mann Kinder hat. Wenn er keine Kinder hat, ist er deswegen nicht disqualifiziert. Aber wenn Gott ihm Kinder gegeben hat, müssen diese ihre Eltern respektieren und ihnen gehorchen.

In Titus 1,5-6 lesen wir, dass ein Ältester jemand sein muss, der »gläubige Kinder hat, die nicht eines ausschweifenden Lebens beschuldigt oder aufsässig sind«. Das griechische Wort für »gläubig« (*pistos*) bedeutet in diesem Zusammenhang, an das Evangelium zu glauben. Die Kinder eines Ältesten müssen die Botschaft glauben, die er verkündet und lehrt. Wenn sie ungläubig sind, rauben sie seinem Dienst die Glaubwürdigkeit.

Das griechische Wort, das mit »Ehrbarkeit« übersetzt wurde, bedeutet Würde und Respekt und bildet eine Mischung aus Würde,

Höflichkeit, Demut und Kompetenz. Es wurde auch als »Format«
und Vornehmheit beschrieben. Die Kinder eines Ältesten machen
ihren Eltern alle Ehre.

Es ist möglich, dass jemand in jeder anderen Hinsicht die geistlichen Qualifikationen für eine Führungsaufgabe erfüllt, aber in fa-
miliärer Hinsicht disqualifiziert ist. Vielleicht ist sein persönliches
Leben vor dem Herrn in Ordnung, aber er wurde erst Christ, als
seine Frau oder seine Kinder sich bereits eine sündige Lebensweise
angewöhnt hatten, und so lebt seine Familie im Chaos. In diesem
Fall ist er nicht zur Gemeindeleitung qualifiziert.

Vielleicht hat er Kinder, die nicht die Gnade der souveränen Erwählung in Christus haben. In diesem Fall ist er nicht als Ältester
qualifiziert, aber Gott hat andere Pläne für ihn. Er ist keineswegs
auf einen minderwertigen Dienst beschränkt. Gemeindeleitung ist
sehr bedeutend, aber jeder Dienst ist wichtig (1Kor 12,12-25). Er
muss die Gelegenheiten zum Dienst, die Gott ihm gibt, treu nutzen
und darf nicht meinen, seine Aufgabe sei in irgendeinem Sinne weniger wert als die Aufgaben anderer.

Im Alten Testament waren Priester bei bestimmten körperlichen
Defiziten für den Dienst disqualifiziert. In 3. Mose 21,16-20 steht:

> Und der HERR redete zu Mose: Rede zu Aaron: Jemand von
> deinen Nachkommen bei ihren Generationen, an dem ein Ma-
> kel ist, darf nicht herannahen, um das Brot seines Gottes dar-
> zubringen; denn jedermann, an dem ein Makel ist, darf nicht
> herannahen, sei es ein blinder Mann oder ein lahmer oder einer
> mit gespaltener Nase oder der ein Glied zu lang hat, oder ein
> Mann, der einen Bruch am Fuß oder einen Bruch an der Hand
> hat, oder ein Buckliger oder ein Zwerg oder der einen weißen
> Flecken in seinem Auge hat oder der die Krätze oder Flechte
> oder der zerdrückte Hoden hat.

Niemand, der körperlich entstellt war, konnte den Priesterdienst
verrichten. Das sagte nichts über den Charakter oder das geistliche Leben dieses Behinderten aus, sondern es ging einfach darum,
dass Gott nur Männer zum Pricsterdienst auswählte, die bestimmte
Bedingungen erfüllten. Er wollte makellose Männer als Vorbilder
für den geistlichen Dienst. Dasselbe gilt für Gemeindeleitung. Gott
will, dass Älteste ein unbescholtenes und vorbildliches Familienleben haben.

Es ist elementar wichtig, dass ein Vater so viel Autorität ausübt, dass es für seine Kinder ratsam ist, ihm zu gehorchen. Ungehorsam muss unverzüglich zu nachteiligen Konsequenzen führen. Aufgrund des Sündenfalls beginnen alle Menschen ihr Leben in geistlicher Verdorbenheit. Einem verdorbenen Menschen kann man nur auf eine einzige Weise beibringen, das Richtige zu tun: Ungehorsam muss Schmerz nach sich ziehen (Spr 13,24).

Ein Vater muss auch weise genug sein, um es für seine Kinder zu einer natürlichen und vernünftigen Sache zu machen, ihm zu gehorchen. Jedes Kind wird unweigerlich Autorität in Frage stellen: »Warum darf ich das nicht?«, oder: »Warum soll ich das tun?« Ob Sie es wollen oder nicht: Solange Sie Ihre Kinder erziehen, sind Sie ihr nächstbester Philosoph und Theologe. Deshalb müssen Ihre Forderungen und Erwartungen an die Kinder vernünftig sein.

Außerdem muss ein Vater genug Liebe haben, um es seinen Kindern leicht zu machen, ihm zu gehorchen. Seine Kinder sollten sich danach sehnen, gehorsam zu sein, weil sie niemals etwas tun möchten, was ihre Beziehung zu Ihm behindern würde.

Ich bin überzeugt: Nirgends wird deutlicher, ob jemand entschlossen ist, für die Bedürfnisse anderer zu sorgen, als in seiner eigenen Familie. Kümmert er sich um seine Familie? Ist er für jedes Familienmitglied da? Arbeit er fleißig, um ihre Bedürfnisse zu stillen? Wenn nicht, wie könnte er dann jemals für die Gemeinde sorgen?

»Kein Neubekehrter« – er ist ein reifer Christ

1. Timotheus 3,6 beschreibt einen Ältesten als »nicht ein Neubekehrter, damit er nicht, aufgebläht, dem Gericht des Teufels verfalle«. Obwohl Paulus in diesem Abschnitt Demut nicht ausdrücklich erwähnt, geht es in seiner Warnung vor geistlichem Hochmut offensichtlich um diesen Gegensatz.

Das griechische Wort, das hier mit »Neubekehrter« übersetzt ist (*neophytos*), bedeutet wörtlich »Neupflanzung«. Der zugrunde liegende Gedanke ist, dass ein Ältester nicht gerade erst bekehrt oder getauft sein sollte. *Neophytos* kommt nur hier im Neuen Testament vor. Außerhalb des Neuen Testaments wird es in seinem buchstäblichen Sinn verwendet und bezeichnet das Einpflanzen von Bäumen in die Erde.[35]

Das Gegenteil eines Neubekehrten ist ein reifer Christ. Ein Ältester muss reif im Glauben sein. Reife ist natürlich relativ, und so wird der Maßstab für Reife von Gemeinde zu Gemeinde variieren. Es kommt einfach darauf an, dass ein Ältester geistlich reifer sein muss als die Gläubigen, die er führt.

Das griechische Wort, das mit »aufgebläht« übersetzt wurde (*typhoô*), bedeutet »in Rauch gehüllt«. Im bildhaften Sinne beschreibt es jemanden, der von Stolz umnebelt ist. Wir möchten nicht, dass neue Christen von einer falschen Wahrnehmung von Geistlichkeit aufgeblasen werden.

Beim Ausschluss eines Neubekehrten von geistlichen Führungspositionen geht es nicht um seine Lehrfähigkeit – womöglich ist er ein guter Bibellehrer. Es geht nicht darum, dass er keine Führungsqualitäten hat – er kann eine starke Führungspersönlichkeit sein. Es geht nicht darum, dass es ihm an Bibelkenntnis fehlt – vielleicht studiert er fleißig die Bibel. Aber wenn man ihn im Vergleich zu anderen reifen, geistlichen Männern auf die Eignung als geistlicher Führer prüft, wird er Probleme mit Stolz bekommen.

Vielleicht erfüllt er alle Qualifikationen aus 1. Timotheus 3,2-5 und hat ein tadelloses Leben und eine wunderbare Familie vorzuweisen. Doch wenn er erst seit relativ kurzer Zeit Christ ist, wird er zu Stolz neigen, wenn man ihn auf eine Führungsebene erhebt, die ansonsten nur ältere und reifere Männer besetzen, die schon seit vielen Jahren in der Gemeinde sind.

Die Grace Community Church existiert seit über dreißig Jahren und hat die ganze Zeit über das Wort Gottes gelehrt. Folglich haben wir Christen der dritten, vierten, fünften und sechsten Generation in unserer Gemeinde. Unsere Ältesten sind reife Männer, die sich über viele Jahre auf die Leiterschaft vorbereitet haben und die Bibel tiefgründig kennen und lehren.

Stellen Sie sich andererseits vor, Sie wären ein Missionar und hätten in einem unzivilisierten Teil der Welt Menschen zu Christus geführt, eine Gemeinde aufgebaut, sechs Monate lang das Wort Gottes gelehrt und müssten dann nach Hause zurückkehren. Bevor sie heimkehren, müssten Sie jemanden als Gemeindeleiter auswählen. Dieser Gläubige wäre erst seit kurzer Zeit Christ, aber Sie müssen jemanden auswählen, der im Vergleich zu den übrigen Gläubigen dort relativ reif ist. Derselbe Gläubige bräuchte in der Grace Community Church vielleicht zehn Jahre, um Ältester zu werden, aber in seiner Situation ist er zu Recht der Hirte einer Gemeinde, weil geistliche Reife relativ an der gegebenen Gemeindesituation zu messen ist.

Bei uns dienen junge Seminarabsolventen, die keine Ältesten sind, weil die Gemeinde so hohe Maßstäbe für Ältestenschaft hat. Viele dieser jungen Männer sind exzellente Lehrer und wären hinsichtlich ihres Charakters und ihres Familienlebens als Älteste qualifiziert. Aber wenn man sie so früh auf eine Führungsebene hebt, wäre das eine Versuchung für sie, stolz zu werden.

Viele unserer jungen Männer haben unsere Gemeinde verlassen, um Leiter in anderen Gemeinden zu werden, ohne dass sie jemals Älteste in der Grace Church waren. Aber von diesen Gemeinden wurden sie als geistlich reife Männer angesehen, die die Gemeinde führen und im Wort Gottes unterrichten können.

Man würde von Paulus vielleicht die Aussage erwarten, dass stolze Führer ineffektiv werden oder in Sünde fallen, doch stattdessen sagt er, dass sie »dem Gericht des Teufels verfallen«. Das ist eine ernstliche Situation. Was ist »das Gericht des Teufels«? Manche verstehen das so, dass stolze Führer vom Teufel gerichtet werden, aber die Bibel schildert den Teufel niemals als Richter, der Menschen richtet. Da die Bibel Gott als Richter vorstellt, ist dieser Ausdruck am besten so zu verstehen, dass es sich um das Gericht handelt, welches Gott dem Teufel auferlegt hat. Ein stolzer Lehrer wird dasselbe Gericht erleiden. Diese Schlussfolgerung wird vom Kontext unterstützt, wo es um Stolz geht, und die Bibel lehrt, dass Gott einem stolzen Menschen widersteht (Jak 4,6).

Das Gericht des Teufels war der Sturz aus einer hohen Stellung aufgrund von Stolz. Gott wird dasselbe jedem Menschen zufügen, dessen Denken von Stolz umnebelt ist und der eine verzerrte Wahrnehmung von seinem eigenen geistlichen Zustand hat, weil er vorzeitig in geistliche Führungspositionen aufgestiegen ist.

Die Sünde des Teufels war Stolz, wofür Gott ihn aus dem Himmel geworfen hat. Sein stolzer Charakter ist in Jesaja 14,12-14 beschrieben: »Wie bist du vom Himmel gefallen, du Glanzstern, Sohn der Morgenröte! Wie bist du zu Boden geschmettert, Überwältiger der Nationen! Und du, du sagtest in deinem Herzen: Zum Himmel will ich hinaufsteigen, hoch über den Sternen Gottes meinen Thron aufrichten und mich niedersetzen auf den Versammlungsberg im äußersten Norden. Ich will hinaufsteigen auf Wolkenhöhen, dem Höchsten mich gleich machen.«

Er wollte Gottes Autorität umstürzen. Fünf Mal sagt er in diesem Abschnitt »ich will«, aber Gott sagt im Gegenzug: »Nein, das wirst du nicht!« – »Doch in den Scheol wirst du hinabgestürzt, in

die tiefste Grube. Die dich sehen, betrachten dich, sehen dich genau an: Ist das der Mann, der die Erde erbeben ließ, Königreiche
erschütterte?« (V. 15-16).

So wurde der Teufel nicht erhöht, sondern gedemütigt. Um zu
vermeiden, dass ein Christ diese Art von Demütigung erlebt, dürfen wir ihn nicht voreilig in eine geistliche Führungsrolle versetzen.
Zwar verliert ein Führer, der stolz wird, nicht seine Errettung, denn
das ist unmöglich, aber er wird seine angesehene Position verlieren.

»Ein gutes Zeugnis von denen, die draußen sind« – er wird von Nichtchristen hoch angesehen

Das griechische Wort, das mit »gut« übersetzt wurde (*kalos*), beinhaltet den Gedanken von innerer und äußerer Qualität. Ein Ältester muss sowohl einen guten inneren Charakter haben als auch
einen guten äußeren Ruf für sein Zeugnis.

Das griechische Wort, das mit »Zeugnis« übersetzt wurde (*mar-
tyreô*) ist das Wort, von dem unser Begriff *Märtyrer* abstammt. Die
grundlegende Bedeutung ist jedoch »ein bescheinigendes Zeugnis,
Zertifikat«. Der Charakter eines Ältesten muss durch das Zeugnis
anderer bescheinigt werden.

»Draußen« bezieht sich auf Menschen außerhalb der Gemeinde.
Der Älteste muss in seinem Umfeld bekannt sein für seine Integrität, Liebe, Freundlichkeit, Großzügigkeit und Güte. Das bedeutet
nicht, dass die Leute seiner Theologie zustimmen müssen. Möglicherweise wird er sogar für seine christlichen Überzeugungen
geächtet, aber dennoch wird er als Mann von Charakter angesehen. Das ist eine wichtige Qualifikation für einen Ältesten, denn
ein Ältester kann keinen guten Einfluss auf sein gesellschaftliches
Umfeld ausüben, wenn die Leute ihn nicht respektieren. Das wäre
eine Schande für Christus.

Das griechische Wort, das mit »übles Gerede« übersetzt wurde,
bedeutet Ungnade. Es ist eine traurige Tatsache, dass viele Männer
den Herrn und seine Gemeinde wegen ihrer Sünden in Ungnade
gebracht haben. Darum muss ein Ältester einen unbescholtenen
Ruf haben.

Nebenbei bemerkt: Diese Qualifikation beschränkt sich nicht
auf Sünden, die als Ältester begangen werden, sondern umfasst
auch alle Sünden der Vergangenheit, die ihm einen üblen Ruf ein-
gebracht haben. Bevor ein Mann eine geistliche Führungsaufgabe

antritt, muss sein langfristiger Ruf in seinem Bekanntenkreis geprüft werden.

Überall im Neuen Testament finden wir Veranschaulichungen dafür, wie wichtig ein guter Ruf im gesellschaftlichen Umfeld ist. Römer 2,24 sagt über das Volk Israel: »Denn der Name Gottes wird euretwegen unter den Nationen gelästert.« Die Sünden Israels brachten Gott in Unehre, und für die Gemeinde gilt dasselbe wie für Israel.

Ich bin mir ständig bewusst, dass viele Leute wissen, wer ich bin und was ich tue. Ich muss ständig auf mein Zeugnis in meinem gesellschaftlichen Umfeld achten. Zum Beispiel war ich kürzlich mit meiner Familie in einem Kaufhaus und diskutierte über den Kauf einiger Möbel. Der Verkäufer wartete geduldig, bis jeder meiner Familienangehörigen seinen Kommentar und seine Meinung über die verschiedenen Objekte abgegeben hatte, die in Frage kamen. Als wir uns geeinigt hatten, sagte ich dem Verkäufer, dass wir fertig sind. Er lächelte und sagte zu mir: »Ich weiß, wer Sie sind.« Ich dachte sofort: *O nein; was für einen Eindruck haben wir bloß bei ihm hinterlassen?!* Dann sagte er: »Ich schätze ihren Dienst sehr.« Ich war erleichtert, dass unsere ziemlich lange Familiendiskussion unser Zeugnis nicht beeinträchtigt hatte.

Jeder Christ muss in irgendeiner Weise mit seinem öffentlichen Auftreten umgehen, und die Leute müssen an ihm ein tadelloses Leben sehen können. Sie müssen nicht mit seinen Überzeugungen übereinstimmen, aber sie müssen seinen gottesfürchtigen Charakter sehen.

Paulus ermahnte die Philipper: »… damit ihr tadellos und lauter seid, unbescholtene Kinder Gottes inmitten eines verdrehten und verkehrten Geschlechts, unter dem ihr leuchtet wie Himmelslichter in der Welt, indem ihr das Wort des Lebens festhaltet« (2,15-16). Ihr hervorragendes Leben sollte bezeugen, dass Ihr Gott Realität ist. In Kolosser 4,5-6 sagt Paulus: »Wandelt in Weisheit gegenüber denen, die draußen sind [den Ungläubigen] … Euer Wort sei allezeit in Gnade, mit Salz gewürzt; ihr sollt wissen, wie ihr jedem einzelnen antworten sollt!« Zu einem guten Ruf gehören weise Worte genauso wie gottesfürchtige Taten.

Älteste brauchen eine gute Reputation bei den Leuten außerhalb der Gemeinde, damit sie nicht »in den Fallstrick des Teufels« geraten. Der Teufel versucht, geistliche Führungspersonen zu Fall zu bringen, sodass ihre Glaubwürdigkeit und Integrität zerstört

wird. Er geht umher wie ein brüllender Löwe und sucht, wen er ver-
schlingen könnte (1Petr 5,8), und geistliche Führungspersonen sind
dabei sein vornehmliches Ziel.

Wie alle anderen Christen auch, haben Älteste Schwachpunkte
und Gebiete, auf denen sie angreifbar sind. So geraten sie manchmal in die Fallen des Teufels. Nur ein vollkommener Mensch versagt nie (Jak 3,2). Älteste müssen besonders aufpassen und vorsichtig sein, um den Fallen des Feindes auszuweichen. Dann können sie
erfolgreich andere so führen, dass sie nicht in diese Fallen geraten.

Die Gemeinde von Ephesus, wo Timotheus sich beim Empfang
dieses Briefes befand, musste ihre Leiter prüfen, und wir müssen
diese Anweisungen ebenfalls befolgen. Die Zukunft der Gemeinde
hängt ab von der Qualität ihrer heutigen Führer. Gott rüstet Männer zu, die seine Herde leiten sollen. Als Gemeinde müssen wir sie
erkennen, sie in die Leitung einsetzen, für sie beten und ihrem Vorbild folgen. Wenn wir das tun, werden wir Gott ehren.

Elemente der Gemeindezucht

Als ich herauszufinden versuchte, wie man Gläubige zur Heiligkeit motivieren kann, stellte ich fest, dass man nicht einfach über Heiligkeit predigen und dann gleichgültig bleiben kann, wie die Zuhörer darauf reagieren. Aus Matthäus 18, Apostelgeschichte 5, 1. Korinther 5, und 2. Thessalonicher 3 wird deutlich, dass die Gemeinde einen biblischen Maßstab für Heiligkeit durchsetzen muss.

Sünde kann nicht einfach hingenommen werden. Es reicht nicht, wenn man Erklärungen dazu abgibt oder Regeln aufstellt. Sprüche 3,11-12 sagt: »Die Zucht des HERRN, mein Sohn, verwirf nicht und lass dich nicht verdrießen seine Mahnung! Denn wen der HERR liebt, den züchtigt er wie ein Vater den Sohn, den er gern hat.« Ein Vater muss seine Kinder züchtigen und korrigieren, und ebenso muss der Herr seine Kinder in Zucht nehmen.

Ich wurde oft gefragt: »Warum ist die Gemeinde in Amerika – sogar die evangelikale Gemeinde – so unheilig?« Das liegt nicht unbedingt daran, dass wir die falsche Botschaft verkündigt haben, sondern dass wir es versäumt haben, diese Botschaft im Leben der Menschen zu realisieren. Im Endeffekt haben wir gesagt: »Solange wenigstens die Predigt lehrmäßig richtig ist, ist es uns eigentlich egal, was wir tun.« Aber man kann Kinder nicht so tolerant erziehen, dass die einzige Strafe darin besteht, ihnen lehrmäßige Erklärungen zu präsentieren.

In Matthäus 18 erklärt unser Herr seinen Jüngern, wie sie reagieren sollen, wenn ein Mitgläubiger gegen sie sündigt. Wenn wir Gemeindezucht praktizieren wollen, müssen wir diese Prinzipien anwenden, die der Herr in Matthäus 18 darlegt. Es sind Richtlinien für den Umgang mit Sünde bei Gläubigen. Die naheliegendste Anwendung von Matthäus 18 betrifft eine persönliche Sünde eines Gläubigen gegen seinen Bruder. Der Bruder, gegen den gesündigt wurde, erhält hier Anweisungen, wie er darauf reagieren soll. Unser Herr lehrt hier eindeutig, dass letztlich die ganze Versammlung der Gläubigen eine Verantwortung hat, diesen Prozess durchzuführen. Ich bin überzeugt, dass diese Prinzipien bei jedem Fall von Sünde in der Gemeinde anwendbar sind.

Der Ort der Zucht

In Vers 17 erwähnt Jesus zweimal die »Gemeinde« (gr. *ekklêsia*, »die Herausgerufenen« oder »die Versammlung«). Dieser Begriff ist hier kein Terminus technicus und bezieht sich nicht speziell auf die Gemeinde, die am Pfingsttag geboren wurde, aber sicherlich schließt dieser Ausdruck die neutestamentliche Gemeinde mit ein, die durch die Taufe mit dem Heiligen Geist in Apostelgeschichte 2 entstand. Die unmittelbare Anwendung bezieht sich auf die Versammlung der Jünger, die in einem Haus in Kapernaum versammelt waren. Aber daraus können wir ein Prinzip ableiten, das über diese kleine Gruppe hinaus gilt und das die ganze Gemeinde umfasst.

Jesus wollte seinen Jüngern einschärfen, dass Zuchtmaßnahmen in der Versammlung der Erlösten Gottes ausgeübt werden müssen. Es gibt außerhalb der Gemeinde keine höhere Instanz oder Autorität, die diese Zucht ausführen könnte. Wir brauchen keinen überregionalen Gemeinde-Gerichtshof einrichten. Wenn wir einen Bischof oder Kardinal, eine Synode oder irgendeine Gruppe außerhalb der örtlichen Versammlung von Gläubigen mit der Zucht beauftragen würden, hätten wir damit eine Instanz geschaffen, die über das hinausgeht, was das Wort Christi und die Lehren seiner Apostel erlauben. Weil Jesus hier von der Gemeinde allgemein spricht, geht es hier nicht um irgendeine hierarchische Struktur von Kirchenfürsten, die zu Gericht sitzen.

Dieses Prinzip wird deutlich aus 1. Korinther 6, wo Paulus die Korinther tadelt, weil sie einander verklagen: »Bringt es jemand von euch, der einen Rechtsstreit mit dem anderen hat, über sich, vor den Ungerechten zu streiten, und nicht vor den Heiligen?« (V. 1). Anders ausgedrückt: »Was tut ihr da eigentlich? Warum tragt ihr eure Zwistigkeiten und Probleme vor den Gerichten von Ungläubigen aus, anstatt vor Mitgläubigen?« Paulus erwähnte keine von den Gläubigen eingesetzte Instanz, weil die Gemeinschaft unter Christen, in der Familie Gottes, die höchste Instanz für Gläubige ist. Paulus bewies das durch die Aussage: »Oder wisst ihr nicht, dass die Heiligen die Welt richten werden? ... Wisst ihr nicht, dass wir Engel richten werden, wie viel mehr über Alltägliches?« (V. 2-3). Die Gemeinde ist letztlich die höchste Instanz.

Deshalb muss jegliche Gemeindezucht innerhalb der Gemeinschaft der Gläubigen stattfinden. Eine solche Gemeinschaft kann sehr groß sein, wie z. B. die Grace Church, oder auch sehr klein. Sie kann sich auf einem Missionsfeld befinden und aus drei oder vier Missionaren bestehen, die noch keine etablierte Gemeinde aufgebaut haben. Sie kann aus einem Bibelkurs oder einem Hauskreis bestehen, weil auch diese Gruppen Einheiten des Volkes Gottes sind. Wir haben kein Interesse daran, ein Inquisitions-Komitee zu bilden, denn jede örtliche Versammlung ist selber für die Reinheit der einzelnen Mitglieder verantwortlich.

Der Zweck der Gemeindezucht

»Wenn er [der Bruder, der gegen dich gesündigt hat] auf dich hört, so hast du deinen Bruder gewonnen« (Mt 18,15). Zucht zielt auf Wiederherstellung ab. Der sündigende Bruder soll zurecht gebracht werden, um wieder in Heiligkeit zu leben. Wiederherstellung war immer Gottes Anliegen, wie aus den folgenden Versen deutlich wird.

- *Sprüche 11,30* – »Der Weise gewinnt Menschen für sich.«
- *Galater 6,1* – »Brüder, wenn auch ein Mensch von einem Fehltritt [*paraptôma*, »ein Fall in Sünde«] übereilt wird, so bringt ihr, die Geistlichen, einen solchen im Geist der Sanftmut wieder zurecht.«
- *Jakobus 5,19-20* – »Meine Brüder, wenn jemand unter euch von der Wahrheit abirrt und jemand ihn zurückführt, so wisst, dass der, welcher einen Sünder von der Verirrung seines Weges zurückführt, dessen Seele vom Tode erretten und eine Menge von Sünden bedecken wird.«

Das Ziel von Gemeindezucht ist nicht, Leute hinauszuwerfen, sie in Verlegenheit zu bringen, selbstgerecht zu sein, »Gott zu spielen« oder auf unbiblische Weise Autorität und Macht auszuüben. Vielmehr besteht das Ziel der Zucht darin, Menschen zurück in eine ungetrübte Beziehung zur Versammlung zu führen.

Man beachte in Vers 15 das Wort »gewonnen«. Der griechische Ausdruck bezeichnete das Ansammeln von Reichtum im finanziellen Sinne. Dadurch wird der sündigende Bruder als eine verlorene, aber wertvolle Kostbarkeit beschrieben. Das ist tatsächlich das, was Gott am Herzen liegt: Jede Seele ist für ihn kostbar. Die Gemeinde muss dasselbe Anliegen haben. Wir können uns nicht erlauben, jemanden abdriften zu lassen und zu sagen: »Nun, ich weiß nicht, wo dieser Mensch geistlich steht, aber ich kann mich wirklich nicht darum kümmern.« Wir müssen uns bemühen, einen sündigenden Mitgläubigen zurechtzubringen, weil diese Seele für Gott und für uns wertvoll ist.

In Galater 6,1 lesen wir: »... so bringt ihr, die Geistlichen, einen solchen ... wieder zurecht [gr. *katarizo*].« Das vermittelt den Gedanken daran, etwas zu reparieren, um es wieder in den ursprünglichen Zustand zu versetzen. Das griechische Wort wird verwendet für das Heilen von Knochenbrüchen, das Einrenken von ausgerenkten Gelenken und für das Flicken von Fischernetzen. Unser Beruf ist das Heilen und Wiederherstellen. Warum ist die Gemeinde von einer solch edlen Berufung abgeirrt?

Diskretion

Viele meinen, bei Gemeindezucht ginge es darum, jedermann auf eventuelle Sünden zu überprüfen. Manche haben mich gefragt: »Ist in Ihrer Gemeinde die Grace-CIA oder der Secret Service unterwegs, um alle auszuspionieren?« Aber darum geht es nicht. Wir haben lediglich den sehnlichen Wunsch, Gottes Willen zu erfüllen, dass seine Gemeinde heilig sein soll, und wir legen sehr großen Wert auf den Wert einer Seele, die Gott gehört. Uns fehlt es nicht am nötigen Interesse. Wir geben uns nicht zufrieden, wenn jemand abdriftet.

Toleranz

Manche sagen: »Nun, Soundso ist abgeirrt, aber ich werde nichts sagen, denn wer bin ich? Er hat sich halt so entschieden. Ich werde mich nicht in sein Leben einmischen.«

Stolz

Andere haben insgeheim Schadenfreude am Versagen anderer, weil sie sich dann geistlich überlegen fühlen. Aber das ist wirklich eine Krankheit namens Stolz. Wer gegenüber der Sünde seines Bruders in Selbstgefälligkeit gleichgültig bleibt und meint, er sei besser als der andere, ist vom Hirtenherzen weit entfernt. Vielmehr macht er sich schuldig, genauso sehr zu sündigen wie sein Bruder.

Hetze

Ein Erfahrungsbericht eines Christen traf mich sehr: »Ich habe oft gedacht: Wenn ich jemals in Sünde falle, werde ich beten, dass ich nicht diesen überkritischen, pedantischen, selbstgerechten Richtern in der Gemeinde in die Hände gerate. Lieber falle ich in die

Hände von Kneipeninhabern, Pennern oder Drogendealern, denn die Leute in der Gemeinde würden mich mit ihren langen, lechzenden Lästerzungen in der Luft in Stücke reißen.« Ich bin sicher, dass es eine Menge Leute gibt, die diese Erfahrung gemacht haben.

Anstatt uns herauszureden, warum wir nicht unserer Verantwortung für Gemeindezucht nachkommen, haben wir Gehorsam nötig und brauchen Hirtenherzen mit dem Anliegen, verirrte Schafe zurück zur Herde zu bringen.

Wer übt Zucht aus?

»Wenn aber dein Bruder sündigt, so geh hin, überführe ihn zwischen dir und ihm allein! Wenn er auf dich hört, so hast du deinen Bruder gewonnen« (V. 15). Wer ist der Handelnde in Vers 15? Kein Gemeindezucht-Komitee, sondern Sie selbst. Zucht ist keine Sache für gemeindliche Amtspersonen, sondern für jeden Gläubigen, einschließlich der Führungspersonen der Gemeinde. Galater 6,1 erklärt genau, wer Zucht ausüben soll: »Brüder, wenn auch ein Mensch von einem Fehltritt übereilt wird, so bringt ihr, die Geistlichen, einen solchen im Geist der Sanftmut wieder zurecht.« Die Gläubigen, die wirklich im Geist wandeln, die dem Wort Gottes gehorchen und die in der Gemeinschaft der Gemeinde sind, sollen den gefallenen Bruder wieder aufrichten. Wie soll das geschehen? »... im Geist der Sanftmut ... Und dabei gib auf dich selbst Acht, dass nicht auch du versucht wirst!«

Jedem Christen muss die Reinheit der Gemeinde am Herzen liegen. Wenn uns Vorfälle bekannt sind, durch welche die Gemeinde verunreinigt wird, müssen wir uns demütig und liebevoll damit beschäftigen. Sagen Sie nicht einfach: »Nun, wir beten für Soundso, damit er zur Einsicht kommt.« Das reicht nicht. Sie haben die Einsicht – bringen Sie diese Einsicht zu ihm, damit er »erleuchtet« wird!

Der Grund für Zucht

Ein berechtigter Grund für Gemeindezucht liegt vor, »wenn dein Bruder sündigt« (V. 15). Im Griechischen steht hier *hamartanô,* das ist das grundlegende Wort für sündigen im Neuen Testament. Welche Sünden müssen korrigiert werden? Alle. Deshalb ist der Text so allgemein. Jede Sünde steht im Gegensatz zur vollkommenen Heiligkeit Gottes und befleckt die Gemeinschaft. Der Zuchtprozess muss immer dann stattfinden, wenn ein Glied einer christlichen Gemeinschaft gegen Gottes Wort verstößt.

Man beachte, dass es im Urtext eigentlich heißt: »Wenn dein Bruder *wider dich* sündigt (Elb.; Hervorhebung zugefügt). Die Sünde eines Mitgläubigen kann uns in zweierlei Weise betreffen:

Direkt

Eine direkte Sünde gegen Sie liegt vor, wenn jemand Ihnen ins Gesicht schlägt, weil er ärgerlich auf Sie ist, oder wenn jemand Sie bestohlen, belogen, ausgenutzt oder verleumdet oder sich Ihnen gegenüber unsittlich verhalten hat. Wenn ein Christ direkt gegen uns sündigt, müssen wir ihm nach Matthäus 18 aufzeigen, dass sein Verhalten Sünde ist und ihn ermutigen, die Sünde zu bekennen und zu bereuen. Eine solch großherzige Reaktion wird ihn überraschen, da er vielmehr erwartet, dass wir uns rächen. Schließlich neigt der Mensch von Natur aus dazu, erbittert gegen jemanden vorzugehen, der sich direkt an ihm versündigt hat.

Wie viele Christen fallen Ihnen ein, gegen die Sie bitter sind und mit denen zu reden Sie sich weigern? Wenn Ihnen jemand einfällt, denken Sie daran, dass Epheser 4,32 sagt: »Seid aber zueinander gütig, mitleidig, und vergebt einander, so wie auch Gott in Christus euch vergeben hat!« Wer sind wir, dass wir Groll hegen sollten, wo doch Gott uns so viel vergeben hat?

Indirekt

Nicht alle Sünden gegen uns sind direkter Natur. Jede Sünde, die die Gemeinde in Verruf bringt, befleckt uns alle. Wenn unsere Geschwister sündigen, stehen sie in Gefahr, für unsere Gemeinschaft verloren zu gehen. Dieser Verlust würde uns alle betreffen. Außerdem gilt: Wenn ein Gläubiger in Ungehorsam lebt, bringt er Schande über Christus. Weil wir Jesu Repräsentanten sind und seine Schmach tragen, ist jede Sünde gegen uns gerichtet.

Wenn man Zucht auf direkte Sünden gegen Gemeindeglieder beschränkt, dann könnten Christen gegen andere Menschen sündigen, die nicht zur Gemeinde gehören, ohne dafür zur Verantwortung gezogen zu werden. Wir müssen einsehen, dass jede Sünde – ob direkt oder indirekt – eine Sünde ist, die die Gemeinschaft befleckt. Wie Paulus in Galater 5,9 sagt: »Ein wenig Sauerteig durchsäuert den ganzen Teig« (vgl. 1Kor 5,6). Wer also von Sünde im Leben eines

Mitgläubigen weiß, muss zu diesem Bruder oder zu dieser Schwester hingehen und ihn oder sie liebevoll darauf ansprechen.

Der Prozess der Zucht

Matthäus 18,15-17 beschreibt vier deutlich formulierte Schritte von Gemeindezucht:

Schritt 1 – Sprich ihn unter vier Augen auf die Sünde an

»Geh hin, überführe ihn zwischen dir und ihm allein!« (V. 15). Das erste Verb »geh hin« steht im Imperativ Präsens und impliziert damit, dass wir unverzüglich auf den Bruder zugehen sollen. Das zweite Verb »überführe« steht im Imperativ Aorist und vermittelt daher den Gedanken des überzeugenden Herausstellens des Anliegens. Es stammt vom griechischen Verb *elengchô* ab und bedeutet »dem Licht aussetzen«. Sagen Sie nicht einfach: »Hallo, ich habe dich lange nicht in der Gemeinde gesehen und fragte mich, ob du wohl vom Weg abkommst.« Konfrontieren Sie ihn, nennen Sie die Sünde beim Namen, damit er weiß, wovon Sie sprechen und damit er versteht, dass es keine Ausflucht gibt. Nehmen Sie sich die nötige Zeit und geben Sie sich Mühe, um diese schwierige Aufgabe zu meistern.

Bei guten Bekannten ist Zucht besonders schwierig, denn wenn man über ihre Sünde spricht, werden sie wahrscheinlich auch gegen uns etwas einzuwenden haben. Auch bei Leuten, die man nicht kennt, ist Zucht schwierig, weil man leicht sagen kann: »Wer bin ich, dass ich mich damit befassen sollte?« Folglich neigen wir dazu, vor Zucht bei Bekannten zurückzuschrecken und bei Zucht bei Unbekannten gleichgültig zu sein. Doch Jesus hat uns diese Verantwortung gegeben.

Galater 6,1 zeigt uns, mit welcher Haltung wir an die Ermahnung eines sündigenden Bruders herangehen sollten: »Brüder, wenn auch ein Mensch von einem Fehltritt übereilt wird, so bringt ihr, die Geistlichen, einen solchen im Geist der Sanftmut wieder zurecht. Und dabei gib auf dich selbst Acht, dass nicht auch du versucht wirst!« Anders ausgedrückt: Wir müssen demütig sein und begreifen, dass wir diejenigen hätten sein können, die in Versuchung geraten sind. Vers 2 sagt: »Einer trage des anderen Lasten, und so werdet ihr das Gesetz des Christus erfüllen.« Und was ist das Gesetz des Christus? Das »königliche Gesetz« (Jak 2,8), das

Gesetz der Freiheit (Jak 1,25) – das Gesetz der Liebe (Joh 15,12). Deshalb gehen wir mit der Liebe auf ihn zu, die ihm die Last zu tragen hilft, und außerdem in Sanftmut. Wir gehen nicht in befehlshaberischer, frömmlerischer und selbstgerechter Weise zu ihm, um uns selbst in gutem Licht darzustellen und auf ihn schlechtes Licht zu werfen. Wir gehen in liebevollem, demütigen Anliegen zu ihm, um ihn zurechtzubringen.

Man beachte ferner, dass man allein gehen sollte, damit man unter vier Augen ist. Die erste Konfrontation muss »zwischen dir und ihm allein« stattfinden. Wir neigen jedoch viel eher dazu, zu anderen zu gehen und zu sagen: »Hast du von Soundso gehört? Das ist so schlimm; aber wir beten für ihn.« Und dann verbreitet sich die Sache schnell. Aber aus diesem Vers lernen wir, dass wir zu dem Sünder allein hingehen müssen. Weitere Kreise braucht der Vorfall nicht zu ziehen.

Wenn Sie die betreffende Person in Liebe und Demut ansprechen, ohne anderen etwas zu sagen, und die Person tut Buße, wird zwischen Ihnen ein Band des Vertrauens sein, das niemand durchtrennen kann. Gott verlangt nicht: »Ruft es von den Dächern.« Er sagt: »Gehe nur allein hin und belasse es zwischen euch beiden.« Vers 15 sagt: »Wenn er auf dich hört, so hast du deinen Bruder gewonnen.« Das ist das, was wir erstreben sollten.

Gibt es im Neuen Testament ein Beispiel für diese Art von Zucht? Schauen wir nach in Galater 2,11. Als Petrus gesündigt hatte, indem er sich von der Versammlung der Gläubigen getrennt und sich auf die Seite einiger Legalisten gestellt hatte, stellte Paulus ihn zur Rede: »Als aber Kephas nach Antiochia kam, widerstand ich ihm ins Angesicht, weil er durch sein Verhalten verurteilt war.« Ging Petrus darauf ein? Ja, denn später schrieb er in 2. Petrus 3,15: »... wie auch unser geliebter Bruder Paulus ... euch geschrieben hat ...« Ein Grund für das Band zwischen ihnen bestand offensichtlich darin, dass Paulus ein so großes Anliegen für Petrus hatte, dass er ihn wegen seiner Sünde zur Rede stellte. Wenn man jemanden unter vier Augen auf seine Sünde angesprochen hat, sind beider Herzen anschließend eng verbunden.

Schritt 2 – Nimm Zeugen mit

»Wenn er aber nicht hört, so nimm noch einen oder zwei mit dir, damit aus zweier oder dreier Zeugen Mund jede Sache bestätigt werde!« (V. 16). Dieses Gesetz hat Gott in 5. Mose 19,15 erteilt, um die Verbreitung verleumderischen und unbestätigten Geredes zu unterbinden. Deshalb muss man beim zweiten Schritt der Zucht ein oder zwei Gläubige mitnehmen.

Diese Maßnahme stellt den Sünder unter Druck. Man nimmt ein paar Leute mit, die genau wie wir den Mitgläubigen zurechtbringen wollen. Wir verfolgen dabei das Ziel, ihm seine Sünde zu zeigen, sodass er sie wirklich einsieht und Buße tun und wiederhergestellt werden kann.

In Vers 16 heißt es: »… damit aus zweier oder dreier Zeugen Mund jede Sache bestätigt werde.« Diese ein oder zwei anderen müssen nicht unbedingt die Sünde gesehen haben oder von Anfang an davon wissen. Vielmehr sind sie Zeugen, die später bestätigen können, was bei der Auseinandersetzung gesagt wurde. Ihre Beteiligung ist eine Absicherung sowohl für den Sünder als auch für den Konfrontierenden. Wer voreingenommen ist, könnte schließlich sagen: »Ich habe versucht, ihn zur Rede zu stellen, aber er ist unbußfertig.« Es wäre anmaßend zu meinen, eine einzige Person könne eine solche Feststellung treffen, insbesondere wenn sie von der Sünde persönlich betroffen ist. Die Zeugen müssen bestätigen, ob der Beschuldigte ein bußfertiges Herz hat oder ob er gleichgültig ist und Buße ablehnt. Diese Beurteilung liefert die Grundlage für weiteres Handeln, da die Situation über die Aussage eines Einzelnen hinaus bewertet worden ist.

Gott will, dass die Buße oder Unbußfertigkeit des Sünders von zwei oder drei Zeugen bestätigt wird. Bevor Gemeindezucht geübt wird, will er sicherstellen, dass unsere Analyse der Einstellung und des Verhaltens dieser Person stimmt. Er will nicht, dass falsche Aussagen über Gläubige in Umlauf kommen. Er will nicht, dass gesagt wird, sie hätten Buße getan, wenn dies nicht stimmt – und umgekehrt.

Es ist zu hoffen, dass der Angesprochene auf diesen zweiten Schritt eingeht. In 2. Korinther 13,1-2 finden wir ein Beispiel dafür. Paulus schrieb: »Zum dritten Mal komme ich jetzt zu euch: durch zweier oder dreier Zeugen Mund wird jede Sache festgestellt werden. Ich habe es im Voraus gesagt und sage es im Voraus, wie das zweite Mal anwesend, so auch jetzt abwesend, denen, die vorher gesündigt haben, und allen übrigen, dass, wenn ich wiederkomme, ich nicht schonen werde.«

Aber was geschieht, wenn die Sache von Zeugen bestätigt wurde, der Beschuldigte sich aber immer noch weigert, Buße zu tun?

Schritt 3 – Sage es der Gemeinde

»Wenn er aber nicht auf sie hören wird, so sage es der Gemeinde«
(V. 17). Wenn ein sündigender Gläubiger nicht auf das Gespräch
unter Zeugen eingeht, soll es der ganzen Gemeinde gesagt werden.
In unserer Gemeinde kann das bedeuten, dass die Sache öffentlich
bekannt gegeben wird. Manchmal verbreiten die Gemeindeleiter
die Auskunft auch gezielt in den Gruppen und Kreisen, in denen
die betreffende Person bekannt ist. In anderen Fällen wird der Vorfall bei der Zusammenkunft zum Brotbrechen bekannt gegeben.

Gemeindezucht zielt auf Wiederherstellung ab. Deshalb soll der
Vorfall der Gemeinde gesagt werden, um den Sünder zurückzuge-
winnen. Ein Einzelner sprach mit ihm – ohne Erfolg. Zwei oder
drei gingen zu ihm – kein Einlenken. Doch nun werden alle versuchen, ihn zurechtzubringen.

Wir müssen bedenken, dass Gemeindezucht nicht die Aufgabe eines einzelnen Gläubigen ist. Der Apostel Johannes sagte: »Ich habe
der Gemeinde etwas geschrieben, aber Diotrephes, der gern unter
ihnen der Erste sein will, nimmt uns nicht an. Deshalb, wenn ich
komme, will ich seine Werke in Erinnerung bringen, die er tut, indem er mit bösen Worten gegen uns schwatzt; und sich hiermit nicht
begnügend, nimmt er selbst die Brüder nicht an und wehrt auch denen, die es wollen, und stößt sie aus der Gemeinde« (3Jo 1,9-10).
Hier warf ein selbsternannter Führer Leute aus der Gemeinde.
Aber solche Entscheidungen dürfen nicht von einem Einzelnen
getroffen werden. Wenn wir tatsächlich jemand aus der Gemeinde
hinaustun müssen, dann nur deshalb, weil er die Buße verweigert,
nachdem jemand ihn angesprochen hat, er anschließend von mehreren konfrontiert wurde und man daraufhin die ganze Versammlung informiert hat. Kein einziger Gläubiger hat in allem das Sagen;
viele sind daran beteiligt, den Sünder zur Umkehr zu bewegen. Und
wenn er immer noch keine Buße tut, muss er schließlich außer Gemeinschaft gestellt werden.

In 2. Korinther 2,5-8 schreibt Paulus: »Wenn aber jemand traurig gemacht hat, so hat er nicht mich traurig gemacht, sondern zum
Teil – damit ich nicht zuviel sage – euch alle. Dem Betreffenden ge-
nügt diese Strafe von den meisten der Gemeinde, sodass ihr im Gegenteil vielmehr vergeben und ermuntern solltet, damit der Betreffende nicht etwa durch allzu große Traurigkeit verschlungen werde.
Darum ermahne ich euch, zu beschließen, ihm gegenüber Liebe zu
üben.« Hier haben wir einen Fall, wo die ganze Gemeinde von der

Sünde eines Menschen wusste. Offensichtlich reagierte er mit Buße darauf. Paulus sagte also im Grunde: »Da er nun sein Versagen eingesehen hat, haltet ihn nicht länger auf Abstand und beängstigt ihn nicht mehr, sondern nehmt ihn auf und vergebt ihm in Liebe.«

Wie lange sollte die Gemeinde jemanden zur Buße ermuntern? Vielleicht solange, bis er sich anscheinend immer mehr verhärtet und sich absolut weigert, mit seiner Sünde aufzuhören. Der Geist Gottes muss uns in diesem Fall subjektive Weisheit geben. Ich denke, normalerweise kommt dieser Zeitpunkt schneller als wir meinen, weil Gott eine Reaktion erwartet.

Schritt 4 – Behandle ihn als Ungläubigen

»Wenn er aber auch auf die Gemeinde nicht hören wird, so sei er dir wie der Heide und der Zöllner!« (V. 17). Im Sprachgebrauch der Zeit Christi bezeichnete der Ausdruck »Heiden« alle Nichtjuden, und ein »Zöllner« war ein Jude, der sich an die römische Regierung verkauft hatte, um Steuern von seinem eigenen Volk einzutreiben.

Dass Jesus diese Begriffe verwendet, heißt nicht, dass wir Unbußfertige schlecht behandeln sollen. Aus den Evangelien ist klar ersichtlich, dass er Heiden und Zöllner liebte. Wenn ein bekennender Christ die Buße verweigert, sollen wir einfach so mit ihm umgehen, als sei er außerhalb unserer Gemeinschaft. Wir dürfen ihn nicht an den Segnungen und Vorrechten der christlichen Gemeinschaft teilhaben lassen.

- *1. Korinther 5* – In der Gemeinde von Korinth gab es einen unbußfertigen Mann, der in einer unmoralischen Beziehung mit der Frau seines Vaters lebte. Paulus schrieb: »... der, der diese Tat begangen hat, (soll) aus eurer Mitte entfernt (werden)! Denn ich ... habe schon als anwesend das Urteil gefällt über den, der dieses so verübt hat, – wenn ihr und mein Geist mit der Kraft unseres Herrn Jesus versammelt seid – einen solchen im Namen unseres Herrn Jesus dem Satan zu überliefern zum Verderben des Fleisches, damit der Geist errettet werde am Tage des Herrn« (V. 2.4-5). Bekennende Christen, die bei Sünde Buße verweigern, müssen aus der Gemeinde hinausgetan und der von Satan beherrschten Welt überliefert werden, damit ihre fleischliche Sündenlust zermürbt wird. Möglicherweise müssen sie erst die schrecklichen Tiefen der Sünde kennen lernen, bevor sie zur Buße kommen. Aber die Gemeinde muss diesen Schritt tun, denn

in Vers 6 und 7 lesen wir: »Wisst ihr nicht, dass ein wenig Sauerteig den ganzen Teig durchsäuert? Fegt den alten Sauerteig aus,
damit ihr ein neuer Teig seid!« Der unbußfertige Gläubige muss
aus der Versammlung entfernt werden, um sie zu schützen.

Paulus schrieb außerdem: »Ich habe euch in dem Brief geschrieben, nicht mit Unzüchtigen Umgang zu haben; nicht überhaupt mit den Unzüchtigen dieser Welt oder den Habsüchtigen
und Räubern oder Götzendienern, sonst müsstet ihr ja aus der
Welt hinausgehen. Nun aber habe ich euch geschrieben, keinen
Umgang zu haben, wenn jemand, der Bruder genannt wird, ein
Unzüchtiger ist oder ein Habsüchtiger oder ein Götzendiener
oder ein Lästerer oder ein Trunkenbold oder ein Räuber, mit
einem solchen nicht einmal zu essen« (V. 9-11). Weil das gemeinsame Essen ein Zeichen der herzlichen Gemeinschaft ist,
darf es unter diesen Umständen nicht zugelassen werden. Wenn
jemand aus der Gemeinde ausgeschlossen wird, dürfen wir ihn
nicht zum Essen zu uns einladen. Wir behandeln ihn nicht mehr
als Bruder, sondern wie einen Ausgestoßenen.

• *1. Timotheus 1* – »Hymenäus und Alexander, die ich dem Satan
übergeben habe, damit sie zurechtgewiesen werden, nicht zu lästern« (V. 20). Das ist Nachhilfeunterricht. Sie mussten lernen, indem sie die Konsequenzen ihrer Sünde selber erfuhren. Wenn jemand ausgeschlossen wird, gelten ihm nicht mehr die heiligenden
Gnadengaben Gottes für seine Versammlung. Ein Ausgeschlossener kann dann darüber nachzudenken beginnen, wie viel ihm
die Gemeinschaft der Gläubigen wirklich bedeutete. Aber wenn
jemand samt seiner Sünde in die Gemeinschaft der Gläubigen
aufgenommen wird, kann er dadurch unwillkürlich zum Weitersündigen ermuntert werden. Man muss solchen Menschen sagen,
dass sie sich entscheiden müssen: entweder für den Teufel und die
Welt oder für Gott und sein Volk, aber nicht für beides.

• *2. Thessalonicher 3* – »Wir gebieten euch aber, Brüder, im Namen unseres Herrn Jesus Christus, dass ihr euch zurückzieht
von jedem Bruder, der unordentlich und nicht nach der Überlieferung wandelt, die ihr von uns empfangen habt« (V. 6). Das
Wort, das hier mit »zurückziehen« übersetzt wurde, bedeutet
»zurückweichen« oder »meiden«.

Wir sprechen hier nicht von Menschen, die den Herrn nicht
kennen. Von solchen wünschen wir, dass sie in den Wirkungsbereich der Gemeinde kommen. Vielmehr geht es um sündigende

Angehörige der Gemeindefamilie. Vers 14 bekräftigt dieses Prinzip: »Wenn aber jemand unserem Wort durch den Brief nicht gehorcht, den bezeichnet, habt keinen Umgang mit ihm, damit er beschämt werde.« Er soll seiner Beschämung und Sünde überlassen werden, denn wenn er wirklich zu Gott gehört, wird Gott ihn nicht loslassen, auch wenn er ihn zuerst durch große Tiefen gehen lassen muss.

- *Römer 16* – »Ich ermahne euch aber, Brüder, dass ihr Acht habt auf die, welche entgegen der Lehre, die ihr gelernt habt, Parteiungen und Ärgernisse anrichten, und wendet euch von ihnen ab! Denn solche dienen nicht unserem Herrn Christus, sondern ihrem eigenen Bauch, und durch süße Worte und schöne Reden verführen sie die Herzen der Arglosen« (V. 17-18).

In 2. Thessalonicher 3,15 lesen wir: »Seht ihn nicht als einen Feind an, sondern weist ihn zurecht als einen Bruder!« In gewissem Sinne lassen wir ihn niemals wirklich gehen: Auch wenn wir ihn aus der Gemeinschaft ausschließen müssen, rufen wir ihn dennoch weiterhin zurück. Manche Christen fragen: »Mein Bruder ist Christ, aber er lebt in Scheidung und in einem unehelichen Verhältnis. Ist es in Ordnung, wenn ich mich mit ihm treffe?« Ich antworte dann: »Du kannst dich mit ihm treffen, solange du ihn ermahnst und aufforderst, sein Leben in Ordnung zu bringen, indem er seine Sünde bekennt und lässt.« Einen solchen Menschen muss man um der Reinheit der Gemeinde willen außerhalb der Gemeinschaft stellen, aber man soll es auch nicht aufgeben, ihn zurückzurufen.

Die Kraft der Zucht

Jesus sagte: »Wahrlich, ich sage euch: Wenn ihr etwas auf der Erde bindet, wird es im Himmel gebunden sein, und wenn ihr etwas auf der Erde löst, wird es im Himmel gelöst sein« (Mt 18,18). Das ist eine unfassbare Vorstellung, dass ich, was das »Binden und Lösen« betrifft, in Abstimmung mit dem unendlich heiligen Gott handle! »Binden und Lösen« sind rabbinische Ausdrücke, die der jüdischen Zuhörerschaft Jesu sicherlich vertraut waren. Sie bedeuten einfach, dass ein Rabbi jemandem sagte, ob er noch von der Sünde gebunden oder bereits befreit sei.

Wenn Sie ein sündigendes Gemeindeglied sind und jemand spricht Sie darauf an und Sie tun keine Buße, und zwei oder drei sprechen Sie an und Sie tun keine Buße, und die ganze Gemeinde bemüht sich um Sie und Sie tun keine Buße, können wir zu Recht sagen, dass Sie an Ihre Sünden gebunden sind. Das hat der Vater im Himmel bereits bestimmt. Wenn Sie andererseits sündigen und wir sprechen Sie darauf an und Sie tun mit zerbrochenem Herzen Buße, können wir sagen, dass Sie von Ihren Sünden gelöst und befreit sind, und daraufhin werden wir Sie in die uneingeschränkte Gemeinschaft aufnehmen. Wir führen auf Erden nur das aus, was im Himmel bereits getan wurde.

»Dein Wille geschehe, wie im Himmel so auch auf Erden!«, heißt es im Gebet der Jünger (Mt 6,10). Wollen Sie Gottes Willen auf Erden so tun, wie er im Himmel geschieht? Dann müssen Sie Gemeindezucht praktizieren, und der Himmel wird bereits das getan haben, was Sie auf der Erde tun.

Es ist tröstlich zu wissen, dass der Himmel uns im Zuchtprozess unterstützt, denn oft meinen die Leute, wir wären lieblos, weil wir versuchen, gegen Sünde anzugehen und sie beim Namen zu nennen. Aber in Wirklichkeit kämpfen wir den Kampf Gottes in den Schlachtreihen des Himmels.

In Vers 19 sagt Jesus: »Wiederum sage ich euch: Wenn zwei von euch auf der Erde übereinkommen, irgendeine Sache zu erbitten, so wird sie ihnen werden von meinem Vater, der in den Himmeln ist.« Das griechische Wort für »übereinkommen« (*symphoneô*, daher stammt unser Wort *Symphonie*) bedeutet wörtlich »gemeinsam einen Klang erzeugen«. Wenn wir betreffs einer sündigenden Person alle in harmonischer Einmütigkeit sind, wird auch der himmlische Vater mit uns übereinstimmen. Ich denke nicht, dass dieser Vers von einem Blankoscheck für Gebet spricht, wenngleich er oft aus dem Zusammenhang gerissen und missbraucht wurde. Der Vers sagt sicherlich nicht, dass Gott uns alles Mögliche gewähren muss, wenn zwei Leute in irgendeinem Wunsch übereinstimmen. »Zwei« bedeutet hier zwei Zeugen in einem Fall von Gemeindezucht, die wirklich möchten, dass Gottes Wille geschieht. Wenn sie das biblische Muster für diesen Prozess befolgt haben, können sie zuversichtlich sein, dass tatsächlich Gottes Wille geschieht.

In Vers 20 lesen wir: »Wo zwei oder drei versammelt sind in meinem Namen, da bin ich in ihrer Mitte.« Wahrscheinlich kennen Sie diesen Vers in seiner Anwendung auf Gemeinde- oder Gebetszusammenkünfte, aber auch das ist eine Fehlinterpretation. Wir müssen den Kontext berücksichtigen: Die »zwei oder drei« sind Zeugen in einem Fall von Gemeindezucht. Diese verbreiteten Fehldeutungen veranschaulichen, warum es so wichtig ist, Bibeltexte in ihrem Zusammenhang zu lehren. Wir haben die Zuversicht, dass nicht nur der Vater im Himmel zusammen mit uns handelt (V. 19), sondern auch der Sohn hier auf der Erde mit uns ist (V. 20). Niemals führen wir aktiver den Willen Gottes und das Werk des Sohnes aus als beim Reinigen und Läutern der Gemeinde. An diesem Prozess müssen wir uns alle als Diener der Heiligkeit beteiligen.

Abschließend dürfen wir nicht vergessen, dass Gemeindezucht darauf abzielt, den sündigenden Christen wieder zurechtzubringen. Dietrich Bonhoeffer, ein deutscher Theologe, der unter dem Terror des Naziregimes verfolgt wurde, schrieb ein kleines Buch mit dem Titel *Gemeinsames Leben*, das einige tiefgründige Gedanken enthält. Obwohl wir einem Großteil der Lehren Bonhoeffers widersprechen müssen, sind diese Zeilen voll tiefer Einsicht:

> Die Sünde will mit dem Menschen allein sein. Sie entzieht ihn der Gemeinschaft. Je einsamer der Mensch wird, desto zerstörender wird die Macht der Sünde über ihn, und je tiefer wieder die Verstrickung, desto heilloser die Einsamkeit. Sünde will unerkannt bleiben. Sie scheut das Licht, im Dunkel des Unausgesprochenen vergiftet sie das ganze Wesen des Menschen. Das kann mitten in der frommen Gemeinschaft geschehen. In der Beichte bricht das Licht des Evangeliums in die Finsternis und Verschlossenheit des Herzens hinein. Die Sünde muss ans Licht. Das Unausgesprochene wird offen gesagt und bekannt. Alles Heimliche und Verborgene kommt nun an den Tag. Es ist ein harter Kampf, bis die Sünde im Geständnis über die Lippen kommt. Aber Gott zerbricht eherne Türen und eiserne Riegel (Ps 107,16).

Indem das Sündenbekenntnis im Angesicht des christlichen Bruders geschieht, wird die letzte Festung der Selbstrechtfertigung preisgegeben. Der Sünder liefert sich aus, er gibt all sein Böses hin, er gibt sein Herz Gott und er findet die Vergebung aller seiner Sünde in der Gemeinschaft Jesu Christi und des Bruders. Die ausgesprochene, bekannte Sünde hat alle Macht verloren. Sie ist als Sünde offenbar geworden und gerichtet. Sie vermag die Gemeinschaft nicht mehr zu zerreißen. Nun trägt die Gemeinschaft die Sünde des Bruders. Er ist mit seinem Bösen nicht mehr allein, sondern er hat sein Böses mit der Beichte »abgelegt«, Gott hingegeben. Es ist ihm abgenommen. Nun steht er in der Gemeinschaft der Sünder, die von der Gnade Gottes im Kreuze Jesu Christi leben ... Die verborgene Sünde trennte ihn von der Gemeinschaft, machte alle scheinbare Gemeinschaft unwahr, die bekannte Sünde half ihm zur wahren Gemeinschaft mit den Brüdern in Jesus Christus.[36]

Gemeindezucht ist der Schlüssel zur Reinheit der Gemeinde, und diese Reinheit wiederum wird uns befähigen, die Welt zu erreichen.

Zurechtbringen eines sündigenden Bruders[37]

In Matthäus 18 haben wir gesehen, wie der Herr seine Jünger darüber belehrt, wie man sündigende Geschwister unter Zucht stellen und ihnen vergeben soll. Den ganzen Themenkomplex des Tadelns und Zurechtweisens bei Sünde haben wir in Anhang 4 behandelt. Was sollen wir nun tun, wenn jemand Buße tut und sich von seiner Sünde abwendet? Wir müssen diesem Bruder oder dieser Schwester im vollsten Sinne des Wortes vergeben. Und was geschieht nach der Vergebung? Der bußfertige Gläubige wird wieder hergestellt.

In Galater 6 nennt Paulus drei wichtige Anhaltspunkte für den Dienst der Wiederherstellung:

Lese ihn auf

Vers 1 sagt: »Brüder, wenn auch ein Mensch von einem Fehltritt übereilt wird, so bringt ihr, die Geistlichen, einen solchen im Geist der Sanftmut wieder zurecht. Und dabei gib auf dich selbst Acht, dass nicht auch du versucht wirst!« Der Ausdruck »Brüder« weist darauf hin, dass dieser Vers für die Familie der Gemeinde gilt, wenn ein Christ »von einem Fehltritt übereilt« wird. Das Wort, das mit »Fehltritt« übersetzt wurde, (gr. *paraptôma*, »Lapsus«, »Ausrutscher«, »Sturz«) verstehen manche so, als sei etwas weniger Schlimmes als Sünde gemeint. Ich glaube jedoch, dass damit tatsächlich Sünde gemeint ist. Im Zusammenhang sprach Paulus vom »Wandeln im Geist« (5,16.25). Der Gedanke des Fallens ist nicht unbedingt eine theologische Definition von Sünde, sondern steht vielmehr im Zusammenhang der bildhaften Beschreibung des geistlichen Wandels.

Man beachte, dass es im griechischen Grundtext wörtlich nicht heißt, »von einem Fehltritt übereilt«, sondern »*in* einem Fehltritt übereilt« (Hervorhebung zugefügt). Ich denke nicht, dass »übereilen« sich auf jemanden bezieht, der bei seinem Wandel in Sünde fällt. Vielmehr denke ich, dass sich dieses Verb auf einen Gläubigen bezieht, der jemanden »überholt«, der in eine Sünde gefallen ist. Das griechische Wort für »übereilen« (*prolambanô*) bedeutet,

»überraschen«, »unvorbereitet treffen«. Sünde überrascht uns jedoch nicht, denn wenn wir im Geist wandeln, können wir ihre lauernde Gefahr erkennen. Deshalb gibt es so etwas wie unfreiwillige
Sünde nicht.

Dass man jemanden in Sünde ertappen kann, bedeutet jedoch
nicht, dass man das Leben anderer nach Sünden absuchen sollte.
Der Vers sagt lediglich: Wenn man im Geist wandelt, kann man
jemandem begegnen, der in Sünde steckt und Hilfe braucht.

Paulus fordert ausdrücklich, dass die Wiederherstellung von
Gläubigen ausgeführt wird, die »geistlich« sind. Was bedeutet es,
geistlich zu sein? In 1. Korinther 2,15-16 finden wir eine kurze Definition: »Der Geistliche … beurteilt zwar alles, er selbst jedoch
wird von niemand beurteilt. Denn ›wer hat den Sinn des Herrn
erkannt, dass er ihn unterweisen könnte?‹ *Wir* aber haben Christi
Sinn.« Geistlich zu sein bedeutet, die Gesinnung, den Sinn, Christi
zu haben.

Epheser 5,18 beschreibt dies aus etwas anderer Perspektive:
»Werdet voller Geist.« Kolosser 3,16 sagt: »Das Wort des Christus
wohne reichlich in euch.« Man beachte die gleichartigen Folgen,
die sich aus dem Befolgen dieser beiden Aufforderungen ergeben.
Daraus schließen wir, dass Erfülltsein mit Heiligem Geist dasselbe
ist, wie das Wort Christi reichlich in sich wohnen zu lassen. Der
geistliche Christ ist derjenige, der dem Willen Gottes gehorsam
lebt; die dazu nötige Erkenntnis empfängt er aus dem Wort Gottes
und die nötige Kraft vom Heiligen Geist.

Das Wort, das in Galater 6,1 mit »zurechtbringen« übersetzt
wurde (gr. *katartizo*), bezeichnet das Reparieren eines Gegenstands
im Sinne des Wiederherstellens seines früheren Zustands. Es wird
verwendet für zwei streitende Parteien, für das Schienen von Knochenbrüchen, für das Einrenken ausgerenkter Hüftgelenke und für
das Flicken beschädigter Netze.

»Im Geist der Sanftmut« bedeutet, dass man sich des schwächeren, in Sünde gefallenen Bruders in einer Haltung der Demut
annehmen sollte. Man beachte die darauffolgende Aussage: »Und
dabei gib auf dich selbst Acht, dass nicht auch du versucht wirst!«
Wenn wir einen anderen wiederherstellen, sollen wir uns dabei
bewusst sein, dass wir genauso gut an seiner Stelle sein könnten.
Unter Christen gibt es keinen Platz für geistlichen Stolz, Prahlerei
und solche, die sich für besser halten als andere. Wir müssen so
sanftmütig sein und erkennen, dass wir selbst hätten in Sünde fallen

können. In 1. Korinther 10 sehen wir, dass solche, die reichlich von Gott gesegnet worden sind, dennoch sündigen können. Das Volk Israel war »unter der Wolke ... und ... durch das Meer« (V. 1) aus Ägypten herausgerettet worden. In der Wüste wurden sie von der Schechina-Wolke Gottes geführt und kamen schließlich ins Gelobte Land. Doch trotz aller Segnungen und Vorkehrungen Gottes verübten 23.000 von ihnen Hurerei und wurden dafür gerichtet. Dieses Volk, das so große Vorrechte hatte, sündigte dennoch. Paulus wendete dieses Prinzip auf Christen an: »Alles dies aber widerfuhr jenen als Vorbild und ist geschrieben worden zur Ermahnung für uns, über die das Ende der Zeitalter gekommen ist. Daher, wer zu stehen meint, sehe zu, dass er nicht falle. Keine Versuchung hat euch ergriffen als nur eine menschliche« (V. 11-13). Wir sollten niemals an einen Punkt gelangen, wo wir meinen, wir seien unbesiegbar.

Wir müssen dazu bereit sein, uns herabzulassen und einen Sünder vom Wegesrand aufzulesen, denn wir wissen, dass wir genauso gut an seiner Stelle sein könnten und Hilfe bräuchten. Früher oder später wird es in unserem Leben Sünde geben, von der wir wiederhergestellt werden müssen.

Richte ihn auf

Galater 6,2 fährt fort: »Einer trage des anderen Lasten, und so werdet ihr das Gesetz des Christus erfüllen.« Paulus führt das Bild des Wandelns und Gehens weiter aus und sagt, wenn wir unterwegs jemanden sehen, der unter einer drückenden Last zusammengebrochen ist, sollen wir ihm die Last abnehmen und sie für ihn tragen.

Eine Last ist eine geistliche Schwäche, die einen Christen bedroht, in Sünde zu fallen. Sie kann in jeglichem persönlichen oder charakterlichen Schwachpunkt bestehen, den der Teufel als Lücke finden kann. Ein Christ kann vielmals sündigen und Buße tun und daraufhin wieder Vergebung und Wiederherstellung der Gemeinschaft erlangen. Aber wenn niemand ihm hilft und seine Last mitträgt, wird er dieselbe Last der Versuchung unter denselben schwierigen Umständen weitertragen und mit hoher Wahrscheinlichkeit wieder fallen.

Einmal kam ein verzweifelter junger Mann weinend zu mir und sagte: »Bevor ich errettet wurde, war ich homosexuell, aber obwohl ich mein Leben Christus übergeben habe, habe ich immer noch schreckliche Probleme. Immer wieder falle ich in falsche Bezie-

hungen, obwohl ich Buße getan, mich davon abgewandt und Gott
um Vergebung gebeten habe.« Ich wollte versuchen, ihm zu helfen
und sagte: »In den nächsten zwei Wochen halte dich an folgende
Regelung: Jedes Mal, wenn du eine homosexuelle Beziehung ein-
gehst oder unheilige Gedanken in dieser Hinsicht hast, schreibe es
ausführlich auf und erkläre es. Nach zwei Wochen können wir uns
treffen und deine Aufzeichnungen zusammen durchsprechen.«
Obwohl dieser Vorschlag ihn zunächst erschrak, kam er zwei Wochen später fröhlich zu mir und sagte: »Es gab nichts aufzuschrei-
ben, weil mir nichts passiert ist – und das zum ersten Mal für zwei
Wochen!« »Und was war anders als sonst?«, fragte ich. Er antwortete: »Das kann ich Ihnen nicht sagen.« Eine Möglichkeit, die Last
eines Bruders zu tragen, besteht darin, Verantwortung von ihm zu
fordern.

Die Last anderer kann man auf vielerlei Weise tragen. Ich weiß
gar nicht zu wie vielen Leuten ich gesagt habe: »Wenn Sie befürch-
ten, in Versuchung zu fallen, schlage ich Ihnen vor, zum Telefon
zu greifen und jemanden anzurufen, der diese Last mit Ihnen zusammen trägt.« Wiederherstellung ist mehr als lediglich zu sagen:
»Geht hin in Frieden, wärmt euch und sättigt euch!« (Jak 2,16).
Ebenso wenig sollten wir nur Psalm 55,22 zitieren, wo es heißt:
»Wirf auf den HERRN deine Last, und er wird dich erhalten« (vgl.
1Petr 5,7). Der Herr will andere durch dich und mich erhalten. Wir
müssen gegenseitige Lastenträger sein.

Galater 6,2 endet mit der Aussage, dass wir durch das gegen-
seitige Tragen der Lasten »das Gesetz des Christus erfüllen«. In
Johannes 13,34 sagt Jesus: »Ein neues Gebot gebe ich euch, dass
ihr einander liebt.« Das Gesetz Christi ist das Gesetz der Liebe.
Jakobus nennt es das »königliche Gesetz« (2,8), »das vollkommene
Gesetz der Freiheit« (1,25).

Wem helfen Sie derzeit, belastende Versuchungen und Schwä-
chen zu tragen? Überhaupt jemanden? Es ist so einfach, sich aus
allem herauszuhalten und sich einzureden: »Ich mag mich nicht mit
den Sünden anderer befassen, weil ich selber davon betroffen werden und meinen geistlichen Zustand beflecken könnte.«

Wenn das unsere Perspektive ist, sollten wir weiterlesen: »Denn
wenn jemand meint, etwas zu sein, während er doch nichts ist, so
betrügt er sich selbst« (Gal 6,3). Wenn ich denke, ich sei besser
als andere, liegt das stets daran, dass ich mich mit einem falschen
Maßstab vergleiche. Ich kann immer jemanden finden, der schlim-

mer ist als ich. Aber Paulus sagte: »Denn wir wagen nicht, uns gewissen Leuten von denen, die sich selbst empfehlen, beizuzählen oder gleichzustellen; aber da sie sich an sich selbst messen und sich mit sich selbst vergleichen, sind sie unverständig« (2Kor 10,12). Der Maßstab ist nämlich nicht jemand, den wir dazu auswählen, sondern Christus. In 1. Johannes 2,6 lesen wir: »Wer sagt, dass er in ihm bleibe, ist schuldig, selbst auch so zu wandeln, wie er gewandelt ist.« Weil Christus der Maßstab ist, sollen wir uns mit ihm vergleichen. Wie werden wir bei diesem Vergleich abschneiden? Äußerst bescheiden.

Galater 6,4 sagt: »Ein jeder aber prüfe sein eigenes Werk, und dann wird er nur im Blick auf sich selbst Ruhm haben und nicht im Blick auf den anderen.« Wir können behaupten, dem Herrn zu dienen und geistlich zu sein, aber diese Behauptung müssen wir unter Beweis stellen. Eines Tages müssen wir ganz allein vor Christus stehen und unsere Behauptung, geistlich zu sein, nachweisen können. Beim Preisgericht (gr. *bema*) Christi, von dem die folgenden Verse sprechen, werden die Gläubigen belohnt werden:

- *Offenbarung 22,12* – Jesus sagte: »Siehe, ich komme bald und mein Lohn mit mir, um einem jeden zu vergelten, wie sein Werk ist.«
- *2. Korinther 5,10* – »Denn wir müssen alle vor dem Richterstuhl Christi offenbar werden, damit jeder empfange, was er durch den Leib vollbracht, dementsprechend, was er getan hat, es sei Gutes oder Böses.«
- *1. Korinther 3,12* – Paulus bezeichnete unsere Werke als »Gold, Silber, kostbare Steine, Holz, Heu, Stroh«. Die unbedeutenden und wertlosen Werke – symbolisiert durch Holz, Heu und Stroh – werden dann verbrennen (V. 13).

In Galater 6,5 lesen wir: »Jeder wird seine eigene Bürde tragen.« Diese Bürde ist eine andere Art von Last als die aus Vers 2. Auch im Griechischen steht hier ein anderes Wort: *Baros* in Vers 2 ist ein starker Ausdruck, der »ein schweres Gewicht« bedeutet, wohingegen *phortion* in Vers 5 etwas bezeichnet, das leicht zu tragen ist. Es wurde oft für die allgemeinen Pflichten des Lebens verwendet, für die der Mensch verantwortlich ist. Eine dieser Pflichten ist es, anderen zu helfen, wenn sie von Lasten erdrückt werden. Diese freundliche Geste wird ewigen Lohn einbringen.

Baue ihn auf

In Vers 6 lesen wir: »Wer im Wort unterwiesen wird, gebe aber dem Unterweisenden an allen Gütern Anteil!« Sehen Sie sich selbst als den Lehrer und den zurechtgebrachten Gläubigen als Schüler. Manche meinen zwar, dieser Vers besage, wer lehrt oder predigt solle dafür bezahlt werden, und sie verstehen »alle Güter« (gr. *agathos*) als Geld. Doch ich ziehe es vor, als Beleg für diese Verantwortung auf 1. Korinther 9 zu verweisen. Ich denke nicht, dass es in diesem Vers hier um Geld geht. *Agathos* ist im Neuen Testament ein allgemeiner Ausdruck für geistliche Qualität. Beispielsweise spricht Römer 10,15 über die Verkündigung von »Gutem«. Dort steht dasselbe Wort wie in Galater 6,6, Hebräer 9,11 und 10,1. Damit sind die guten Dinge des Reiches Gottes gemeint.

Im Prozess der Wiederherstellung müssen sowohl der Belehrende als auch der Zurechtgebrachte am geistlichen Segen teilhaben, der aus dieser Beziehung resultiert. Das ist ein fortwährender, gegenseitiger Prozess der Auferbauung. Beide haben Teil an allen geistlichen Vorteilen des Erstarkens in Christus.

Wir müssen schwächere Geschwister, die gefallen sind, auflesen, aufrichten und auferbauen. In Matthäus 18 sehen wir, dass dieser Prozess damit beginnt, sie auf ihre Sünde anzusprechen. Das kann entmutigend sein, weil die Angesprochenen manchmal nicht darauf eingehen.

Zweitens müssen wir vergeben. Auch das kann schmerzhaft sein, weil derjenige, dem man vergibt, auch darauf nicht reagiert.

Der dritte Schritt ist der Dienst der Wiederherstellung. Damit führen wir den Gläubigen zurück zur geistlichen Stabilität. Auch das kann schmerzlich sein, weil dazu das Tragen schwerer Lasten gehört. Aber diese Tatsachen sollten uns nicht von diesem wichtigen Dienst abhalten, zu dem der Herr uns berufen hat. Ihm zu gehorchen, ist die größte Freude, und er wird uns bei jedem Schritt beistehen, wenn er uns dazu gebraucht, seine Gemeinde zu reinigen (Mt 18,19-20).

Sollen gefallene Führungspersonen wieder eingesetzt werden?

Die jüngsten Entwicklungen in der Gemeinde habe ich mit großer Besorgnis beobachtet. Ich bin schockiert, wie oft wir erleben, dass führende Christen in schwere Sünden fallen und anschließend ihre Führungsposition wieder einnehmen, sobald sich die Wellen des öffentlichen Aufsehen geglättet haben. Leider erwarten Christen heute nicht mehr viel von ihren Führern. Wir befinden uns inmitten einer Katastrophe, die mit Sicherheit weitreichende Konsequenzen nach sich ziehen wird.

Kürzlich erhielt ich eine Kassettenaufnahme, die mich tief bestürzte. Es handelte sich um die Wiedereinsetzungsfeier eines Gemeindeleiters, der landesweite Schlagzeilen gemacht hatte, als er eine außereheliche Affäre gestand. Nach kaum mehr als einem Jahr der »Seelsorge und Rehabilitation« kehrte dieser Mann unter dem Segen seiner Gemeinde in den öffentlichen Dienst zurück.

So etwas geschieht überall. Andere Gemeinden haben mich gefragt, ob wir einen schriftlichen Leitfaden hätten oder ein Fachbuch zum Thema, wie man gefallene Gemeindeleiter wieder in die Leiterschaft zurückführt. Zweifellos erwarten viele, dass eine Gemeinde von unserer Größe über ein systematisches Rehabilitationsprogramm für sündigende Führungspersonen verfügt.

Epidemieartig verbreiten sich schwere Sünden unter christlichen Führungspersonen. Das ist ein Symptom dafür, dass mit der Christenheit irgendetwas ernstlich nicht stimmt. Doch ein noch größeres Problem ist das Herabsetzen der Maßstäbe, um die Sünden der Führer tolerieren zu können. Dass die Gemeinde eifrig bestrebt ist, diese Männer zurück in die Führungspositionen zu bringen, ist ein Indiz dafür, wie durch und durch verdorben die Christenheit heute ist.

Wir müssen uns im Klaren sein, dass es nicht einfach ist, Führungspositionen in der Gemeinde zu erlangen. Die wichtigste Anforderung für einen Leiter ist, untadelig zu sein (1Tim 3,2.10; Tit 1,7). Dass ist eine schwierige Voraussetzung, die nicht jeder erfüllen kann.

Manche Arten von Sünde schädigen den Ruf unwiederbring-
lich und disqualifizieren ihn für immer von einer Führungsaufgabe, weil er niemals wieder untadelig sein wird. Sogar Paulus, der
wahrhaft ein Mann Gottes war, fürchtete diese Möglichkeit: »Ich
zerschlage meinen Leib und knechte ihn, damit ich nicht, nachdem
ich anderen gepredigt, selbst verwerflich werde« (1Kor 9,27).

Wenn er hier vom Körper spricht, dachte Paulus offenbar an
sexuelle Unmoral. In 1. Korinther 6,18 beschreibt er sie als Sünde
gegen den eigenen Leib. Es scheint, als stelle er für sexuelle Sünden
eine eigene Kategorie auf. 1. Timotheus 3,1 verlangt, dass Älteste
Männer *einer* Frau sein sollen.

Wie kommen wir auf die Idee, dass bei jemanden, der seinen
Ruf mit Füßen getreten und das Vertrauen der Öffentlichkeit zerstört hat, seine Integrität nach einem Jahr Beurlaubung vom Dienst
wiederhergestellt sein könnte? Gewiss nicht aus der Bibel. Einmal
verwirktes Vertrauen lässt sich nicht so schnell zurückgewinnen.
Hat man die Reinheit erst einmal geopfert, ist man nie wieder fähig, durch Vorbild zu führen. Wie mein Freund Chuck Swindoll
diesbezüglich kommentiert hat, reicht ein einziger Nagel aus, um
einen Ballon zerplatzen zu lassen.

Und was ist mit Vergebung? Sollten wir eifrig erstreben, unseren gefallenen Bruder wiederherzustellen? In die Gemeinschaft ja.
Aber nicht in eine Führungsposition. Einen disqualifizierten Christen wieder in den Dienst einzusetzen, ist keine Liebestat, sondern
Ungehorsam.

Wir sollten um jeden Preis vergeben. Aber wir können die Konsequenzen von Sünde nicht ungeschehen machen. Ich bin nicht dafür, dass wir »auf unsere Verwundeten schießen«. Ich sage lediglich,
dass wir sie nicht überstürzt wieder an die Front bringen sollten.
Sicherlich sollte die Gemeinde alle Hebel in Bewegung setzen, um
bußfertigen Sündern zu helfen. Aber das bedeutet nicht, dass man jemandem, der sich disqualifiziert und sein Recht auf eine Führungsaufgabe verwirkt hat, den Mantel der Leiterschaft reicht. Das wäre
unbiblisch und setzt den von Gott aufgestellten Maßstab herab.

Warum ist die Gemeinde von heute so eifrig auf Toleranz aus?
Ein Hauptgrund, da bin ich sicher, besteht in der Sünde und im
Unglauben, von denen die Gemeinde durchdrungen ist. Wenn
oberflächliche Christen das Niveau der Leiterschaft herabschrau-
ben, werden sie sich mit ihren eigenen Sünden viel wohler fühlen.
Der auf den Menschen ausgerichtete Blickpunkt der modernen Re-

ligion hat zu der irrigen Vorstellung geführt, dass Erfahrung mit den schlimmsten Arten von Sünden nur geeigneter mache für den Dienst an Sündern. Die Implikationen einer solchen Philosophie sind beängstigend. Unser Vorbild und Maßstab für den Dienst ist der sündlose Sohn Gottes. Die Gemeinde soll sein wie er und ihre Leiter müssen Musterexemplare an Christusähnlichkeit sein.

Konservative Christen haben sich die meiste Zeit des 20. Jahrhunderts auf den Kampf um lehrmäßige Reinheit konzentriert. Und das war gut so. Aber wir verlieren den Kampf um die moralische Reinheit. Einige unser bekanntesten Führungspersonen haben die schlimmsten Niederlagen erlebt. Die Gemeinde kann nicht den Maßstab herabsetzen, um sich diesen Leuten anzupassen. Wir sollten den Maßstab hoch ansetzen, damit wieder Reinheit erlangt wird. Wenn wir hierin verlieren, haben wir gänzlich versagt, so rechtgläubig unser Glaubensbekenntnis auch sein mag. Wir können keinen Sieg erringen, wenn wir Kompromisse am biblischem Maßstab zulassen.

Wir müssen für unsere Gemeindeleiter beten. Wir müssen Rechenschaft von ihnen fordern. Wir müssen sie ermutigen. Wir müssen ihrem geistlichen Vorbild folgen. Wir müssen einsehen, dass sie nicht vollkommen sind, sie aber stets zum höchsten Maß an Heiligkeit und Reinheit aufrufen. Die Gemeinde muss Führungspersonen haben, die gänzlich untadelig sind. Alles darunter ist ein Gräuel.

Die Gefahr von Irrlehre[38]

Die Bibel lehrt klar, dass Gott Wahrheit ist und nicht lügen kann. Sie lehrt auch, dass Satan ein Lügner und der Vater der Lüge ist. Diese Dichotomie durchdringt jeden Bereich des Universums. Es besteht ein Konflikt zwischen den heiligen Engeln und den gefallenen Dämonen. Es besteht ein Konflikt zwischen der Wahrheit Gottes und den Lügen Satans.

Das Volk Gottes ist stets von Irrlehren geplagt worden. Durch die Jahrhunderte litt es unter Invasionen falscher Propheten und Lehrer. Der Teufel versucht die Welt zu verwirren und im Meer des Betrugs zu ertränken. Seine falsche Darstellung der Wahrheit gegenüber Eva stürzte die Menschheit in Sünde (1Mo 3,1-6). Der beständige Strom falscher Lehre ist stetig angeschwollen und ist heute breiter und tiefer als je zuvor. Falsche Lehren über Gott, Christus, die Bibel und geistliche Realität breiten sich epidemieartig aus. Der Vater der Lügen macht Überstunden, um die rettende und heiligende Wahrheit zu verderben, die Gott uns in der Bibel gegeben hat. Die Auswirkungen von Irrlehren waren verheerend und führten zur Verdammnis. Deshalb werden sie in der Bibel als »verderbenbringende Parteiungen« bezeichnet (2Petr 2,1). Mit Herannahen der Wiederkunft Christi nehmen diese Verführungen, Lügen und falschen Darstellungen immer mehr zu. Jeder Diener des Herrn muss vor Irrlehrern auf der Hut sein und andere vor ihren Lügen warnen. Deshalb warnte Paulus die Gläubigen und Führer von Ephesus (Apg 20,29-30).

In 2. Timotheus 2,14-19 erfahren wir insbesondere, warum wir Irrlehren meiden sollten. Paulus hatte Timotheus aufgefordert, ein treuer Diener des Herrn zu sein. Er bat ihn, sich über den Einfluss von Unheiligkeit, böser Lehre und bösen Menschen zu erheben und den Zustand der Gemeinde in Ordnung zu bringen. Dazu musste er seinen Sinn fest auf die Wahrheit Gottes gerichtet halten und sicher sein, dass er und die Gemeinde den Auswirkungen von Irrlehren aus dem Weg gehen:

Dies bringe in Erinnerung, indem du eindringlich vor Gott bezeugst, man solle nicht Wortstreit führen, was zu nichts nütze, sondern zum Verderben der Zuhörer ist. Strebe danach, dich Gott bewährt zur Verfügung zu stellen als einen Arbeiter, der sich nicht zu schämen hat, der das Wort der Wahrheit in gerader Richtung schneidet! Die unheiligen, leeren Geschwätze aber vermeide! Denn sie werden zu weiterer Gottlosigkeit fortschreiten, und ihr Wort wird um sich fressen wie Krebs. Dazu gehören Hymenäus und Philetus, die von der Wahrheit abgeirrt sind, indem sie sagen, dass die Auferstehung schon geschehen sei, und den Glauben mancher zerstören. Doch der feste Grund Gottes steht und hat dieses Siegel: Der Herr kennt, die sein sind; und: Jeder, der den Namen des Herrn nennt, stehe ab von der Ungerechtigkeit!

Echte Lehrer erinnern

Wen sollte Timotheus erinnern? Die »treuen Menschen« aus V. 2, die »tüchtig sein werden, auch andere zu lehren.« Woran sollte Timotheus sie erinnern? An das, was Paulus in den Versen 1-13 gesagt hat. Er wollte, dass Timotheus die Lehrer und Leiter der Gemeinde an ihre Verantwortung erinnert, die Wahrheit an andere weiterzuvermitteln. Sie mussten an ihre vornehme Aufgabe und an die Erhabenheit des Evangeliums erinnert werden.

Falsche Lehre vermeiden

Die anfänglich positive Aufforderung des Apostels zum Erinnern schlägt um in einen negativen Befehl. In Vers 14 schreibt er: »Dies bringe in Erinnerung, indem du eindringlich vor Gott bezeugst [gr. *diamartyromai*, ein juristischer Begriff], man solle nicht Wortstreit führen.« *Diamartyromai* spricht von einer ständigen Erinnerung und einem dauerhaften Befehl. Timotheus sollte die Gemeindeleiter ständig an ihre positive Pflicht erinnern und sie beständig warnen, Irrlehre zu meiden. Das ist eine ernstliche Warnung, die durch den nächsten Ausdruck sogar noch verschärft wird: »indem du eindringlich *vor Gott* bezeugst« (Hervorhebung zugefügt). Die Leiter sollten ihrer Pflicht aus einer gesunden Gottesfurcht nachkommen. Paulus hatte bereits zuvor ähnlich eindringlich gewarnt:

- *1. Timotheus 5,21* – »Ich bezeuge eindringlich vor Gott und Christus Jesus und den auserwählten Engeln, dass du diese Dinge ohne Vorurteil befolgen und nichts nach Gunst tun sollst.«

- *1. Timotheus 6,13-14* – »Ich gebiete dir vor Gott, der allem Leben gibt, und vor Christus Jesus, der vor Pontius Pilatus das gute Bekenntnis bezeugt hat, dass du das Gebot unbefleckt, untadelig bewahrst!«
- *2. Timotheus 4,1* – »Ich bezeuge eindringlich vor Gott und Christus Jesus, der Lebende und Tote richten wird, und bei seiner Erscheinung und seinem Reich: Predige das Wort!«

Das sind alles ernste Anweisungen und nicht einfach nur Ratschläge, sondern ausdrückliche Befehle vor dem Angesicht Gottes. Dadurch soll den Gläubigen Gottesfurcht vermittelt werden, indem sie bedenken, dass sie unmittelbar gegenüber Gott verantwortlich sind. Obwohl die Gegenwart Gottes uns in anderen Situationen trösten soll, wird sie öfter erwähnt, um uns unsere Verantwortung bewusster zu machen. Wir befinden uns stets *vor Gott*, und seine Gegenwart wirkt als Kontrollinstanz über unser Leben. Er beobachtet das Leben jedes Menschen. Eine eindringliche Aufforderung vor Gott macht den Angesprochenen verantwortlich vor dem heiligen und gerechten Richter.

Da dieser Befehl so eindringlich erteilt wird, würden wir erwarten, dass Paulus nun ein abscheuliches Übel nennt, welches zu vermeiden Timotheus auffordern sollte. Das griechische Wort, das hier mit »Wortstreit« übersetzt wurde (V. 14), spricht davon, einen Krieg mit Worten zu führen. Paulus rief die Leiterschaft auf, vergebliche Debatten zu meiden, weil sie dadurch nur abgelenkt würden. Die Irrenden in Ephesus neigten offenbar dazu, sich mit nutzlosem Geschwätz zu befassen anstatt mit dem Wort Gottes (1Tim 1,3-4; vgl. 6,3-10).

In seinem Buch *Dienstanweisung für einen Unterteufel* kreiert C. S. Lewis einen älteren Dämonen, Screwtape, der Wormwood, einem jüngeren Dämonen, Briefe schreibt und ihm erklärt, wie er wirksam mit Menschen umgehen könne. In seinem ersten Brief schreibt Screwtape: »Dein Mann hat sich von Kindheit an daran gewöhnt, dass mindestens ein Dutzend widerstreitender Philosophien in seinem Hirn herumtanzen. Diese Lehren sind für ihn nicht ›wahr‹ oder ›falsch‹, sondern ›akademisch‹ oder ›praktisch‹ ... Nicht Vernunftgründe, sondern Hypothesen sind deine besten Helfer, deinen Mann der Gemeinde fernzuhalten.«[39] Dämonen wissen, dass wahre Wissenschaft und Vernunft ihrer Sache – der Verführung – nicht dienlich sind. Das Denken der Menschen muss nicht mit Tatsachen, sondern mit Spekulationen angefüllt werden. Alle »guten« Dämonen verwenden diese Strategie, weil dadurch biblische Wahrheit verdunkelt und zeitliche Anliegen ins Rampenlicht gestellt werden.

Solche Hypothesen haben heute viele Universitäten und theologische Ausbildungsstätten infiltriert. Viele Fernsehevangelisten und Prediger bombardieren die Gemeinde mit den Hypothesen ihrer falschen religiösen Auffassungen, und die Gemeinde hat ihnen ihr Ohr geschenkt. Wie sonst ließe sich erklären, warum einige Gemeinden jetzt sogar Abtreibung, Homosexualität, Scheidung und Predigerinnen befürworten? Warum hat die Gemeinde zugelassen, dass unheilige Führungspersonen auf ihrem Posten bleiben können? Wie kommt es, dass so viele Ehemänner ihren Familien nicht mehr vorstehen und dass so viele Frauen sich nicht mit Hingabe um ihre Kinder kümmern? Wie konnte sich die Gemeinde jemals mit der Selbstwert-Bewegung anfreunden, und das auf Kosten von Demut und Dienst für andere? Hypothesen sind in die Gemeinde einmarschiert. Deshalb hört die Gemeinde so gern auf die Welt. Sie ist bereit, die Bibel auf eine Stufe mit menschlicher Vernunft zu stellen. In 2. Timotheus 2,14 bezeichnet Paulus die Hypothesen dieser Welt als nutzlos. Ja, noch schlimmer: Sie sind dämonisch. In 1. Timotheus 4,1-2 lesen wir von Lehren, die von Dämonen stammen und von heuchlerischen Lügnern verbreitet werden.

Paulus sagte, dass Wortstreitereien »zum Verderben der Zuhörer« führen. Das griechische Wort für »Verderben« (*katastrophê*) bedeutet »umstürzen«, »unterminieren,« »erschüttern« oder »umkehren«. Irrlehre erbaut nicht, sondern reißt nieder. Sie stärkt nicht, sondern schwächt.

Katastrophe wird im Neuen Testament nur ein einziges weiteres Mal verwendet, nämlich in 2. Petrus 2,6. Aus diesem Vers wird deutlich, von welcher Art Verderben Paulus sprach. Petrus schrieb, dass Gott »die Städte Sodom und Gomorra einäscherte und zur Zerstörung [*katastrophe*] verurteilte«. Dort bedeutet *katastrophe* »vollständiger Untergang«. Im selben Sinne verwendete Paulus dieses Wort in 2. Timotheus 2,14 – Wortstreit bringt die Zuhörer in völligen Untergang und führt zur Verdammnis von unsterblichen Seelen. Deshalb bezeichnet 2. Petrus 2,1 sie als zerstörerische Irrlehren, die sich schnelle Zerstörung zuziehen. In 2. Petrus 3,16 lesen wir, dass »die Unwissenden und Ungefestigten [die Lehren des Paulus] verdrehen wie auch die übrigen Schriften zu ihrem eigenen Verderben.« Wir sollen uns von Irrlehren fernhalten, weil sie das

Potential haben, die unsterblichen Seelen zu verdammen, die unter ihrem Einfluss stehen.

Irrlehre beschämt außerdem die Lehrer: »Strebe danach, dich Gott bewährt zur Verfügung zu stellen als einen Arbeiter, der sich nicht zu schämen hat, der das Wort der Wahrheit in gerader Richtung schneidet!« (2 Tim 2,15). Das Schlüsselwort ist hier »schämen«. Jeder, der etwas anderes lehrt, was nicht genau das Wort der Wahrheit wiedergibt, sollte sich schämen. Scham ist das schmerzliche Gefühl, wenn man sich bewusst wird, dass man etwas Unehrenhaftes getan hat. Jeder, der Irrlehren verbreitet, hat Grund, sich zu schämen, wenn er Gott gegenübersteht. Irrlehre verdient die Verdammnis durch Gott. Bei Gott zählt es nicht, wie viele Doktortitel ein Prediger hat oder wie gelehrt er ist; wenn er mit Gottes kostbarem Wort falsch umgegangen ist, hat er allen Grund, sich zu schämen.

Wie kann ein Lehrer vermeiden, vor dem Herrn beschämt zu werden? 2. Timotheus 2,15 fordert auf, fleißig »danach zu streben« (gr. *spoudazô*, »Fleiß investieren«, »sich größte Mühe geben« oder »sein Bestes tun«). Das Lehren des Wortes Gottes erfordert maximalen Einsatz. Deshalb lesen wir in 1. Timotheus 5,17: »Die Ältesten, die gut vorstehen, sollen doppelter Ehre gewürdigt werden, besonders die in Wort und Lehre arbeiten.« Das ist harte Arbeit.

In 2. Timotheus 2,15 schreibt Paulus, Timotheus solle »das Wort der Wahrheit in gerader Richtung schneiden«. Wörtlich bedeutet das griechische Wort, das hier mit »in gerader Richtung schneiden« übersetzt ist (*orthotomeô*), »eine gerade Linie schneiden« und wurde z. B. verwendet für einen geraden Schnitt beim Sägen, das Schlagen einer geraden Schneise im Gehölz oder für das gerade Abschneiden von Stoff oder Leder.

Paulus arbeitete beruflich mit Leder. Wir sagen meistens, dass er Zeltmacher war, aber eine bessere Übersetzung des griechischen Wortes ist Lederhandwerker. Er verarbeitete Tierfelle und -häute und vielleicht gewobene Textilien zu Produkten, eventuell auch zu Zelten. Man kann sich vorstellen, dass zur Herstellung eines Zeltes viele Lederstücke zusammengefügt werden müssen. Er hat jedes Stück zurechtgeschnitten, damit die einzelnen Teile zusammenpassten. Das ist ganz ähnlich wie beim Schneidern von Kleidungsstücken. Wenn man die einzelnen Teile nicht genau nach dem Muster schneidet, wird das Kleidungsstück nicht gut aussehen oder nicht passen.

Wenn man nicht weiß, wie man die einzelnen Teile zurechtschneiden muss, kann man nicht das Endprodukt herstellen. Gleiches gilt im geistlichen Bereich: Biblische Theologie und Exegese sind voneinander abhängig. Jeder Lehrer muss entschlossen sein, richtig mit dem Wort der Wahrheit umzugehen – es in gerader Richtung zu schneiden.

Der Ausdruck »Wort der Wahrheit« (2Tim 2,15) wird auch an anderer Stelle der Schrift verwendet:

- *Epheser 1,13* – »nachdem ihr das Wort der Wahrheit, das Evangelium eures Heils, gehört habt.« Hier bezeichnet das Wort der Wahrheit das Evangelium.
- *Jakobus 1,18* – »Nach seinem Willen hat er uns durch das Wort der Wahrheit geboren.«
- *Johannes 17,17* – Jesus sagte: »Dein Wort ist Wahrheit.« Hier bezeichnet das Wort der Wahrheit die ganze Offenbarung Gottes.

Wenn man erkennt, wie wichtig der richtige Umgang mit dem Evangelium ist, muss man einsehen, dass bei einem Großteil der heutigen Verkündigung falsch mit dem Evangelium umgegangen wird. Wir müssen mit dem Wort Gottes richtig umgehen, damit wir das Evangelium nicht falsch darstellen. Wir müssen das ganze Wort Gottes nicht in leichtfertiger, oberflächlicher, sondern in angemessener Weise präsentieren. Das erfordert Fleiß und den Wunsch, nicht bei Menschen, sondern bei Gott bewährt zu sein. Es erfordert, ein Arbeiter zu sein.

2. Timotheus 2,16 sagt: »Die unheiligen, leeren Geschwätze aber vermeide! Denn sie werden zu weiterer Gottlosigkeit fortschreiten.« Solches Geschwätz ist das allgemeine, profane und unheilige Gerede der Leute. Es ist »leer«, was bedeutet, dass es keinen Nutzen hat und keinen Gewinn bringt. Leere Worte werden schnell zu bösen Worten, weil diese Leere ein Vakuum ist, in das schnell Sünde vordringen kann. Unnützes Gerede über unnütze Themen wird zu bösem Gerede. Worte, die nicht von Gott sind, werden schnell zu unheiligen Worten.

Falsche Lehrer behaupten, unser Denken zu fördern, unseren Verstand zu erweitern und uns neue Wahrheiten vorzustellen. Doch ihre Aussagen werden in Wirklichkeit »zu weiterer Gottlosigkeit fortschreiten« (V. 16). Irrlehrer sind unheilig und ziehen ihre Zuhörer runter. Petrus sagte: »Viele werden ihren Ausschweifungen nachfolgen« (2Petr 2,2). Unheiliges Verhalten ist stets die Frucht von unheiliger Lehre.

»Ihr Wort wird um sich fressen wie Krebs« (2Tim 2,17). Krebs-
geschwülste sind wucherndes Gewebe, die sich schnell ausbreiten.
Das griechische Wort, das mit »Krebs« übersetzt wurde (*gangraina*),
kann eine sich ausbreitende, aufzehrende Krankheit bezeichnen.
Wenn diese Krankheit durch Bakterien verursacht wurde, wird der
Patient in eine Überdruckkammer gelegt, um das betroffene Gewebe unter hohem Druck Sauerstoff auszusetzen und dadurch die
Bakterien abzutöten, die eine sauerstofffreie Umgebung brauchen.
Dann wird er mit Antibiotika behandelt. Eine solche Krankheit ist
wie ein Steppenbrand. Judas 23 fordert uns auf, davon Betroffene
zu retten, »indem ihr sie aus dem Feuer reißt«. Irrlehre ist eine bösartige Krankheit – sie befällt das angrenzende Gewebe und breitet
so ihre verderbliche Lehre aus, um andere damit zu infizieren.

Hymenäus und Philetus (V. 17) waren Abgefallene, die von
der Wahrheit abgeirrt waren wie jene, von denen in Hebräer 6,4-6
die Rede ist: »Es ist unmöglich, diejenigen, die einmal erleuchtet
worden sind und die himmlische Gabe geschmeckt haben und des
Heiligen Geistes teilhaftig geworden sind und das gute Wort Gottes
und die Kräfte des zukünftigen Zeitalters geschmeckt haben und
doch abgefallen sind, wieder zur Buße zu erneuern, da sie für sich
den Sohn Gottes wieder kreuzigen und dem Spott aussetzen.« Der
Grund dafür ist, dass sie »den Sohn Gottes mit Füßen getreten und
das Blut des Bundes, durch das er geheiligt wurde, für gemein erachtet und den Geist der Gnade geschmäht« haben (Hebr 10,29).

Diese Abgefallenen glaubten wahrscheinlich, die Auferstehung
sei nichts Weiteres als eine mystische Erfahrung beim Übergang
vom unerleuchteten Zustand zum erleuchteten Leben (vgl. 2Tim
2,18). Wahrscheinlich vertraten sie eine philosophische Irrlehre,
die damals vorherrschte.

Das Leugnen der Auferstehung ist ein schwerwiegender Irrtum.
In 1. Korinther 15,13-14 sagt Paulus, wenn es keine Totenauferste-
hung gäbe, dann wäre auch Christus gar nicht auferstanden. Und
wenn Christus nicht auferstanden ist, werden wir auch nicht auferstehen. Eine Lehre, die die Auferstehung abstreitet, beraubt das
Evangelium seines Herzstücks. Damit verleugnet man das ewige
Leben in einem verherrlichten Leib, wie Christus ihn hat, aber das
ist das Grundelement der christlichen Hoffnung. Hymenäus und
Philetus hatten durch ihre Irrlehre »den Glauben mancher zerstört« (2Tim 2,18). Die Leute, deren Glaube »zerstört« wurde, hatten offenbar keinen rettenden Glauben, denn niemand kann echten

Glauben zerstören (siehe z. B. Joh 10,27-29; Röm 8,30). In 2. Petrus 2,18 heißt es, dass Irrlehrer »geschwollene, nichtige Reden führen und mit fleischlichen Begierden durch Ausschweifungen diejenigen anlocken, die kaum denen entflohen sind, die im Irrtum wandeln.« Diejenigen, deren Glaube zerstört wurde, suchten zuvor Gott, wollten glauben und begannen sich für das Evangelium zu öffnen. Doch dann lernten sie die Irrlehre kennen, und so wurde ihr schwacher, noch nicht rettender Glaube zerstört. Falsche religiöse Systeme schlagen Beute aus solchen, die nach Antworten auf die Nöte und Entbehrungen des Lebens suchen.

Vers 19 sagt: »Doch der feste Grund Gottes steht.« Der feste Grund Gottes ist die Gemeinde – die Gemeinschaft der Erlösten. Wir sind das wahre Volk Gottes und bilden die feste, unerschütterliche Grundlage, und Irrlehrer können aus diesem Boden keine Pflanzen ausreißen. Sie werden einige verderben, andere beschämen und einige in Gottlosigkeit führen; sie zerstören den Glauben mancher, aber die Auserwählten Gottes werden sie nicht antasten können. Wir sind ein Bau, der nicht mit Händen gemacht ist. Wir sind der Tempel des lebendigen Gottes. Wir sind die Gemeinde, die Christus baut. Die Pforten der Hölle werden nicht gegen uns siegen (Mt 16,18). Wenn Gott ein gutes Werk an uns begonnen hat, werden wir erleben, dass er es am Tag Jesu Christi vollendet hat (Phil 1,6). Wir werden niemals von der Liebe Gottes in Christus getrennt sein (Röm 8,35). Wir sind diejenigen, von denen Jesus sagte: »Alles, was mir der Vater gibt, wird zu mir kommen … dass ich von allem, was er mir gegeben hat, nichts verliere, sondern es auferwecke am letzten Tag« (Joh 6,37.39). Irrlehren können die Seelen vieler Menschen verderben, und manchmal können sie auch Gläubige verwirren, aber die Grundlage der Gemeinde Gottes in Christus steht fest. In 1. Johannes 2,14 lesen wir von den jungen Gläubigen, dass »ihr stark seid und das Wort Gottes in euch bleibt und ihr den Bösen überwunden habt.« Bevor die Welt begann, hat Gott sich ein Volk zum Heil und zur ewigen Herrlichkeit berufen.

Die Gemeinde kann niemals von Irrlehrern angetastet werden, weil wir Gott gehören: »Der feste Grund Gottes steht und hat dieses Siegel: Der Herr kennt, die sein sind« (V. 19). Er hält uns in seiner souveränen Macht fest. Wir gehören für alle Ewigkeit ihm. Unser erstes Siegel ist, dass wir die Erwählten sind. Dieses Siegel haftet fest an Gottes Grundlage. Es garantiert Beständigkeit und macht jegliche Auflösung unmöglich. In Matthäus 7,22-23 sagt der

Herr: »Viele werden an jenem Tage zu mir sagen: Herr, Herr! …
Und dann werde ich ihnen bekennen: Ich habe euch niemals gekannt. Weicht von mir, ihr Übeltäter!« Sie können die Grundlage
Gottes nicht aufmischen. Sie steht fest, weil wir die Erwählten sind
und weil der Herr uns kennt. In 2. Thessalonicher 2,13 heißt es:
»dass Gott euch von Anfang an erwählt hat zur Rettung.«

Man beachte auch den letzten Teil von 2. Timotheus 2,19:
»Jeder, der den Namen des Herrn nennt, stehe ab von der Ungerechtigkeit!« Den Namen des Herrn zu nennen, bedeutet, mit ihm
identifiziert zu werden. Wenn Sie zum Herrn gehören, halten Sie
sich von allem Bösen fern. Die Gläubigen sind nicht nur erwählt,
sondern auch zur Gerechtigkeit berufen. Gottes Erwählung ist eine
Erwählung zur Heiligkeit. Unser Heil besteht aus Gottes vorher-
bestimmter Barmherzigkeit und unserer unumgänglichen Pflicht.
Paulus schrieb: »Denn ihr seid um einen Preis erkauft worden.
Verherrlicht nun Gott mit eurem Leib!« (1Kor 6,20). Wenn wir den
Namen des Herrn nennen, sollen wir uns von der Ungerechtigkeit
abwenden. Das ist sowohl eine Ermahnung als auch eine Bestätigung. Wer den Namen des Herrn nennt, fällt nicht vom Glauben ab,
sondern wendet sich von der Sünde weg.

Die beiden Zitate in 2. Timotheus 2,19 stammen offenbar aus
4. Mose 16. Korach rebellierte gegen Mose und Gott, und viele
Israeliten schlossen sich ihm an. Aber Gott richtete sie. In Vers 5
sagt Mose: »Morgen wird der HERR erkennen lassen, wer ihm gehört.« Das ist fast derselbe Wortlaut wie in der ersten Aussage von
2. Timotheus 2,19: »Der Herr kennt, die sein sind.« Als sich Korach
und seine Genossen gegen Mose und den Rest des Volkes versammelten, bestätigte Mose, dass der Herr wusste, wer zu ihm gehörte.
Die zweite Aussage von 2. Timotheus 2,19 entspricht Moses Befehl
an das Volk in 4. Mose 16,26: »Weicht doch von den Zelten dieser
gottlosen Männer, und rührt nichts an, was ihnen gehört.«

Gott wird im Gericht kommen, aber er weiß, wen er verschonen
wird, weil er zu ihm gehört. Wir werden erkennen, wer zu Gott
gehört, weil sie die Zelte der Gottlosigkeit verlassen werden. Von
Gottes Seite aus gesehen sind sie die Erwählten; von menschlicher
Seite aus gesehen sind sie gehorsam. All die Irrlehren, die Satan
uns in den Weg stellen will, werden nichts ausrichten, weil wir fest
auf der Grundlage Gottes stehen. So wie die Rebellion unter Korach im Gericht endete, so wird es auch der Rebellion jedes Irrleh-
rers ergehen.

Quellenangaben

1 Von Vortragskassette GC 2024.

2 *Parables of Kierkegaard,* Thomas C. Oden, Hrsg., Princeton: Princeton University 1978, S. 89-90.

3 Von Vortragskassetten GC 2025-2028.

4 Von Vortragskassetten GC 2029-2029A.

5 Chicago: Moody, 1983, erhältlich bei *diakonos medien*, s. S. 317.

6 Von Vortragskassette HC 2029B.

7 Von Vortragskassette GC 1237.

8 Von Vortragskassette GC 1208.

9 Von Vortragskassette GC 1237.

10 Von Vortragskassette GC 1306.

11 *The New Testament, An Expanded Translation*, Grand Rapids: Eerdmans, 1980, S. 426.

12 Von Vortragskassette GC 1284.

13 Von Vortragskassetten GC 1886-1887.

14 *The Corinthian Letters of Paulus,* Old Tappan, N.J.: Revell, 1946, S. 207.

15 *The Letter to the Corinthians*, Philadelphia: Westminster, 1975, S. 165.

16 *The Corinthian Letters of Paul*, a.a.O., S. 213.

17 Von Vortragskassette GC 54-29.

18 Von Vortragskassetten GC 54-30-54.34.

19 J. E. Mozley, *William Tyndale*, N.Y.: MacMillan, 1937, S. 334.

20 Chicago: Moody, 1980, S. 40.

21 *Spiritual Leadership*, Chicago: Moody, 1980, S. 175.

22 Ebd., S. 169.

23 *The Reformed Pastor,* London: Jack Nisbet, 1860, S. 164-65.

24 *The Pastoral Epistles*, Grand Rapids: Eerdmans, 1978, S. 97.

25 *The Works of John Flavel*, Bd. 6, London: Banner of Truth, 1968, S. 569.

26 *A Linguistic Key to the Greek New Testament*, Grand Rapids: Zondervan, 1980, S. 647.

27 Ebd., S. 628.

28 Von Vortragskassette GC 60-46.

29 W.G. Bowen, *Why the Shepherd* (Neuseeland: W.G. Bowen, o.J.), S. 79-83. Zitiert mit freundlicher Erlaubnis des Autors.

30 Von Vortragskassetten GC 54-18 – 54-24.

31 *The Reformed Pastor,* Banner of Truth, 1956, S. 67-68.

32 S. 61-63.

33 *Exposition of the Pastoral Epistles*, Grand Rapids: Baker, 1981, S. 122.

34 Zitiert von William Barclay, *The Letter to Timotheus, Titus and Philemon,* Philadelphia: Westminster, 1975, S. 83.

35 Fritz Rienecker und Cleon Rogers, *Linguistic Key to the Greek New Testament,* Grand Rapids: Zondervan, 1982, S. 623.

36 Bonhoeffer, Dietrich: *Gemeinsames Leben,* München: Kaiser Verlag 1987, S. 94-95.

37 Von Vortragskassette GC 1291.

38 Von Vortragskassette GC 55-9.

39 Freiburg: Herder, 1975, S. 9; Übersetzung wurde dem Original (*The Screwtape Letters*, N.Y.: Macmillan, 1961, S. 8) angeglichen.

Bibelstellenindex

Themenindex

Dieses Buch ist entstanden aus einer Koproduktion mit dem

Das EBTC möchte das Reich Gottes fördern, indem es treue
Menschen für das Werk des Dienstes im Wesentlichen als
Hirten und Pastoren weiterbildet. Hierzu legt es seinen
Schwerpunkt auf tiefgehende Ausbildung im genauen vers-
weisen Auslegen und Predigen des Wortes Gottes.

Informationen über das EBTC erhalten Sie im Internet unter
www.ebtc-berlin.de. Sie können aber auch gerne direkt
Kontakt mit uns aufnehmen:

EBTC Berlin	Tel. (030) 443 51 91-0
Havelländer Ring 40	Fax (030) 443 51 91-9
D-12629 Berlin	Email: kontakt@ebtc-berlin.de

Weitere Literatur und Audiomedien von
John MacArthur
(insbesondere englischsprachige Originale) erhalten Sie bei

Fordern Sie unseren Medienkatalog an:

diakonos e.K	Tel. (030) 994 993-71
Bruno-Möhring-Str. 5e	Fax (030) 994 993-72
D-12277 Berlin	Email: kontakt@diakonos.de

Website: www.diakonos.de
diakonos ist deutsche Generalagentur von *Grace to You Europe*,
dem Mediendienst von John MacArthur. Bei diakonos sind auch
Vorträge des Europäischen Bibel-Trainings-Centrums (EBTC)
als Audiokassette oder Computer-CD (MP3) erhältlich.

Buchempfehlung

Donald A. Carson
Stolpersteine der
Schriftauslegung
Wie man sorgfältig und korrekt mit
der Bibel umgeht

Betanien Verlag 2007
Paperback, 158 Seiten
ISBN 978-3-935558-79-2
9,50 Euro

Ein gesundes Studieren und Auslegen der Bibel bildet die Basis für gesunde Lehre, Verkündigung und ein daraus resultierendes gesundes Glaubensleben. Doch wenn man mit vorgefassten Meinungen oder falschen Methoden an die Bibel herangeht, sind Fehlschlüsse vorprogrammiert. Hier will das vorliegende Buch Hilfestellung geben, indem es Gefahrenquellen gründlich erklärt und kurzweilig zahlreiche Beispiele für typische Trugschlüsse anführt. Wenn heute etwas nötig ist, um die Gemeinden neu zu beleben, dann weder oberflächliche Frömmigkeitsübungen noch Marketing- oder Modetrends, sondern dass Gottes Wort wieder klar und deutlich verkündigt wird. Dazu soll dieses Buch verhelfen.

»Wunderbar, dass dieses wertvolle Buch nun endlich in deutscher Sprache erscheint. Es ist ein Muss für jeden, der ernsthaft das Wort Gottes studieren möchte. Möge es dazu beitragen, dass die Heilige Schrift sorgfältiger ausgelegt wird.«

Christoph Kunz, Bibelschule Beatenberg und Verax Institut Basel

»Der Leser, der die Irrtumslosigkeit der Schrift nicht mit der seiner eigenen Deutung verwechselt, wird in diesem Buch einen wertvollen Leitfaden haben. Carson hat ein prägnantes und praktisches Handbuch vieler jener Fehler verfasst, auf die all jene leicht hereinfallen, die sich ernsthaft mit Bibeltexten beschäftigen.«

Robert Yarborough, Fundamentalist Journal

Weitere Bücher vom Betanien Verlag

John MacArthur (Hrsg.)
Grundlagen des Glaubens
Ein biblischer Glaubensgrundkurs in 13 Lektionen
Din A4 geheftet · 94 Seiten · ISBN 978-3-935558-74-7 · Euro 8,50

Dieser Kurs vermittelt biblische Wahrheiten und zeigt auch Schritte zum Gehorsam und Dienst für Gott auf. Er richtet sich in erster Linie an Jungbekehrte, aber auch an ältere Gläubige, die Nachholbedarf oder den Wunsch haben, die lehrmäßigen Grundlagen des Glaubens zu stärken.

John Piper
Ihn verkündigen wir
Die Zentralität Gottes in Predigt und Verkündigung
Paperback · 126 Seiten · ISBN 978-3-935558-73-0 · Euro 8,50

»Dieses Buch ruft zurück zu einem biblischen Maßstab für die Predigt. Viele große alte Prediger werden als Beispiele angeführt, insbesondere Jonathan Edwards und Charles Spurgeon.« (Warren W. Wiersbe)

Tim Kelly
Auserwählt und eins gemacht
Die Lehren der Gnade als Heilmittel gegen Spaltung
Paperback · 220 Seiten · ISBN 978-3-935558-76-1 · Euro 12,50

Tim Kelly erklärt die Lehre der Erwählung und die anderen »Lehren der Gnade« (auch als reformatorische »5 Punkte« bekannt) und zeigt, wie sie im NT dazu verwendet werden, die Einheit der Gläubigen zu fördern.

Lou Priolo
Der geistliche Ehemann
Ein praktisches Studienbuch für eine Ehe nach der Bibel
Paperback · 286 Seiten · ISBN 978-3-935558-75-4 · Euro 13,50

»In diesem praktischen Buch über den Ehemann hilft der Autor dem Leser, seine Frau so zu lieben, wie Christus seine Gemeinde geliebt hat. Dabei behandelt er Themen wie liebevolle Leiterschaft, Kommunikation und die körperliche Beziehung« (Jay Adams, Seelsorger und Autor).

Roland Hardmeier
Zukunft. Hoffnung. Bibel.
Endzeitmodelle im biblischen Vergleich
Paperback · 572 Seiten · ISBN 978-3-935558-78-5 · Euro 23,50

Dieses systematische und umfassende Buch setzt sich fair und gründlich mit verschiedenen eschatologischen Standpunkten auseinander. Präsentiert und bewertet werden Prä-, Post- und Amillennialismus sowie Präterismus und Dispensationalismus, letzter erweist sich dabei als fragwürdig.